Accession no
36182661

KU-302-594

WITHDRAWN

WITHDRAWN

El español de América

John M. Lipski

El español de América

OCTAVA EDICIÓN

460.973 LIP

LIS - LIBRARY

Date	Fund
20-5-15	f·che
Order No.	
2599582	

University of Chester

CÁTEDRA

LINGÜÍSTICA

Título original de la obra:
Latin American Spanish

1.ª edición, 1996
8.ª edición, 2014

Traducción de Silvia Iglesias Recuero

Reservados todos los derechos. El contenido de esta obra está protegido
por la Ley, que establece penas de prisión y/o multas, además de las
correspondientes indemnizaciones por daños y perjuicios, para
quienes reprodujeren, plagiaren, distribuyeren o comunicaren
públicamente, en todo o en parte, una obra literaria, artística
o científica, o su transformación, interpretación o ejecución
artística fijada en cualquier tipo de soporte o comunicada
a través de cualquier medio, sin la preceptiva autorización.

© Longman Group Limited, 1994
This translation of *Latin American Spanish,* First Edition is published
by arrangement with Longman Group Limited, London
© Ediciones Cátedra (Grupo Anaya, S. A.), 1996, 2014
Juan Ignacio Luca de Tena, 15. 28027 Madrid
Depósito legal: M. 30.912-2011
I.S.B.N.: 978-84-376-1423-6
Printed in Spain

Índice

Agradecimientos

Muchas personas han contribuido a la realización de este proyecto, demasiadas para que pueda citarlas a todas. Las que voy a mencionar a continuación merecen una mención especial. John Green me invitó amablemente a emprender la redacción de este libro y Longman se ha ocupado, con mano experta, de todos los aspectos de la edición. Las oficinas de préstamo interbibliotecario de la Universidad de Florida y de la Universidad de Nuevo México me permitieron acceder, gracias a su eficacia, a materiales bibliográficos que me eran muy necesarios. Susan Berk-Seligson, Garland Bills, Anna María Escobar, Germán de Granda, Jorge Guitart, Atanasio Herranz, Margarita Hidalgo, Carol Klee, William Megenney, Rafael Núñez-Cedeño, Francisco Ocampo, Ana Roca, Armin Schwegler y Carmen Silva-Corvalán leyeron y comentaron los distintos capítulos. Naturalmente, ellos no son responsables de los errores que pueda haber; toda la responsabilidad es mía. Mis estudiantes, a lo largo de los años, me han animado constantemente, y me han ayudado a refinar, con sus críticas y dudas, mis observaciones y análisis. Cientos de personas de todo el mundo hispanohablante, mis informantes, han compartido generosamente su lengua y sus vidas conmigo durante mis repetidas expediciones de campo. Por último, mi mujer, Beverly, y mis hijos, Ursula y Michael, han conseguido, no sé cómo, aceptar mi total fascinación y entrega al estudio del lenguaje como un componente habitual de sus propias vidas. A todos, mi gratitud más sincera.

PRIMERA PARTE

La evolución del español de América

Introducción

Durante más de un siglo, la enorme diversidad del español de América ha estimulado tanto el interés popular como la atención académica. Desde los años veinte, los estudios monográficos de los distintos dialectos han ido revelando progresivamente la gran riqueza de una lengua que se extiende casi sin solución de continuidad desde la frontera de Estados Unidos con Canadá hasta el borde de la Antártida. Cientos de artículos han ampliado nuestros conocimientos, al igual que los distintos atlas de dialectos nacionales y las numerosas bases de datos. Más recientemente ha habido intentos de sintetizar las observaciones realizadas sobre los distintos dialectos para establecer comparaciones e interpretaciones y para evaluar la contribución relativa de factores como el contacto con las lenguas indígenas y africanas, las rutas de comercio, los orígenes regionales de los colonos españoles, el aislamiento y la evolución lingüística, y las estructuras sociales. Entre las obras más exhaustivas se pueden citar Canfield (1962, 1981) para la pronunciación, y Cotton y Sharp (1988), Fontanella de Weinberg (1976), Kubarth (1987), Malmberg (1971), Montes Giraldo (1982b), Rosario (1970) y Zamora y Guitart (1988) para cuestiones más generales. El presente libro, que combina el fruto de estudios anteriores con mi propia investigación de campo, se apoya en la obra de muchos investigadores, entre los que hay que incluir a los ya citados. Por primera vez se unen descripciones sucintas de las características sobresalientes de cada nación hispanoamericana y una bibliografía exhaustiva. Esas descripciones se complementan con capítulos que intentan clasificar los acontecimientos sociales, históricos y lingüísticos que han moldeado el español de América. De nuevo, los capítulos combinan corrientes de pensamiento mayoritariamente aceptadas con mis propias ideas e hipótesis, a veces en estado embrionario. Espero haber señalado con suficiente claridad las líneas divisorias para no confundir al lector y hacerle aceptar ingenuamente cada afirmación del libro como si fuera una verdad aceptada. Más que proporcionar una serie de respuestas, este libro pretende plantear las cuestiones más importantes de la dialectología del español de América para estimular nuevas investigaciones. La primera parte del libro trata los principales problemas que esconde la evolución del español de América, y la segunda parte contiene las descripciones de los distintos dialectos.

Limitaciones de espacio han dejado fuera la discusión sobre los dialectos del español hablados en naciones cuyo idioma oficial no es el español. En ellos se incluyen las muchas variedades del español de Estados Unidos, el español de Belice, los dialectos fronterizos de Guyana y Haití y los restos de español de Trinidad. Todas estas comunidades lingüísticas constituyen, con plena legitimidad, español de América, y el estudio del español como lengua no oficial es un campo fascinante por derecho propio.

A partir de una comunidad lingüística pequeña y razonablemente homogénea que llegó por vez primera a finales del siglo XV, el español de América se ha expandido para abarcar palabras, construcciones gramaticales y patrones articulatorios inimaginables en el alba de la presencia española en el Nuevo Mundo. El español de América, comparado con los dialectos de España, transmite el mismo exotismo y la misma magia que la flora, la fauna y las civilizaciones que deslumbraron y maravillaron a los primeros observadores europeos. Aunque muchas secciones de este libro son, por necesidad, técnicas y descriptivas, espero haber podido transmitir el espíritu de aventura y el sentimiento de maravilla que impulsan al dialectólogo que se ocupa del español de América. Se siente una excitación especial al hacer trabajo de campo en las ciudades atestadas y en las remotas junglas, pero también al leer documentos coloniales que vibran con la conversión de una lengua europea en la forma de expresión de América. El español de América es, a la vez, asombrosamente diverso e increíblemente uniforme, y los siguientes capítulos investigan esa unidad en la diversidad.

Capítulo primero

La clasificación de los dialectos del español de América

Introducción

La inmensidad del territorio en el que se habla el español de América, y la enorme variación en la pronunciación, en el vocabulario y la sintaxis, nos instan a proponer algún esquema de clasificación. Con el fin de poner orden en este aparente caos, y en respuesta a las etiquetas descriptivas que dividen Hispanoamérica según criterios geográficos, políticos, étnicos, musicológicos y sociales, casi todos los estudiosos del español de América han adoptado un método formal o informal de división dialectal. Los que carecen de un conocimiento detallado suponen o que es tan uniformemente homogéneo como el mítico "castellano" hablado "en España" (pero que en realidad sólo existe de forma homogénea en los manuales y en "un lugar de La Mancha"), o que se divide naturalmente según las fronteras nacionales, aunque se acepte cierta variación interna en los países más grandes, y el rebasamiento de fronteras en los países más pequeños. Nadie que tenga la más mínima familiaridad con Hispanoamérica puede sostener la primera suposición. El segundo punto de vista no se puede despachar tan rápidamente, pues las fronteras políticas modernas se corresponden, a grandes rasgos, con divisiones establecidas en la época colonial, y ha habido relativamente poca migración interterritorial en la América colonial o postcolonial. Las fronteras nacionales de Hispanoamérica no son el resultado de la división caprichosa que escindió irreflexivamente grupos raciales y étnicos allí donde se establecieron nuevos estados nacionales durante la desco-

15

lonización de África, Asia y el Oriente Medio. Tampoco responden a alineamientos políticos resultantes de conflictos, como ha ocurrido con la Europa del Este. Los que pretenden explicar la variación regional en el español de América se han centrado en segmentos de población cuya distribución geográfica se debe a factores distintos de los resultados inmediatos del establecimiento de los españoles. La población americana indígena se acerca más a los patrones históricos y demográficos establecidos en otras partes del mundo, donde las fronteras políticas difieren radicalmente de las divisiones entre lenguas o dialectos, y donde muchas clasificaciones dialectales reflejan, implícita o explícitamente, la distribución de las poblaciones indígenas. La inmigración, voluntaria o forzosa, desde países no hispanohablantes ha constituido también un instrumento para la formación de zonas dialectales, aunque muy pocas clasificaciones hayan tenido en cuenta este hecho. Los orígenes sociales y geográficos de los europeos que se establecieron en América han repercutido también en la difusión de las divisiones dialectales, en la medida en que la composición sociolingüística y regional de los colonos no era homogénea de una zona a otra. Otro componente del panorama de la diferenciación dialectal del español de América es la cronología relativa de los asentamientos, y el grado de aislamiento o integración social, económica y política característico de cada región. La consideración de cada uno de estos aspectos ha dado lugar a distintas contribuciones, la mayoría de ellas muy fructíferas, para la comprensión global del español de América.

En los capítulos siguientes nos ocuparemos de los criterios en que se basan las distintas clasificaciones del español de América, y en ellos discutiremos también, uno por uno, los componentes que han contribuido a la formación de los patrones lingüísticos hispanoamericanos. Antes de embarcarnos en esta tarea, es interesante revisar las propuestas principales de clasificación, en busca de intuiciones que nos sirvan de guía al discutir la evolución sufrida por el español en América. Aunque la lista de los que han escrito sobre la dialectología del español es inmensa, el número de clasificaciones es bastante reducido y está ligado a los nombres de un puñado de pioneros de la investigación. Ello conduce a una inevitable duplicación del esfuerzo, y a veces se pasa por alto el hecho de que algunos investigadores han propuesto más de una clasificación, o han evolucionado en la interpretación de ciertas cuestiones. El objetivo básico de este capítulo es analizar los criterios mismos de la clasificación intentando separarlos de los propios investigadores. Como conclusión final no adoptaremos una única clasificación. Esto no supone pesimismo alguno, sino que expresa la convicción personal de que la multiplicidad de perspectivas desde las que se puede encarar el español de América exige recurrir constantemente a diversos modelos, de los que iremos hablando en su lugar. Puesto que la clasificación no es un fin en sí misma, sino sólo una herramienta para la enseñanza y la investigación, la existencia de varias alternativas posibles constituye un estado de cosas que debemos agradecer.

CLASIFICACIONES POR PAÍSES

Ningún estudioso serio de Hispanoamérica defendería que las fronteras nacionales contemporáneas formen la variable fundamental para la determinación de las zonas dialectales, pero podemos conceder cierto valor al hecho de organizar una presentación con fines meramente descriptivos siguiendo la forma de un catálogo de rasgos nacionales, como haremos en la segunda parte del presente libro. Las naciones más grandes de Hispanoamérica (México, Colombia, Argentina y Chile) circunscriben por entero zonas dialectales, e incluso pequeñas naciones como Ecuador y Costa Rica contienen islas dialectales completas dentro de sus fronteras. La mayor parte de las zonas dialectales rebasa los límites nacionales, y las únicas variables que muestran una estrecha correlación con esas fronteras son elementos del vocabulario relacionados íntimamente con las idiosincrasias de la cultura nacional, como ocurre, por ejemplo, con los términos coloquiales que se emplean para designar a los partidos políticos nacionales o a los habitantes de una región determinada. A pesar de que es muy poco probable que los modelos que se basan únicamente en la identidad nacional hagan alguna aportación teórica, muchos estudios descriptivos se han centrado en los distintos países (por ejemplo, las obras escritas por nativos de un determinado país y dirigidas básicamente a audiencias de ese país), o en ciudades o regiones de un único país. Aunque algunas de esas obras contienen datos comparativos, no se han escrito aún estudios similares sobre el "español andino", la "lengua afro-hispana", el "español como segunda lengua" o el "español de las ciudades portuarias coloniales", etc. De esta forma, el camino más corto entre la bibliografía existente y la síntesis descriptiva es el análisis basado en las naciones. De entre las muchas bibliografías sobre el español de América, la más completa es Solé (1990).

Canfield (1981) es una conocida compilación de los rasgos fonéticos del español de América, una breve obra de referencia organizada por países y que contiene mapas de las variantes fonéticas de cada país. El autor no explica el estatuto teórico de esa división. Un

17

aspecto notable del libro, conservado de un estudio anterior (Canfield, 1962), es la serie de mapas que muestran la pronunciación de variantes fonéticas importantes por toda Hispanoamérica; cada uno de esos mapas constituye una representación gráfica del modelo sociohistórico de Canfield, del que hablaremos más adelante.

EL PAPEL DE LOS SUSTRATOS INDÍGENAS EN LA CLASIFICACIÓN DIALECTAL

Los libros de Canfield, que se encuentran entre las obras más consultadas sobre el español de América, dan prioridad a la descripción por encima de la clasificación teórica. Aunque la introducción indica algunas de las razones que fundamentan la diferenciación dialectal, la presentación está organizada por países, justo igual que en un atlas. Esto contrasta con la tendencia a combinar clasificación y descripción, que prevalece en estudios más breves. Una de las primeras clasificaciones dialectales la encontramos en los estudios pioneros de Pedro Henríquez Ureña. Para Henríquez Ureña (1921: 5), el factor más importante en la formación de los dialectos del español de América era el sustrato indígena, y su esquema de clasificación refleja (su entendimiento de) la distribución geográfica de las principales familias de lenguas americanas indígenas durante el periodo de formación del español americano: "el carácter de cada una de las cinco zonas se debe a la proximidad geográfica de las regiones que las componen, los lazos políticos y culturales que las unieron durante la dominación y el contacto con una lengua indígena principal." Propone la siguiente clasificación, con sus supuestos sustratos indígenas:

(1) México, incluidos Nuevo México y la mayoría de América Central {nahua};
(2) el Caribe (Antillas y regiones costeras de Colombia y Venezuela) {caribe/arahuaco};
(3) las tierras altas de Sudamérica, desde Colombia a Bolivia y el norte de Chile {quechua};
(4) el centro y el sur de Chile {mapuche/araucano};
(5) los países del Río de la Plata: Argentina, Uruguay y Paraguay {guaraní}.

Henríquez Ureña, que conocía personalmente sólo las dos primeras zonas, admitió que el criterio principal había sido el de los elementos léxicos, mientras que "en el aspecto fonético, ninguna zona me parece completamente uniforme".

Los defectos de este sistema son dobles. En primer lugar, varias de las zonas presentan tanta diversidad como unidad. Dentro de la primera zona, por ejemplo, muy pocos confundirían una variedad del español mexicano con los dialectos de Nicaragua o Costa Rica. Igualmente, el español del centro de Colombia no guarda apenas parecido con el habla de las tierras altas de Ecuador o Bolivia, ni el habla costera de Guayaquil y El Callao tiene mucho en común con los dialectos de las tierras altas de las mismas naciones. El español de Buenos Aires es enormemente diferente del de Paraguay y del de las zonas periféricas de Argentina. De las cinco zonas propuestas por Henríquez Ureña, sólo el Caribe y Chile presentan más unidad inherente que diversidad.

Estas discrepancias dejan de sorprendernos en el momento en que tenemos en cuenta una descripción más precisa de las lenguas americanas indígenas. El nahua ejerció su máxima influencia en la zona central de México y se extendió a lo largo de la costa del Pacífico de América Central hasta Costa Rica, con un influjo progresivamente más diluido. Conforme aumenta la distancia desde el núcleo nahua, se incrementa la competencia léxica de otras lenguas indígenas. En el territorio que se extiende más al norte de la Norteamérica hispanohablante (los actuales Nuevo México y Arizona), el influjo directo del nahua fue mínimo (aunque se produjo un efecto de goteo por los grupos migratorios), y ninguna otra lengua amerindia tuvo consecuencias significativas para el español de la región. En Centroamérica, la influencia maya fue especialmente intensa en el Yucatán y Guatemala, mientras que en el resto del territorio, las lenguas regionales tuvieron el mismo influjo que ciertas lenguas importadas como el nahua. En el Caribe, la influencia lingüística de las poblaciones nativas, que hablaban el caribe/arahuaco, el taíno y el siboney, se redujo a unos cuantos elementos léxicos, debido a la temprana fecha en que cesaron en esa región los contactos lingüísticos entre los españoles y los indígenas. La lengua quechua, que se propagó originalmente hacia el norte gracias a los desvelos de los sacerdotes españoles, apenas si alcanzó el extremo sur de Colombia, mientras que la zona norte, que se extiende por Panamá y por el Sur de Costa Rica, estaba habitada por hablantes de lenguas chibcha, cuya aportación lingüística más notable la forman los topónimos y un puñado de unidades léxicas. Hacia el sur, la región quechua-hablante se funde con el territorio aimara; esta última lengua ha tenido un influjo demostrable en el español del sur de Perú y Bolivia. El influjo del mapuche/araucano en Chile nunca sobrepasó la incorporación de palabras aisladas al léxico[1]. Finalmente, aunque el guaraní tuvo un innegable influjo en

---

[1] Inmediatamente se demostró que era incorrecta la hipótesis de Lenz (1940) de

el español de Paraguay y de las zonas vecinas de Argentina y Bolivia, los hablantes de guaraní estuvieron presentes en cantidades reducidas y progresivamente menores en el resto de los países de la zona del Río de la Plata. La clasificación de Henríquez Ureña, cuyo verdadero valor reside en haber impulsado una investigación dialectal más precisa desde el punto de vista empírico, ha tenido una vitalidad sorprendente incluso en su formulación primitiva, y continúa aflorando en estudios menores de geografía dialectal hispanoamericana, y en algunos tratados más amplios también (por ejemplo Cotton y Sharp, 1988).

LA DIVISIÓN TIERRAS ALTAS-COSTA Y EL INFLUJO DEL CLIMA

Sigamos por el momento con divisiones basadas en la geografía; más acertada, en lo que atañe a la correspondencia con la variación dialectal observada, es la división en tierras altas y tierras bajas o costas. En toda Hispanoamérica, las zonas costeras presentan una similitud fonética notable: las Antillas, las regiones costeras mexicanas, la faja costera del Pacífico de Centroamérica, casi toda Venezuela, y la costa del Pacífico de Sudamérica, desde Colombia al norte de Chile. Si con "tierras bajas" nos referimos literalmente a la altitud sobre el nivel del mar y no sólo a las regiones del litoral, podemos añadir Paraguay y el sudeste de Bolivia a la lista. Como muchos otros antes y después de él, Rosenblat (1962: 96) observa con humor, pero con precisión, que "las tierras altas se comen las vocales, las tierras bajas se comen las consonantes". Los dialectos costeros o de las tierras bajas muestran una gran homogeneidad a lo largo de grandes extensiones geográficas, en contraste con la considerable variación existente entre los dialectos de las tierras altas. Al mismo tiempo, el habla de las costas difiere marcadamente de los dialectos de las tierras altas de esos mismos países, a veces en distancias que no rebasan los cien kilómetros.

Las similitudes fonéticas entre el español de América costero y el español de Andalucía son sorprendentes, especialmente en lo referente a la pérdida de las consonantes finales, por lo que muchos estudiosos han intentado relacionar las diferencias existentes entre las tierras altas y las tierras bajas con el origen regional de los colonos españoles. Una postura extrema, que a menudo invocan los que están en contra de la hipótesis citada como prueba de que la teoría "andaluza"

---

que la pronunciación chilena del español era el resultado inmediato de la interferencia del araucano, lo que reconoció posteriormente el propio Lenz.

es absurda, sostiene que los colonos buscaron en el Nuevo Mundo un clima similar al que habían dejado en España: los castellanos procedentes de regiones "altas y frías" habrían emigrado a las ciudades montañosas del interior, mientras que los andaluces, procedentes de regiones "bajas y cálidas" habrían encontrado las costas más de su gusto[2]. La teoría de la acomodación climática no resiste la más mínima reflexión. En primer lugar, en España, las zonas climáticas no se relacionan con la pronunciación tan nítidamente como en Hispanoamérica. Extremadura, donde se reducen las consonantes, es fría, montañosa y está alejada del mar, mientras que algunas partes de Andalucía son similares en topografía y en clima a las regiones altas de Hispanoamérica. En segundo lugar, nada hace pensar que los recién llegados a las colonias españolas estuvieran dispuestos a recorrer largas distancias para encontrar un clima apropiado. Aunque los primeros colonos no siempre se movían por razones económicas, una vez que empezaban a ganarse la vida en una determinada colonia, no mostraban una gran disposición a emigrar de nuevo.

Retrospectivamente, la teoría "climática" de la dialectología hispanoamericana fue una pista falsa, pues la lectura atenta de las afirmaciones de sus protagonistas pone de manifiesto que nadie sostuvo nunca seriamente una hipótesis tan simplista, que Henríquez Ureña (1921, 1932) achacó a Wagner (1920, 1927) y viceversa. El desprecio que han sufrido tales propuestas, en apariencia erróneas, ha oscurecido en parte la posibilidad de descubrir una legítima correlación entre la geografía de Hispanoamérica y la demografía de España. Aunque los colonos no se dieran el lujo de elegir el clima ideal, el deseo, económicamente justificado, de conservar el tipo de trabajo que desempeñaban en España bien pudo dar lugar en Hispanoamérica a una distribución regional que estuviera relacionada con el lugar de residencia en España.

En la América colonial, los asentamientos costeros estaban ligados invariablemente a los puertos, y puesto que el rígido control gubernamental autorizaba como máximo un puerto por colonia, podemos suponer que el desarrollo lingüístico se vio influido por poderosas fuerzas centralizadoras. A las ciudades portuarias llegaban continuamente materiales lingüísticos renovados presentes en el habla de las gentes del mar, de los artesanos y de los mercaderes, cuyo lugar de residencia anterior solían ser los puertos españoles de salida a América, que estaban, en su mayor parte, en Andalucía. Por el contrario, los centros administrativos coloniales estaban situados normal-

---

[2] Cfr. la polémica entre Henríquez Ureña (1921, 1932), Wagner (1920, 1927) y Rosenblat (1962).

mente en las regiones del interior: Ciudad de México, Guatemala, Bogotá, Quito, etc. Puesto que la estructura política de España estaba concentrada en Castilla, los representantes del Gobierno, los oficiales militares, los altos cargos de la Iglesia y el personal universitario procedían predominantemente del norte de España. Los nativos de la España costera estarían presentes en pequeñas cantidades en las capitales coloniales, por lo que los patrones del habla desarrollados se inclinarían hacia los rasgos del español del Norte. En el próximo capítulo profundizaremos en las ventajas que supone adoptar esta perspectiva para el estudio de las variedades del español de América.

CLASIFICACIONES BASADAS EN RASGOS FONÉTICOS

Para el hispanoamericano "de a pie", lo que identifica con más nitidez los dialectos del español es el acento, esto es, una combinación, muchas veces esquiva al análisis, de rasgos fonéticos segmentales y suprasegmentales. Las diferencias de vocabulario ocupan el segundo lugar, aunque sólo sea porque una pronunciación diferente se detecta de inmediato, mientras que puede darse el caso de que las unidades del vocabulario afloren sólo después de una considerable extensión de discurso. Henríquez Ureña (1921), aunque propuso abiertamente una clasificación dialectal basada en el sustrato indígena (cuya repercusión en el español de América es, en su mayor parte, léxica), dedicó casi toda su atención a las variables fonéticas. Su visión de conjunto yerra a veces por inexactitudes factuales, pero en la mayor parte de los casos identificó las variables correctamente, y si no hubiera estado tan preocupado por encajar los datos en un un molde prefabricado, se habría dado cuenta de que los datos fonéticos determinaban zonas dialectales discontinuas. Entre las variables examinadas por Henríquez Ureña tenemos:

(1) la pronunciación de la /d/ intervocálica;
(2) la pronunciación de /g/ ante [u];
(3) la existencia de la oposición /l/-/ʎ/ y la pronunciación de /ʎ/;
(4) la pronunciación de /y/, especialmente en posición intervocálica;
(5) la pronunciación de la fricativa posterior /x/;
(6) la "aspiración" de la *h* inicial de palabra procedente de la /f/ romance;
(7) la velarización de la /n/ final de palabra;
(8) la pronunciación de la vibrante múltiple /rr/;
(9) la pronunciación de las líquidas /r/ y /l/ en final de sílaba;
(10) la pronunciación de la /s/ en final de palabra y de sílaba.

Esta es una lista casi completa de los fenómenos consonánticos variables del español de América, y un notable logro para su época. De estas variables, (1) y (2) son de poca utilidad para establecer divisiones regionales, aunque en algunas regiones son índices de niveles sociolingüísticos. La variable (6) está limitada al habla rústica, sin que se pueda descubrir una distribución regional, y está desapareciendo rápidamente de todas las variedades del español de América. Las restantes variables siguen representando rasgos definitorios claves de las zonas dialectales hispanoamericanas.

La única variable fonética que Henríquez Ureña correlacionó con una distribución geográfica fue la /s/ final, lo que le llevó a su clasificación informal del español americano en dialectos de las "tierras altas" y dialectos de las "tierras bajas" (no obstante admitió que la /s/ se perdía también frecuentemente en Nuevo México). Canfield (1962, 1981), en posesión de datos más ajustados, llevó esas observaciones más allá, y trazó una serie de mapas que muestran la pronunciación de las principales variables consonánticas en toda Hispanoamérica. En Canfield (1962) no encontramos aún una clasificación dialectal con la que poder trabajar, pero va tomando forma la correspondencia entre las evoluciones fonéticas de Hispanoamérica y la relativa posibilidad de acceso a las innovaciones que estaban teniendo lugar en España. Ninguna de las variables fonéticas conduce a agrupaciones geográficas nítidas, por lo que Canfield no cayó en el error de afirmar que "los datos deben señalar zonas bien delimitadas del tipo de las isoglosas germánicas que separan *maken* de *machen*" (citado en Resnick, 1975: xi).

Honsa (1975) propuso una clasificación rudimentaria de los dialectos del español de América, basada en un conjunto de criterios fonéticos, que comprenden la presencia o ausencia del fonema /ʎ/ y la realización de la /s/ final de sílaba. Desarrollada a partir del concepto de árbol formado por oposiciones, la ambiciosa obra de Resnick (1975) intentó conducir la dialectología hispanoamericana basada en variables fonéticas por un nuevo camino. Resnick tabuló datos fonéticos de un gran número de variedades sociales y regionales, redujo los datos a distinciones binarias, reformuló las combinaciones de rasgos resultantes y observó las divisiones dialectales que habían surgido como resultado. Este enfoque es radicalmente diferente de la vía seguida por Canfield y Henríquez Ureña, quienes, a pesar de sus afirmaciones, buscaron implícitamente encajar los patrones de la variación fonética en hechos geográficos y demográficos conocidos. El criterio que preside el estudio de Resnick es dejar que sean los propios datos los que definan las zonas dialectales. El proceso implica aislar oposiciones fonéticas binarias, cada una de las cuales divide la totalidad de los dialectos del español en dos grupos: los que asignan un valor positivo al rasgo en cuestión y los que le asignan un valor negativo. Esto conduce a una subdivisión cada vez más fina, según la cual el número de categorías resultantes aumenta exponencialmente en potencias de dos.

En teoría, se puede elegir cualquier oposición binaria para empezar con la clasificación, pero para que el análisis sea lo más útil posible, es conveniente empezar por los rasgos que produzcan las divisiones más amplias, y avanzar hasta llegar a subconjuntos cada vez más pequeños siempre que sea posible. La elección de las primeras oposiciones no es arbitraria, pues, como es razonable suponer que algunos rasgos no son lógicamente independientes entre sí, la clasificación jerárquica de los dialectos reflejará la selección inicial. Resnick identificó cuatro variables fundamentales, cuyos valores (+) son:

(1) mantenimiento de /s/ final de sílaba o de palabra;
(2) pronunciación de la /rr/ como vibrante múltiple;
(3) pronunciación de la fricativa posterior /x/ como aspiración débil;
(4) distinción fonológica entre la lateral palatal /ʎ/ e /y/.

Las dieciséis combinaciones definidas por estos rasgos, designadas como A1-A16, se integran después en un sistema cuaternario adicional, basado en oposiciones cuyos valores (+) son:

(1) pronunciación oclusiva de /b/ tras /l/;
(2) pronunciación alveolar de /n/ final de sintagma;
(3) distinción entre /l/ y /r/ final de sílaba;
(4) sonoridad plena de todas las vocales en posición átona, final de sintagma y entre consonantes sordas.

Esto arroja un total de 256 combinaciones, que, desde el punto de vista teórico, constituyen una clasificación dialectal preliminar. Un vez que se aísla un miembro de este conjunto (numerados A1-A16, B17-B272), una serie de doce tablas adicionales permite ajustar ciertos detalles (por ejemplo, realizaciones de /f/, /č/, /n/, /rr/, /y/, presencia/ausencia de voseo), lo que da lugar a miles de permutaciones lógicamente posibles.

La propuesta de Resnick es una ruptura novedosa con respecto al sesgo geográfico de otras clasificaciones dialectales, y puede aportar nuevas perspectivas sobre las relaciones de implicación entre distintos rasgos fonéticos. No obstante, el primer intento presentado en Resnick (1975) es más una llamada de atención que un estudio definitivo, puesto que la realización efectiva se resiente de serios inconvenientes. Aunque el objetivo del estudio es superar la tendencia geográfica de la dialectología hispanoamericana, el corpus mismo está compuesto, quizá de modo inevitable, de datos recogidos de los estudios de orientación geográfica que se pretende sustituir. Esta objeción, en principio, podría ser superada mediante la inclusión de información de tantas zonas pequeñas como sean necesarias para que resulte una base de datos continua, que, a su vez, podría ser reanalizada según los criterios descritos anteriormente. Con mucho, el problema más notable, y que mina la validez de la tabulación de los resultados, es el hecho de que casi todos los datos de los dialectos están extraídos de fuentes secundarias, incluyendo obras literarias y descripciones anecdóticas. La variación sociolingüística sólo aparece de forma marginal en la base de datos de Resnick, y la idea misma de que los datos fonéticos por sí solos son suficientes para una clasificación o identificación dialectal exhaustiva sigue siendo muy discutible. Dado el efecto multiplicativo a que conduce el modelo binarista, es imperativo contar con información precisa de los dialectos específicos, lo que constituye una meta lejana a la vista de la pobreza de estudios regionales superpuestos sobre zonas extensas de Hispanoamérica.

La importancia que se ha concedido a algunos de los criterios clasificatorios no siempre soporta el examen crítico. El primer grupo cuaternario comprende variables que figuran, sin lugar a dudas, entre los diferenciadores fonéticos dialectales más relevantes. En el segundo grupo, la pronunciación de la /n/ final de palabra y el mantenimiento de la oposición /r/-/l/ son comparables en importancia como indicadores de los dialectos mayores, mientras que las otras dos oposiciones son, como mucho, marginales y difíciles de verificar. Entre las restantes variables, no jerarquizadas, encontramos fenómenos que podrían reemplazar con facilidad a algunos de los criterios primarios y secundarios de clasificación: la pronunciación de la /č/, africada, realizaciones no vibrantes de /rr/, pronunciación del grupo /tr/, variedades asibiladas de la /r/ final de sílaba, longitud e intensidad relativas de las vocales átonas. En resumen, es necesario justificar más la inclusión y la exclusión de ciertos rasgos antes de que podamos aceptar con confianza los resultados del modelo.

Incluso aceptando que se pueda llegar a un consenso sobre las variables de la clasificación, se puede discutir la binaridad estricta del modelo. Algunas de las variantes fonéticas características del español de América son intuitivamente binarias, como la presencia o ausencia de ciertos fonemas, el debilitamiento de /s/ o la reducción de vocales átonas. En cambio, es mejor tratar otras variables como categorías escalares, por lo que su conversión en oposiciones binarias resulta incómodamente arbitraria: las diversas realizaciones de /rr/, /č/, /y/, /r/ e incluso /x/ y /n/. Ninguna variante destaca indiscutiblemente como polo de una oposición binaria que tenga en el otro extremo la pronunciación "original" desde el punto de vista etimológico. Los estudios dialectológicos tradicionales, así como los cuestionarios dialectales del tipo de los de Navarro Tomás (1945) y sus sucesores (Programa Interamericano de Lingüística y Enseñanza de Idiomas, PILEI, 1971-3), reconocen implícitamente la multiplicidad de variantes para muchos fonemas y el polimorfismo existente dentro de los distintos dialectos, fenómenos ambos que no pueden ser reducidos a oposiciones binarias, a no ser que se haga arbitrariamente. En realidad, aunque la binaridad implícita en las variables de Resnick pueda haber sido útil en la ejecución de las listas de ordenador que acompañan al estudio, la metodología no depende en absoluto de la binaridad: incluso aunque el número total de dialectos no sea necesariamente expresable en potencias de dos, la incorporación de variedades escalares, con valores definidos por aproximación, sigue siendo una alternativa viable. Las oposiciones binarias nítidas se pueden codificar y procesar fácilmente, pero la elegancia de la presentación no debe predominar sobre los datos empíricos.

Lo más atractivo del sistema de Resnick es su capacidad para identificar y definir dialectos en ausencia total de isoglosas o consideraciones geopolíticas preconcebidas. Usando las variables adecuadas (binarias o escalares), sería posible descubrir dialectos con combinaciones particulares, con un determinado número de rasgos concurrentes, con más rasgos compartidos que diferencias, etc. Por el momento, se podrían utilizar patrones de convergencia y relaciones insospechadas entre zonas no contiguas geográficamente para refinar las teorías de la evolución de los dialectos del español americano. La posibilidad de contar con una base de datos amplia y un sistema automatizado promete ser una herramienta de investigación fundamental[3].

---

[3] Resnick (1975), sin embargo, emplea la base de datos tabular para demostrar algo diferente: la identificación de la probable región de origen a partir de una muestra de habla. La metodología se explica en un capítulo aparte, y se ofrece una muestra de los cuestionarios y entrevistas. En esencia, el procedimiento de identificación implica recorrer hacia atrás los pasos analíticos que presumiblemente dieron lugar a la jerarquía original de las variables binarias utilizadas en el esquema de clasificación. Primero se señalan las distinciones más amplias, incluyendo la muestra en las categorías más extensas, a partir de las cuales se pueden llevar a cabo distinciones más sutiles. Si se contara con una base de datos lo suficientemente precisa, este procedimiento de identificación podría ser muy preciso, pero la utilidad del concepto es muy limitada, a excepción de su evidente valor pedagógico y su posible aplicación a estudios forenses.

Henríquez Ureña (1921), a pesar de declarar que las adquisiciones léxicas procedentes de los sustratos indígenas constituyen la aportación fundamental para la formación de los dialectos del español de América, dedicó mayor esfuerzo a comentar la variación fonética, lo que a la larga ha resultado más valioso que sus especulaciones etnolingüísticas. También se dio cuenta de la importancia que para la dialectología poseía el singular voseo hispanoamericano, el uso de *vos* como pronombre personal de segunda persona singular en lugar de *tú,* con los correspondientes cambios en la morfología verbal. La identificación que llevó a cabo Henríquez Ureña de las regiones que emplean el voseo y de los paradigmas verbales que lo suelen acompañar fue bastante precisa. Sin embargo, no consiguió incorporar el voseo a la clasificación de los dialectos del español de América, dando la impresión de que la distribución de *vos* y *tú* es más social que geográfica. Sólo se ha reconocido la utilidad potencial del voseo como criterio clasificatorio en la dialectología hispanoamericana cuando se ha descubierto su verdadera distribución regional. La primera síntesis que combina el voseo y los rasgos fonéticos regionales fue el innovador trabajo de Rona (1964), que ha sido fuente de inspiración para casi todas las clasificaciones dialectales posteriores[4]. Rona, después de examinar los estudios dialectales realizados en Europa, fue de los primeros hispanoamericanos en darse cuenta de que en Hispanoamérica no existían zonas dialectales nítidas y sin superposiciones, y que las isoglosas basadas en la distribución de rasgos individuales eran las más fructíferas para la clasificación dialectal. Estudios regionales minuciosos como los de Vidal de Battini (1949, 1964) para Argentina, Lenz (1940) para Chile, Flórez (1951,1957) para Colombia, Henríquez Ureña (1940) para la República Dominicana, Toscano Mateus (1953) para Ecuador, Espinosa (1909, 1946) para Nuevo México, Navarro Tomás (1948) para Puerto Rico y los mapas zonales de Canfield (1962) constituían los antecedentes de las clasificaciones dialectales basadas en isoglosas y no en mosaicos aislados. Rona propuso que el español de América podía ser dividido en dialectos utilizando cuatro variables, tres de las cuales eran mutuamente independientes:

---

[4] Incluso en el estudio de Resnick (1975), que tiene una base fonética, se emplea el voseo como variable complementaria, con no menos de doce variantes.

27

(1) žeísmo o pronunciación de /y/ y/o /ʎ/ como una [ž] fricativa rehilada o una [ŷ] africada;
(2) yeísmo o desaparición del fonema lateral palatal /ʎ/ y la completa fusión de /y/ y /ʎ/ en favor del primero;
(3) la presencia o ausencia de voseo;
(4) en las regiones en que se usa el voseo, la morfología verbal que se usa con *vos.*

Las tres primeras variables son binarias, mientras que la morfología verbal del voseo abarca varios paradigmas diferentes. El primer criterio consiste en si las formas verbales correspondientes proceden históricamente de las formas de segunda persona del singular o del plural. El segundo es si los diptongos encontrados en las formas *vos(otros)* (de la primera y segunda conjugación) se han mantenido en las formas del voseo, o si ha desaparecido la semivocal. Una variante de la última posibilidad, frecuente en Chile y en las alturas andinas de Bolivia y Ecuador, es la fusión de las formas de segunda y tercera conjugación en la desinencia *-ís.*

En realidad, hay más versiones del voseo de las que aparecen en la clasificación de Rona, pero no siempre son nítidos los parámetros geográficos y sociales de la variación. Por ejemplo, algunos usuarios del voseo mantienen el acento paroxítono (correspondiente al tuteo) en las formas del subjuntivo (esto es, *tengas* en vez de *tengás).* Otro aspecto de la variación tiene que ver con las formas del futuro sintético correspondiente a *vos: -ás* (correspondiente a *tú)* frente a *-é(i)s* [correspondiente a *vos(otros)].* Y otra variable es la forma correspondiente al verbo auxiliar *haber: has* (correspondiente a *tú)* frente a *habés/habís* (correspondiente a *vos(otros)).* Empleando los dos criterios mencionados, Rona delimitó las siguientes versiones del voseo:

Tipo	1ª. conj.	2ª. conj.	3ª. conj.
A	-áis	-éis	-ís
B	-áis	-ís	-ís
C	-ás	-és	-ís
D	-as	-es	-es {formas *tú*}

Combinando los cuatro tipos de voseo con los restantes rasgos, Rona definió 16 zonas dialectales:

Zona dialectal	yeísmo	žeísmo	voseo	Tipo
1. México, Antillas, Venezuela, costa caribeña de Colombia	+	−	−	
2. América Central, inc. SE. de México y O. de Panamá	+	+	+	C
3. Costa del Pacífico de Colombia, interior de Venezuela	+	−	+	C
4. Andes colombianos	−	−	+	C
5. Costa de Ecuador	+	+	+	C
6. Altiplano de Ecuador	−	+	+	B
7. Costa de Perú	+	−	−	
8. Altiplano de Perú	−	−	−	
9. S. de Perú	+	−	+	B
10. N. de Chile, NO. de Argentina, S. de Bolivia	−	−	+	B
11. Resto de Bolivia	−	−	+	C
12. Paraguay, NE. de Argentina	−	+	+	C
13. Chile central	+	−	+	B
14. S. de Chile	−	−	+	B
15. S. y centro de Argentina, S. de Uruguay	+	+	+	C
16. N. de Uruguay	+	+	−	

Añadió seis zonas más, que representan zonas "bilingües" como Nuevo México, la región *fronterizo*-hablante de Uruguay cercana a la frontera brasileña, ciertas partes de Paraguay, Santiago del Estero en Argentina, y, asombrosamente, Cuba y Puerto Rico. De las primeras 16 zonas, los siguientes grupos presentan valores idénticos para los rasgos de clasificación:

(1) Zonas 1 (la mayor parte de México) y 7 (costa del Perú);
(2) Zonas 2 (Centroamérica y zonas vecinas), 5 (costa de Ecuador) y 15 (interior de Argentina, mayoría de Uruguay);
(3) Zonas 4 (altiplano de Colombia) y 11 (mayoría de Bolivia);
(4) Zona 9 (sur del Perú) y zona 13 (Chile central);
(5) Zonas 10 (norte de Chile, noroeste de Argentina) y 14 (sur de Chile).

A pesar de las inexactitudes factuales, salta a la vista que las zonas numeradas son contiguas geográficamente (aunque no coincidan con las fronteras nacionales), y no únicamente el resultado de una convergencia fortuita de isoglosas. Esta división es un avance con respecto a las anteriores clasificaciones dialectales por países, pero Rona no previó el hecho de que las mismas especificaciones de rasgos describan más de una zona, ni analizó las posibles consecuencias de esta convergencia de rasgos. Más problemática es la perspectiva etnocéntrica a partir de la zona lingüística del Cono Sur/Río de la Plata: de los cuatro fenómenos empleados en esta clasificación, los tres últimos se distribuyen mayoritariamente por esa zona. De hecho, aunque existan pequeñas islas de žeísmo por toda Hispanoamérica e incluso en España, ese fenómeno presenta su forma más vigorosa en Buenos Aires/Montevideo. Fuera de esta zona, el žeísmo es tan esporádico y variable que resulta inútil para la clasificación dialectal. El sistema de Rona no respeta implícitamente los dominios sociolingüísticos principales, por lo que disminuye la fiabilidad de sus resultados. Por ejemplo, en algunas regiones la elección de unas determinadas formas verbales para el voseo está estrechamente relacionada con la estratificación social; así ocurre en Chile, Bolivia, Ecuador y en ciertas zonas de Perú y Colombia. La elección de *vos* en vez de *tú* es en sí misma una variable social en muchas regiones, pero la clasificación de Rona sólo representa, en realidad, el mínimo común denominador, dado que normalmente se establece una relación de implicación: si se usa *vos* en las variedades de prestigio, también aparecerá en el habla de los grupos socialmente inferiores, mientras que lo contrario no ocurre. El yeísmo, en algunas zonas, está también socialmente condicionado, pero se correlaciona más frecuentemente con la generación (el avance del yeísmo ha sido muy rápido en el siglo XX) y con la división rural/urbano.

La clasificación de Rona abre nuevos caminos, tanto por su insistencia en la definición de dialecto como convergencia dinámica de conjuntos de isoglosas, como por el uso innovador de variables fonéticas, fonológicas y morfológicas. En la práctica, la utilidad de la clasificación resultante disminuye conforme nos alejamos del Cono Sur. Reunir una región que se extiende desde la Península del Yucatán hasta el oeste de Panamá en un único dialecto no hace justicia a la enorme diferenciación regional del español de América Central. Agrupar las tierras altas de México con las Antillas es perder de vista las diferencias fonéticas, fonológicas, léxicas y sintácticas más sobresalientes y sistemáticas que separan México del Caribe, aunque todo el grupo de países posea el mismo conjunto de rasgos descriptivos en el esquema de Rona. Por el contrario, el español de Chile, que es asombrosamente homogéneo a lo largo y ancho de un territorio extensísimo, aparece dividido nada menos que en tres zonas, y el pequeño Uruguay (país natal de Rona) también está subdividido en tres dialectos. Dicho esto, la clasificación de Rona, aunque borre parcialmente los límites nacionales tan caros a la dialectología anterior, sigue ofreciendo zonas dialectales anti-intuitivas y sin superposiciones. Ninguno de los criterios de clasificación da cuenta de la identidad de rasgos de zonas no contiguas o de la variedad existente dentro de cada zona. No obstante, siguen siendo válidas las ideas fundamentales, junto con las contribuciones metodológicas y descriptivas a la dialectología hispánica.

Las variantes del voseo, analizadas adecuadamente, pueden servir para delimitar zonas dialectales, regionales y sociales, y para reconstruir indirectamente la trayectoria histórica que ha permitido la evolución de los dialectos del español de América. Hay que combinar los datos relativos al voseo con otros rasgos que dividan toda Hispanoamérica con el mismo nivel de detalle, y, desde luego, no a partir de una única zona, como ocurría con lo que hizo Rona con el Cono Sur. Un esfuerzo notable en este sentido es el de Zamora y Guitart (1982), quienes adoptaron tres criterios binarios independientes: articulación velar frente a faríngea de la /x/, /s/ sibilante frente a reducida (aspirada o elidida) en posición final de sílaba, y presencia o ausencia de *vos* como pronombre sujeto (independientemente de la morfología verbal que lo acompañe). En teoría, estos criterios sólo permitirían un máximo de ocho zonas, pero los autores incluyen un tercer valor de la variable voseo, a saber "+/±", que indica que en una determinada zona aparecen tanto *vos* como *tú*. El resultado es la siguiente clasificación:

Zona	/s/ *debilitada*	/x/=[h]	vos
1. Zona caribeña, incl. costa de México, Colombia, E. de Panamá	+	+	−
2. Tierras altas de México	−	−	−
3. Centroamérica, O. de Panamá	+	+	+
4. Interior de Colombia, Venezuela andina	−	+	+/−
5. Costa del Pacífico de Colombia, Ecuador	+	+	+/−
6. Costa del Perú	+	+	−
7. Altiplano de Perú, Ecuador, Bolivia, NO. de Argentina	−	−	+/−
8. Chile	+	−	+/−
9. Paraguay, E. de Bolivia, Uruguay, mayoría de Argentina	+	−	+

Incluso en esta clasificación tan esquemática existe alguna duplicación, en particular la igualdad en la asignación de valores a las zonas 1 (la caribeña) y la 6 (la costa del Perú). Si la coexistencia de *vos* y de *tú* no se considerara distinta de un valor (+) o (±), entonces se podrían añadir Centroamérica y la costa del Pacífico de Ecuador y Colombia a los dos grupos precedentes, mientras que México y la región andina de Sudamérica formarían un grupo separado, como ocurre con Chile, Paraguay y los países del Río de la Plata. Ninguno de estos grupos adicionales es anti-intuitivo desde el punto de vista empírico, y de hecho, reproducen la clasificación informal, tan conocida, de "tierras altas-tierras bajas-Cono Sur". Zamora y Guitart completan su clasificación binaria con una lista adicional de rasgos fonéticos caracterizadores de cada una de las zonas, rasgos que comprenden el yeísmo, el žeísmo, la asibilación de /r/ y /rr/, la neutralización de /l/ y /r/ final de sílaba, la velarización de /n/ y las variantes de pronunciación de /č/. Sin embargo, no piensan que ninguno de esos rasgos merezca ser incluido como criterio de clasificación. El esquema resultante es una división minimalista del español de América, que si se limita a las nueve zonas indicadas arriba, separa zonas fonéticamente similares (por ejemplo el Caribe y la costa del Pacífico de Colombia y Ecuador), y que agrupa, en cambio, zonas con una considerable variación interna (por ejemplo Centroamérica; Paraguay/Río de la Plata). Esta clasificación, más que un producto acabado, es un prototipo que apunta a los resultados que se podrían obtener con un conjunto apropiado de criterios, siempre que las categorías resultantes se revistieran de valor explicativo a través de la comparación con datos históricos, demográficos y etnológicos.

CLASIFICACIONES BASADAS EN DATOS LÉXICOS

Junto con los rasgos fonéticos, agrupados a la ligera bajo el rótulo del "acento", las diferencias léxicas son los elementos diferenciadores más perceptibles de los dialectos del español. Pese al gran número de estudios léxicos regionales, que incluyen isoglosas que detallan la distribución de determinadas palabras, las variables léxicas rara vez han figurado en la clasificación dialectal panamericana. Este sorprendente vacío se puede atribuir a varios factores. Se ha considerado implícitamente que la variación léxica está tan regionalizada que convertiría cualquier intento de clasificación en una maraña de isoglosas entrecruzadas que no daría como resultado categorías útiles para la investigación. Por el contrario, algunas variables léxicas delimitan regiones demasiado amplias para resultar de alguna utilidad. La dialectología léxica comparada está a merced de unos datos limitados e imprecisos, teniendo en cuenta el hecho de que casi todos los diccionarios y glosarios regionales contienen palabras consideradas únicas y pintorescas. Sólo existen inventarios léxicos completos, esto es, que informen sobre todas las palabras de uso diario independientemente de su exotismo, para unas pocas zonas. Otras restricciones naturales obstaculizan la recolección de datos fiables sobre la variación léxica. Los rasgos fonéticos, por ejemplo, destacan inmediatamente en cuanto uno se enfrenta a ellos, y la mayoría no dependen de ningún tema u orientación discursiva determinada, a excepción quizás del nivel de formalidad. Un encuentro casual basta para proporcionar una muestra razonablemente precisa. Por el contrario, las unidades léxicas clave pueden tener una frecuencia textual baja, y el uso de tests o cuestionarios explícitos puede fracasar en su intento de sacar a la luz palabras en vías de desaparición, aunque todavía vivas. Por último, la mayoría de los estudios regionales son culpables de sobregeneralización y de indiferenciación, pues etiquetan como "regionales" palabras que tienen una distribución mucho más amplia, mientras que olvidan regionalismos legítimos pero que pasan desapercibidos como tales. Este último defecto suele cebarse con las palabras patrimoniales del español que han sufrido un cambio semántico o que han mantenido un significado poco habitual en uno o más contextos. El grueso habitual de los estudios léxicos "regionales" está formado por unidades extrahispánicas, tales como indigenismos, africanismos o anglicismos, elementos jergales o coloquiales de origen incierto, topónimos y sus derivados, y palabras locales para referirse, por ejemplo, a partidos políticos o a acontecimientos militares, nombres de marcas, etc. Las palabras que se tiende a identificar como regionalismos (correcta o incorrectamente) suelen ser pintorescas, coloquiales o extrahispánicas. El descubrimiento de diferencias regionales entre palabras de origen hispánico evidente exige una perspectiva comparativa amplia. Por ejemplo, el hecho de que *bellota* pueda designar una piña (en algunas zonas de Centroamérica) en vez de al fruto de la encina, de que *vestido* se pueda aplicar al traje de un hombre en vez de (o además de) a la ropa de mujer (por ejemplo en Colombia), o de que el fruto cubano conocido como *mamey* se llame *zapote* en Centroamérica, mientras que el *zapote* cubano es el *níspero* centroamericano, puede escapar a una investigación que no sea exhaustiva.

Una excepción notable a la reticencia de los dialectólogos a adoptar criterios léxicos es Cahuzac (1980). Lo normal en los estudios dialectológicos es situar en primer lugar el habla de los estratos socioculturales más bajos, a la vista de la tendencia de los registros más cultos hacia la adaptación mutua y la adhesión a normas transregionales (cfr. por ejemplo Rona, 1958: 5). Esta tradición dialectológica, que comenzó en Europa, ha constituido la base de los estudios regionales del español de América hasta el reciente advenimiento de los estudios sociolingüísticos/variacionistas. Cahuzac (1980: 386) da un paso más:

> Dado el carácter rural de la población americana, todo estudio sobre su dialectología no puede pasarse del habla de los hombres del campo. Este lenguaje de los campesinos procede indudablemente de las regiones españolas, pero su distribución en América no es uniforme. Aquí tomará direcciones diferentes, para fijarse y particularizarse siguiendo las necesidades de los hombres de cada región*.

En realidad, Cahuzac no extrae sus variables léxicas directamente del habla de los habitantes rurales, sino más bien de los términos empleados para designarlos: *campero, campuso, campista, campiruso, campusano, gaucho, guajiro, charro, huaso, jíbaro*, etc. Con la ayuda de los diccionarios y glosarios regionales, Cahuzac compiló una lista de 184 términos, excluyendo palabras con una referencia étnica específica. Distinguió tres categorías de palabras para designar a los habitantes rurales o campesinos. La primera está formada por términos considerados neutros, que, por lo general, se extienden por amplias zonas geográficas. La segunda comprende las designaciones peyorativas, que presentan una mayor regionalización. La tercera categoría hace referencia a actividades u ocupaciones específicas, relacionadas con la agricultura, la ganadería o la artesanía. Los datos léxicos proceden de fuentes secundarias, algunas de ellas de dudosa exactitud, y pocas con información de la frecuencia o la preferencia. Muchas de las palabras son extremadamente regionales o arcaicas, y sólo las conocen los habitantes más viejos de las zonas rurales.

El análisis de Cahuzac da como resultado una división preliminar de los dialectos del español de América en cuatro grupos. El primero abarca desde Nuevo México en el Norte hasta las regiones costeras de Ecuador y Perú en el Sur, incluyendo todo México y Centroamérica, así como las Antillas y la costa caribeña de Sudamérica. Esta región está polarizada por los términos *charro* (norte de México) y *llanero* en el extremo sur, e incluye el centro de Venezuela y ciertas partes de

---

* En español en el original. *[N. del T.]*

Colombia. El segundo abarca los Andes, comprende las zonas andinas de Venezuela y Colombia y se extiende por el norte de Chile y el noroeste de Argentina. Los términos *chacarero* y *paisano* serían los característicos de esta zona dialectal. Chile constituye una zona en sí mismo, centrada en los términos *huaso* y *campañista*. La cuarta zona comprende Argentina, Uruguay y Paraguay, además de las regiones fronterizas de Brasil; *gaucho* es el término definitorio.

Esta clasificación abre la puerta a la posibilidad, muy interesante, de descubrir isoglosas léxicas sutiles con valor explicativo. La idea de emplear términos directamente relacionados con una de las esferas fundamentales de la actividad económica y cultural de Hispanoamérica es innovadora, pero la forma en que se ha llevado a cabo es, a la vez, demasiado general y demasiado compartimentadora para ser de gran provecho. La primera categoría comprende al menos tres zonas dialectales principales reconocidas objetivamente; al mismo tiempo, muchas de las unidades léxicas desempolvadas por Cahuzac son esotéricas y arcaicas, y quizás nunca hayan servido como elementos identificadores de los dialectos regionales. Resulta algo contradictorio afirmar que lo más importante es el habla de la población rural y llevar a cabo una investigación léxica sesgada en favor de una serie de términos peyorativos raramente usados por esa población. Desde una visión retrospectiva, quizás no sea muy razonable suponer que unidades léxicas que no estaban distribuidas por regiones en España hayan dado como resultado una distribución regional en la América española. Las únicas piezas léxicas típicas de la vida rural en las que se puede esperar una distribución regional son los indigenismos. Si se hace una juiciosa elección de tales palabras, se podrían combinar las isoglosas léxicas con variables fonológicas y morfológicas para llegar a una clasificación dialectal más rica. Por el momento, no podemos recurrir a un conjunto de unidades léxicas que funcionen como puntos de referencia.

CLASIFICACIÓN BASADA EN LA CRONOLOGÍA RELATIVA DE LOS ASENTAMIENTOS

La lengua que se hablaba en España sufrió una evolución considerable en los casi dos siglos que duró el asentamiento de europeos en la América española. Se acepte o no el carácter andaluz del español de América en su conjunto (cfr. el siguiente capítulo), los colonos que arribaron al Nuevo Mundo llevaron consigo las características lingüísticas de su época. Cuando los portadores de las últimas modas lingüísticas de España fueran superados en número por los miembros de una comunidad lingüística ya floreciente, serían mínimas las repercusiones de la innovación, pero cuando un grupo de colonos recién llegados de España llevara a cabo la fundación de un asentamiento importante, los efectos seminales de los primeros colonos serían suficientes para dejar una huella duradera en el desarrollo del dialecto regional en las generaciones venideras. Si esta primacía cronológica hubiera sido lo bastante tenaz para resistir la llegada de las últimas innovaciones traídas por las sucesivas generaciones de colonos, y de formas de habla anteriores propias de los inmigrantes de otras colonias, quizá fuera posible clasificar los dialectos según la fecha de fundación de la colonia. Este criterio se vislumbra en Canfield (1962); Canfield (1981) constituye una perspectiva ampliada de la diferenciación dialectal del español de América en función de la fecha del asentamiento inicial y de la intensidad relativa del mantenimiento del contacto sociocultural con España en los años posteriores.

Canfield (1979), al hablar sobre la clasificación de Resnick (1975) (desarrollada bajo la guía de Canfield), observó correctamente que mientras que algunos de los rasgos binarios tenían correlatos topográficos claros (por ejemplo la aspiración de /s/), otros, como la asibilación de /r/, presentaban una distribución más irregular. Canfield relacionó estos datos, en apariencia tan sorprendentes, con la intensidad de la relación comercial y social con la metrópoli europea:

> En general, los lugares lejos de las rutas de comercio mantienen carácter andaluz del siglo XVI. Los territorios en las mismas rutas de comercio reciben cambios que surgen después, en el siglo XVII y aun en el XVIII. Así es que hay semejanzas entre México y el Ecuador, y entre la Argentina y Centroamérica, y en ciertas cosas Bogotá se parece a Guatemala y Cuba a Guayaquil (pág. 174)*.

Canfield (1981: 2) resume la cuestión del modo siguiente: "el factor principal en el desarrollo de las diferencias dialectales ha sido el grado de acceso, durante el periodo 1500-1800, a los cambios que estaban produciéndose en el español del sur de España". Determinar la cronología de los cambios fónicos que tuvieron lugar en España desde el siglo XV al XVIII es una tarea difícil (v. Lloyd [1987] para el resumen de algunos de los principales procesos), pero, no obstante, se pueden fechar algunos acontecimientos con un nivel de precisión de medio siglo más o menos. Esos cambios incluyen el ensordecimiento de las sibilantes, el retrasamiento de [š] a [x], el desarrollo de la sibilante interdental /θ/, las primeras etapas del yeísmo (erosión de la oposición /ʎ/-/y/). Otros fenómenos son de difícil datación, a pesar

---

* En español en el original. [N. del T.]

de su importancia en el español contemporáneo: el debilitamiento de la /s/ final de sílaba, la velarización de la /n/ final de palabra, y la neutralización y pérdida de la /l/ y la /r/ final de sílaba. Teniendo presentes estas limitaciones, Canfield divide el español de América en tres categorías, que se corresponden, a grandes rasgos, con el desarrollo del español peninsular en tres momentos elegidos como hitos: 1550, 1650 y 1750:

(1) 1550: zonas altas de Bolivia, Perú, Ecuador, Colombia, México, Venezuela; noroeste de Argentina; Costa Rica y Guatemala.

(2) 1650: Paraguay, oeste de Argentina, la región del Río de la Plata, sur de Chile, la región centroamericana: El Salvador, Honduras y Nicaragua.

(3) 1750: las Antillas, las zonas costeras de México, Venezuela, Colombia (con todo Panamá), Ecuador; el centro de Chile; St. Bernand Parish, en Louisiana.

Es cierto que los dialectos que hay en cada una de las divisiones comparten ciertas similitudes fonéticas. Por ejemplo, la primera zona incluye el mantenimiento de la /s/ final de sílaba como sibilante, junto con la asibilación de /r/ y /rr/ y la ocasional pronunciación alveolar de /tr/. En muchos dialectos las vocales átonas pueden estar debilitadas. Igualmente, la tercera zona abarca los dialectos "de consonantes débiles" de Hispanoamérica, en los cuales /s/, /r/ y /l/ final de sílaba se debilitan y con frecuencia desaparecen. La segunda zona presenta mucha más heterogeneidad; aunque hay voseo en todos los dialectos, varias características fonéticas son exclusivas de determinados subconjuntos, por ejemplo la conservación de /ʎ/ (Paraguay), el žeísmo (zona del Río de la Plata) y el yeísmo con una /y/ intervocálica muy débil (Centroamérica). La velarización de /n/ se da en las tres zonas, produciéndose en toda América Central y las zonas antillanas/caribeñas, y de toda la costa de Sudamérica desde Colombia a Perú, pero está ausente de México, el Río de la Plata y Chile, y se encuentra esporádicamente en Bolivia y Paraguay.

La clasificación tripartita se basa en dos suposiciones fundamentales sobre la relación existente entre la cronología del asentamiento y el habla contemporánea. La primera, que es una idea general, es que las zonas que han permanecido aisladas lingüística y culturalmente mantendrán en mayor medida las características presentes en la época en la que se formó la comunidad lingüística. La segunda, que tiene que ver con hechos históricos, es que las regiones agrupadas bajo cada una de las rúbricas realmente sufrieran el aislamiento con respecto a las innovaciones del español peninsular que da por sentado Canfield. Estos dos supuestos contienen afirmaciones discutibles y no pueden ser aceptados sin más.

No es la primera vez, en la dialectología histórica, que se sostiene que el aislamiento lingüístico provoca la conservación de estadios anteriores de una lengua que en comunidades mayores ha evolucionado sustancialmente durante el mismo periodo. En la dialectología hispánica, los ejemplos más destacados son los dialectos del español sefardí diseminados por el este de Europa, el Oriente medio, el Norte de África y ciertas zonas de Norteamérica. El sefardí en todas sus variedades procede, sin lugar a dudas, del habla de los *sephardim,* los judíos expulsados de España en la última década del siglo XV. Dejando a un lado el hecho de que no todos los dialectos sefardíes representan el periodo del "español antiguo", como se suele afirmar en las descripciones divulgativas, se puede documentar el mantenimiento, en el judeo-español, de patrones fonológicos, estructuras morfológicas y unidades léxicas que desaparecieron del uso mayoritario en España hace varios siglos. Al encararse con la elevada proporción de arcaísmos conservados en el habla de los sefardíes, es necesario tener en cuenta la naturaleza de las sociedades en las cuales se ha empleado esa lengua, el valor ceremonial que se ha otorgado al uso del *ladino* (como se designa popularmente a esa lengua), la transmisión oral de canciones y relatos que a través de la repetición constante tienden a preservar las formas antiguas, y la conservación tenaz de la lengua en la adversidad o incluso en las persecuciones. La abundancia de arcaísmos conservados en el habla sefardí se debe fundamentalmente a esa combinación única de circunstancias, situación que suele ser habitual en muchas otras comunidades lingüísticas aisladas. Por ejemplo, el dialecto *isleño* de St. Bernard Parish, Louisiana, aunque conserva muchos rasgos del español de las Islas Canarias de finales del siglo XVIII (el habla de los primeros colonos), ha sufrido cambios notables en unas condiciones de aislamiento menos severas que las padecidas por los hablantes de sefardí (Armistead, 1992; Lipski, 1990a; MacCurdy, 1950). Lo mismo se puede decir de las variedades del río Sabine del noroeste de Louisiana y del nordeste de Texas que proceden de variedades mexicanas transplantadas hacia mediados del siglo XVIII; en ellas se combinan rasgos mexicanos arcaicos con los resultados de la innovación y del cambio lingüístico (Lipski, 1987a). Cambios similares, que producen a veces combinaciones casi ininteligibles para los hablantes del español contemporáneo, se han producido en los restos del español de Trinidad, abandonado a su suerte hacia finales del siglo XVIII (Lipski, 1990b); tampoco los restos de los dialectos penisulares cubanos de Cayo Oeste

(Beardsley, 1972) y Tampa (Canfield, 1951) han permanecido ajenos a los cambios. Aun cuando el español de ciertas regiones de Hispanoamérica haya padecido cierto aislamiento como sugiere Canfield, nada obliga a pensar que los rasgos fonéticos contemporáneos proporcionen necesariamente una visión precisa del estado de lengua de la época del asentamiento. Un conjunto de cambios fónicos que estaban en estado incipiente en la época del asentamiento han avanzado lógicamente en ausencia de contacto continuado con innovaciones procedentes del exterior de la región: el yeísmo, el žeísmo, la velarización de /n/ final de palabra, etc. Varios cambios caen dentro de la categoría general del debilitamiento de la coda silábica: reducción de /s/, neutralización y pérdida de /l/ y /r/, asibilación de /r/ y posiblemente la velarización de /n/. Si se puede afirmar que esos procesos responden tanto a tendencias fonológicas universales como a las características de determinados dialectos anteriores, el emplear esos fenómenos como indicadores de la fecha del asentamiento puede conducir a conclusiones erróneas.

La demografía colonial y el contacto con la metrópoli no siempre apoyan la clasificación de Canfield. De acuerdo con la división dialectal, los dialectos que se desarrollaron lejos de las principales rutas y puertos comerciales perdieron contacto, en una fecha temprana, con las innovaciones lingüísticas que estaban ocurriendo en España (especialmente en Andalucía). En el mejor de los casos, las innovaciones llegaron más lentamente, a veces retrasadas en su desarrollo. Los dialectos que se formaron más tarde, y que mantuvieron un contacto estrecho con la metrópoli peninsular en el periodo colonial, deberían conservar una similitud mucho mayor con los dialectos (del sur) de España, y, en los casos extremos, deberían ser virtualmente idénticos al habla de Andalucía de finales del siglo XIX. En realidad, el habla de algunas regiones donde los asentamientos iniciales tuvieron lugar a principios del periodo colonial, y que después se vieron apartados de las principales rutas comerciales y estructuras administrativas, presentan rasgos "modernos", mientras que otras zonas, que disfrutaron de una relación comercial y política floreciente con la metrópoli durante todo el periodo colonial, presentan características "antiguas".

El grupo que Canfield llama de "1550" comprende todas las sedes de los primeros virreinatos y la mayoría de las capitanías generales de tierra firme: Ciudad de México, Guatemala (Antigua), Quito, Bogotá, Lima, Potosí. Con la excepción de Lima, todas están situadas en regiones montañosas del interior, a una distancia considerable de los puertos más cercanos, pero todas mantuvieron prósperos contactos comerciales, culturales y políticos con España durante todo el periodo colonial. Los españoles y sus descendientes inmediatos ocuparon los puestos de mando en todos los centros coloniales: constituían el personal religioso, los funcionarios del Gobierno, los soldados, los mercaderes y artesanos, e incluso el servicio doméstico. La presencia directa de España fue continua e intensa: los intercambios comerciales seguían las rutas que comenzaban en los puertos del sur de España (a través de los puertos coloniales de entrada de Veracruz, Cartagena, Guayaquil y El Callao), mientras que los contactos culturales y administrativos con Castilla quedaban garantizados por el perfil predominantemente castellano de la burocracia española. Dado el ininterrumpido contacto entre las capitales del interior y España, la afirmación de que el aislamiento geográfico o social impidió que las innovaciones lingüísticas surgidas en España alcanzaran estas ciudades cae por su propio peso. Desde luego, necesitaron un mayor esfuerzo físico para alcanzar las ciudades de las tierras altas que para desembarcar simplemente en un puerto de entrada, pero incluso las capitales más remotas no distaban más de una semana o dos de viaje del puerto más cercano. Cada año penetraban hacia el interior muchos recién llegados de España, y es absurdo pensar que dejaran de acompañarlos los cambios fónicos peninsulares más recientes.

Incluso si se aceptara que los dialectos de "1550" sufrieron la marginalización en una fecha temprana y recibieron poca renovación social y cultural de España, los desarrollos lingüísticos de la España del siglo XVI no se reflejan nítidamente en estos dialectos hispanoamericanos. Si así fuera, entonces el habla de estas regiones no debería diferir sustancialmente del español sefardí, formado como mucho medio siglo antes; pero las diferencias reales son enormes. Hay buenas razones para creer que la reducción de las consonantes finales de sílaba había empezado ya en Andalucía, al menos hacia finales del siglo XVI. Por el contrario, la fricativa prepalatal /š/ no se había retrasado hasta llegar a /x/. Con toda probabilidad, /z/ no se había ensordecido completamente en [s], y aún se mantenía con pleno vigor la diferencia fonémica entre las africadas anteriores /tˢ/-/dᶻ/ y /s/-/z/. La lateral palatal /ʎ/ se oponía a /y/, aunque el yeísmo estuviera empezando en Andalucía. Los pronombres *usted* y *ustedes* no se habían desarrollado aún. En los dialectos hispanoamericanos actuales incluidos bajo la etiqueta de "1550", todos los principales cambios fónicos que tuvieron lugar en España a finales del XVI han seguido el mismo curso en Hispanoamérica (aunque la /θ/ interdental que se desarrolló en Castilla no aparece en el español de América), lo que resultaría muy difícil de explicar si estos dialectos hubieran sufrido un aislamiento lingüístico poco después de que comenzara la colonización. También resulta paradójico, si partimos de esa premisa, el fracaso de estos mismos dialectos en llevar a su término las reducciones consonánticas básicas ya presentes en el español de Andalucía del siglo XVI, como ha sucedido con el yeísmo en el español sefardí. En resumen, los dialectos de "1550" son prueba del mantenimiento de un contacto sociocultural con España lo bastante intenso para que se hayan transmitido la mayoría de los cambios fónicos peninsulares. Lo que se filtró fueron, en la mayor parte de los casos, innovaciones no específicamente andaluzas o castellanas, sino más bien denominadores comunes que se podían encontrar en el habla de una amplia muestra regional de colonos nacidos en España. Este hecho podría representar un tipo diferente de aislamiento, un logocentrismo nacido del sentimiento creciente de autosuficiencia en las grandes capitales coloniales, cuestión a la que volveremos en el siguiente capítulo. Por el contrario, no apoya la idea de que la dialectología americana pueda actuar de manera análoga a la de una excavación arqueológica, dejando al aire sucesivas capas de sedimentos fosilizados.

La categoría a la que Canfield dio el nombre de "1650" es demasiado heterogénea para postular una correlación entre la cronología de los contactos lingüísticos de Hispanoamérica y las evoluciones fonéticas. Paraguay, por ejemplo, es el único entre los dialectos de esta categoría que ha mantenido la lateral palatal /ʎ/, pero la /s/ final de palabra o de sílaba se ha reducido más que en Argentina o en la mayor parte de Centroamérica. La zona del Río de la Plata ha desarrollado el žeísmo, llevando a su extremo un fenómeno que se encuentra en otras regiones hispanohablantes, mientras que los países de Centroamérica (incluidos los del grupo de "1550") han velarizado uniformemente la /n/ final de palabra. Tanto en Centroamérica como en el sur de Chile /y/ se pronuncia débilmente, fenómeno opuesto al žeísmo del Río de la Plata o a la pronunciación africada frecuente en Paraguay. Canfield (1962, 1981) atribuye la pronunciación oclusiva de /b/, /d/ y /g/ tras consonantes no nasales a un resto arcaico, postura de la que se hace parcialmente eco Lloyd (1987: 327). Otras consideraciones, sin embargo, hacen pensar que las obstruyentes sonoras se pronunciaban ya como fricativas en la época en que se formaron los primeros dialectos hispanoamericanos.

Hay otras regiones de Hispanoamérica que fueron pobladas pronto en el periodo colonial, y que, en consecuencia, recibieron poca atención de España, pero que, sin embargo, manifiestan los rasgos innovadores propios de la zona de "1750". Entre estas regiones encontramos el interior de la República Dominicana, el Chocó y la Península Guajira colombianos, el nordeste de Panamá, las remotas regiones costeras de Ecuador e incluso el interior montañoso de Puerto Rico. Todas estas regiones estaban colonizadas hacia 1600 y algunas gozaron de una relativa prosperidad durante cierto tiempo, pero fueron rápidamente abandonadas a medida que la colonización española concentraba sus esfuerzos en otras zonas. Hoy, el habla de estas regiones, aunque llena de arcaísmos léxicos y morfológicos, así como de resultados de cambios lingüísticos, muestra, en términos generales, los mismos rasgos fonéticos que las ciudades costeras del Caribe y del Pacífico que conservaron su importancia comercial y administrativa en el siglo XIX. Lo que comparten estos dialectos marginados con los principales dialectos de "1750" es la conexión marítima con Andalucía. En los dialectos marginados, todos los cuales surgieron de ciudades portuarias coloniales, la temprana influencia marítimo-andaluza nunca se vio complementada o superada por dialectos regionales del norte o del centro de España. En las poblaciones costeras que mantuvieron un contacto más prolongado con España, el comercio marítimo formó el eje económico fundamental, y aunque las innovaciones lingüísticas peninsulares pudieron llegar sin impedimentos, el componente andaluz/canario desplazó rasgos que eran exclusivos de otras zonas de España (cfr. Menéndez Pidal, 1962). Lo que hace pensar que la evolución fonológica avanzada que Canfield considera reflejo de una concentración cronológicamente tardía del influjo lingüístico de España, estaba presente en el español peninsular al menos ya a mediados del siglo XVII, pero confinada al principio en el sur de España.

Las zonas de Hispanoamérica caracterizadas por el abandono cultural y por el subsiguiente aislamiento lingüístico no reflejan hipotéticos datos de "ruptura", sino más bien el habla que predominaba en los que participaron en el periodo de colonización. Las regiones cuyas poblaciones proceden de contactos costeros, en los que fue más intenso el influjo marítimo-andaluz, mantienen esas características. En muchas de esas zonas, la alta concentración de esclavos africanos puede haber dejado también su huella en las variedades regionales del español. Puesto que ninguna zona de Hispanoamérica se mantuvo tan alejada del contacto continuo con España como para ser impermeable a las innovaciones lingüísticas que tenían lugar en la metrópoli, es más lógico pensar que la naturaleza del gobierno y del comercio en cada región son las claves necesarias para comprender sus características lingüísticas.

El uso de hablantes rurales semiletrados como base de la clasificación dialectal es fruto de una elección consciente y deliberada de la dialectología, en España y en Hispanoamérica. En el extremo más alto de la escala sociolingüística, especialmente en las zonas urbanas, se produce una convergencia hacia normas panamericanas amplias, modificadas por diferencias fonéticas y léxicas menores, mientras que en el otro extremo del espectro sociolingüístico, la variación regional puede ser abrumadora. En la época en que Hispanoamérica era predominantemente rural y cuando los niveles educativos eran bajos, una sección lingüística extraída de la elite urbana habría sido poco realista como muestra de la variación dialectal. Las escuelas privadas, dirigidas por personal religioso y secular nacido en España, tenían el control casi absoluto de la educación, y en ellas se insistía en que los usos lingüísticos de España (es decir, de Castilla) eran preferibles a las formas "americanas". Los intelectuales y profesionales que habían estudiado en España o en los centros culturales principales de Hispanoamérica ahondaban las diferencias existentes entre el habla rural/iletrada y la urbana/culta.

Hoy en día, a finales del siglo XX, el perfil sociolingüístico de Hispanoamérica ha evolucionado considerablemente. Por desgracia, el analfabetismo y la marginación socioeconómica siguen afectando a la mayor parte de la población, pero también es verdad que se han realizado avances en los programas de educación pública, basados en necesidades regionales y no en normas europeas artificiales. La existencia misma del proyecto de la *Norma Culta* (cfr. Lope Blanch, 1986) es un reconocimiento a la creciente importancia del habla de las clases media y profesional urbanas. La radio, que llega ahora incluso a las zonas más aisladas e inaccesibles de Hispanoamérica, adopta las normas urbanas de prestigio. En muchos países, los maestros recién licenciados son enviados a las regiones rurales (desde las zonas urbanas, donde se encuentran la mayoría de las escuelas normales y universidades) a cumplir un servicio obligatorio, lo que contribuye a la expansión del habla profesional urbana.

Las críticas dirigidas a la adopción de un registro de habla supraregional como base de la descripción de los rasgos dialectales "nacionales" apuntan implícitamente a un nuevo tipo de división dialectal de Hispanoamérica. Independientemente de la expansión de las normas urbanas cultas, los rasgos regionales nunca desaparecerán por completo; persistirán inevitablemente patrones fonéticos y unidades léxicas a las que se dote de un estatus positivo o neutral en determinadas comunidades. Entre las clases obreras bajas y el campesinado rural, las características regionales sobreviven incluso con mayor tenacidad. Sin embargo, en todos los niveles sociolingüísticos, los grupos homólogos de regiones geográficamente muy distantes pueden presentar más similitudes que diferencias, posibilidad que apenas si empieza a emerger en los estudios dialectológicos, aún ligados a la tradición. Una herramienta clasificatoria, virtualmente valiosa, dentro de una perspectiva más amplia, es la gama de registros sociolingüísticos que domina un determinado grupo de hablantes. Los hablantes de los registros de la "norma culta" pueden usar y, de hecho, usan estilos de habla que apenas pueden distinguirse de los de las capas más bajas de la escala socioeconómica: cuando juegan, en momentos de extrema emoción, o simplemente en contextos informales y relajados en que se suspende momentáneamente el autocontrol. Los individuos cuyos hábitos lingüísticos caen dentro de los registros inferiores suelen mostrar un comportamiento asimétrico, y no controlan los registros superiores totalmente en todas las circunstancias. Sin embargo, todos los hablantes dominan más de un único punto del continuo sociolingüístico, y se puede emplear el repertorio de niveles característico de un grupo determinado como un rasgo clasificatorio que sobrepase los límites geográficos.

Podría merecer la pena invertir el orden jerárquico de las etiquetas clasificatorias y colocar los registros sociolingüísticos como criterio de primer orden y relegar el origen regional a un estatus subordinado. Por ejemplo, una clasificación del tipo "Español de la Ciudad de México —variedad de la clase media-alta—" sería reemplazado por "clase media urbana —educada localmente— Ciudad de México". Aunque, en principio, suponga la reordenación de los criterios de clasificación, este enfoque podría dar lugar, a la larga, a la misma división en microcategorías. Lo que diferirían serían las predicciones de los estadios intermedios. Las "clases naturales" definidas en los lugares más altos de la jerarquía implicativa apuntarían a grupos sociolingüísticos homólogos, que se extenderían, lógicamente, sobre una zona amplia y discontinua. Esto contrasta con la práctica habitual de separar primero los distintos registros sociolingüísticos existentes en una única región geográfica. Por el momento, no se ha llevado a cabo una reorientación sustancial de la dialectología hispanoamericana según las líneas precedentes. Se están acumulando estudios parciales, como los representados por Silva-Corvalán (1989) e Hidalgo (1990), y hay una creciente conciencia de la primacía de la diferenciación sociolingüística para la caracterización del español de América.

Acercamiento a la dialectología mediante el modelo de "principios y parámetros"

Los avances recientes de la teoría lingüística convergen en la idea de que las diferencias entre las lenguas, y, por extensión, entre los dialectos, presentan una coherencia fundamental que puede ser reducida a un conjunto limitado de rasgos universales. Uno de los objetivos básicos de la lingüística contemporánea es la reducción de todas las reglas a un mínimo absoluto, idealmente a un único esquema de reglas, con restricciones independientes que determinen la forma final de los constituyentes. El objetivo de llevar a cabo un reduccionismo al máximo tiene su principal exponente en el modelo sintáctico de Rección y Ligado o "principios y parámetros" (Chomsky, 1981) con su regla de "Muévase Alfa": muévase cualquier constituyente a cualquier sitio (Lasnik, 1992). Los constituyentes son "legitimados" en determinadas posiciones por componentes modulares de la gramática, que, en su conjunto, ofrecen interpretaciones aceptables de la información contenida en cada constituyente, y determinan la relación lógica existente entre ellos. El movimiento de un constituyente está provocado por la imposibilidad de la posición estructural generada en la base de proporcionar la legitimación necesaria, mientras que el lugar al que se desplaza un constituyente está limitado a las posiciones vacías que ofrecen las condiciones necesarias para el movimiento.

La vertiente del reduccionismo inherente a la teoría de los "principios y parámetros" son los "parámetros": conjunto de opciones básicas que determinan la configuración gramatical de una lengua. En las versiones más ambiciosas de la teoría, las opciones sujetas a variación paramétrica pertenecen a la Gramática Universal, que es la facultad innata del lenguaje. El "establecimiento" de parámetros se lleva a cabo durante la adquisición de la primera lengua, a medida que el niño va encajando los datos lingüísticos en las opciones paramétricas permitidas por la Gramática Universal. Entre los candidatos más adecuados a recibir el rango de parámetros están la presencia de "sujetos nulos", la dirección de la rección, la posición del núcleo en la estructura sintagmática (al principio o al final), y los nudos cíclicos de la subyacencia, esto es, la distancia y la estructura sintácticas que pueden ser recorridas en una única aplicación de Muévase Alfa.

En fonología ha habido cierta resistencia a establecer un paralelismo completo con la sintaxis, y la aplicación de la teoría de "principios y parámetros" no ha hecho más que empezar. En el nivel de la

LIBRARY, UNIVERSITY OF CHESTER

fonología segmental (o "autosegmental"), varias propuestas recientes restringen severamente los tipos posibles de reglas a la desvinculación y al esparcimiento de rasgos autosegmentales, y todos los procesos operan bajo una adyacencia estricta en una grada adecuadamente definida (cfr. la exposición de Goldsmith, 1990).

La dialectología hispánica ha empezado a incorporar las nuevas perspectivas teóricas de la lingüística comtemporánea. Hasta ahora, la mayoría de los estudios teóricos han trabajado con un conjunto restringido de datos comparativos y se han reducido a temas de alcance limitado. La mayoría de los estudios teóricos sobre el español con aplicación directa a la dialectología se ocupan de cuestiones fonológicas:

(1) La realización de /s/ final de sílaba y de palabra. Los estudios teóricos más representativos que tratan diferencias dialectales son Bordelois (1984), Guitart (1981b, 1982), Hammond (1986b, 1989), Harris (1983), Hualde (1989), Lipski (1984, 1985a, 1986a), Seklaoui (1989) y Terrell (1977, 1980, 1981, 1983).

(2) Velarización y erosión de /n/ final de palabra. Los principales estudios dialectológicos son Bjarkman (1989), D'Introno, Ortiz y Sosa (1989), Chela Flores (1986), Guitart (1982), Hammond (1979b), Harris (1983), Hooper (1976), Lipski (1988b, 1989b), Terrell (1975) y Trigo (1988).

(3) Reducción de las vocales átonas (Lipski, 1990b).

(4) La pronunciación de /r/ y /rr/ (Lipski, 1991c; Núñez Cedeño, 1990).

(5) La realización de los fonemas /y/ y /φ/ (Lipski, 1989c).

(6) Pronunciación oclusiva/fricativa de /b/, /d/ y /g/ postconsonánticas (Amastae, 1986, 1989; Harris, 1985).

A pesar de los fructíferos resultados del paradigma de investigación de la teoría sintáctica contemporánea, se ha prestado relativamente poca atención a la variación sintáctica en los dialectos del español, debido al hecho de que los sintactistas trabajan con datos de un único dialecto. Un problema de interés teórico para los sintactistas del español es el comportamiento de los pronombres clíticos de objeto directo. Algunos intentos teóricos de describir la reduplicación y elisión de clíticos desde una perspectiva dialectológica son D'Introno (1985), Jaeggli (1982), Lipski (1990f), Luján (1987) y Suñer (1988, 1989).

Otros fenómenos sintácticos estudiados dentro del marco de la variación dialectal son:

(1) Los infinitivos con sujetos nominales, frecuentemente tras *para: ¿Qué tengo que hacer para tú entender esto?* (Lipski, 1991a, 1986).

(2) Preguntas sin inversión del tipo *¿Qué tú dices?* (cfr. Lipski, 1977; Núñez Cedeño, 1983; Suñer, 1986).

(3) La elevada frecuencia de los pronombres sujeto en algunos dialectos hispanoamericanos (cfr. Luján, 1985, 1986; Lipski, 1985e).

La exposición precedente tiene más el carácter de una sugerencia que el de un programa de investigación; a medida que evolucione la teoría lingüística, progresará la clasificación dialectal. El estudio de los procesos fonológicos y sintácticos de los dialectos debe combinarse, en última instancia, con las clasificaciones basadas en el vocabulario, la entonación y las diferencias fonéticas segmentales.

CAPÍTULO II

La herencia lingüística de España

INTRODUCCIÓN: EN BUSCA DE LAS "SEMILLAS" DEL ESPAÑOL DE AMÉRICA

En España existe la creencia popular de que el español de América es bastante homogéneo, pese a los miles de kilómetros que cubren sus dialectos. Algunas de esas creencias populares son correctas, pero otras responden a estereotipos. Al otro lado del Atlántico, los hispanoamericanos también tienen su opinión sobre cómo hablan los "españoles", opinión que se basa en el habla de los sacerdotes y monjas peninsulares que viven allí y de inmigrantes que proceden fundamentalmente de Galicia y de las Canarias. En ambos casos existen estereotipos, pues se ignoran los detalles de la variación social y regional, de modo que cuando a alguien le presentan a un hablante del "otro lado", se queda asombrado de no poder reconocer su origen. El examen objetivo de la enorme variación del español de América hace que uno se maraville de que los del otro continente encuentren más similitudes que diferencias, o de que se valoren mucho rasgos aparentemente menores como la ausencia de *zeta*. Estos problemas de percepción subrayan la necesidad de aprender más sobre las etapas de formación de los dialectos del español de América. ¿Cuál fue el periodo crítico que consolidó los patrones lingüísticos que dieron como resultado el español de América contemporáneo? ¿Cuáles eran los dialectos regionales de España durante ese periodo? ¿Qué importancia relativa, demográfica y sociopolítica, tuvo cada variedad peninsular en la formación del español de América? ¿Es el español de América "andaluz", "castellano", o ninguna de las dos cosas? ¿Qué cambios pueden ser atribuidos a la nivelación dialectal, a la jerga de los marineros y a la imitación pretenciosa de las variantes de prestigio? Entre los colonos cuya habla formó las bases de los dialectos hispanoamericanos, ¿predominaron los hidalgos, los artesanos o los campesinos? Muchas son las preguntas y muchos los intentos de explicar la unidad y la diversidad de los dialectos del español de América.

PATRONES Y RUTAS DE LA COLONIZACIÓN ESPAÑOLA

Durante dos siglos al menos, la colonización española del Nuevo Mundo fue planificada en Castilla, gestionada en Andalucía y contó con la colaboración de las Islas Canarias. De los asuntos administrativos concernientes a las colonias americanas se encargaba el Consejo de Indias, en Madrid. Los futuros colonos pedían el pasaje en la Casa de Contratación de Sevilla, y tenían que esperar un año o más antes de embarcar hacia la América española. El Consulado de Sevilla, dominado por mercaderes sevillanos, disfrutó durante largo tiempo del monopolio del comercio con las Américas. Las tripulaciones de los barcos eran reclutadas en Andalucía y Canarias. Muchos barcos partían directamente de Sevilla; otros lo hacían desde los puertos andaluces de Cádiz, Sanlúcar y Huelva. Los barcos cargaban provisiones y eran reparados en las Islas Canarias, y después ponían rumbo a un pequeño número de puertos americanos autorizados, lo que permitía mantener el monopolio comercial real. La colonización española de las Américas se entremezcló casi inmediatamente con las transacciones comerciales. Se extraían metales preciosos de las minas de México, Centroamérica, Perú y Bolivia, mientras que de otras colonias se embarcaban hacia España tintes, especias, pieles, cera, brea y otros productos naturales. Los barcos que viajaban desde España al Nuevo Mundo, además de colonos y personal de la Administración, transportaban mercancías, productos domésticos y, cuando se establecieron los principales asentamientos, artículos de lujo.

Muy pronto, España se dio cuenta de la amenaza de los piratas organizados y de los merodeadores ocasionales, y con dolor descubrió la vulnerabilidad de los barcos españoles cargados de tesoros y de los almacenes de tierra firme. El tesoro que se extraía de Sudamérica era llevado originariamente a Nombre de Dios, Panamá, para ser transportado a España, pero los repetidos ataques piratas a esta desprotegida villa hicieron que los españoles se reasentaran en Portobelo, y construyeran fortificaciones allí. También se construyeron fuertes de similares características en Cartagena de Indias, Veracruz, San Juan, Santo Domingo, Acapulco y La Habana.

Los ataques piratas también impulsaron la creación de una flota, y desde entonces los barcos viajaron juntos, en convoyes y armados, entre España y América. Ya en el Caribe, algunos barcos se separaban del convoy para comerciar con puertos más pequeños, y así nació un comercio ilegal con puertos que quedaban al margen de las rutas oficiales, pero el contacto comercial con Hispanoamérica siguió, en su mayoría, las rutas legales. Los vientos y las corrientes marinas, así como el desarrollo, más fruto de la casualidad que de una planificación consciente, de la colonización española, favorecieron ciertas rutas hacia y desde el Caribe. Los barcos que llegaban de España entraban por el sur del Caribe, solían hacer escala en Jamaica u otra isla del este, y arribaban a puerto en Cartagena, que llegó a ser el puerto y la zona comercial más importante de América del Sur. Se construyeron otros puertos en las costas colombianas y venezolanas, entre ellos Santa Marta, Riohacha, Cumaná, Maracaibo y La Guaira, pero ninguno pudo rivalizar con Cartagena. Los barcos que transportaban mercancías y pasajeros para la costa del Pacífico de Sudamérica llegaba a Portobelo, desde donde se llevaba el cargamento a Ciudad de Panamá, en el Pacífico, mediante una combinación de reatas de mulas y botes de río. Guayaquil y El Callao eran los puertos mas importantes del Pacífico, y cuando España empezó a enviar galeones a las Filipinas, se añadió a la lista Acapulco. En la costa caribeña de Mesoamérica, Veracruz era el principal puerto de entrada, mientras que pequeños puertos de América Central, especialmente Trujillo y Puerto Caballos (actualmente Puerto Cortés) en Honduras, recibían un tráfico ocasional. Los barcos que volvían a España desde Portobelo solían atracar en Cartagena, y después se dirigían al Caribe norte. La Habana se convirtió en el punto principal de aprovisionamiento para el viaje de vuelta a la Península, al tiempo que otras ciudades caribeñas perdían rápidamente la importancia que habían tenido.

LAS BASES DE LA TEORÍA "ANDALUZA"

Muchos denominadores comunes del español de América, como el yeísmo (neutralización de la oposición /y/-/ʎ/ en favor del primero), el seseo (neutralización de /θ/ y /s/ en favor del último), y el uso de *ustedes* en vez de *vosotros,* coinciden con los principales dialectos de Andalucía. Estos rasgos comunes, unidos a la hegemonía comercial sevillana durante la empresa colonial, han dado lugar a las teorías *andalucistas* del español de América, según las cuales el andaluz constituyó el modelo lingüístico más importante durante el periodo de formación del español de América. Incorporando a las Islas Canarias en la ecuación, Catalán (1958, 1960, 1964) acuñó el término *español atlántico,* para definir un grupo de dialectos que abarca el sur de España, las Islas Canarias y gran parte de Hispanoamérica, sobre todo la zona del Caribe. Los defensores de la teoría andalucista sostienen que los andaluces predominaron numérica y sociolingüísticamente durante el periodo de formación del español de América, y aducen una variedad de datos en defensa de esa teoría. Señalaron también que los inmigrantes solían pasar un año en Sevilla o Cádiz conviviendo con marineros y estibadores, y que luego pasaban uno o dos meses más en el mar, lo que les daba la oportunidad de adquirir los términos náuticos para las actividades más comunes de a bordo, como el atraque, los cabos y el achique. Esto explicaría el uso en la vida diaria de unidades léxicas que en España sólo se asocian con contextos náuticos: *botar, amarrar, abarrotes, atracar, balde, chicote, desguazar, timón,* etc. (Garasa, 1952; Guillén Tato, 1948). El componente arcaico que posee el español de América comparado con el español moderno, con términos como *lindo, cobija* "manta", *platicar* "hablar", *pollera* "falda", se puede atribuir al relativo aislamiento de muchas zonas durante el periodo colonial, al igual que la tendencia a la conservación de elementos léxicos antiguos en los dialectos coloniales periféricos mucho después de que hubieran desaparecido en la metrópoli. Con esto, la ecuación es completa, de manera que la demostración del predominio demográfico de los andaluces y del andaluz en las épocas y los lugares claves constituye la base de las teorías andalucistas. El otro ingrediente fundamental es la firme convicción de que los dialectos "hispanoamericanos" y "andaluces" como grupo comparten las similitudes necesarias para garantizar la hipótesis andalucista. Las teorías antiandalucistas han puesto en duda la realidad factual y la relevancia de cada uno de los ingredientes del paradigma andalucista, y han ofrecido, a su vez, un conjunto de contrapropuestas e interpretaciones.

Orígenes regionales de los colonos españoles

Cuando surgió por vez primera la cuestión de los orígenes regionales de los colonos españoles, no había mucha información disponible, y los escritores se guiaban por la intuición y las anécdotas. Wagner (1920) fue de los primeros en suponer un origen andaluz para el español de América [aunque en Wagner (1927) la comparación se limita a las tierras bajas o costeras], propuesta criticada por Henríquez Ureña (1921, 1932)[1]. Henríquez Ureña fue el primero que se dedicó a

---

[1] Este último autor afirmó que seguía el camino de Cuervo (1901) en su postura

calcular los orígenes de unos diez mil primeros colonos, basándose en documentos recogidos por Icaza (1923). Llegó a la conclusión de que los andaluces representaban sólo un tercio de los primeros colonos. Los números manejados por Henríquez Ureña son pequeños en comparación con el número total de colonos españoles, y nada garantiza que las proporciones relativas de las primeras décadas de asentamiento (el periodo abarcado por los documentos en cuestión) sean representativas del periodo entero de formación del español americano. Alonso (1961), Gruber (1951) y Neasham (1950) pusieron al día los hallazgos de Henríquez Ureña mediante el estudio de otros materiales, pero sólo a partir de la obra monumental de Boyd-Bowman (1956, 1963, 1964, 1968a, 1968b, 1972), quien identificó los orígenes regionales de 40.000 primeros colonos (un 20 % del total para el primer siglo de la colonización), surgió una idea clara de los patrones de asentamiento. Los resultados de Boyd-Bowman se suelen citar como prueba definitiva de los orígenes andaluces del español de América, pero las cosas no son tan sencillas. Para la primera parte del periodo estudiado, antes de 1519, los registros de Boyd-Bowman muestran que aproximadamente el 30 % del total de colonos procedían de Sevilla y Huelva (y formaban la mayoría del contingente andaluz). Aunque esta es la mayor contribución procedente de una única región, la suma total de colonos de origen castellano fue casi tan grande, y cuando se añade a ella la de los extremeños y leoneses, supera el número de los andaluces. En la última parte del periodo estudiado por Boyd-Bowman, la emigración desde las regiones del norte se incrementa paulatinamente; Andalucía aún proporciona una gran cantidad, pero nunca alcanza la mayoría. Los cálculos se complican por el hecho de que muchos futuros colonos que esperaban su pasaje en los puertos andaluces indican Sevilla, Huelva o Cádiz como lugar de residencia, incluso aunque hubieran nacido y crecido en otros lugares; muchos nativos de regiones distintas a Andalucía fueron incluidos sin querer como andaluces.

Se siguen analizando las cifras de la emigración española en diversas colonias y épocas, pero aunque pudiera conseguirse un perfil demográfico completo del periodo colonial entero, seguiría existiendo una pregunta fundamental: ¿cuánto es bastante? Nada hace pensar en una simple correlación entre la proporción de la población colonial que representa a una determinada región de España y la transferencia de características lingüísticas típicas de esa región. El hecho de que los andaluces representen el 30 %, el 20 % o incluso

---

antiandalucista, pero Guitarte (1958) ha demostrado que la posición de Cuervo era mucho más cauta.

el 10 % de una determinada población colonial no excluye un influjo andaluz significativo en el dialecto colonial que se estuviera desarrollando. Esto sería especialmente así si el resto de la población estuviera dividida entre distintos dialectos regionales, cada uno de los cuales representara una proporción más pequeña que el componente andaluz. A la inversa, una mayoría numérica de andaluces en una zona concreta no implica automáticamente el sesgo andaluz del dialecto regional. La importancia sociolingüística de las variedades regionales en el asentamiento colonial es un detalle importante, que se suele pasar por alto al trazar la evolución del español de América.

Los andaluces y los castellanos constituyeron el grueso de la primera inmigración, y continuaron dominando los asentamientos españoles durante la mayor parte del periodo colonial. Puesto que el andaluz es fundamentalmente una variedad del castellano, la naturaleza "andaluzo-castellana" del español de América es una consecuencia inevitable. No obstante, los andaluces no constituyeron una fuerza demográfica arrolladora excepto en las zonas costeras. Por ejemplo, los primeros conquistadores y sus oficiales eran mayoritariamente castellanos y extremeños: Cortés, Valdivia, Pizarro, Pedro de Mendoza, Hernán de Soto, Coronado, Ponce de León y muchos otros. Los éxitos de estos aventureros despertaron seguidores procedentes de sus patrias chicas, de forma que una gran proporción de la fuerza impulsora de la conquista y posterior colonización debió de estar compuesta por personas de origen no andaluz. Una vez que se establecieron las ciudades costeras y empezó el comercio regular con España, el componente andaluz asumió un papel más importante en esas zonas. Los contactos entre los puertos andaluces e hispanoamericanos y las zonas costeras adyacentes fueron intensos, y prevalecieron sobre cualquier otro influjo lingüístico o cultural de España. La misma importancia tuvo el hecho de que las rutas de contacto entre las zonas costeras *dentro de* Hispanoamérica también estuvieran determinadas por las rutas de las flotas, y de que viajara un número significativo de colonos entre los puertos principales. Con la expansión del comercio de contrabando, centrado en el comercio ilegal de esclavos, otras zonas costeras entraron en un contacto lingüístico estrecho con el sur de España; entre ellas se encuentran zonas remotas de las costas de Venezuela y Colombia, Santiago de Cuba y varias poblaciones de Centroamérica. Menéndez Pidal (1962) ofrece el estudio más completo de los contactos lingüísticos entre Andalucía y las costas de Hispanoamérica.

Algunos investigadores interpretan la conquista y la colonización españolas como la obra de una nobleza menor, pequeños propietarios y miembros de la burguesía española. Para estos investigadores, hay que buscar las raíces del español de América en las clases superiores de la España de los siglos xv y xvi. Recalcan la aparición frecuente de títulos nobiliarios, ignorando el hecho de que muchos de esos títulos se otorgaban a aventureros sin tierra como recompensa por haber proporcionado al gobierno español riquezas y tierras. También se pasa por alto el hecho de que al final del siglo xv muchos "nobles" españoles sólo poseían el título, pero no una posición privilegiada que les permitiera dominar una gama de registros lingüísticos más amplia que la de sus compatriotas más humildes. Otros han llegado a la conclusión de que América fue mayoritariamente colonizada por las clases más bajas de España: los campesinos y el creciente proletariado urbano. Otros investigadores citan documentación histórica que muestra el asentamiento de las clases medias, el establecimiento de gremios de artesanos, la emigración de núcleos familiares estables y los orígenes urbanos de muchos colonos.

En la época de la conquista y de la colonización del Nuevo Mundo, Castilla y Andalucía —la "España" que soportó el peso del esfuerzo colonial— acababan de sufrir importantes cambios demográficos. La fase final de la Reconquista, finalizada con la caída del Califato de Granada en 1492, provocó la expulsión o la neutralización social de un gran número de árabes, lo que diezmó la clase de los artesanos, mercaderes y profesionales del sur de España. La expulsión coetánea de los judíos redujo aún más las clases medias y profesionales. Las zonas reconquistadas de Andalucía, Valencia y Murcia fueron repobladas con campesinos y pequeños granjeros del norte de España, que no tenían ni la oportunidad ni el deseo de abandonar inmediatamente su nueva situación y embarcarse en otro viaje. De España emigraron relativamente pocos campesinos, pues entonces como ahora, los peones y los siervos eran seres marginados con muy poco control sobre su destino, y carecían de medios económicos que les permitieran abandonar la tierra y emigrar al Nuevo Mundo. Solo mucho después fueron reclutados campesinos para la colonización, pero procedentes sobre todo de las Islas Canarias. El proletariado urbano español se encontraba en una situación similar, aunque la emigración era más fácil en zonas como Sevilla, Cádiz, y después La Coruña, Santander y otras ciudades portuarias, donde los aventureros podían encontrar algún medio de conseguir un pasaje para el Nuevo Mundo. Las familias españolas más acomodadas llevaron consigo al servicio doméstico, aunque después los trabajadores indígenas o africanos reemplazaron a los sirvientes procedentes de España. En el otro extremo de la escala, la nobleza con tierras y los mercaderes ricos vivían cómodamente en España, y no sentían ninguna urgencia por dejar una posición segura y lanzarse a arriesgadas aventuras ultramarinas. La población que emigró a las Américas procedía de categorías muy delimitadas. En primer lugar, estaba la nobleza desposeída, constituida por segundones (los hijos más jóvenes que no heredaban las propiedades familiares), así como por familias que habían perdido sus bienes. Muchos de esos individuos habían ingresado ya en el ejército español y se convertirían en los futuros conquistadores del Nuevo Mundo. Se les conmutaron las penas a pequeños grupos de prisioneros que se mostraron dispuestos a establecer cabezas de playa en los territorios recién descubiertos. Una vez que se fundaron colonias estables, artesanos, empresarios, marineros y pequeños propietarios fueron atraídos por el auge de la economía colonial, que contrastaba con el declive de la España de los siglos XVI y XVII.

El perfil sociolingüístico de los colonos españoles del Nuevo Mundo difería, por tanto, de manera significativa de la demografía de la Península Ibérica. Tanto los campesinos como la gente acomodada estaban muy escasamente representados en las colonias, y las primeras oleadas de colonos eran, predominantemente, artesanos, pequeños propietarios de zonas marginadas o destrozadas por desastres climáticos e individuos que por distintas razones no habían prosperado económica o socialmente en Europa. Entre los últimos había miembros de la pequeña nobleza, con distintos niveles de prosperidad y de educación (Rosenblat, 1977). Aunque la creciente urbanización de las Américas, junto con la creación de grandes plantaciones y haciendas, atrajo a la larga a una clase social alta de mercaderes, administradores y empresarios, la emigración desde España y desde las Islas Canarias siguió favoreciendo a las clases medias durante todo el periodo colonial.

La decisión de emigrar, y las circunstancias que daban paso a esa decisión, colocaban inmediatamente al futuro colono en una clase distinta de la de aquellos que permanecían en España, por lo que se producía una considerable preselección de las características que se llevarían a la emigración. La fluidez en castellano/andaluz era una consecuencia casi automática de la pertenencia al grupo, como lo era también la familiaridad con formas urbanas de habla. Rosenblat (1977: 29) afirma que "la colonización de América en el siglo XVI tuvo carácter eminentemente urbano. La Conquista estuvo a cargo de sectores de la nobleza inferior y de gentes que habían convergido hacia las ciudades o se habían formado en ellas"*. Este hecho da al español de América un carácter señaladamente menos rústico, incluso en el nivel del habitante rural analfabeto, del que poseen las zonas españolas correspondientes.

Gran parte de la controversia sobre los orígenes sociales del español de América nace de la idea de que el perfil sociolingüístico de la España de los siglos XVI y XVII es comparable al de la España y la América contemporáneas. En el siglo XX existe una estrecha correlación entre el estatus socioeconómico y el nivel cultural, lo que se refleja en el uso lingüístico. La antigua aristocracia propietaria de tierras ha sido sustituida por nuevos grupos privilegiados, que también basan su hegemonía, en la mayor parte de los casos, en la herencia de tierras y del poder, pero algunas de las prerrogativas inevitables de la riqueza y de la influencia son la educación, las oportunidades para viajar y la conciencia del uso del lenguaje. Hoy en día, el analfabetismo es la lacra sólo de las clases más desposeídas y la correlación entre el estatus socioeconómico y el uso lingüístico es muy elevada.

Durante los siglos XVI y XVII, la educación académica y el conocimiento de la escritura, aunque sólo al alcance de los que poseían riqueza y un estatus alto, estaba lejos de ser consecuencia automática de los privilegios. La escritura solía ser dominio exclusivo de los clérigos, y comentarios indirectos por ejemplo del *Diálogo de la Lengua* de Valdés (publicado en 1529) nos informan de que muchos miembros de la aristocracia eran casi o totalmente analfabetos. Aunque poseían un vocabulario más cosmopolita, los hidalgos no solían ser los mejores representantes del modo de hablar de la elite, la llamada "norma culta". Una vez colonizada una determinada zona de Hispanoamérica por aristócratas o por miembros de la clase trabajadora, las diferencias objetivas en el uso lingüístico entre las clases sociales eran más pequeñas de lo que lo son en el presente siglo. La realidad de la colonización española de Hispanoamérica no favorece la idea de un origen exclusivamente plebeyo ni de una base hidalga, sino que simplemente constituyó la continuación de lo que eran patrones lingüísticos escasamente diferenciados y que compartían la nobleza y la clase trabajadora. La mezcla de grupos socioeconómicos variaba por colonias y por épocas, pero las proporciones relativas de nobles, burgueses, artesanos o campesinos no fueron tan importantes en la formación de los dialectos originales como el perfil sociolingüístico de los colonos. En regiones rurales como la Pampa argentina o las tierras

---

* En español en el original. *[N. del T.]*

bajas de Centroamérica, Panamá, Uruguay, Cuba y Bolivia, pequeños granjeros españoles formaron una nueva clase de rancheros y propietarios rurales, mientras que en países con una gran población indígena, fue ésta la que engrosó el sector campesino bajo el sistema colonial español.

No es realista pensar que la América española sea una réplica de los patrones sociales y estilos de vida españoles. Ciudades que gozaron de una prosperidad excepcional, como Potosí, Lima o Ciudad de México, se enorgullecían de que sus residentes vivieran con un esplendor europeo y de que mantuvieran un contacto social y cultural con España tan estrecho como si hubieran permanecido en ella. Aunque el continente americano podía representar la oportunidad para la mejora económica, el estilo de vida de la mayoría de los colonos era más espartano que el de España, debido a la escasez crónica de artículos de lujo, sirvientes, materiales de construcción y actividades de ocio. Los propietarios de tierras y de negocios se veían obligados, muchas veces, a llevar a cabo tareas que en Europa habrían quedado relegadas a los miembros de las clases más bajas. Como ocurrió en el Caribe británico, los pequeños granjeros españoles trabajaron codo con codo con los trabajadores indígenas y africanos, y hasta el siglo XIX hubo poco aislamiento lingüístico entre los miembros de la elite colonial y las clases trabajadoras.

EVOLUCIONES INDEPENDIENTES EN EL ANDALUZ Y EN EL ESPAÑOL DE AMÉRICA

Aunque todas las similitudes entre el andaluz y el español de América han sido citadas alguna vez como prueba de la base "andaluza" de este último, algunos de los rasgos fonéticos compartidos parecen haber surgido independientemente en varias zonas, y podrían, por tanto, quedar al margen de la polémica que rodea los posibles influjos andaluces. Esos rasgos son:

(1) *El yeísmo* (deslateralización de /ʎ/). Este es un proceso en marcha que afecta a casi todos los dialectos del español, y nada hace pensar en una transmisión directa desde Andalucía a otras partes de España. La deslateralización de /ʎ/ es un fenómeno románico general, que se ha producido en muchas variedades vernáculas del portugués, especialmente en Brasil, y también en dialectos regionales de Francia e Italia. En Andalucía, especialmente en las provincias orientales, pero también cerca de Sevilla, el yeísmo no es total ni siquiera hoy en día, y hasta hace poco todas las zonas de las Canarias

mantenían /ʎ/. En Hispanoamérica, la correlación entre la conservación de /ʎ/ y el aislamiento social o geográfico es sólo parcial. Zonas coloniales atrasadas como Paraguay mantienen /ʎ/, pero también zonas de Centroamérica igualmente aisladas perdieron /ʎ/ muy pronto. Han conservado /ʎ/ regiones mineras importantes de Bolivia, centros de intensa actividad colonial y contacto con la metrópoli.

(2) *Velarización de /n/ final.* Esta pronunciación aparece en todas las lenguas románicas, y puede ser atribuida a un proceso universal de debilitamiento fonológico. En España, la /n/ final se velariza no sólo en Andalucía y (con menor regularidad) las Islas Canarias, sino también en Extremadura, León y Galicia. En Hispanoamérica, la /n/ se velariza no sólo en los dialectos caribeños y costeros que "suenan" como el andaluz, sino también en las tierras altas de América Central y de los Andes, sin correlación aparente entre la velarización y la huella de algún dialecto peninsular concreto.

(3) *Seseo.* En el sentido general de fusión de las dos sibilantes *s* [ś] y *ç* [s] en una única fricativa sorda, el seseo se ha producido en otras regiones de España y Portugal, así como en otras lenguas románicas, y en algunos dialectos del vasco. Poco después de que empezara la colonización del Nuevo Mundo, las africadas españolas /tˢ/ y /dᶻ/ se fundieron en una fricativa dental sorda. Este sonido, presumiblemente a medio camino entre [s] y [θ], se oponía a la apicoalveolar [ś], resultante de la fusión de /s/ y /z/. En Castilla, [s] se convirtió en [θ] interdental, manteniendo la diferencia con [ś], mientras que en la mayor parte del resto de España, [s] y [ś] se fusionaron, con resultados fonéticos diferentes.

Hacia el final del siglo XVI, el uso andaluz (sevillano) de [s] para representar no sólo los resultados de /tˢ/ y /dᶻ/, sino también la fusión de /s/ y /z/ se denominó *çeçeo* o *zezeo*. En el español actual, *ceceo* designa la pronunciación de /s/ como [θ], pero en el siglo XVI *çeçeo* significaba simplemente el uso de una [s] convexa o no apical, como sucede hoy en la mayoría de Hispanoamérica. El término *seseo*, a su vez, designa la fusión de /s/, /z/, /tˢ/ y /dᶻ/ originarios en una única sibilante. La idea de que el seseo hispanoamericano es un mero préstamo de Andalucía procede de la errónea idea de que sólo alcanzó las Américas la /s/ del español peninsular (resultado de la neutralización de las cuatro sibilantes en Andalucía), pero no /ś/ (resultado de la fusión de /s/ y /z/ en el norte de España). Hoy en día, hay varias regiones de Hispanoamérica donde predomina una /ś/ apicoalveolar (entre las que se encuentran determinadas zonas de Colombia, así como las regiones andinas de Bolivia y Perú), y tales zonas deben haber sido más extensas en el pasado. En las Islas Canarias no son raras las bolsas de /ś/ apicoalveolar, especialmente en las islas más aisladas de El Hierro o La Gomera. Los campesinos de algunas regiones de América Central y México emplean una [θ] interdental para /s/, una especie de *zezeo* moderno.

En las Islas Canarias, Andalucía oriental e Hispanoamérica, pobladas por colonos de diferentes regiones de España, la inestable oposición entre /s/ y /ś/ se resolvió a favor de una sola sibilante, pero NO siempre a favor del resultado de /tˢ/ y /dᶻ/. En el entorno lingüísticamente más homogéneo y más estable de Castilla, la oposición se estabilizó gracias a la evolución fonética de [s] en una articulación interdental, mientras que en el sudoeste de Andalucía, con centro en Sevilla, la misma homogeneidad permitió que se fundieran en una sola sibilante [s]. La existencia de una sola sibilante en el español de América no es indicio seguro de un influjo andaluz directo, sino sólo de la ausencia de una presencia castellana constante, después de la época en que se había desarrollado /θ/ en Castilla[2].

(4) *"Aspiración" de /x/ como [h].* El debilitamiento de la /x/ fricativa posterior en una aspiración [h] se cita a menudo como uno de los rasgos "andaluces" del español de América. Sin embargo, la geografía dialectal de Hispanoamérica nos lleva a pensar que la /x/ llevada originariamente a Hispanoamérica era más velar que faríngea, y que las evoluciones posteriores, en las que puede haber tenido algún influjo el contacto andaluz, dieron como resultado el debilitamiento en [h] en ciertas zonas.

LA FUNCIÓN DE LA NIVELACIÓN DIALECTAL

El que visita la España actual descubre una lengua notablemente homogénea por todo el país, de forma que cualquier variedad regional o social puede ser entendida sin dificultad por los hablantes de otras variedades. Las únicas lenguas ibero-románicas regionales que siguen vivas son el catalán/valenciano y el gallego. El bable asturiano y el aragonés son reliquias rústicas. El leonés, que en tiempos poseyó

---

2 El español sefardí, que refleja las tendencias lingüísticas peninsulares de finales del siglo XVI, incluidas Castilla y otras zonas no andaluzas, muestran que el seseo era ya un proceso en marcha en España. No es el seseo, sino la especial realización de ç = [s] como [θ] en Castilla la evolución anormal.

una rica literatura, ha desaparecido completamente. Hace sólo unas cuantas décadas, la situación era diferente; además de la mayor vitalidad de las lenguas regionales, se hablaban un conjunto de dialectos no estándar del español, que poseían patrones morfológicos, sintácticos y fonológicos que se desviaban llamativamente de los esquemas urbanos castellanos y andaluces. Hoy en día, esos hablantes sólo se encuentran en los asilos o en granjas rurales aisladas. Retrocediendo a los siglos en que se llevó a cabo la empresa colonial, la diversidad de las lenguas y dialectos regionales en España debía de ser lo bastante grande como para llegar casi a impedir la comunicación entre muchas de esas variedades, a no ser que se hicieran esfuerzos conscientes para encontrar un terreno lingüístico común. La situación descrita contrasta agudamente con la Hispanoamérica actual, donde hasta los dialectos más rústicos y aislados, que se extienden por miles de kilómetros, comparten más similitudes (y una inteligibilidad casi total) que los dialectos peninsulares circunscritos a un radio más pequeño. Esta homogeneidad no es reciente; los documentos coloniales revelan elevados niveles de similitud entre dialectos, incluso en el nivel vernáculo. Parece que actuó una alquimia lingüística sobre la caleidoscópica confusión de lenguas y dialectos peninsulares para producir el español de América. Este último era todavía más homogéneo en su estado embrionario, pues las principales diferencias dialectales se han desarrollado con posterioridad.

Alonso (1961: 44-46) afirmó que en el siglo XV casi todas las regiones de España eran diglósicas, y que sus habitantes tenían algún denominador común "castellano" además de sus dialectos o lenguas regionales. Tal afirmación es imposible de comprobar, y, además, difícil de creer, sobre todo si pensamos que, actualmente, ya bien entrado el siglo XX, muchos habitantes rurales de León, Asturias y Aragón, por no mencionar Cataluña y el País Vasco, hablan muy poco castellano o no lo hablan en absoluto. Algunos colonos españoles procedían de clases sociales que eran garantía de un conocimiento previo del castellano, pero otros muchos probablemente oyeron hablar "español" por vez primera cuando esperaban su embarque en Sevilla o Cádiz, o ya a bordo, o en su nuevo destino. Con todo, el desarrollo de la emigración española al Nuevo Mundo favoreció a los castellanohablantes.

Entre los primeros emigrantes a las Américas, los hablantes de catalán, valenciano y aragonés fueron escasos en proporción, pues preferían emigrar a zonas mediterráneas como Cerdeña y Sicilia. Durante cierto tiempo, la política oficial española prohibió la emigración catalana al Nuevo Mundo. Esto nos deja aún un gran número de lenguas y dialectos regionales del centro y del oeste que hay que tener en cuenta, dada la mezcolanza de emigrantes que se dirigieron a la

América española. Sin embargo, sólo los rasgos castellanos-andaluces formaron la base del español de América, lo que fortalece la hipótesis de que en España se estaba produciendo ya la nivelación dialectal, y de que fue acelerada por el proceso migratorio. No es necesario postular la diglosia nacional propuesta por Alonso; la nivelación dialectal sería crucial sólo en zonas de paso como Sevilla, donde se encontraron por primera vez reunidos colonos procedentes de muchas regiones de España.

Las adaptaciones transdialectales que se produjeron durante la formación del español de América tuvieron el castellano-andaluz como eje central. A diferencia de regiones tan coherentes desde el punto de vista étnico y lingüístico como Asturias, Aragón, León, Extremadura y Galicia, Andalucía nunca fue sede de una lengua regional propia con características morfológicas, sintácticas y fonológicas radicalmente distintas de las de Castilla. El español de Andalucía se formó durante la Reconquista, se nutrió en gran medida de Castilla, y difiere básicamente del castellano en la mayor reducción de las consonantes finales de sílaba y en la realización fonética de las sibilantes. Los rasgos "andaluces" del español de América son, en su mayor parte, comunes al andaluz y al castellano. Los denominadores comunes del español andaluz y castellano de los siglos XVI-XVII eran tan numerosos que abarcaban casi la lengua entera, con excepción de algunos detalles fonéticos. A diferencia de lo que ha ocurrido con la nivelación dialectal que se ha producido entre dialectos muy diferentes (por ejemplo en Italia o en zonas de Francia), pocos andaluces o castellanos se vieron obligados a modificar de manera significativa su habla para comunicarse entre sí. Los recién llegados a Sevilla con un dominio imperfecto del castellano/andaluz, tendrían que aprender otras formas de habla, mientras se desprendían de gran parte de su lengua nativa. En el nivel de la morfosintaxis, esta acomodación era casi total, mientras que la pronunciación tendría que sufrir un ajustamiento menos drástico entre los inmigrantes de la primera generación. En el contexto del Nuevo Mundo, la situación era más variable, dependiendo de la mezcla regional de colonos que hubiera en una determinada región[3].

---

[3] Es insostenible la idea simplista de que los castellanos se establecieron en las tierras altas y los andaluces permanecieron en las tierras bajas costeras, pero sí es cierto que muchas comunidades recibieron una proporción mayor de inmigrantes de una región española determinada. Por ejemplo, Granda (1979a) ha sugerido, basándose en la reconstrucción histórica, que la conservación de /ʎ/ en Paraguay podría deberse, en parte, a la gran concentración de colonos procedentes de las provincias vascas. Otra distribución regional que merece un estudio más pormenorizado es el uso del sufijo diminutivo -ico, característico de Aragón, y muy extendido en Cuba, Costa Rica y Colombia.

En Hispanoamérica, los rasgos fonéticos "andaluces" se concentran en las zonas costeras que rodean los puertos principales; estas zonas abarcan las costas caribeñas, así como la costa oeste de Sudamérica y, en menor medida, el Río de la Plata. Los rasgos en cuestión suponen una severa reducción de las consonantes finales de sílaba, en especial /s/, /r/ y /d/, frecuentemente unida a la velarización de /n/ final de palabra, y con el trasfondo constante del seseo y del yeísmo. No es difícil descubrir las razones de tales similitudes: en las ciudades portuarias hispanoamericanas tuvo mucha vitalidad el contacto social y lingüístico con Andalucía y las Islas Canarias, lo que aseguró la semejanza fonética con el habla del sur de España. Hacia el siglo XVII, los puertos del noroeste de España también participaron activamente en el comercio, legal e ilegal, con las Américas, pero continuó el dominio andaluz. Ninguna otra región española disfrutó de una relación de privilegio similar con los puertos de Hispanoamérica, de modo que la conexión marítimo-andaluza dominó el desarrollo lingüístico de las costas de Hispanoamerica durante siglos.

En las zonas del interior, las influencias lingüísticas españolas regionales estuvieron más diversificadas. En centros administrativos como Bogotá, Ciudad de México, Quito y La Paz, los contactos con Castilla se nutrían del flujo constante de burócratas gubernamentales, personal militar y clerical y de bienes comerciales. Sin embargo, en las ciudades del interior, el contacto cultural y lingüístico con Castilla no fue tan intenso como lo fue el contacto entre Andalucía (occidental) y los puertos americanos. El personal administrativo nunca constituyó un porcentaje predominante en ninguna población del interior, y los colonos de las tierras altas procedían de todas las regiones de España. Que los patrones lingüísticos castellanos nunca predominaron en las capitales coloniales o en otras regiones altas lo demuestra la ausencia de evoluciones exclusivamente castellanas como la fricativa interdental [θ] (pero cfr. Guitarte, 1973), la [χ] uvular, la conservación de *vosotros,* y la [ś] apicoalveolar.

Excepto en lo que se refiere al mantenimiento general de las consonantes finales de sílaba, el español americano de las tierras altas presenta tantas diferencias internas como similitudes, y muchos dialectos guardan muy poco parecido con cualquier variedad castellana. Este hecho contrasta con el enorme parecido fonético y léxico que existe entre los dialectos andaluces/canarios y las variedades americanas costeras, separadas de ellos por miles de kilómetros. Por tanto, es inexacto postular la ecuación tierras bajas costeras = Andalucía; capitales de las tierras altas = Castilla. No se puede despreciar la repercusión lingüística del andaluz sobre las regiones costeras, pero lo que ocurrió en las tierras altas americanas fue la AUSENCIA de una única influencia regional básica (Izzo, 1984, desarrolla esta idea). En las tierras altas, ningún dialecto peninsular tuvo el papel predominante que recibió el andaluz en las ciudades portuarias, lo que dio como resultado patrones lingüísticos "por defecto" que surgieron de la nivelación dialectal y de influencias localizadas.

LA DELIMITACIÓN DEL "PERIODO DE FORMACIÓN" DEL ESPAÑOL DE AMÉRICA

Pese a sus profundas diferencias, las teorías dominantes sobre el influjo regional en la formación del español de América comparten el postulado fundamental de que las bases del español de América se consolidaron en el siglo XVI, quizás incluso en la primera mitad de ese siglo. Se cita frecuentemente (por ejemplo Boyd-Bowman, 1956; Catalán, 1958; Guitarte, 1980; Rosenblatt, 1977: 20) el "periodo antillano" como el decisivo en la historia lingüística de Hispanoamérica. Durante este periodo, España consolidó sus asentamientos en La Española y Cuba, y se embarcó en expediciones a América Central y del Sur. Santo Domingo fue el punto de partida de las primeras expediciones a Puerto Rico, Cuba, Trinidad, Jamaica, Darién, la costa caribeña de Venezuela y de Colombia y el Yucatán (Rosenblat, 1977: 20). Cuba fue el trampolín para la costa de México, mientras que las primeras exploraciones del Perú empezaron en Darién. De acuerdo con una cierta línea de pensamiento, el influjo andaluz se convirtió en decisivo durante las primeras décadas del siglo XVI, cuando las colonias españolas del Nuevo Mundo se sostenían completamente con el contacto marítimo con Europa. Se afirma que los que llegaron posteriormente y participaron en la exploración y colonización de la tierra firme se habrían visto inmersos en los patrones lingüísticos dominantes de los asentamientos americanos insulares, y se llevarían esa forma de habla a las colonias fundadas en el continente. Aunque el comercio de España con las colonias de tierra firme pronto se independizó de las Antillas, excepto en lo relativo al aprovisionamiento, ya se habrían plantado las semillas del español "andaluz-americano" (cfr. también Lockhart y Schwartz, 1983: cap. 3).

La teoría resumida ve el español de América como un organismo viviente "concebido" en las primeras décadas del siglo XVI, y que ha permanecido indeleblemente marcado por las primeras infusiones lingüísticas. Aunque los datos cronológicos de la colonización española son correctos, no se puede dejar de criticar la concepción del español de América como fruto de la expansión de una base inmutable.

Nada en la historia del español, o de cualquier otra lengua que haya evolucionado en colonias ultramarinas sin haber quedado completamente aislado de la lengua de la metrópoli, induce a pensar que las primeras décadas tengan una importancia especial, tan especial que pueda haber sofocado cambios posteriores o impedido la absorción continuada de nuevos rasgos que llegaran de fuera. El inglés de los Estados Unidos, por ejemplo, refleja las sucesivas llegadas de diferentes grupos, que hablaban distintas variedades de inglés, así como otras lenguas. El inglés de las Grandes Planicies ha recibido el influjo de generaciones de hablantes de alemán y de lenguas escandinavas, mientras que el inglés de Chicago y Milwaukee no ha escapado al influjo del polaco. El inglés de la ciudad de Nueva York ha sufrido varias remodelaciones, entre ellas la provocada por una buena dosis de habla irlandesa del sur, mientras que el sur de los Estados Unidos desarrolló gran parte de su peculiar carácter lingüístico como resultado de la llegada de escoceses e irlandeses en los siglos XVIII y XIX. En todos los casos, la estructura demográfica y el comportamiento lingüístico de los primeros colonos fueron superados por el habla de los que llegaron después, y muy pocas zonas de Estados Unidos hablan una variedad de inglés que conserve la huella indeleble de sus primeros colonos. La historia del español de América no es diferente. Los primeros colonos de Santo Domingo y Cuba disfrutaron, ciertamente, de cierto prestigio, y adquirieron un *savoir faire* que tenderían a imitar los recién llegados, pero su contribución lingüística quedó pronto ensombrecida por la plétora de dialectos regionales y sociales procedentes de todas las regiones de la Península Ibérica que llegaban con cada nave que atracaba. Hasta el sefardí, aislado física y políticamente del español de España desde comienzos del siglo XVI, ha seguido evolucionando y, en muchos casos, ha llegado a los mismos resultados generales que los principales dialectos de España e Hispanoamérica. Ningún dialecto hispanoamericano estuvo nunca tan aislado como el sefardí; por el contrario, a excepción de pequeños enclaves abandonados por la desviación de la empresa colonizadora a otros territorios (por ejemplo en Trinidad y Louisiana), todos los asentamientos españoles se mantuvieron en contacto con Europa, aunque con distintos grados de intensidad.

El español siguió evolucionando en contacto con las innovaciones europeas o sin ellas. Todos los dialectos del español de América adoptaron la mayor parte de las principales innovaciones lingüísticas que se produjeron en España al menos hasta finales del siglo XVII, y algunos fenómenos peninsulares más recientes fueron también transferidos al continente americano. Entre los cambios panhispánicos que ocurrieron bien pasado el primer siglo de la colonización española están los siguientes:

(1) En 1492, el español poseía seis sibilantes, sordas y sonoras: /s/ *(ss)*, /z/ *(s)*, /tˢ/ *(c)*, /dᶻ/ *(z)*, /š/ *(x)*, /ž/ *(g/j)*. /s/ y /z/ eran apicoalveolares, como la actual /s/ castellana. Hay algunos indicios de que la fusión de las fricativas y africadas alveolares, precursora del seseo, estaba empezando ya en Andalucía a finales del siglo XV, pero el cambio no se había completado (Catalán, 1956-7). En ningún dialecto del español había empezado el ensordecimiento de las sibilantes sonoras. Este proceso nació en el extremo norte de España, en las regiones rurales de Castilla la Vieja. Hacia mediados del siglo XVI, el ensordecimiento de las sibilantes fue aceptado en la corte de Toledo, pero aún no era la norma en Andalucía. El sefardí, desgajado de los dialectos peninsulares a principios del siglo XVI, ha fusionado /s/ y /tˢ/, /z/ y /dᶻ/, pero mantiene la distinción en la fonación. En Hispanoamérica, los primeros préstamos del nahua, del quechua y del guaraní certifican que los colonos españoles conservaban aún las diferencias de sonoridad. En España, el ensordecimiento de /z/ y /dᶻ/ se completó a fines del siglo XVI (Catalán, 1957), incluso en Andalucía. Si el español de América hubiera recibido la impronta andaluza durante el "periodo antillano", esperaríamos que la distinción sorda-sonora entre /s/ y /z/ hubiera permanecido indefinidamente. Por el contrario, el español de América acompañó a Castilla y Andalucía en el ensordecimiento de todas las sibilantes, en la misma época en que se estaba produciendo en España.

En el Nuevo Mundo y en la Andalucía occidental, todas las sibilantes se convirtieron en /s/. En el resto de España, los resultados de /tˢ/ y /dᶻ/ dieron lugar a la fricativa interdental /θ/. Aunque la innovación exclusivamente castellana nunca se implantó en ninguna región hispanoamericana, los colonos españoles de la elite urbana usaron a veces /θ/ durante la última época del periodo colonial (Guitarte, 1967, 1973).

(2) Como parte del proceso general de ensordecimiento, /š/ y /ž/ españolas se fundieron en una fricativa sorda, que posteriormente se velarizó en /x/, cambio que se completó a mediados del siglo XVII (Lapesa, 1980: 379). Los primeros préstamos de las lenguas americanas indígenas dan testimonio de que

/š/ era una fricativa prepalatal durante el primer siglo de la colonización española del Nuevo Mundo, como ocurría en los dialectos de España. La fricativa uvular castellana [χ] nunca surgió en Hispanoamérica (parece ser una innovación posterior del norte de España), pero la variedad de fricativas posteriores que representan a /x/ en Hispanoamérica no es fruto del mero trasplante del andaluz occidental /x/ > [h].

(3) A principios del siglo XVI, el español peninsular conservaba una aspiración [h] como último vestigio de la /f-/ inicial de palabra. Aunque todavía se encuentra la aspiración en algunas regiones rurales de la Andalucía occidental, ha desaparecido del español de Castilla y de América, con la excepción de algunas unidades léxicas aisladas entre hablantes rurales marginados.

(4) La gramática de Nebrija de 1492 y el *Diálogo de la lengua* de Valdés, de 1529, señalan que /b/ y /v/ eran todavía fonemas distintos en España durante el "periodo antillano" de la colonización de América. Las palabras españolas introducidas en las lenguas americanas indígenas durante el siglo XVI reflejan esa distinción. Posteriormente /b/ y /v/ se fusionaron en todos los dialectos peninsulares y americanos.

(5) En la época de los primeros asentamientos españoles en América no habían nacido aún los pronombres formales *usted* y *ustedes*. En España, esos pronombres no pasaron al uso general hasta finales del siglo XVII; el español de América los adquirió al mismo tiempo.

(6) A finales del siglo XV, *vos* y *tú* convivían como los pronombres formal y familiar respectivamente, y *vos* se usaba aún frecuentemente con referencia plural. Posteriormente *vos* desapareció de los dialectos de España, mientras que se conservó en gran parte de Hispanoamérica. No obstante, la mayoría de las ciudades importantes de Hispanoamérica y sus alrededores imitaron la preferencia peninsular por *tú* como pronombre familiar; Maracaibo, Buenos Aires y Montevideo son excepciones notables.

El español de América fue sensible a los cambios lingüísticos que se produjeron en España hasta fines del siglo XVII, sin que el "periodo antillano" haya gozado de preferencia. Muchas regiones siguieron absorbiendo elementos españoles después de esa fecha, hasta que se alcanzó una población crítica que hablaba un dialecto autosuficiente que podía prestar más de lo que tomaba prestado. No hay una fórmula sencilla que determine los "periodos críticos" de una zona dialectal concreta (cfr. Guitarte, 1980 para algunas ideas generales). En las diferentes regiones surgió un sentimiento creciente de identidad criolla en épocas diferentes. Muchas zonas sufrieron alteraciones demográficas radicales en los siglos XVIII, XIX y XX, algunas de las cuales ejercieron un efecto modelador en los dialectos regionales del español. Para citar solamente unos cuantos ejemplos, Antioquia acogió a un gran número de inmigrantes del norte de España mucho después de pasado el siglo XVI, y es una de las pocas zonas de Hispanoamérica donde es frecuente una /ś/ apical de tipo "castellano". La numerosa y permanente presencia africana en la República Dominicana desvió el habla local de los patrones panhispánicos, y puede haber tenido un papel más decisivo que cualquier influjo de España. Los inmigrantes procedentes de las Islas Canarias aparecieron en el Caribe en el siglo XIX, y la arrolladora inmigración italiana a Buenos Aires y Montevideo que empezó en las últimas décadas del siglo XIX ha afectado, sin lugar a dudas, al español del Río de la Plata. Las zonas rurales de Hispanoamérica adoptan rasgos lingüísticos de las ciudades vecinas. A medida que las villas coloniales se convertían en ciudades, el habla de los recién llegados iba siendo absorbida gradualmente por las corrientes dominantes, en especial cuando el crecimiento de la ciudad era gradual. Las ciudades que sufrían un crecimiento repentino eran más proclives a dejar algún terreno a las innovaciones lingüísticas traídas por los inmigrantes de otras colonias o del otro continente. El repaso de algunas de las corrientes demográficas coloniales nos permitirá conocer el tipo de contextos en que pudo florecer un rasgo lingüístico importado y desplazar la herencia española original.

APROXIMACIÓN A LA DEMOGRAFÍA COLONIAL

A excepción de algunas de las primeras ciudades, por ejemplo Nombre de Dios y Portobelo, que fueron rápidamente abandonadas en la colonización española, los ejes de la sociedad colonial española se han convertido en grandes masas urbanas. Ciudad de México es la ciudad más grande del mundo; Bogotá, Caracas, Santiago, Buenos Aires y Lima tienen varios millones de habitantes; Ciudad de Panamá, Guayaquil, La Habana, Montevideo, Acapulco, San Juan, algo menos; Cartagena, Santo Domingo, Quito, La Paz, Asunción, Veracruz, Cochabamba, Tegucigalpa, San Salvador y Managua, son ciudades que rondan el millón de habitantes. En España, Sevilla tiene casi un millón de habitantes, Madrid, más de tres, y Cádiz, Huelva y La Coruña varios cientos de miles. Cada ciudad es un complejo microcosmos sociolingüístico, y es difícil de imaginar cómo pudo haber tenido repercusiones significativas en los nacientes dialectos del español una fuerza lingüística externa. La idea de que las idiosincrasias de un puñado de personas, por muy ricos o poderosos que fueran, pudieron transformar de forma permanente el habla de una ciudad, una región o una nación entera no soporta el examen detallado. Aparte de la dinámica interna de las grandes zonas urbanas, los cambios lingüísticos más importantes que se producen en la moderna Hispanoamérica son el resultado de la migración rural a las ciudades.

Pero los problemas de hoy no son necesariamente los de ayer; el explosivo crecimiento demográfico que ha convertido los antiguos centros coloniales en impersonales hormigueros humanos tuvo lugar no antes del siglo pasado (cfr. Sánchez Albornoz, 1974). En la época en que se forjaron las bases de los dialectos americanos, las principales villas y ciudades eran una fracción mínima de su tamaño actual, y modelos de cambio lingüístico impensables hoy eran opciones posibles en los siglos pasados. Además, no siempre aumentaba la población; las colonias españolas se vieron afectadas por epidemias y plagas que a veces redujeron la población a la mitad o a menos. En consecuencia, algunas ciudades no experimentaron un crecimiento neto en un periodo de casi dos siglos. Para apreciar el tamaño relativamente pequeño de las ciudades coloniales de Hispanoamérica, y evaluar la consiguiente posibilidad de que los recién llegados influyeran en los patrones del habla, es necesario tener en cuenta algunas cifras de población representativas.

Cartagena de Indias fue, durante gran parte del periodo colonial, el principal puerto de entrada de lo que actualmente es Colombia, así como una escala obligatoria para los barcos que se dirigían a Panamá, y que llevaban cargamentos rumbo a Perú, Acapulco o las Filipinas. A comienzos del siglo XVII, Cartagena tenía unos 2.500 habitantes libres. La población aumentó considerablemente durante ese siglo, pero debido a los repetidos ataques piratas, la población de Cartagena a principios del siglo XVIII descendió de nuevo a unos 2.500 habitantes libres, a los que hay que añadir un número indeterminado de esclavos africanos. En comparación, por esas fechas Sevilla contaba con 80.000 habitantes, después de haber perdido casi un número igual en décadas anteriores por culpa de las plagas. Madrid doblaba aproximadamente en tamaño a Sevilla. A mediados del siglo XVII, Potosí, en Bolivia, llegó a alcanzar los 150.000 habitantes, lo que la convirtió durante algún tiempo en la ciudad más grande de Hispanoamérica, aunque su crecimiento fue tan fugaz como meteórico.

Nombre de Dios, el primer puerto de Panamá, nunca gozó de una población estable que superara el centenar de residentes adultos libres, y a menudo subsistió con unas cuantas docenas de *vecinos*. En la época de apogeo de las escalas de la flota española, la importantísima villa de Portobelo solamente contaba con unos cientos de residentes durante la mayor parte del año, aunque durante la feria anual la población subía temporalmente a varios miles. Ciudad de Panamá, uno de los puertos más importantes del Pacífico, sólo tenía 5.000 habitantes en una fecha tan tardía como 1850. Trescientos años antes, la ciudad tenía la misma población, que nunca superó los 8.000 en ningún momento de la historia colonial (Jaén Suárez, 1978). A finales de siglo, la población se elevaba a unos 25.000, y en 1911, al calor de la construcción del Canal, la ciudad de Panamá superó los 46.000 residentes. Hoy tiene más de un millón de habitantes.

A principios del siglo XVII, Caracas tenía unos 500 habitantes blancos de un total ligeramente superior a los 3.000. Hacia 1770, la población total se elevaba a casi 19.000 y, a principios del siglo XIX, Caracas tenía 42.000 habitantes. Hoy su población es de casi tres millones.

Quito tenía en 1779 aproximadamente unos 25.000 habitantes. En 1857, el total se había elevado sólo a 36.000, y a principios del siglo XX, la población total rondaba los 50.000. Su población actual supera el millón de personas.

La población de Santiago de Chile era de unos 28.000 habitantes en 1744, de 69.000 en 1813 y de 98.000 en 1835. Lima, en Perú, tenía una población total de unos 90.000 habitantes en 1836, que llegó a doblarse a finales del siglo XIX. El siglo XX ha visto cómo Lima pasaba de ser una ciudad de 200.000 habitantes a ser una metrópoli con una población que supera los cinco millones.

En la época de la Independencia, Ciudad de México, actualmente la mayor metrópoli del mundo, acogía a poco más de 100.000 habitantes, y durante el periodo colonial su población era mucho menor. En las mismas fechas, Veracruz tenía unos 5.000 habitantes, Guanajuato, 35.000, Mérida, 30.000 y Zacatecas, 26.000.

Buenos Aires, una de las ciudades más grandes de Hispanoamérica, contaba con poco más de 20.000 habitantes en las décadas finales del siglo XVIII. La ciudad sólo tenía 40.000 residentes en 1810, en el alba de la Independencia. Hacia 1869, la población había crecido hasta llegar a 187.000 habitantes; en 1895 la cifra se había disparado a 650.000, y en 1914 vivían en Buenos Aires un millón y medio de personas. Las cifras de Montevideo son comparables. Fundada en 1726, la ciudad tenía 10.000 habitantes según el censo de 1781. Hacia 1843, la población sólo había aumentado hasta los 31.000. Un siglo después, Montevideo superaba el medio millón de habitantes; hoy sobrepasa el millón.

En una serie de censos que comenzaron en 1790, La Habana tenía unos 51.000 habitantes, número que se elevó a 84.000 en 1817. Potosí había descendido hasta los 22.000 habitantes, Bogotá tenía 21.000, la ciudad de Guatemala menos de 25.000, y San Salvador sólo 12.000.

Es evidente la importancia que tienen esas cifras de población a la hora de considerar los periodos de formación que se han propuesto para el español de América. Si se considera crucial el periodo "antillano" anterior a 1530, entonces sólo hay que tener en cuenta un puñado de pueblos isleños con una población total de unos cuantos miles de colonos. Si hablamos de todo el siglo XVI, pocas ciudades de Hispanoamérica alcanzaban los 5.000 habitantes de población. No se habían fundado aún algunos de los centros actuales con mayor número de habitantes, que cuentan con dialectos nacionales propios. Cuando uno se para a pensar que una flota típica que llegaba a Cartagena, Portobelo o Lima podía llevar varios cientos de colonos, se puede comprender la magnitud de las posibles repercusiones lingüísticas que podía tener un contingente de nuevos colonos. Una sola flota, en determinadas circunstancias, podía aportar recién llegados que sumaran casi la mitad de la población residente, y aun en el caso de que no todos los nuevos colonos permanecieran en el puerto de entrada, su contribución lingüística no dejaría, por ello, de tener consecuencias.

Hacia finales del siglo XVII, algunas ciudades de la América española contaban con poblaciones que alcanzaban las decenas de miles, sin contar los esclavos africanos y los indígenas no hispanizados, que a menudo superaban a la población de origen europeo. Los africanos y los indios, aunque influyeran decisivamente en la evolución de patrones de habla, no estaban en una posición que les permitiera ejercer sobre los patrones de habla urbanos la misma fuerza que había tenido, en el pasado, la llegada de nuevos colonos. Las proporciones demográficas de nuevos inmigrantes cobraron una importancia similar a la del periodo de formación del español de América sólo con la inmigración a gran escala española/canaria en las últimas décadas del siglo XIX.

Las teorías sobre la formación de dialectos que limitan el periodo de formación a la primera mitad del primer siglo, o al primer siglo entero, del asentamiento colonial no son realistas, pues existen pruebas incontrovertibles de que la fertilización lingüística entre España e Hispanoamérica abarcó varios siglos. En cualquier país surgido de la colonización, los patrones culturales y lingüísticos de los primeros colonos conservan una significación nostálgica que trasciende cualquier contribución objetiva que pudiera haber hecho ese grupo. Al reconstruir la verdadera historia de una nación, los héroes coloniales adquieren proporciones supravitales, y se piensa que el espíritu de los primeros colonos está encarnado en la población actual. Estas ideas sentimentales se suelen caer por su propio peso tras un examen lingüístico serio: el español de América es, realmente, el producto no sólo de sus primeros colonos, sino de la totalidad de la población, inmigrante e indígena.

LAS ISLAS CANARIAS: LA CONTRIBUCIÓN ESPAÑOLA "OCULTA"

Una influencia indiscutible en la formación del español de América, a menudo ensombrecida por la discusión sobre la contribución "andaluza", es la de las Islas Canarias. Desde el primer viaje de Colón en adelante, las Canarias fueron una escala obligatoria para los barcos con rumbo a América, que solían amarrar en las islas durante varias semanas para calafatear y embarcar provisiones. Los isleños participaron activamente en la colonización y en el desarrollo de la América española.

España empezó a colonizar las Islas Canarias en 1483, y en la época de los viajes de Colón al Nuevo Mundo, las Canarias estaban bajo control español. El guanche, la lengua indígena, desapareció poco después de la conquista española de las islas, pero dejó tras sí el legado de algunos topónimos y algunas palabras regionales. Desde el principio, las Canarias fueron consideradas más una avanzada que una colonia estable, y la vitalidad de las islas giró en torno al comercio marítimo. Aunque algunos isleños se dedicaron a la agricultura, especialmente en las fértiles islas occidentales, la mayoría dirigió su mirada al mar, como pescadores y marinos. Con los descubrimientos de Colón, las Islas Canarias se convirtieron en escalas obligatorias de la ruta al Nuevo Mundo, y se dedicó gran parte de la producción de las islas al aprovisionamiento de las naves. Sevilla mantenía aún el monopolio comercial, pero una pujante clase de mercaderes canarios comenzó a disputarle el control. Las islas tenían una situación ideal para participar en el comercio transatlántico, por lo que los mercaderes canarios comenzaron a engrosar sus arcas equipando barcos para comerciar directamente con las Américas. Muchos isleños se enrolaron como marinos, uniéndose al esfuerzo que hicieron andaluces, gallegos y asturianos para dar a España una clase de marinos transatlánticos. Las Islas Canarias fueron también la sede de las primeras plantaciones españolas de azúcar, y cuando se introdujo el azúcar en las Antillas, éste procedía de las Islas Canarias, así como los expertos que se ocuparon de su cultivo. La floreciente industria azucarera caribeña superó la originariamente próspera producción canaria, lo que fue el origen del declive económico de las islas que provocaría a la larga la numerosa emigración a las Américas.

Con la industria azucarera ya en declive, los isleños pasaron a la producción de vino, actividad que todavía continúa. Durante más de un siglo, existió demanda tanto en España como en América de vinos canarios, pero una vez más la producción peninsular ensombreció a la isleña, que quedó reducida a una industria familiar. Los isleños se pasaron al cultivo de tintes, incluyendo la *orchilla,* que se extrae de un liquen, y la *cochinilla,* que se extrae de un insecto que infesta los cactus. No obstante, en esta época todas las posibilidades de competir económicamente con la América española habían desaparecido, y los isleños comenzaron a emigrar, temporal o permanentemente, en cantidades cada vez mayores.

Una vez en marcha la colonización de América, España estableció centros administrativos en las Islas Canarias, en un intento de detener el flagrante contrabando y el comercio ilegal entre las islas y el Nuevo Continente. Se fundó un *Juzgado de Indias,* o distrito judicial, en las islas en 1566. Esta entidad se encargaba, entre otras cosas, de asegurar el cumplimiento de las leyes españolas. Durante la mayor parte de la época del comercio isleño, sólo Tenerife tenía autorización para servir de puerto para la exportación; después llegó a ser importante también Puerto de la Luz, cerca de Las Palmas de Gran Canaria. Los isleños que terminaron en América procedían, en su mayoría, de las dos islas más grandes, cuya habla ha presentado siempre más rasgos andaluces y menos peculiaridades arcaizantes del tipo de las que abundan en las islas más aisladas.

En el extremo americano, el comercio con las Islas Canarias era extremadamente reducido al principio, debido a la estricta legislación monopolista española que limitaba el comercio oficial a unos cuantos puertos americanos. Desde el siglo XVIII hasta la Independencia colonial en 1820, España se vio forzada a abrir la mano debido al creciente descontento existente entre los colonos y mercaderes. Los barcos canarios viajaban regularmente a La Habana, Santiago de Cuba, Santo Domingo, La Guaira, Cumaná, Chagres, Portobelo, Riohacha, Santa Marta, Cartagena, Veracruz, Campeche, Omoa y varios puertos más pequeños.

El clima de las Canarias es caprichoso. La islas más orientales reciben los vientos cálidos del desierto del Sahara, y tienen una vegetación escasa y pocas cosechas. Las islas occidentales son más verdes, pero padecen sequías periódicas que hacen arriesgada una agricultura estable. Los isleños pedían repetidamente ayuda al gobierno español, pero la Corona estaba más interesada en extraer riqueza de sus colonias americanas, y las súplicas de los canarios cayeron en oídos sordos. Dado que muchos isleños ya habían viajado a América como marineros o en busca de actividades comerciales, el siguiente paso era la emigración al Nuevo Mundo. La necesidad económica no fue la única causa de la emigración: el gobierno español reclutó a veces isleños para los distintos planes de asentamiento. La emigración de las Islas Canarias a América empezó casi tan pronto como la colonización de la última, en pequeño número y sin dejar huellas lingüísticas verificables. Hasta el siglo XVIII no empezó una emigración a gran escala, que siguió las rutas comerciales establecidas hacia el Caribe (Morales Padrón, 1951, 1977). Las Antillas y Venezuela fueron los puntos de destino preferidos, aunque los canarios también se asentaron en otras regiones. En la última década del siglo XVIII, España reclutó activamente canarios para colonizar zonas de Louisiana y establecer allí una presencia territorial contra la invasión real o imaginaria de los franceses. Estos colonos fueron abandonados más tarde a su suerte tras la venta del Louisiana a los franceses, y después el paso a Estados Unidos, y sus descendientes viven en relativo aislamiento en el centro y en el extremo del sudeste de Louisiana. Este último grupo, los *isleños* de St. Bernard Parish, todavía conservan el español (Armistead, 1992; Lipski, 1990c; MacCurdy, 1950), mientras que los descendientes del primer grupo, conocidos como *brulis,* lo han perdido (Armistead, 1978, 1983, 1985, 1991, 1992; MacCurdy, 1959). Los canarios también se establecieron en la zona oeste de Santo Domingo para contrarrestar la creciente presencia francesa (Moya Pons, 1980: 107-8, 127). Actualmente, el habla de esta región guarda un gran parecido con el vernáculo rústico de las Islas Canarias.

Con la llegada de la Independencia a la mayoría de Hispanoamérica a principios de siglo XIX, disminuyó considerablemente el comercio español con el Nuevo Mundo. Las Canarias incrementaron su tráfico comercial con los Estados Unidos y la emigración se concentró en las dos últimas colonias americanas, Puerto Rico y, sobre todo, Cuba. Alvarez Nazario (1972a) ha estudiado las sucesivas oleadas de inmigrantes canarios a Puerto Rico, donde se formaron pueblos enteros de isleños. En Cuba, el *isleño* se convirtió en un personaje popular, caracterizado por una combinación de industriosidad y superstición campesina, y el habla y el comportamiento de los canarios destacan señaladamente en la literatura cubana del XIX y de principios del XX.

España siempre mantuvo una postura ambigua con respecto a las Islas Canarias y sus habitantes. Los canarios fueron considerados aprovisionadores de los barcos en ruta, fuente disponible de mano de obra barata, reclutas y colonos. Durante casi todo el periodo colonial, los canarios tuvieron prohibido viajar al continente americano salvo como soldados. En la práctica, raramente se respetó esta prohibición. A medida que creció el comercio con el Caribe, lo hizo también el número de canarios que residían en las Américas. Dadas las rutas comerciales preferidas, la mayoría terminó en Venezuela, aunque también llegó a las Antillas un gran número de ellos.

Algunas cifras representativas dan indicio de la magnitud y de la importancia lingüística de la presencia canaria en Hispanoamérica. En 1714, por ejemplo, el gobernador de Caracas observó que la mitad de la población blanca de la ciudad estaba formada por canarios (Béthencourt Massieu, 1981: 18). Tras las guerras de la Independencia y hasta 1853, la política española oficial permitió a los isleños emigrar sólo a las todavía posesiones españolas: Cuba, Puerto Rico y Filipinas. Pocos eligieron la última opción, pero la emigración a Cuba creció ininterrupidamente durante el resto del siglo. En 1853, un real decreto permitió la emigración a todos los territorios americanos, fueran colonias españolas o naciones libres. Esto incrementó la emigración canaria a otras zonas de Hispanoamérica, especialmente a Argentina y Uruguay, así como a Venezuela, pero la mayoría continuó dirigiéndose a Cuba. No existen cifras exactas de los inmigrantes del siglo XIX, pero se puede reconstruir un cuadro aproximado (Hernández García, 1981). Entre los años 1818-1838, por ejemplo, más de 18.000 isleños emigraron a las Américas, la mayoría a Cuba y menos a Venezuela y Puerto Rico. Esta cifra representa una proporción significativa de la población de las islas, y dado el tamaño relativo de las ciudades de Hispanoamérica a principios del siglo XIX, un cambio nada despreciable en la balanza lingüística de ciudades como Caracas, La Habana y Santiago de Cuba. En el periodo de 1840-1890, sólo a Venezuela llegaron unos 40.000 canarios. En el periodo de 1835-1850, más de 16.000 isleños emigraron a Cuba, en una proporción de unos 1.000 al año. En la década de 1860, la emigración canaria a América tuvo lugar en una proporción de más de 2.000 al año, en una época en que la población total de las islas era quizás de 240.000 habitantes. En el bienio de 1885-1886, de los más de 4.500 canarios que emigraron a las posesiones españolas (incluidas las Filipinas y Fernando Poo), casi 4.100 fueron a Cuba y 450 a Puerto Rico. Durante el mismo periodo de tiempo, unos 760 canarios emigraron a las repúblicas hispanoamericanas: 550 fueron a Argentina/Uruguay y más de 100 a Venezuela. En el periodo 1891-1895, la emigración canaria a Argentina/Uruguay fue ligeramente superior a 400, mientras que la que se dirigió a Puerto Rico fue de 600; los inmigrantes llegados a Venezuela sumaron más de 2.000, y los llegados a Cuba más de 17.000. En comparación, en el mismo medio siglo más o menos, la emigración a Cuba procedente de otras regiones de España fue la siguiente: 14.000 de Cataluña, 18.000 de Asturias y más de 57.000 de Galicia. Durante el mismo periodo de tiempo, más de 18.000 gallegos llegaron a Argentina/Uruguay, pero sólo un puñado llegó a Venezuela. Estas son cifras oficiales; si tenemos en cuenta la emigración clandestina, las cifras serían mucho más altas. Por ejemplo, Guerrero Balfagón (1960) ha documentado la inmigración ilegal, pero muy numerosa, de canarios a Argentina y Uruguay en la primera mitad del siglo XIX.

Después de la guerra hispano-estadounidense de 1898, Cuba y Puerto Rico dejaron de ser territorios españoles, pero continuó la emigración canaria a las Américas. Hasta la Guerra Civil de 1936, la mayoría de los canarios iban a Cuba, y aun hoy en día es difícil encontrar a alguna familia que no tenga algún miembro que se marchara a Cuba durante las primeras décadas del siglo XX. En algunas de las regiones más pobres, pueblos enteros se quedaron sin población masculina joven. Muchos volvían tras unos cuantos años, aunque algunos hacían varios viajes a Cuba o se quedaban indefinidamente, lo que favorecía la fertilización lingüística entre ambas regiones. Tras la Guerra Civil española, que creó dificultades económicas aún más severas en las Islas Canarias, sus habitantes se dirigieron de nuevo a Venezuela como zona preferida de emigración, corriente que continuó hasta principios de la década de 1960. La Venezuela actual acoge todavía una gran población nacida en Canarias, que conserva mucho del vocabulario, de las tradiciones y de las formas de habla de las islas, más que cualquier otra región de Hispanoamérica. En la Cuba y el Puerto Rico del siglo XIX, los canarios trabajaron principalmente en la agricultura, en concreto en la industria azucarera, y en menor medida en las zonas urbanas. En el siglo XX, los canarios de Cuba y Venezuela han encontrado más empleo en las ciudades, aunque algunos se han trasladado a las zonas rurales en busca de un hogar permanente.

Las contribuciones lingüísticas de los canarios son difíciles de separar de las de los andaluces, dadas las considerables similitudes así como los estrechos contactos lingüísticos y culturales existentes entre Andalucía y las Canarias. En el español de América han penetrado pocas unidades léxicas exclusivamente canarias, de modo que el hecho de que un determinado término sea empleado en las Islas Canarias y también en Hispanoamérica no implica automáticamente el préstamo directo. Así, por ejemplo, Laguarda Frías (1982: 50) afirma que la preferencia por *durazno* sobre *melocotón* en el Cono Sur podría deberse al influjo canario. Los cubanos y los venezolanos conocen la palabra *gofio*, aunque ésta ya no designe la misma mezcla de granos tostados que en las Islas Canarias. La palabra fue usada antaño en Argentina y Uruguay, especialmente por los *canarios*, término que ha llegado a designar a todos los habitantes rurales, sin importar su origen (Guarnieri, 1978: 32-3). El término *guagua* se usa en Cuba, en la República Dominicana, en Guinea Ecuatorial y en Puerto Rico para designar al autobús urbano. A comienzos del siglo XX, el término se empleaba para hacer referencia a un carro tirado por caballos, y *viajar de guagua* significaba "viajar gratis". El mismo término aparece en las Islas Canarias, con idéntico significado, y se usa incluso en las regiones más remotas de las siete islas. La mayoría de los análisis del español canario atribuyen este término al influjo cubano, traído por los isleños que volvían de Cuba. El uso de *guagua* en Guinea Ecuatorial (antigua Fernando Poo) ha sido atribuido también al exilio cubano y a la población esclava que fue enviada a la isla a mediados de la década de 1800 (González Echegaray, 1959: 64). La palabra, sin embargo, posee la forma característica de las palabras guanches, y su existencia entre los *isleños* de Louisiana, cuyos ancestros dejaron las Canarias a finales de 1700, hace pensar que el préstamo ha seguido el trayecto contrario. El hecho de que la palabra esté ausente del léxico del español de Venezuela, donde la presencia canaria ha sido también intensa, aumenta la confusión que rodea los orígenes de *guagua*.

Varios esquemas sintácticos encontrados en la región caribeña pueden tener un origen canario, o pueden haber quedado reforzados por la llegada de grandes cantidades de canarios (Gutiérrez Araus, 1991). Uno de estos casos es la combinación *más nada, más nunca, más nadie,* de uso habitual en los dialectos del Caribe y de las Canarias. Otros dialectos españoles prefieren el orden de palabras inverso, aunque las combinaciones que empiezan con *más* aparecen ocasionalmente en Andalucía y otras partes de Hispanoamérica. Estas combinaciones guardan un enorme parecido con construcciones gallego/portuguesas, y en vista del bien documentado influjo gallego/portugués en las Islas Canarias, pueden formar parte de la contribución gallego/portuguesa. En Cuba y Venezuela, la influencia canaria no se puede separar totalmente del influjo directo de los hablantes españoles de gallego.

Las preguntas sin inversión del tipo *¿qué tú quieres?* son habituales en Cuba, Puerto Rico y en la República Dominicana, algo menos en Venezuela y Panamá, bastante raras en el resto de Hispanoamérica, y extremadamente raras en la Península Ibérica[4]. En las Islas Ca-

---

[4] La mayoría de los dialectos del español permiten preguntas sin inversión cuando la forma interrogativa ocupa una posición no argumental (cfr. Torrego, 1984), esto es como adjuntos adverbiales: *¿Cómo Juan pudo lograr eso?, ¿En qué momento ustedes se dieron cuenta de lo que pasaba?* Cuando el elemento interrogativo se halla en una posición argumental (sujeto, objeto directo, etc.), el español estándar exige la inversión. En la región caribeña, las preguntas sin inversión contienen normalmente elementos interrogativos en la posición de objeto directo, pero sólo cuando el sujeto es un elemento PRONOMINAL; *¿Qué Juan quiere?* es una oración inaceptable. Hay restriccio-

narias, las preguntas sin inversión no son tan comunes como en el Caribe, pero su frecuencia aumenta de modo apreciable entre los hablantes de más edad de las regiones rurales, lo que indica una proporción de uso más alta en el pasado, cuando era más fuerte el influjo canario sobre el español del Caribe. El gallego-portugués también emplea preguntas sin inversión, pero no por la cliticización de los sujetos, sino más bien debido a la ausencia general de inversión sujeto-verbo. La alta concentración de preguntas sin inversión en el español de América, que se limita a las Antillas y a unas pocas regiones costeras caribeñas, se correlaciona nítidamente con el influjo de las Islas Canarias, y también con las posteriores llegadas de gallegos.

Por todo el Caribe aparecen construcciones en las que un infinitivo está precedido de un sujeto explícito, normalmente tras preposición, siendo *para* la preposición más usual: *para yo salir, para ellos entender, antes de yo venir.* A diferencia de las preguntas sin inversión o de la palabra *guagua,* los sujetos antepuestos de los infinitivos no están limitados a las Antillas o al Caribe, aunque son muy comunes en esta zona. Al otro lado del Atlántico, tales construcciones son habituales en las Islas Canarias. En el español peninsular, los infinitivos con sujeto antepuesto no son desconocidos en Andalucía, aunque no son comunes. En Galicia aparecen esas construcciones en español como traducción de esquemas sintácticos gallegos. En Hispanoamérica, la contribución canaria/gallega convergió de forma máxima en el Caribe, que es donde son más frecuentes los sujetos antepuestos. Esta distribución proporciona pruebas circunstanciales a favor de la contribución canaria a la zona caribeña (cfr. Lipski, 1991).

Fonológicamente, el español de las Canarias podría confundirse fácilmente con el español de Cuba, Panamá o Venezuela para el observador no avezado (cfr. Almeida, 1989a, 1990; Alvar, 1959; Catalán, 1960, 1964; Lorenzo Ramos, 1976; Samper Padilla, 1990). Incluso los miembros de esas comunidades lingüísticas no siempre son capaces de distinguir entre un canario y un hablante de español caribeño. Aunque algunos han creído en una influencia canaria directa en la

---

nes adicionales para las preguntas sin inversión, incluso en la zona caribeña. Por ejemplo, no es habitual que los adverbios, las palabras negativas u otros elementos aparezcan entre el pronombre sujeto y el verbo: **¿Qué tú no quieres?, *¿Qué tú a veces piensas?,* etc. Si aparecen clíticos de objeto entre el sujeto pronominal y el verbo, la aceptabilidad suele ser mayor, aunque no tan grande como cuando nada separa al sujeto del verbo: *¿Qué tú le dijiste?* Estos hechos inducen a pensar que en los dialectos caribeños, los pronombres sujeto actúan como CLÍTICOS fonológicos, motivados por la gran proporción de mantenimiento de los pronombres sujeto, en compensación por la pérdida de las consonantes finales y la erosión concomitante de la diferenciación de persona/número en los verbos.

pronunciación del español del Caribe (por ejemplo Álvarez Nazario, 1972a), esa influencia no se puede verificar objetivamente. Los patrones fonológicos de las Canarias siguen los patrones de debilitamiento consonántico de todo el sur de España, pero no difieren cualitativamente de los dialectos andaluces y extremeños. La inmigración canaria al Caribe se sumó a las tendencias fonéticas que ya estaban plenamente desarrolladas, pero la contribución canaria global tuvo más un caracter de apoyo que de innovación.

CONCLUSIONES

No se puede reducir la formación del español de América a fórmulas sencillas o a breves periodos de tiempo, y no se puede basar la investigación exclusivamente en patrones y correlaciones que aparezcan en el mundo actual. El español de América no evolucionó aislado de las corrientes del español peninsular. Tanto las tierras altas como las tierras bajas siguieron absorbiendo las innovaciones lingüísticas que tenían lugar en España, especialmente cuando la emigración procedente de una sola zona provocó cambios demográficos significativos.

CAPÍTULO III

Antes y después de España:
la contribución indígena

INTRODUCCIÓN

Durante los viajes de Colón al Caribe, los pueblos indígenas de las Américas establecieron con los europeos los primeros contactos lingüísticos de que tenemos conocimiento. Los hablantes de español se toparon con floras, faunas, pueblos, culturas y fenómenos meteorológicos nuevos, y con los términos empleados para designarlos. Los exploradores posteriores difundieron por toda Hispanoamérica palabras de origen caribeño que consiguieron desplazar a sus equivalentes locales. *Ají* "pimienta", *hamaca, huracán, canoa, maíz, maní* "cacahuete" y muchas otras palabras se utilizan actualmente en América Central y del Sur, y también en España. Escritores como Bernal Díaz del Castillo, Garcilaso y el mismo Colón dieron a conocer a los habitantes de España palabras indígenas, y el prestigio unido al hecho de haber visitado las Américas indujo a muchos españoles a usar americanismos. Cervantes, Lope de Vega y Quevedo se encuentran entre los muchos escritores españoles que presentaron tales palabras ante un público más amplio. En las colonias americanas fue, lógicamente, mayor la adopción de unidades léxicas indígenas, pues la mezcla de los hábitos culturales y sociales europeos y americanos hizo nacer la necesidad de recurrir a palabras que describieran conceptos desconocidos hasta entonces. Los topónimos hispanoaméricanos reflejan también esa mezcla; una combinación muy habitual consiste en unir el nombre español de un santo con un topónimo indígena: Santa Fe de Bogotá, San Francisco de Quito, San Miguel de Tucumán, etc.

Aparte de las unidades léxicas y de los topónimos indígenas, no existe consenso sobre la repercusión de las lenguas indígenas en el español. El español de América es muy variado, y en él aparecen construcciones no atestiguadas en España. En la pronunciación y en la sintaxis, muchos dialectos americanos presentan innovaciones sistemáticas que no son fáciles de explicar mediante el cambio lingüístico, la herencia de los colonos españoles o el préstamo de dialectos vecinos. Especialmente en las zonas donde la población indígena ha seguido prevaleciendo demográfica y étnicamente, no es ilógico suponer que algunos rasgos propios de los dialectos regionales del español sean atribuibles al contacto prolongado con las lenguas indígenas. Henríquez Ureña (1921) fue más lejos y dividió todo el español de América en zonas dialectales basadas en los sustratos indígenas dominantes: nahua, caribe/arahuaco, quechua, mapuche/araucano y tupi/guaraní. Como veíamos en el Capítulo 1, esta hipótesis es incorrecta por varias razones, y una de las más importantes es su inexactitud demográfica. En la mayoría de las zonas dialectales propuestas por Henríquez Ureña, las diferencias existentes entre las variedades regionales del español superan en número a las similitudes básicas. En el Caribe, por ejemplo, las poblaciones indígenas desaparecieron rápidamente y tuvieron muy poco influjo sobre el desarrollo del español. En Venezuela, Argentina, Uruguay y Chile, las hostiles poblaciones indígenas fueron desplazadas lejos de los asentamientos españoles. En gran parte de Colombia y Costa Rica, y en las costas de Perú y de Ecuador, los colonos españoles tuvieron contactos mínimos con la población indígena. Todo ello contrasta con Paraguay, México y los países andinos, donde las lenguas indígenas perviven con vitalidad hoy en día y donde muchos colonos españoles aprendieron y usaron las lenguas nativas. Rastrear la huella indígena del español de América exige un acercamiento más refinado que el que suponen las categorías de Henríquez Ureña, y el aprovechamiento de un conocimiento más profundo de la variación dialectal del español del que tenían los pioneros de la dialectología hispanoamericana.

Pocas afirmaciones sobre el influjo indígena han ido acompañadas del estudio de los esquemas del hipotético sustrato o de la posibilidad de que una interlengua bilingüe se haya filtrado en los dialectos regionales del español. Con demasiada frecuencia, la mera presencia demográfica de una población indígena o mestiza extensa ha sido considerada, de manera bastante acrítica, como la fuente de las "peculiaridades" de una determinada zona dialectal, sin que se haya verificado ni la viabilidad de la hipótesis en términos lingüísticos y sociales ni la existencia de explicaciones alternativas. El caso del influjo indígena sobre los rasgos no léxicos propios del español de América ha de ser presentado como si se tratara de un juicio ante un tribunal, con la demostración de los motivos, del método y de la oportunidad.

LA NATURALEZA DE LOS CONTACTOS CULTURALES Y LINGÜÍSTICOS HISPANO-INDÍGENAS

Durante el siglo XVI (que se suele considerar el periodo de formación del español de América) e incluso después, las poblaciones indígenas superaban a las europeas en una proporción de varios cientos a uno, y, sin embargo, la naturaleza de la colonización española no siempre permitió la influencia del sustrato. Para que una lengua indígena influyera permanentemente en el español colonial, se requería un conjunto de condiciones que no se dieron ni en todas las colonias ni en todas las épocas.

Para que una palabra indígena entrara en el vocabulario del español bastaba con que un colono preguntara el nombre de un objeto desconocido. Esto puede suceder independientemente de la habilidad lingüística de ambos individuos y no entraña necesariamente una interacción mayor. Colón aprendió algunas palabras indígenas (no siempre correctamente) por medio de gestos, y después, mediante intérpretes nativos cuyo dominio del español debe de haber sido solamente parcial. Lo mismo sucedía cuando los españoles adquirían los rudimentos de una lengua indígena; la actividad misionera española fue el vehículo fundamental de este tipo de transferencias. Por último, una población indígena que hubiera adquirido fluidez en español pudo seguir enseñando unidades léxicas a los colonos españoles sin que se transmitiera ninguna otra característica de la lengua indígena.

Los indígenas americanos que emplean el español sólo en determinadas ocasiones y que lo han aprendido como segunda lengua después de su niñez, hablan una interlengua en la que la fonología, la morfología y la sintaxis de su lengua nativa están superpuestas a los esquemas del español. Hoy se puede oír un habla así en los reductos indígenas de la cuenca del Amazonas, los Andes y Mesoamérica; en el pasado, debió de existir en casi todos los asentamientos coloniales españoles. Incluso en el caso de que el español se emplee a diario, entre trabajadores y empresarios, o entre los habitantes rurales y el sacerdote, la fluidez nunca se eleva por encima del nivel de un rudo pidgin. Ese español de sabor indígena no tiene la posibilidad de rebasar las fronteras del grupo que lo ha creado y, en principio, no deja huellas en el español que se habla como lengua materna. Para que una interlengua indígena penetre de forma permanente en las variedades regionales del español debe producirse un cambio sociolingüístico importante que destruya el equilibrio que sostiene a la interlengua. Los hablantes de la interlengua tienen que ocupar posiciones sociales que permitan que su habla se llegue a convertir en la norma. Tales hablantes tienen que estar presentes en cantidades lo suficientemente grandes como para que la interlengua destaque desde el punto de vista demográfico. La interlengua misma, resultado, por definición, del aprendizaje del español como segunda lengua, debe convertirse gradualmente en primera lengua sin despojarse de las aportaciones indígenas. Esto exige el alejamiento de las reglas normativas o un entorno social en que tales reglas ya no tengan relevancia. La inserción permanente de elementos indígenas en el español regional sigue el mismo patrón por el cual un pidgin, que es en su origen una lengua de supervivencia fruto de un fenómeno de contacto y que no habla como lengua nativa ningún miembro de una población lingüísticamente heterogénea, se convierte en lengua materna. Como sucede con la criollización, puede conducir al mismo resultado una miriada de acontecimientos diferentes. Holm (1988: 9) ha acuñado el término "semicriollo" para designar una variedad de lengua que posee "rasgos criollos y no criollos, pero [...] no implica necesariamente que alguna vez hayan sido criollos basilectales, pues tanto los criollos como los no criollos [...] pueden convertirse en semicriollos tomando prestados rasgos". Un semicriollo nunca se ha visto sometido a la pidginización y posterior conversión en lengua materna que caracterizan a la formación de un criollo, pero sí ha sido reestructurado de manera significativa con respecto a la lengua original de superestrato. El inglés negro americano y el portugués brasileño vernáculo son posibles ejemplos de semicriollos. Presumiblemente, se obtuvo un resultado similar cuando el español peninsular fue parcialmente reestructurado en las condiciones adecuadas de contacto con una lengua indígena. En este sentido es indispensable considerar algunos de los posibles escenarios de tal proceso.

En una situación de contacto lingüístico prolongado como el que encontramos en la región andina de Sudamérica, la población indígena adquirió gradualmente el español como lengua materna, sin perder necesariamente su primera lengua, sino a través de un bilingüismo con un predominio cada vez mayor del español. En un contexto de segregación social y racial como el que existía en la Hispanoamérica colonial, el español se usaba no sólo para los contactos esenciales con la población de origen europeo, sino también entre miembros de la misma comunidad indígena. Los mestizos constituyeron un puente entre las dos culturas y facilitaron las transferencias lingüísticas y el desarrollo de una interlengua étnica estable. Los patrones indígenas entraron libremente en el español de los individuos bilingües y quedó asegurada la comunicación sin trabas por el hecho de que todos los hablantes bilingües recurrían implícitamente a los mismos esquemas lingüísticos indígenas cuando interpretaban las estructuras españolas innovadoras. Por ejemplo, el hablante de quechua que dice en quechua

Mariya-x wasi-n
María-POS casa-Pos

reconocerá al instante el sintagma español *de María su casa,* que sigue un orden de constituyentes idéntico (Gómez Bacarreza y Arévalo Soto, 1988: 29). El hablante de español monolingüe que no conozca las estructuras quechuas, y cuya gramática sólo incluya la construcción *la casa de María* estará en desventaja a la hora de asignarle rápidamente una interpretación.

En la medida en que las fronteras raciales y culturales separan rígidamente a las comunidades indígenas y europeas, el español indígena convertido en lengua materna existe como un sociolecto estable pero cerrado. El uso puede ser fluido, pero el contacto entre el español indígena y el europeo se produce sólo en la periferia de cada grupo, y el primero no puede trascender aún los límites impuestos por la administración colonial. Conforme va surgiendo una clase mestiza, caracterizada por un abanico de posibilidades socioeconómicas de las que carece, en términos generales, la comunidad indígena, el indio-español entra en contacto más íntimo con el español europeo. Cuando pasa a definirse el mestizaje a partir de patrones de conducta y por el poder económico más que por simples criterios raciales, comienzan a entrar más y más miembros de la comunidad indígena en la esfera lingüística mestiza, lo que crea un espectro sociolingüístico fluido cuyos polos extremos son todavía "el blanco" y "el indio", pero donde la mayoría de los hablantes emplean las variedades intermedias. Si los cambios estructurales de la sociedad o el simple predominio demográfico mina el español "europeo" como variante estándar de prestigio, las características del antiguo sociolecto "indígena" pueden convertirse en las no marcadas desde el punto de vista sociolingüístico, esto es, pasan a ser aceptadas como nuevo estándar.

Existen varias vías para que un sociolecto indígena del español originalmente marginal alcance la posición privilegiada de dialecto estándar. Un proceso fundamental es que se produzca una discontinuidad en la evolución sociolingüística de una determinada región, por la cual se desplace a una posición de mayor prestigio el habla de sectores sociales anteriormente marginados. Este proceso puede ser el resultado de una convulsión social: la revolución boliviana de 1952, aunque en absoluto desplazó a la aristocracia de base europea y sus normas españolas monolingües, facilitó la penetración de sociolectos con influjo indígena en esferas más altas del gobierno, la educación, los medios de comunicación y el comercio. La Revolución Cubana de 1959 produjo, entre otros efectos, un cambio lingüístico desde el afectado español con sabor europeo de los medios oficiales y de comunicación a un patrón de habla más "cubano". Similares efectos tuvo la Revolución Sandinista de Nicaragua, que alcanzó el poder en 1979 y cuyo legado está aún presente en el lenguaje de la educación, la política y la literatura nicaragüenses. En la época colonial, no eran pensables las revoluciones sociales, pero los movimientos separatistas a menudo lograron los mismos resultados. El habla "peninsular", antaño admirada e imitada, perdió el favor, y los sentimientos nacionalistas infundieron un repentino vigor a las palabras y expresiones criollas.

El papel de las mujeres indígenas como esposas de los hombres españoles y como sirvientes domésticas y niñeras de los niños de origen europeo constituye otro medio para que el español con influencia indígena alcance una mayor circulación. Durante gran parte del periodo colonial, el número de colonos europeos varones fue muy superior al de mujeres, sobre todo en aquellas zonas que requirieron una acción militar prolongada. Ello dio como resultado uniones mixtas desde el punto de vista étnico, en las cuales la mujer indígena, cuyo dominio del español debe de haber estado lejos de ser completo, se convertía en el modelo lingüístico de los niños "españoles". El caso extremo es Paraguay, donde se ha atribuido a la estructura de la familia colonial el extendido bilingüismo que se da entre paraguayos que reivindican para sí una ascendencia "europea". La familia paraguaya prototípica está formada por un padre hispano-hablante y una madre guaraní-hablante, lo que explicaría la preferencia paraguaya por el guaraní en los dominios íntimos, personales y familiares (cfr. Service, 1954). Además, muchos varones españoles tuvieron hijos con varias mujeres (indígenas), quienes a su vez criaban a la descendencia, impartiendo el guaraní como lengua dominante (cfr. Roett y Sacks, 1991). El caso del Paraguay puede haber sido exagerado, pero familias como las recién descritas han sido documentadas en muchas partes de la América colonial. Los niños de matrimonios mixtos, a menudo reconocidos por sus padres y, por tanto, por el gobierno español y por la Iglesia, fueron considerados criollos y entraron en la sociedad colonial en un nivel mucho más alto del que estaba al alcance de la comunidad indígena. Este constituye un mecanismo adicional para que un español de sabor indígena pueda convertirse en la lengua materna de una población dominante desde el punto de vista económico y social. Incluso cuando no se producían casamientos entre varones españoles y mujeres indígenas, el comportamiento lingüístico de las criadas y las niñeras pudo ejercer un influjo poderoso en la remodelación de las normas de prestigio. Normalmente sólo las familias más ricas confiaban a sus niños a miembros de la población indígena, pero las consecuencias de la penetración indígena pueden haber sido considerables. Si esta penetración descendente se combina con las influencias que ascendían hasta los estratos sociolingüísticos medios procedentes de los matrimonios mixtos, nos encontramos con un modelo según el cual el "sustrato" indígena puede afectar a una amplia comunidad sin necesidad de que se produzca una profunda convulsión social o un predominio demográfico arrollador.

En la América colonial no siempre se dieron las condiciones descritas arriba. En las Antillas, por ejemplo, la población indígena desapareció tras una brevísima interacción etnolingüística con el español, que permitió el préstamo de unidades léxicas, pero que no tuvo ningún otro efecto. Los indígenas de Argentina, Uruguay, Chile y de parte de América Central fueron también desplazados y exterminados, y dejaron sólo restos lingüísticos mínimos. En la cuenca del Amazonas, el asentamiento español ha sido relativamente reciente, y la asimilación lingüística de la población indígena es, en el mejor de los casos parcial, mientras que en muchas regiones andinas, así como en zonas rurales aisladas de México y Guatemala, la población hispanohablante nunca fue lo suficientemente grande para que el español se implantara como lengua materna. Se produjeron contactos duraderos y estables entre el español y las lenguas indígenas en aquellas comunidades indias que habían alcanzado un cierto dominio regional, y que pudieron mantener su fuerza demográfica y algo de su poder social y económico. Estas características se dieron en parte de Paraguay y en los antiguos imperios inca y azteca.

PASADO Y PRESENTE DE LA INTERLENGUA INDÍGENA

Los acercamientos indígenas al español han ido variando con el tiempo, al igual que las reacciones de los hablantes de español ante tales interlectos. En la Hispanoamérica actual, los hablantes bilingües aún producen construcciones que difieren de forma radical del uso español monolingüe. Con pocas excepciones, estas interlenguas contemporáneas no corresponden a ninguna variedad del español monolingüe o bilingüe fluida. El español poco fluido de los hablantes bilingües, por ejemplo, de Paraguay, México, Guatemala y las tierras altas andinas contiene rasgos sintácticos y fonológicos que no se han filtrado a las correspondientes variedades regionales del español. Encontramos un continuo de variantes del español con un influjo indígena paulatinamente menor en tales zonas bilingües, similar al continuo de variación que existió durante épocas anteriores.

Para calibrar la posible penetración indígena en la fonología y la sintaxis del español regional, es útil estudiar los tipos de interlengua española que hablan los indígenas. Contamos con observaciones, recogidas por escrito desde los primeros momentos de la colonización, y no siempre muy exactas, sobre los acercamientos de los indios al español. La mayoría de los textos antiguos fueron escritos por europeos que rara vez adoptaron una actitud de simpatía hacia las culturas indígenas, que juzgaban inferiores a las propias. Solían equiparar las dificultades de los indios para aprender español con su inteligencia. Los escritores indígenas, y los que respetaban la cultura indígena, ponían todo su cuidado en evitar la imitación del español "indio", aunque su propio dominio del español debe de haber estado influido por las lenguas indígenas. Como ocurre con las representaciones del español de los africanos, las imitaciones del español "indio" no tienen por qué ser necesariamente inexactas sólo porque reflejen una actitud negativa hacia los hablantes.

EL ESPAÑOL ANDINO

En la región andina, los conquistadores españoles entraron en contacto con un vasto imperio quechua-hablante, cuyos miembros fueron unas veces aliados, otras enemigos, pero nunca abandonaron la lengua quechua. Las órdenes religiosas españolas adoptaron y estandarizaron el quechua como lengua franca difundiéndola a zonas periféricas y desplazando otras lenguas regionales aún vivas (cfr. Mannheim, 1991). Desde el principio, el quechua comenzó a absorber grandes cantidades de hispanismos, y estableció una relación simbiótica con el español. El dominio, a menudo imperfecto, del español que tenían los hablantes de quechua no escapó a la atención de los colonos españoles, que ya en fecha muy temprana empezaron a hacer imitaciones y parodias del español "indio" que han continuado hasta nuestros días. Rivarola (1987, 1988) ha documentado los primeros tiempos del español andino, incluidas las parodias de Juan del Valle Caviedes, quien, hacia finales del siglo XVII, imitó tanto el español criollo como el español indígena del Perú. Caviedes observó, con un sentimiento de desaprobación, la pérdida de la oposición /ʎ/-/y/ entre los criollos de Lima, y se burló de la *lengua de indios:*

Balca il diablo, gorgobado
que osastí también ti casas
sin hallar ganga in so doti
sino sólo mojiganga.

Parici ostí jonto al novia
tan ridondo y ella larga
como in los trocos di juego
taco, bola in misma cama.

Ella dio el sí con so tiple,
ostí con voz retumbada,
qui los gorgobados siempre
hablan dintro dil tinaja.

Estos versos satíricos no ejemplifican el orden de palabras, de típica influencia quechua, que aparece con frecuencia en el español andino, pero sí muestran la transferencia morfológica y fonológica característica del quechua. En el texto de Caviedes, la simplificación del sistema español de cinco vocales para aproximarse al quechua, de tres vocales, se observa en *osastí < usasté, ti < te, parici < parece, jonto < junto, trocos < trucos, so < su,* etc. También encontramos en muchos textos de Caviedes la desaparición de la concordancia nombre-adjetivo *(al novia, dil tinaja)* y la ausencia ocasional de artículos *(in misma cama).* La modificación estereotipada de las vocales medias y altas (conocida como *motosidad)* ha seguido produciéndose hasta nuestros días en la región andina, pero cuando no va acompañada de otros rasgos propios de una interlengua indígena, es mejor interpretar ejemplos como los que acabamos de citar como expresión de los prejuicios del autor hacia los hablantes indígenas que como verdaderas muestras del español protoandino.

Al mestizo peruano del siglo XVII, Felipe Guamán Poma de Ayala, se le deslizan, en sus escritos, ejemplos de las modificaciones vocálicas del español indígena, además de errores ocasionales de concordancia, uso de *lo* no flexionado como marcador del objeto directo, eliminación de artículos, y otras tendencias proto-andinas (Rivarola, 1988): *este mes esta la comida maduro, multiplicaron los dichos yndios, que todo lo sabe Dios y como poderoso lo puede tener aparte esta gente de yndios, nosotros quisiéramos ir a Chuquisaca o Lima alcançar algún provisión para descanso de pobres yndios.* Estas muestras inconscientes del español andino son indicios, mucho más fiables que las imitaciones deliberadas de los escritores europeos, de que las características andinas pudieron haber sido empleadas por los miembros de la intelectualidad indígena, que se servían del español como vehículo de expresión literaria y política, y que, debido a su hegemonía sobre grandes masas de habitantes indígenas, pudieron sembrar las primeras semillas de un dialecto indígena paralelo del español.

El estudio de los esquemas gramaticales que aparecen en las variedades de interlengua del español andino proporciona una pista de lo que podría haber sido una transferencia a gran escala. En realidad, tal interferencia sólo se ha producido en la periferia del español monolingüe; en zonas donde el bilingüismo es la norma, no la excepción (esto es, fuera de unas cuantas grandes zonas urbanas), fenómenos que antaño fueron parte de la interlengua indígena aparecen ahora en el español de las clases medias, y a veces las emplean incluso los hablantes monolingües de español. Cerrón-Palomino (1976), Hardman de Bautista (1982), Laprade (1981), Rivarola (1988), Stratford (1988) y otros han demostrado calcos inequívocos del quechua y del aimara.

Uno de estos casos es el uso del pluscuamperfecto para indicar acontecimientos conocidos de segunda mano, no experimentados personalmente, uso éste innovador que crea en español una distinción existente en aimara y quechua. Este uso aparece también en el español bilingüe de Bolivia y Perú. El uso pospuesto de *nomás* y *siempre*, común en el español de las tierras altas bolivianas, se encuentra a veces en otras regiones, por ejemplo, en México. Sin embargo, la posposición de *pero*, como en *¿vas a tomar café, pero?*, "entonces, ¿no vas a tomar café?", no aparece en las regiones no andinas. Curiosamente, esta construcción, que es la que posee menor carácter español que las demás "partículas" del altiplano es también la que menos se parece a su contrapartida aimara: *raki* (Laprade, 1981: 219), por lo que podría proceder, no de una transferencia sintáctica directa, sino más bien de una topicalización o comentario dislocado a la derecha en la interlengua indígena. Lo mismo se podría decir de la posposición de *dice,* que más que un calco del aimara o del quechua podría representar la fosilización de un comentario yuxtapuesto originalmente independiente. Es casi imposible aceptar que las combinaciones de dos o tres partículas, normalmente en el orden *nomáspues-pero,* hayan surgido espontáneamente en el español sin que haya mediado una contribución indígena, aunque esas combinaciones no siempre se correspondan morfema a morfema con esquemas quechuas o aimaras (cfr. Laprade, 1981: 220).

Nicaragua: el güegüense

La Centroamérica colonial albergó grandes grupos indígenas, pero los documentos que han sobrevivido hacen pocas referencias a sus acercamientos al español. El texto más importante es la parodia anónima *El güegüence,* que describe la vida del nahua en la Nicaragua colonial y que está escrito en ese país. No sabemos la fecha de composición, pero probablemente se sitúe a principios del siglo XVIII. Entre los primeros comentadores del *güegüense,* Brinton (1883: xvi) habla de "... un dialecto mixto ... compuesto de un nahua fragmentario y un español corrompido, que, al principio, servía como medio de comunicación entre los conquistadores y sus súbditos, y que después se convirtió, en cierta medida, en la lengua habitual de estos últimos". El autor va más allá (pág. xvii) y sugiere que esa lengua mixta formó alguna vez un criollo panmesoamericano: "Esta jerga fue llevada a varias naciones que entraron en contacto con los españoles y mestizos, y, por ello, podemos encontrar palabras desperdigadas pertenecientes a él en muchas de sus lenguas..." En realidad, el *güegüense* contiene muy pocas desviaciones con respecto al español estándar de la época. Está escrito en una combinación de español y nahua, con extensos pasajes intercalados en esta última lengua como suele ocurrir habitualmente en el habla de bilingües fluidos[1]. El español del *güegüence* no presenta influencias evidentes de un sustrato nahua; por el contrario, las dos lenguas se superponen la una a la otra. Henríquez Ureña (1938: 326) opina que el texto escrito era sólo una guía para actores, quienes adoptarían una mezcla de español y nahua adaptada a su público. La lengua del texto es coloquial y arcaica, como corresponde a los protagonistas de la pieza, un grupo de arrieros. Hay algunas muestras de que no ha sido el español, sino más bien el nahua, el afectado por ese contacto bilingüe. Esto podría ser un reflejo del hecho de que las figuras de militares españoles de baja graduación, así como los artesanos y carreteros, también hablaran nahua, o de que los hablantes de nahua en Nicaragua ya estuvieran pasándose al español. He aquí un ejemplo del *güegüence:*

---

[1] La lengua y los orígenes del *güegüence* han sido estudiados por Brinton (1883), en la primera edición crítica de la obra, por Elliot (1884), Henríquez Ureña (1938: 325-7), Mántica (1989), Arellano (1984), y muchos otros. Elliot (1884) y Arellano (1984) creen que el *güegüense* es obra de dos autores, de los cuales al menos uno era un hablante nativo de español.

GÜEGÜENSE: Pues mas ha sido carpintero, hacedor de yugos aunque sean de papayo, hacedor de arados aunque sean de tecomajoche ya pachigüe mayule Sor. Gobor Tastuanes.
"Pues, ha sido carpintero, hacedor de yugos, aunque sean de papayo, hacedor de arados, aunque sean de la madera con la que se hacen los templos. Esto satisfará al inteligente Gobernador Tastuanes."

GOBERNADOR: Ya pachigüete no pachigüete, pues Güegüence asanese palparesia mo Don Forcico timaguas y verdad tin oficios.
"No, no estoy satisfecho aún. Que Güegüense le diga a su hijo, Don Forcico, que dé cuenta verdadera de sus oficios."

GÜEGÜENCE: Pues si cana amigo Capn Algl Mor Mayague nistipampa Sres. principales, sones, mudanzas, velancicos, necana y palparesia Don Forcico timaguas y verdad tin oficios.
"Entonces, si mi amigo el Capitán Alguacil Mayor quiere, en mi presencia, que los señores principales suspendan la música, las danzas, las canciones y los bailes, Don Forcico nos dará cuenta verdadera de sus oficios."

Si el *Güegüense* es una muestra real del habla hispánico-nahua de la Nicaragua colonial, habría que pensar en la existencia de un bilingüismo muy fluido y muy extendido, más que en la de una interlengua vacilante.

El Salvador

Otra zona de América Central donde los sustratos indígenas han contribuido a la evolución fonológica y morfológica del español es El Salvador. No se puede postular un estadio criollo para El Salvador, pues faltaba un ingrediente fundamental: el predominio de hablantes de lenguas mutuamente ininteligibles que se vieran forzados a emplear un español imperfectamente aprendido para la comunicación básica ante la inexistencia de los modelos lingüísticos que proporcionan de los hablantes nativos. Incluso durante el periodo de más intensa hispanización, los indígenas salvadoreños pudieron usar y, de hecho, usaron sus propias lenguas indígenas para comunicarse entre ellos. No hay documentación fiable de la(s) lengua(s) empleada(s) entre los diferentes grupos étnicos en El Salvador precolonial y colonial, aunque el contacto lingüístico se produjo probablemente sólo en las fronteras de las regiones que hablaban pipil y lenca, ya mediante el bilingüismo o mediante el uso de una única lengua franca. El pipil, que representaba al grupo culturalmente dominante, es la opción que cuenta con mayores probabilidades. En los contactos interétnicos más recientes se ha adoptado el español, y aunque siempre ha habido indígenas salvadoreños cuyo dominio del español es muy inferior al de los hablantes nativos, nada hace pensar en un reforzamiento progresivo de los patrones no maternos.

La lengua lenca no ha sido muy estudiada, por lo que siguen siendo un enigma las contribuciones lencas al español de América Central. En el caso del pipil, no faltan las propuestas sobre un influjo sustratístico fonológico en el español salvadoreño. Por ejemplo, Geoffroy Rivas (1978: 17) hace un conjunto de afirmaciones que, aunque reñidas con el comportamiento lingüístico observable, son representativas de las teorías sustratistas del español de América. En lo tocante a la pronunciación de /s/, señala que los hablantes de pipil "suprimieron toda diferencia entre *s, c* y *z,* substituyéndolas por el fonema nahua velar, fricativo, no sonoro que suena como una *j* suave, que aún usamos al decir, por ejemplo, *nojotros,* y que tan notorio es en el habla de los nicaragüenses"*. El ejemplo *nosotros > nojotros* no es convincente, pues este cambio se produce en el español popular de todo el mundo hispano-hablante, y es, evidentemente, el resultado de una interpretación bimorfémica: *nos + otros.* Suponiendo que Geoffroy Rivas se esté refiriendo a la aspiración de /s/ final de sílaba, así como quizás a la aspiración en posición inicial de palabra y, ocasionalmente, a la /s/ intervocálica interior de palabra, su propuesta contradice abiertamente la tan citada afirmación de que el influjo nahua es el responsable de la CONSERVACIÓN de la /s/ final de sílaba en el español de México. Incluso aunque el pipil hablado en El Salvador hubiera reemplazado la /s/ española por [x] o [h], la propuesta de Geoffroy Rivas deja sin explicar el mantenimiento de [s] en posiciones distintas a final de sílaba o de palabra. No tenemos información precisa sobre la pronunciación del pipil en El Salvador colonial, pero las descripciones de finales del siglo XIX y del siglo XX no apoyan la idea de que exista una transferencia fonética indígena tras el debilitamiento de /s/ en el español salvadoreño[2].

---

* En español en el original. *[N. del T.]*

---

[2] Geoffroy Rivas (1978: 17) también defiende el influjo nahua para el yeísmo (neutralización de /y/ y /ʎ/) y para la epéntesis de /y/: "la *ll* se cambió por una *y* muy marcada, que no sólo sustituyó a aquel fonema, sino que se introdujo donde no existe. No sólo decimos cabayo, estreya, etc., sino que la pronunciamos separando el diptongo *ia* y decimos *diya, habiya, teniya,* etc." [En español en el original. *N. del T.*] Pero la pérdida del fonema lateral palatal se ha producido en gran parte de España y de Hispanoamérica, y la nivelación dialectal ha dado como resultado la neutralización de /ʎ/ e /y/ en la América española. Ni el pipil ni el lenca tienen un fonema lateral palatal, y

Casi nada se sabe de la lengua lenca que se hablaba durante la colonización de El Salvador. El lenca contemporáneo (el hablado durante las primeras décadas de este siglo) no proporciona ninguna base para la reducción de /s/. De hecho, el lenca ofrece casos de /s/ final de sílaba, aunque las sílabas cerradas no son muy habituales (cfr. Mendoza, 1959). Podemos, por tanto, descartar el influjo lenca para la explicación de la modificación de /s/ en el español salvadoreño.

A pesar de la fragilidad de las afirmaciones precedentes, el influjo pipil sí que puede haber provocado en el español salvadoreño rural un cambio fonético, cambio cuyo resultado está desapareciendo

---

nada hace pensar que existiera tal fonema en siglos anteriores. Así, el incipiente yeísmo del español que llegó a América Central puede haberse visto reforzado por el contacto con hablantes bilingües cuyo español siguiera sufriendo el influjo de las lenguas indígenas. Defender influencias indígenas como causa única de la neutralización de /ʎ/ e /y/ en El Salvador es ignorar por completo una perspectiva comparativa más amplia, que sitúa este cambio fónico en el contexto de la evolución del español peninsular durante los siglos XVI y XVII. En pipil, la lateral palatal no existe, y hay una fricativa palatal /y/. Este elemento aparece libremente ante vocales no anteriores (/a/ y /u/), pero no ante vocales anteriores (/i/ y /e/). Por otra parte, el pipil sí tiene diptongos y hiatos cuyo primer elemento es [i]. Las descripciones que poseemos del pipil salvadoreño no hablan de [y] epentética intervocálica, por lo que podemos concluir que el sonido epentético del español salvadoreño moderno no puede ser una transferencia directa del pipil. La pérdida de /y/ en contacto con las vocales anteriores, sin embargo, puede haber sido impulsado por la ausencia de las combinaciones correspondientes en pipil. El lenca, como el pipil, posee /y/ intervocálica en contacto con las vocales no anteriores, mientras que lo excluye del contacto con vocales anteriores; hay también ejemplos de /y/ inicial de palabra ante vocales anteriores. El lenca también tiene ejemplos de diptongos y hiatos con /i/, sin que haya muestras de [y] epentética (Mendoza, 1959). Geoffroy Rivas (1978: 17) hace otra generalización más sobre el posible influjo nahua en la pronunciación del español salvadoreño:

> en el aspecto morfológico, los nahuas trasladaron al español los patrones, formas y procedimientos propios del polisintetismo. Unieron dos o más palabras, suprimiendo fonemas, para formar nuevas palabras, surgiendo así en el habla mestiza formas como *vapué* (vaya pues), *puesí* (pues sí), *vuá* (voy a)..., *idiay* (y de ahí), *aloshte* (ya lo oíste), *onde* (donde)..., *enque* (aunque), *ende* (desde), *endenantes* (desde antes)... En otros casos, nos conformamos con suprimir fonemas: *pué* (pues), *ay* (ahí), *ma* (toma), *va* (vaya), *ante* (delante), *bajo* (debajo), *tas* (estás). [En español en el original. *N. del T.]*

El lector familiarizado con el español de otras regiones se percatará inmediatamente de que estos ejemplos se atestiguan con profusión por todas partes, y que representan la fusión natural de palabras en el habla fluida *(puesí, vuá)*, los resultados de la morfología popular *(va)*, la pérdida frecuente de sílabas iniciales o finales *(ta)* o restos arcaicos pero auténticamente españoles de siglos pasados *(onde, endenantes, enque,* etc.). Ninguno de estos ejemplos es cualitativamente diferente del habla fluida de otros dialectos del español, y no hay justificación alguna para postular un influjo del sustrato para esta mezcolanza de elementos populares.

conforme el uso monolingüe del español se va extendiendo por todo el país. El pipil conserva /tˢ/ en posición final de palabra y de sílaba, aunque está atestiguada la desafricación en [s] (Baratta, 1951-2: vol. I, 277). Sin embargo, aunque el pipil permite las sílabas cerradas, el fonema /tˢ/ no es común en posición final de sílaba. Es mucho más frecuente la fricativa palatal /š/ (x o sh en la ortografía), tanto en posición interior como final de palabra. La sustitución de /s/ española final de sílaba por /š/ es una característica reconocida del español de El Salvador con influencia pipil, y ha dado lugar a palabras españolas innovadoras: *maestro* frente a *maishtro* "artesano". La literatura popular salvadoreña suele representar el cambio /s/ > /š/ tal y como se encuentra entre los habitantes rurales de origen nahua-hablante, como se puede ver en los siguientes extractos de Salarrué (1969):

> No te resbalés, ¿*oíshte?* (440)
> LLegó a la escuela y buscó al *maishtro,* pero el *maishtro* se había
>   acostado... (441)
> Pero el mal estaba en su querencia *egoishta* (436)
> *Aishtá* ese baboso (419)

Quedan pocos hablantes de pipil en El Salvador (cfr. Campbell, 1985), pero esta característica fonética constituye uno de los últimos vestigios de lo que antaño fue un rasgo etnolingüístico ampliamente extendido.

Como muestra de los estadios anteriores de una interlengua indígena en El Salvador tenemos varios textos de folclore que imitan el habla de los salvadoreños hablantes de pipil y lenca. Los textos siguientes, con influjo pipil, dan una idea de variedades etnolingüísticas del pasado:

> Cuando lo cantó la gayu,
> lo pegó un pugido el mula,
> Casás porque lo ha nacido
> La Ninguio que está en el cuna...
> Eso digu yo también,
> Porque lus dos li hemos oydo,
> Dicen que lo nacio en Belén
> Y lu queremos conocer.
>   (Baratta, 1951-2; v. 2, 612)

> No lu tráigo nada qué dar,
> Me lu robaron los lagronis,
> Cómete este tu yuca,
> Jrenti l'templu istá l'Ceiba
> centenariu, hermusu, beyu,
> centinela de mi pueblu

almiradu pur el cerrus
y culinas vigilantis
unde l'sul cun el julgures
lustá lumbrando nel tardes...
Lu hay barrancus y lu hay burdus,
piegras grandis y peñunis,
y nel altu campanariu...

Huy l'tiempu lu es testigu
cuando lu rueda l'caminu
vieju riyu Chanazigua
cuando l'so agua va in carrera...

(Deodanes, 1972: 1-4)

Estos textos contienen fenómenos que reflejan hechos conocidos del español con influjo nahua. El nahua/pipil se deja ver en el sistema vocálico predominantemente ternario (se supone que [e] es una variante alofónica de /i/ y [o] de /u/). También se puede observar la dificultad para articular /ñ/: unas veces aparece una nasal velar *(singuior)* y, otras, un grupo consonántico *(lenyita)*. El clítico pleonástico *lo* es también un rasgo recurrente típico del contacto entre el español y el nahua.

Son pocos los textos que imitan el español con influjo lenca, pero presentan características fonéticas similares. A diferencia del pipil, el lenca tiene un sistema vocálico de cinco vocales, las mismas del español. Los textos precedentes muestran el cierre de /o/ átona final en [u], fenómeno que tiene sus raíces en el español peninsular popular, pero que puede haber sido reforzado por patrones similares del lenca. Los restantes rasgos fonéticos son comunes al español rural de otras zonas:

Señor San Pegru,
que me llenen mi huacal
y para otro año
venirlu a llevar.
Santo Señor San Pegru,
te lu estamos celebrando
tu día, dejarnos llegar
otro año, te lu haremos mejor.

(Baratta, 1951-2: vol. I, 343)

La interlengua española de base pipil y lenca presenta rasgos morfosintácticos frecuentes en otras regiones en que se hablan lenguas mesoamericanas. Esta coherencia indica que textos literarios y folclóricos del tipo de los citados reflejan con precisión los estadios intermedios de una interlengua española, que en algunas regiones puede haberse convertido en lengua materna.

MODELOS DE LA PENETRACIÓN FONOLÓGICA INDÍGENA: CANDIDATOS CON MÁS POSIBILIDADES

A menudo se ha dicho que las lenguas indígenas influyeron de forma permanente en la pronunciación regional del español. Tales teorías sobre el influjo indígena surgen de dos posturas contradictorias. De acuerdo con una de ellas, los contactos lingüísticos hispano-amerindios extrajeron denominadores comunes fonológicos para la evolución del dialecto regional. Los sonidos, las combinaciones fonotácticas o las oposiciones del español que no existían en la lengua indígena fueron neutralizados o eliminados. Opuesta a esta perspectiva de la nivelación fonológica, tenemos la afirmación de que los hablantes indígenas encontraron algunos sonidos del español tan difíciles de pronunciar que sus esfuerzos dieron como resultado la conservación de esos sonidos en el dialecto español local, mientras que en otras regiones los eliminaron. Ninguna de las dos teorías excluye por completo la penetración de nuevos sonidos o de nuevas oposiciones de una lengua en la otra, siempre que se cumplan ciertas condiciones. Una breve muestra de los casos de influjo indígena que se han propuesto para el español de América ilustrará la complejidad de las cuestiones en juego.

Paraguay

Si podemos descubrir influjo fonético indígena en alguna variedad de español, seguramente será en aquella nación en la que una lengua americana se ha apoderado de los corazones y las mentes incluso de los habitantes de origen europeo. El uso del guaraní en Paraguay y el fluido cambio de códigos que presentan los paraguayos bilingües ha dado lugar a exageradas reivindicaciones de la existencia de influjo indígena en la pronunciación del español de Paraguay. En un momento o en otro, han entrado en la polémica casi todas las características fonéticas del español de Paraguay: la articulación alveolar de /t/ y /d/, la africación de /tr/, la pérdida de /s/ final de sílaba, la presencia de [β] fricativa inicial de sintagma y ciertas reducciones vocálicas. La mayoría de esas reivindicaciones tenían una base bastante precaria, y han sido refutadas tras una investigación minuciosa (por ejemplo Cassano, 1971a, 1971b, 1971c, 1972a, 1972b, 1972c, 1972d; Granda, 1979a, 1980, 1982a). A veces, ese empeño está impulsado por una profecía que se cree de obligado cumplimiento: el "descubrimiento" de una influencia sustratística en una región donde la lengua indígena posee una innegable vitalidad. También es lamentable el que contemos con descripciones tan poco fiables del español de Paraguay, incluidos los primeros estudios basados en informantes expatriados o en visitantes ocasionales que dieron como resultado muestras de habla no representativas[3].

Una de las afirmaciones sobre el influjo guaraní de más tenaz supervivencia tiene que ver con la conservación de la lateral palatal /ʎ/, que, desde Malmberg (1947: 5) en adelante, han atribuido muchos a esa lengua indígena. El guaraní no posee este fonema, y, aparentemente, nunca lo tuvo; los antiguos préstamos españoles al guaraní emplean o la [ŷ] africada o un simple hiato vocálico. Estos hechos no han detenido a los defensores del influjo sustratístico; como señalan Cotton y Sharp (1988: 273-4), "cuando los guaraníes dominaron el difícil sonido extranjero, llevaron a gala el distinguirlo de /y/, creando una isla de lleísmo en contraste con el yeísmo de las zonas de alrededor." Esta es una aseveración asombrosa, que, si fuera verdad, no tendría precedentes en la historia del contacto de lenguas. No es necesario sostener tales posturas extremas, pues el mero aislamiento geográfico y social de Paraguay, comparado con el rápido desarrollo de una zona metropolitana en la desembocadura del Río de la Plata, constituye una explicación más que adecuada. También hay islas de /ʎ/ en otras regiones remotas de América del Sur cuya historia no difiere mucho de la del Paraguay, al igual que sucede en algunos enclaves rurales de España y de las Islas Canarias[4].

El rasgo de la pronunciación del español de Paraguay que se resiste con más vigor a un análisis no basado en el sustrato es la oclusión glotal que se oye frecuentemente entre palabras, especialmente cuando la segunda empieza por vocal. Dos hechos se combinan para hacernos pensar en una contribución real, si no en una causación directa, del sustrato. El primero es que entre los dialectos regionales del español de América del Sur, esta constricción glotal coincide casi exactamente con la presencia guaraní: Paraguay, extremo nororiental de Argentina y extremos orientales de Bolivia. El guaraní inserta un elemento glotal similar tanto en las formas guaraníes patrimoniales como en los préstamos del español. Los hablantes bilingües con ma-

---

[3] Por ejemplo, Cassano (1972a) rechaza descripciones anteriores que afirmaban que /t/ y /d/ son normalmente alveolares en el español de Paraguay. Granda (1980, 1982a) discute la existencia de una /y/ uniformemente africada en todo Paraguay.

[4] Granda (1979) señala el predominio de colonos procedentes del norte de España, donde /ʎ/ sigue vivo, como otro factor coadyuvante.

yor dominio del guaraní realizan la glotalización en mayor medida que los hablantes bilingües que dominan mejor el español, lo que es una prueba más en favor de los patrones prosódicos guaraníes. En zonas periféricas tales como el este de Bolivia no fue prolongado el bilingüismo con el guaraní, y actualmente se limita a una pequeña población indígena (Schuchard, 1979). Las oclusiones glotales, aunque aparecen en el español del este de Bolivia, tienen una frecuencia considerablemente menor que en las zonas donde se sigue hablando el guaraní. En un contexto de extensa difusión del bilingüismo como es el Paraguay, donde los niños fueron educados por madres guaraníhablantes que hablaban el español como segunda lengua, esa restricción fonológica global lo tuvo todo a su favor para entrar en el naciente dialecto paraguayo del español.

Si el contacto lingüístico hispano-guaraní fue lo suficientemente vigoroso como para implantar un rasgo prosódico guaraní en el dialecto regional del español, lo que deberíamos preguntarnos es por qué no aparecen con una regularidad comparable esquemas sintácticos no españoles. Granda (1979b, 1988), Meliá (1974), Welti (1979) y otros han descrito construcciones sintácticas con influjo guaraní, que también podrían ser simples resultados de un aprendizaje imperfecto del español, pero tales esquemas predominan sólo entre los hablantes bilingües que no dominan el español; los paraguayos cultos emplean una sintaxis que es indistinguible de la de otras naciones del Cono Sur. No es difícil encontrar una explicación. Para que ciertos esquemas sintácticos del guaraní hubieran penetrado en el español de Paraguay tendría que haber existido una interlengua española de base guaraní en el Paraguay colonial. Esa lengua tendría que haber sido utilizada por los súbditos indígenas de los colonos españoles que hablaran muy poco guaraní, o no lo hablaran en absoluto, y que mantuvieran la distancia física y social con respecto a la comunidad indígena. En Paraguay, sin embargo, desde el principio la norma fue el bilingüismo, y el cambio de código al guaraní ocupó el lugar que le habría correspondido a la introducción de calcos guaraníes en el español. Es lógico suponer que, al principio, la proporción se inclinaría ostensiblemente del lado del guaraní, y que la introducción de palabras españolas sólo serviría para rellenar huecos léxicos. Fue durante este periodo cuando el guaraní tomó prestadas las primeras y "más guaranistas" palabras españolas. En periodos posteriores, cuando el español lo hablaran con fluidez grandes grupos de hablantes (urbanos), el cambio de códigos al guaraní adquirió funciones más estilísticas y emotivas. La glotalización, extendida en el español y el guaraní, resaltaría la situación de contacto bilingüe.

México

Aunque en el México colonial se hablaban docenas de lenguas indígenas, los acontecimientos conducentes a la conquista española de Tenochtitlán y la consiguiente interacción con los aztecas, bien organizados y políticamente poderosos, otorgaron una importancia especial al nahua. En el Yucatán, el maya era también una lengua fundamental, aunque los españoles no le concedieron mucha atención. Por todo México y América Central, los españoles emplearon el nahua como lengua franca; incluso en algunas zonas donde nunca antes se había hablado, los contactos lingüísticos hispano-nahuas fueron intensos y penetrantes (cfr. Heath, 1972). No sólo los religiosos españoles adoptaron el nahua como lengua de evangelización, sino que los civiles y militares españoles también adquirieron cierta fluidez en esa lengua, como atestigua el número de gramáticas publicadas durante el periodo colonial. De hecho, los primeros libros publicados en México estaban escritos en nahua. Aunque España nunca trató como iguales a los indígenas nahua-hablantes, el poderío político del antiguo imperio azteca y la necesidad de mantener relaciones cordiales con sus herederos provocó una mayor difusión del nahua entre los españoles. Como ocurrió en Paraguay, los matrimonios mixtos, que produjeron niños criados por madres nahua-hablantes, fueron fundamentales para la creación de una relación simbiótica entre el español y el nahua. El nahua desapareció como lengua familiar urbana en México mucho más deprisa que el guaraní en Paraguay, pues las proporciones demográficas y las barreras sociales eran diferentes en ambos países. No sobrevive ninguna documentación fiable de los primeros estadios de bilingüismo hispano-nahua para atestiguar lo que seguramente fueron las formas intermedias de cambio de códigos y de mezcla de lenguas, pero probablemente sea representativa la lengua del *Güegüense*. Nada hace pensar en la existencia previa de una interlengua estable de influjo nahua que pudiera haber permitido que se produjeran esquemas gramaticales extrahispánicos. Aunque siempre hubo nahua-hablantes que hablaban poco español, la hispanización de la comunidad nahua creó pronto una sociedad dominante en la que el español fue la primera lengua. En las zonas urbanas donde se formó el español de México, el nahua se convirtió en la lengua familiar de una población cada vez más pequeña. La ausencia de una interlengua de transición explica la inexistencia de estructuras sintácticas nahuas en el español de México. Lo que se puede encontrar aún en las zonas nahua-hablantes es una interlengua transitoria, que suele ser abandonada tras una sola generación y que puede evolucionar en la vida de los hablantes individuales (Hill, 1987; Hill y Hill, 1986; Siade, 1974). Los hablantes de nahua que adquieren el español como lengua nativa no emplean tales estructuras, que no han dejado huellas en el español de México.

Pocos rasgos fonéticos del español de México se prestan a las teorías del sustrato indígena. Algunos han sostenido un influjo nahua en la pérdida de /ʎ/, la asibilación de /r/ final (Malmberg, 1965: 124), los patrones entonativos y la reducción de las vocales átonas, pero estas propuestas no están apoyadas por los datos empíricos (cfr. Lope Blanch, 1967a). Con más frecuencia se suele atribuir a transferencia indígena la extraordinaria resistencia de /s/ final de sílaba (cf. Malmberg, 1965: 123-4; Henríquez Ureña, 1938: 336; Alonso, 1938: 336). Los primeros investigadores avanzaron la hipótesis de que el nahua carecía de /s/, al menos en posición final de palabra, sólo tenía /tˢ/ africada. Este sonido reemplazó a /s/ en la pronunciación indígena del español, y cuando se produjo la desafricación definitiva, la pronunciación anterior que era "más fuerte" pervivió en forma de [s] sibilante. De acuerdo con esta perspectiva, la reducción "andaluza" de /s/ en [h] se produjo en zonas donde /s/ no había sufrido el reforzamiento previo en una africada, lo que explicaría el mantenimiento de [s] sibilante en las tierras altas mexicanas frente a la pérdida de /s/ en el Caribe. Canfield (1934), Lope Blanch (1967b) y otros han demostrado que el nahua sí que poseía una /s/ final, que fue equiparada a la *c* y *z* españolas, ya reducidas a [s] hacia finales del siglo XVI. La [ś] apical castellana fue equiparada a la [ś] nahua, pero /tˢ/ nahua nunca reemplazó sistemáticamente a la /s/ española.

En el Yucatán mexicano, las lenguas mayas han prevalecido sobre el español durante un periodo de tiempo más largo; las ciudades y los pueblos han sido islas hispano-hablantes en medio de un paisaje rural maya-hablante. Dado que los hablantes de maya trabajan como servicio doméstico, obreros y vendedores, casi ningún yucateco urbano se escapa al contacto con las variedades del español con influjo maya. Todavía pervive el sistema social de castas del Yucatán, de modo que la difusión de rasgos lingüísticos a los niveles sociales más altos se ve impedida por la casi total imposibilidad de que la población indígena pueda ascender socioeconómicamente. Los rasgos lingüísticos atribuidos al sustrato maya (consonantes glotalizadas, oclusiones glotales y ciertas características sintácticas) son propios de grupos indígenas numerosos, pero no han penetrado en el español monolingüe de los habitantes urbanos. Para que esto último ocurriera, tendría que producirse un cambio radical en la sociodemografía del Yucatán.

Las tierras altas andinas

La existencia actual de interlenguas de influjo quechua y aimara en la región andina, y las insólitas características del grupo dialectal del español andino, han provocado numerosas propuestas de influjo indígena sobre la fonología segmental y suprasegmental y la sintaxis. Desde el extremo sur de Colombia al nordeste de Chile y noroeste de Argentina, el español "andino" muestra un conjunto recurrente de rasgos fonéticos, que comprenden una /s/ no reducida y frecuentemente sonorizada combinada con la reducción de las vocales átonas, una /r/ fricativa rehilada, una /r/ sibilante en final de sílaba, la pronunciación cuasi-africada del grupo /tr/, y la conservación del fonema /ʎ/ opuesto a /y/, con la articulación lateral del primero. Los hablantes de quechua y aimara que tienen el español como precaria segunda lengua, también reducen el sistema vocálico español de cinco vocales a un sistema ternario, pero no hay huellas de tal reducción en los dialectos monolingües del español andino. Una posible excepción es la tendencia recurrente a pronunciar el diptongo /ie/, como el de *tierra,* como [i].

Los contactos entre los españoles y los hablantes de quechua, especialmente los que pertenecían a la cultura inca dominante, son paralelos a los contactos hispano-nahuas de México. Los clérigos españoles inmediatamente adoptaron el quechua como lengua franca con una finalidad religiosa y política, y aunque extendieron el quechua a zonas donde no era lengua materna, también crearon un grupo de hablantes nativos de español con dominio del quechua. Desde los primeros contactos con los europeos, el quechua comenzó a absorber hispanismos. Hay indicios de que aquellos dialectos quechuas que actualmente poseen /ʎ/ lateral palatal la adquirieron a través del contacto con el español, lo que desmiente que contribuyeran a la conservación de ese fonema en el español andino. Al mismo tiempo, los incas de alto rango o los mestizos, como Garcilaso, se beneficiaron de una educación europea, y se convirtieron en escritores con un notable dominio del español literario. Entre los dos polos, esto es, los españoles que hablaban quechua (posiblemente con interferencias del español) y los quechuas con absoluta fluidez en español, estaban las masas indígenas, que al principio no tuvieron contacto alguno con esta lengua, y en consecuencia, no ejercieron ningún influjo sobre su evolución en las regiones andinas. Cuando se generalizó el reclutamiento de mano de obra indígena para trabajar en las minas y en la agricultura, surgió la inevitable interlengua, siempre mediatizada por una capa de capataces, artesanos, etc. mestizos. A diferencia de lo que sucedió en Paraguay, donde nunca existió una acumulación de riqueza fácil que movilizara a muchos inmigrantes, las riquezas minerales del Perú, Bolivia y, más tarde, Ecuador y Colombia, atrajeron a grandes cantidades de españoles de todas las clases y profesiones, incluidos núcleos familiares estables y mujeres solteras. Los matrimonios hispano-indígenas, aunque no raros, no produjeron automáticamente una descendencia "española" y no siempre recibieron la aceptación tácita que existía en zonas menos pobladas. Se mantuvo un sistema de castas más rígido, que creó menos oportunidades para la penetración de estructuras de base indígena en el español colonial urbano.

En la zona intermedia entre la elite hispano-hablante y las ínfimas clases indígenas se situaba una población mestiza que, a la larga, se convirtió en la predominante, desde el punto de vista númerico, en las zonas urbanas, y cuyos rasgos lingüísticos perdieron gradualmente el estigma asociado a los menos privilegiados. Es imposible determinar si la pronunciación de /r/, /rr/, /ʎ/, etc. en el español andino ha sido influida por el quechua o por el aimara, incluso aunque aparezcan los mismos sonidos en estas últimas lenguas. Y esto es así porque hay que contar con el influjo de la pronunciación española en esas lenguas andinas, que llega hasta la incorporación de nuevos fonemas (como /e/, /o/ y quizás /ʎ/). La coincidencia geográfica casi exacta que existe entre el grupo de rasgos fonéticos del "español andino" y la zona donde se hablaban el quechua y el aimara parece demasiado grande para que se deba a la pura casualidad, pero los hechos relativos a los contactos lingüísticos y culturales hispano-indígenas de la zona andina no explican automáticamente tales coincidencias. Lo que está fuera de toda duda es que, en la mayor parte de esa región, las formas extremas de modificación consonántica y de reducción vocálica sufren una estigmatización sociolingüística y se producen con mayor frecuencia entre los miembros bilingües de la comunidad indígena.

UN EPIFENÓMENO SINTÁCTICO: LA DUPLICACIÓN DE CLÍTICOS

La transferencia sintáctica desde las lenguas indígenas al español se suele limitar a la interlengua no nativa de los bilingües no fluidos. Además de la inestabilidad de las terminaciones morfológicas, pueden producirse transferencias en el orden de palabras que den lugar a construcciones no hispánicas; también puede suceder que formas verbales españolas como el gerundio o el infinitivo sean usadas de manera agramatical en español, pero que reflejen el comportamiento de las formas equivalentes de la lengua indígena. Las construcciones resultantes son restos transparentes de la lengua materna del hablante. Otros posibles ejemplos de influjo sintáctico indígena se resisten más a un sencillo análisis en morfemas, lo que hace que los escépticos rechacen un origen sustratístico. Entre los fenómenos sintácticos recurrentes en el español de América más interesantes y más correlacionados con la presencia indígena tenemos la "duplicación mediante clíticos" de los nombres inanimados en función de objeto directo, en especial mediante *lo* invariante. Ejemplos de este uso son típicos del español bilingüe de los hablantes de quechua y aimara de los Andes, y también aparecen en los dialectos españoles de México con influjo nahua, y en el español bilingüe de América Central. En los dialectos de Centroamérica, y en ocasiones en México, pero no en el español de los Andes, también se utiliza un *lo* pleonástico en construcciones locativas y con algunos verbos intransitivos. En ninguno de esos dialectos el uso de *lo* en el español bilingüe se corresponde unívocamente con ningún elemento de la lengua indígena, mucho menos con un pronombre objeto, y, con todo, el hecho de que estos usos de *lo* sean exclusivos de las zonas bilingües de contacto incita a la búsqueda de un influjo del sustrato.

En el caso de la duplicación mediante clíticos de los objetos directos inanimados *(lo tengo el carro),* y mediante *lo* invariante (lo *pongo la caja),* no resulta fácil defender una solución puramente hispánica, y tampoco existen paralelos en dialectos que carecen de un sustrato indígena indiscutible[5]. En Puno, Perú, por ejemplo, la sociodemografía apoya con fuerza la posibilidad de una transferencia lingüística indígena al español, pues nada menos que el 90 % de la población habla quechua o aimara. Benavente (1988) descubrió que entre los estudiantes universitarios de Puno se daba una aceptación de las construcciones con duplicación de clítico del 70-80 % e incluso más, incluyendo la falta de concordancia de *lo* como en *¿quién* lo *tiene la llave?,* imposible en otros dialectos del español. Además, los hablantes bilingües aceptaban esas construcciones en mayor medida que los hablantes monolingües de español. Godenzzi (1988), al estudiar también el español de Puno, obtuvo resultados similares. Fueron

---

[5] No todos están de acuerdo con esta línea de razonamiento. Por ejemplo, Pozzi-Escot (1972) ha sugerido que los objetos directos duplicados del español andino pueden ser un arcaísmo, y ofrece varios ejemplos de periodos anteriores del español. Lozano (1975) cree que se produce una analogía con la duplicación mediante clíticos normal en el caso del objeto indirecto *(le di el dinero a Juan),* y no un influjo quechua o aimara.

los sectores socioeconómicos más bajos (en los cuales predominan los hablantes indígenas) los que preferían la duplicación, así como las construcciones con posesivo redundante. En México, la duplicación de clítico con *lo* aparece sólo en la interlengua española de los bilingües nahua-hablantes (Hill, 1978) y es desconocida entre los hablantes monolingües de español de las mismas regiones. La comparación de las construcciones españolas con *lo* y las construcciones equivalentes del quechua y del nahua hace pensar en posibles procesos de transferencia, más sutiles que la mera traducción morfema a morfema. A modo de ilustración esbozaremos brevemente dos modelos de penetración indígena.

Actualmente, el español con influjo nahua se da en algunas partes de México entre hablantes bilingües con poco dominio del español. La construcción que nos ocupa ha desaparecido recientemente de El Salvador, y en Honduras y Nicaragua aparecen vestigios de duplicación de clíticos que pueden apuntar a un sustrato nahua. Los siguientes ejemplos de El Salvador ilustran la gama de posibilidades sintácticas que presenta *lo;* el elemento "duplicado" por el clítico aparece entre llaves:

lu alistás tus caites "atas tus sandalias", te *lu* ponés tu sombrero vieju {objeto directo definido}
yo no *lu* tengu milpa "no tengo maíz" {objeto directo indefinido}
No *lu* traigo nada que dar {objeto directo negativo}
no *lu* sabemos quién es Esa Persona que esté en lus cielus {objeto directo interrogativo}
ya me *lo* voy a mi casa {locativo}
dicen que *lo* nació en Belén {verbo intransitivo}
yo *lo* hey venido {verbo intransitivo}
tan bonito que te *lo* soys {verbo intransitivo}

Construcciones similares aparecen en zonas nahua-hablantes de México (por ejemplo Hill, 1987). La duplicación mediante clíticos de objetos directos inanimados e indefinidos es frecuente en el habla mexicana, así como el uso de *lo* con verbos intransitivos:

Lo compramos la harina
lo trae un chiquihuite "él trae una cesta"
la mamá *lo* está mirando la novia "la madre está mirando a la novia"
No *lo* saben hablar en castilla "no saben hablar español"
lo compra un medio kilo... "compra medio kilo"
¿A quién *los* quiso? "¿A quiénes quiso?"
lo ponen abajo los plátanos "ponen los plátanos abajo"
ya *lo* lleva la novia "él lleva ahora a la novia"
comida *lo* vamos a dar "vamos a dar comida"

En México, esta interlengua es inestable, y suele evolucionar durante la vida de los hablantes individuales. En apariencia, lo mismo ocurre en El Salvador, pero en las regiones rurales el cambio del nahua/pipil o del lenca al español es muy lento, y las estructuras sintácticas con influjo indígena a veces se convierten en maternas y persisten durante varias generaciones[6].

Una simple ojeada a la gramática del nahua pone de manifiesto que ningún elemento se corresponde con los usos "no españoles" de *lo* ilustrados anteriormente (cfr. Andrews, 1975; Sullivan, 1976). Sin embargo, hay formas más sutiles de transferencia interlingüística. El nahua forma oraciones con un orden de palabras SVO similar al español, pero los verbos transitivos nahuas toman un prefijo de objeto directo *(qui* en la tercera persona del singular y *quin* en la tercera persona del plural), que también se combina con nombres en función de objeto directo, incluso cuando son interrogados:

> *Ni- qui-tta in cihuatl*
> 1S 3S ver la mujer {Yo lo veo a la mujer}
> *Tle ti- qui-tta?*
> Qué 2S 3S ver = ¿Qué ves? {¿Qué lo ves?}

En este caso, la correspondencia entre *qui(n)* y el *lo* español es incluso mayor, pues el elemento nahua correspondiente es también un clítico, aunque con características distribucionales distintas. Como el español *lo, qui(n)* es invariable para el género. Además las diferencias mínimas entre las formas singular y plural del nahua pueden ser una causa más de que se elija solamente la forma *lo* del español.

El español con influjo nahua y pipil, a diferencia de las variedades andinas, emplea frecuentemente *lo* invariable con verbos intransitivos y construcciones locativas. Casi todos los casos documentados contienen verbos en pretérito indefinido; *lo* acompaña a muy pocos verbos intransitivos en otros tiempos. En nahua el prefijo *o-* es un indicador morfológico habitual del pretérito, y se coloca delante del sujeto proclítico y de la raíz verbal. El morfema es invariable, y se com-

---

6 También aparece en la interlengua mesoamericana la combinación del artículo/demostrativo con el posesivo *(esa tus naguas, estos mis verbos, un tu desimulo, este tu munguieca juino,* etc.). Tales construcciones no eran raras en el español antiguo, y siguen existiendo en portugués. Sin embargo, no son frecuentes en el español de América, excepto en Guatemala y El Salvador. Martin (1978, 1985) intenta retrotraer esa construcción del español de Guatemala al influjo maya, pero los datos sobre la interlengua de los hablantes de pipil y lenca hace pensar en características zonales más amplias. La notable ausencia de construcciones similares en la mayor parte de México podría indicar, a su vez, la variación regional de los dialectos nahuas.

bina con cambios frecuentes de la raíz que dependen de la clase de verbo:

> *o- ni-coch*
> PRET 1S dormir = "yo dormí" (lo dormí)
> *o- O tlacat*
> PRET {el/ella} nacer = "El/ella nació" (lo nació)
> *o- ti- nen*
> PRET 2S vivir = "Tú viviste" (lo viviste)

El marcador de pretérito *o-* ocupa la misma posición relativa que el clítico español *lo* (suponiendo un pronombre sujeto nulo en el uso español normal), y además guarda una cierta similitud fonética con *lo*. Dada la relativa escasez de clíticos españoles que puedan representar adecuadamente a los clíticos nahuas, parece que se le han asignado a *lo* varias funciones distintas que corresponden a partículas diferentes del nahua. El quechua no posee una única partícula para los intransitivos o los pretéritos equivalente en posición y sistematicidad, y el uso invariable de *lo* no suele aparecer en el español andino en combinación con verbos intransitivos.

El español con influjo quechua muestra una gama más restringida de duplicación mediante clíticos en aquellos niveles de habla menos fluidos, que es donde aparece el elemento invariable *lo*. La duplicación de clíticos sólo se produce con objetos directos; *lo* nunca se combina con verbos intransitivos, con construcciones locativas o con otras construcciones donde no haya objeto directo. A diferencia del nahua, cuando un marcador de objeto directo se une al verbo, en quechua es el nombre mismo en función de objeto directo el que se flexiona (cfr. Catta, 1985; Cole, 1985; Cusihuamán, 1976; Gálvez Astorayme, 1990; Lastra, 1968). El quechua marca los nombres en función de objeto directo con el sufijo *-ta* (o *-man* si siguen a un verbo de movimiento). Este sufijo es invariable, es clítico de todos los nombres en función de objeto directo, ya sean definidos o indefinidos, e incluso se adjunta a preguntas y a cláusulas de relativo, como muestran los siguientes ejemplos (peruanos) (una traducción aproximada en español "andino" aparece entre paréntesis):

> *T'ika -ta kuchu-ni*
> Flor-AC cortar 1S = "Yo corto la flor" (lo corto la flor)
> *ima -ta kuchi-ni*
> Qué-AC cortar 1S = "¿Qué corto?" (¿qué lo corto?)
> *Challwa-ta apa -nki*
> Pez -AC llevar 2S (FUT) = "Tú llevarás pescado" (lo llevarás pescado)
> *Asta -ni unu -ta*
> Llevar 1S agua-AC = "Yo acarreo agua" (lo acarreo agua)

El marcador de acusativo -*ta* no ocupa la misma posición sintáctica que el *lo* invariable de las oraciones correspondientes del español andino, que serían más o menos como las que aparecen entre paréntesis. Sin embargo, sería fácil que un hablante de la interlengua española interpretara el clítico *lo,* el más frecuente estadísticamente, como una especie de marcador de transitividad comparable al quechua -*ta*. Aunque en quechua este elemento siempre se adjunta al nombre en función de objeto directo, en una oración transitiva canónica del quechua, SOV, donde el objeto directo precede inmediatamente al verbo, -*ta* aparece justo delante del verbo, es decir, en una posición idéntica a la del *lo* proclítico del español. En quechua, el marcador de caso -*ta* posee otras funciones, que comprenden usos adverbiales y locativos. También se emplea para señalar los objetos directos en ciertas construcciones de doble objeto con verbos que significan ayuda o enseñanza. No obstante, en casi todos los casos -*ta* no aparece en una posición inmediatamente preverbal, ni en ninguna otra posición canónica que pudiera hacer que un clítico de objeto del español andino calcara ese -*ta*. El -*ta* postnominal puede ir también seguido de otras partículas enclíticas en las construcciones no dativas, y, en consecuencia, quedar "enterrado" entre los clíticos sin que se corresponda claramente con un elemento español. Sólo en el caso del -*ta* acusativo el orden lineal coincide lo suficiente con las construcciones españolas CLÍTICO + VERBO para hacer plausible la transferencia. No es irrelevante el que el *lo* español marque una relación acusativa, aunque no lo haga de la misma manera que el -*ta* quechua. Un hablante de una interlengua indígena en evolución, que se encuentre con el *lo* preverbal sólo en oraciones claramente transitivas (incluida la posibilidad de la duplicación mediante clíticos de OODD humanos, como en el Cono Sur), tendería con toda probabilidad a generalizar la necesidad de que *lo* aparezca en <u>todas</u> las cláusulas transitivas. Puesto que la interlengua de influjo quechua mantendría un orden de palabras O-V, el *lo* español sería al principio analizado incorrectamente como un marcador de caso adjunto al nombre, en un calco directo del -*ta* quechua:

el poncho-<u>lo</u> tengo

Conforme los hablantes de la interlengua vayan adquiriendo un mayor dominio del español, el orden de palabras irá gravitando al más usual V-O para OODD no clíticos. En esta etapa, *lo,* ahora reconocido como clítico de objeto, permanece en su posición proclítica, provocando el esquema estable de duplicación propio del español andino. Esta sucesión de hechos es, por supuesto, especulativa, pero responde bien a las observaciones hechas sobre el desarrollo del dominio del español entre los hablantes de quechua (cfr. también Muysken, 1984).

La sistematicidad de la duplicación mediante clíticos y el uso de *lo* invariable en las variedades regionales de español influidas por lenguas indígenas muy separadas entre sí e independientes no tiene un origen único, a pesar de las manifestaciones actuales de tales clíticos. Los clíticos en cuestión son idénticos a los clíticos españoles normales de objeto directo, aunque a veces muestren una aparente falta de concordancia. Además, los dialectos del español para los cuales no se pueden postular esquemas sintácticos indígenas, por ejemplo los del Cono Sur, permiten esquemas de "duplicación mediante clíticos" más amplios que los dialectos de España o de otras zonas de Hispanoamérica. Por ejemplo, los objetos directos definidos de persona pueden y suelen duplicarse mediante los clíticos correspondientes: <u>Lo</u> *conozco a Juan*. Los análisis sintácticos actuales de la duplicación mediante clíticos del español andino han solido partir de la idea de que los clíticos andinos, incluido el *lo* invariable, ocupan la misma posición estructural y desempeñan la misma función que en otras variedades del español (por ejemplo Barrenechea y Orecchia, 1977; Luján, 1987; Suñer, 1988). Los pocos estudios teóricos sobre las estructuras de influjo maya de la interlengua mexicana (por ejemplo Hill, 1987) han postulado una estructura sintáctica diferente para los nombres en función de objeto directo, pero consideran que el *lo* invariable desempeña las funciones de un clítico de objeto directo normal del español. Los argumentos teóricos aluden a las condiciones en las cuales se permite que coaparezcan en la misma cláusula un nombre en función de objeto directo y su respectivo clítico. Es posible que los hispano-hablantes de México o de la región andina que hayan adquirido de forma materna la duplicación con *lo* invariable traten este elemento de la misma manera que los clíticos de objeto de otros dialectos del español, pero para los hablantes de interlengua esto es más que dudoso. Además, el conjunto de entornos permitidos para el *lo* invariable en esos dialectos de influjo indígena, que incluyen preguntas y objetos directos indefinidos, se aparta tan radicalmente de los esquemas habituales del español que no parece probable una simple interpretación a base de "refijación de parámetros". Un examen más detenido del uso de *lo* en el español andino y en el español con influjo nahua pone de manifiesto diferencias y similitudes, y las diferencias iluminan el hecho de que, estando en situaciones bilingües de contacto, ambas interlenguas se han apropiado de un clitico español y de su posición respecto del verbo, pero por razones diferentes en cada caso. El uso de *lo* invariable en ambas situaciones bilingües de contacto se puede considerar como una intrusión del sustrato indígena en un sentido muy real, pero no transparente, ni palabra por palabra. La amplia gama de funciones sintácticas y morfológicas representadas por el *lo* español —objeto directo, artículo neutro, componente de pronombre relativo, etc.— da pie a que este mismo elemento sea usado como partícula *portmanteau* en la interlengua. Originariamente, este elemento fue interpretado por los hablantes indígenas como calco de un morfema invariable de sus respectivas lenguas, que, por casualidad, ocupaba la misma posición en la secuencia lineal que el *lo* preverbal del español, era monosilábico, y a veces tenía un cierto parecido fonético con *lo*. A medida que esos hablantes iban adquiriendo un mayor dominio del español, *lo* se extendió para abarcar la gama entera de clíticos españoles de objeto directo, en especial cuando duplicaba un nombre en función de objeto directo, pero, salvo en el uso de los hablantes bilingües con buen dominio del español, es improbable que esos clíticos ocuparan cualquiera de las posiciones argumentales canónicas. Una mayor fluidez en español provocaría una mayor expansión de *lo* en la interlengua, con la adopción de esquemas españoles tales como la adjunción en enclisis a los infinitivos, la "subida" de clíticos con reestructuración de los verbos (por ejemplo *quiero hacerlo* → *lo quiero hacer),* etc. El uso doble de clíticos que a veces aparece en el español andino (por ejemplo *lo quiero hacerlo)* proporciona una prueba indirecta de que ha intervenido un sustrato sintáctico no hispánico: *lo* está todavía usado como representación del marcador de acusativo quechua, pero se adjunta opcionalmente a las dos posiciones posibles en la oración española correspondiente. En el caso de la combinación de *lo* con verbos intransitivos o existenciales en el español con influjo nahua, este elemento nunca ha desempeñado una función española, y no puede ser analizado como un esquema sintáctico del español.

El caso de la duplicación mediante clíticos en las interlenguas indígenas ilustra que el influjo del sustrato no tiene por qué adoptar siempre la forma de préstamos semántica o sintácticamente transparentes, sino que puede implicar una transferencia en un nivel más abstracto. Puesto que no se puede postular una correspondencia biunívoca entre las construcciones españolas e indígenas, las pruebas a favor del influjo del sustrato serán siempre circunstanciales, reforzadas como mucho por la ausencia de construcciones comparables en los dialectos del español que carecen de un sustrato indígena demostrable y por las correspondencias positivas con una determinada lengua de sustrato.

La mera proximidad geográfica del español y de las lenguas indígenas no basta para postular influencias del sustrato en los dialectos regionales del español, ni tampoco basta el predominio demográfico de las poblaciones indígenas. El préstamo léxico se puede producir en las condiciones de contacto más superficial, pero la transferencia de esquemas fonológicos o sintácticos exige una mezcla especial de condiciones demográficas, sociolingüísticas e históricas. Dos mecanismos básicos permiten que se produzca un influjo fonológico o sintáctico en los dialectos regionales del español. El primero es un hogar bilingüe y mixto desde el punto de vista étnico, con un padre europeo hispano-hablante y una madre indígena. En un hogar así, si ambos padres son bilingües, prevalecerá en el entorno lingüístico más el cambio de códigos que la interferencia estructural, y los niños aprenderán versiones fluidas y mínimamente modificadas de ambas lenguas. La transferencia al español desde la lengua indígena estará limitada a la entonación, el ritmo y posiblemente a algunos rasgos segmentales. Paraguay es el caso que más se acerca a ese modelo. En hogares bilingües donde los niños pasen la mayor parte del tiempo con gentes que hablen sólo lenguas indígenas y/o un español no fluido, la adquisición del español por parte de los niños puede no coincidir con el estándar europeo. El otro método de transferencia es el cambio lingüístico gradual de una población predominantemente indígena, cambio que da como resultado la estabilización y la conversión en materna de una interlengua española. Que esa interlengua convertida en lengua materna sea aceptada o no como estándar regional o nacional depende de cuestiones sociopolíticas. Es posible que las dos coexistan durante largos periodos de tiempo sin que ningún rasgo de la interlengua penetre en las normas de prestigio. Esto ha ocurrido, por ejemplo, en gran parte de Bolivia, Ecuador, el Yucatán y en la cuenca del Amazonas. Si se produce una gradual movilidad social ascendente de los grupos indígena y mestizo, se abre la puerta a la transferencia de ciertos rasgos a las normas regionales.

Capítulo IV

La conexión africana

Introducción

El español de América ha recibido contribuciones lingüísticas y culturales de los cuatro continentes. Además de la herencia patrimonial europea y de los frutos del contacto con las poblaciones indígenas de los dos continentes americanos, el español entró en contacto con lenguas africanas, habladas por decenas de miles de africanos que constituyeron la mano de obra esclavizada del desarrollo colonial. Durante el periodo colonial español, se calcula que fueron llevados a Hispanoamérica un millón y medio de esclavos africanos (Curtin, 1969), y en muchas colonias la población africana superó el número de habitantes de origen europeo en casi todas las épocas. Las posibles aportaciones africanas al español de América están íntimamente ligadas a la trágica historia de la esclavitud, al racismo y a la marginación, y a la búsqueda de las naciones emergentes de su propia identidad, reivindicada normalmente sobre unas raíces europeo-americanas y excluyendo a África. A lo largo de la historia de Hispanoamérica, los africanos y sus descendientes han ocupado los niveles más bajos de la sociedad, ascendiendo de esclavos a peones y a campesinos y pescadores de subsistencia. No existen documentos sobre sus vidas y actividades, excepto para criticarlas o cuando se enfrentaron a la ley o a la tradición, y muy pocos africanos han contado con la preparación suficiente para escribir su propio historia. Las tendencias postcoloniales en favor de la población blanca, tanto desde el punto de vista demográfico, como a través del revisionismo histórico, han seguido impidiendo la evaluación de la repercusión lingüística que han tenido los africanos en Hispanoamérica. Sin esta información fundamental, la reconstrucción del español de América es incompleta.

La historia de los africanos en Hispanoamérica empieza con los primeros viajes europeos de exploración, en algunos de los cuales participaron marinos africanos libres. La presencia africana en la Península Ibérica había comenzado antes, en las primeras décadas del siglo XV. Aunque los norteafricanos habían estado en España y Portugal durante más de un milenio antes de la exploración del Nuevo Mundo, los africanos subsaharianos fueron escasos en Europa hasta que empezaron las exploraciones portuguesas en África en 1420. Bajo el patrocinio del príncipe Enrique el Navegante, la costa de África fue explorada sistemáticamente y se establecieron contactos comerciales con jefes africanos locales. Portugal estableció los primeros contactos duraderos con el África subsahariana en 1445, al fundar un asentamiento comercial en la isla de Arguim frente a la costa de Mauritania. El año anterior se había establecido contacto directo con la Senegambia, pero no se construirían asentamientos permanentes hasta unos años después. La isla de Arguim fue el primer paso en el comercio de esclavos africanos por parte de Portugal, pese a estar situada al norte del África negra. Las caravanas llevaban esclavos de la Senegambia a Arguim, donde eran embarcados hacia Portugal. Hacia 1455, pasaban al año más de 1.000 esclavos por Arguim (Vogt, 1979: 5), y ya había empezado en el sur de Europa la identificación de los africanos negros con la esclavitud. Una década después, los exploradores portugueses habían alcanzado Sierra Leona, y la Costa de Marfil y la Costa de Oro despertaron un intenso interés en los portugueses. El comercio con la Costa de Oro comenzó de inmediato, y esta zona se convirtió en una de las principales fuentes de oro para la Corona portuguesa. Poco después se construyó la fortaleza de Elmina, que consolidó el control portugués en una zona que España le disputaba cada vez con más energía. Los exploradores portugueses llegaron por primera vez al reino del Congo en 1483, y establecieron relaciones diplomáticas con el rey, *Mani Congo,* que se convirtió al cristianismo y llegó a ser un buen aliado de los portugueses.

A finales del siglo XV, los comerciantes y esclavistas portugueses habían recorrido toda la costa occidental de África, y los esclavos negros eran llevados a Lisboa en cantidades aún mayores. Según ciertos cálculos, al menos un cuarto de la población de la Lisboa metropolitana era africana a finales del siglo XV (Saunders, 1982; Tinhorao, 1988). Los africanos eran trasladados en barco desde el sur de Portugal al sur de España, donde hubo grandes concentraciones en Sevilla (Franco Silva, 1980; Pike, 1967), Cádiz (Sancho de Sopranis, 1958), Huelva (Larrea Palacín, 1952) e incluso tan al este como Valencia

111

(Cortés Alonso, 1964; Graullera Sanz, 1978). Cuando España empezó a colonizar el Nuevo Mundo, ya estaba bien consolidada la idea de emplear africanos como mano de obra.

Al principio del periodo colonial, España intentó esclavizar a los trabajadores indígenas en minas y plantaciones. Esta práctica apenas sí tuvo éxito; diezmados por enfermedades europeas y proclives a escapar hacia el interior, los indígenas fueron exterminados en algunas regiones, y desplazados en otras. A principios del siglo XVI, el gobierno español autorizó la primera importación de esclavos africanos a las colonias del Nuevo Mundo. El Tratado de Tordesillas de 1494, basado en una bula papal que trazaba la línea de demarcación entre los derechos de exploración y conquista de España y Portugal, concedió a Portugal la exclusividad de los derechos comerciales y coloniales en África, de manera que la entrada de España en el comercio de esclavos se realizó a través de los mercaderes portugueses. Incluso cuando se unieron las coronas de España y Portugal, entre 1580 y 1640, España reconoció la supremacía portuguesa en el comercio de esclavos africanos. Obedeciendo a la compleja y monolítica estructura burocrática española, los primeros esclavos africanos tenían que ser transportados a Sevilla y reembarcados allí hacia las Américas en barcos españoles oficiales. Para simplificar este proceso tan complicado, el gobierno español autorizó a tres puertos americanos a recibir esclavos: Veracruz, Cartagena de Indias y Portobelo. Pronto se añadieron a la lista La Habana y varios puertos venezolanos. Cuando se estableció la ruta de los galeones entre Manila y Acapulco, los esclavos del este de África, comprados a los portugueses en el sudeste de Asia, entraron en Hispanoamérica por el Pacífico. Aunque muchos esclavos fueron llevados de contrabando a otras localidades, esos puertos manejaron el grueso del mercado hasta bien entrado el siglo XVIII, cuando la liberalización del comercio hizo que se abrieran otros puertos, entre ellos Buenos Aires, y, más tarde, Montevideo.

El primer paso en la importación de esclavos era conseguir la *licencia,* por la cual un colono o mercader pagaba una tasa al gobierno a cambio de la autorización para importar un número determinado de esclavos. Aunque el gobierno español se beneficiaba con esta disposición, el número de esclavos que podían ser importados era muy inferior a la demanda, por lo que se instituyó el sistema de *asientos.* Según este procedimiento, el gobierno español contrataba con un *asentista,* normalmente una compañía comercial, pero a veces también un individuo, una cierta cantidad de esclavos en un periodo estipulado. El asentista pagaba un impuesto muy alto para obtener el contrato, pero podía obtener a cambio enormes ganancias. El asiento típico tenía una validez de treinta años, y muchos se renovaban. El predominio de los portugueses entre los primeros asentistas duró hasta 1640, año en que la captura holandesa de importantes zonas esclavistas de África significó la entrada de los holandeses en el comercio americano de esclavos. Los portugueses volvieron brevemente al mercado de esclavos de 1696 a 1703, aportando más de 10.000 esclavos. A ellos les siguieron las compañías francesas (1704-1713) y británicas (1713-1739), a medida que esas naciones se incorporaron al comercio de esclavos africanos. En el siglo XVIII, la Compañía Gaditana también se introdujo por breve tiempo en ese comercio (Torres Ramírez, 1973) y a partir de 1770 el gobierno español permitió participar a comerciantes independientes de todos los países. Empresarios de muchas naciones llevaron esclavos a numerosos puertos de toda América; algunos procedían directamente de África, otros de otras colonias europeas, como Brasil, Curaçao, Barbados y Jamaica. Sopesados todos estos hechos, la conclusión a la que se llega es que portugueses y holandeses aportaron la mayoría de los esclavos africanos de Hispanoamérica, de ahí que la reconstrucción de los contactos lingüísticos afro-hispánicos exija analizar con cierto detenimiento los imperios esclavistas de Holanda y Portugal.

En las primeras décadas del siglo XIX, la postura anti-esclavista del gobierno británico y la interceptación de los barcos de esclavos que cruzaban el Atlántico intensificó el contrabando. En Cuba y Brasil, y en menor medida en Venezuela, la eclosión de las plantaciones azucareras había impulsado la búsqueda incesante de mano de obra barata, y cualquier medio era válido para conseguir esclavos africanos y trabajadores libres del Caribe y de África (cfr. Klein, 1967; Knight, 1970). En el pasado, muchos propietarios de plantaciones habían intentado comprar esclavos de diferentes grupos étnicos que no hablaran la misma lengua para minimizar las posibilidades de levantamientos y la formación de comunidades negras. Esas pretensiones no se vieron totalmente satisfechas; además algunos propietarios preferían que sus esclavos pertenecieran a un único grupo, movidos por la reputación de su vigor físico, resistencia, capacidad de adaptación, destreza manual, etc. A fines del periodo esclavista, sin embargo, se olvidaron todas las precauciones, y empezaron a desembarcar en el Caribe barcos enteros de esclavos procedentes de un único grupo étnico. Independientemente de las circunstancias, los hábitos culturales y religiosos, así como las diferencias lingüísticas, fueron obstáculos para que los esclavos africanos hicieran causa común. Las rivalidades étnicas, que ya habían estallado en África, resucitaron en Hispanoamérica; algunos individuos famosos como guerreros o jefes en África se convirtieron en líderes naturales de ciertas comunidades de esclavos, que lograron así ejercer una influencia lingüística y cultural muy superior a su representación demográfica. Así, aunque a Hispanoamérica llegaron cientos de lenguas africanas, sólo un puñado consiguió hacer contribuciones duraderas a la emergente lengua afrohispánica. Entre las lenguas africanas más sobresalientes están el quicongo, el quimbundú/umbundú, el yoruba, el calabar, el igbo, el efé/fon, y el acano, todas habladas por grupos importantes del África occidental.

PRIMEROS INDICIOS DE LA LENGUA AFRO-HISPÁNICA

Como reflejo de la numerosa población africana que habitaba en la Lisboa de finales del XV, los escritores portugueses comenzaron las imitaciones literarias del portugués pidginizado que hablaban los africanos. En el preludio de lo que sería una floreciente industria literaria en España y Portugal, los africanos aparecían retratados como bufones, bailarines estúpidos o simples víctimas del destino. Parte de la lengua atribuida a los africanos era una mixtura claramente exagerada, pero, por lo general, se pueden entrever las características de una lengua pidgin: eliminación de la conjugación verbal; ausencia de concordancia nominal y adjetival; oraciones simples y breves; reducción de los pronombres a un único conjunto; y una considerable reducción fonológica con tendencia a las sílabas abiertas[1]. Estos ejemplos tempranos del pidgin afro-portugués tienen una gran importancia histórica por varios motivos. Un pidgin similar se estabilizó con el tiempo para formar los criollos hablados en Cabo Verde, Guinea-Bissau, Santo Tomé, Príncipe y Annobón. Se ha dicho que este mismo

---

[1] El primer ejemplo conocido de pidgin afro-portugués aparece en el *Cancioneiro geral* de Garcia de Resende, publicado en 1516. La pieza en cuestión, escrita por el oficial Fernam da Silveira, se suele fechar en 1455 (Giese, 1932; Leite de Vasconcellos, 1933; Teyssier, 1959: 228-9). El texto es un poema, y contiene una imitación del habla de un rey tribal de "Sierra Leona":

A min rrey de negro estar Serra Lyoa,
lonje muyto terra onde viver nos,
andar carabela, tubao de Lixboa,
falar muyto novas casar pera vos.
Querer a mym logo ver-vos como vay;
leyxar molher meu, partir, muyto sinha,
porque sempre nos servyr vosso pay,
folgar muyto negro estar vos rraynha.

Sobreviven un grupo de textos similares, de principios del siglo XVI; los más famosos están en las obras del dramaturgo gallego Gil Vicente (*Nao d'Amores, O clérigo da Beira, Frágoa d'amor*).

criollo afro-lusitano constituyó la base de criollos afro-ibéricos, conocidos e hipotéticos, de Hispanoamérica. Los pidgins portugueses con un mínimo componente africano dieron lugar a criollos que se extienden desde la India y Sri Lanka hasta Malaysia e Indonesia.

En España, las representaciones literarias de un habla africanizada comenzaron a aparecer en el siglo XVI[2]. Los primeros ejemplos muestran una continuación de los elementos del pidgin portugués, mezclados con el español, como podría esperarse tratándose de africanos que habían pasado ya un tiempo considerable en contacto con el portugués. Un buen ejemplo aparece en una "Copla" de Rodrigo de Reinosa, fechada en 1520 (Cossío, 1950):

> Yo ser de mandinga y estar negro taibo,
> y estar garrapata vostro parente,
> y vostro lenguaje yo muyto ben sabo
> ser terra Guinea de marfuza gente,
> no estar taiba mas muyto pioyenta.

A mediados del siglo XVI, los textos ya no reflejan elementos portugueses; en los escritos de autores como Sánchez de Badajoz, Lope de Rueda, Gaspar Gómez de Toledo, Jaime de Guete, Simón de Aguado, etc., aparece una lengua auténticamente afro-hispana. La literatura afro-hispánica alcanzó su culmen en el siglo XVII, y fue empleada por Lope de Vega, Calderón de la Barca, Sor Juana Inés de la Cruz, Góngora, Quiñones de Benavente, Andrés de Claramonte, y una multitud de escritores menos conocidos. Esas obras contienen muchos estereotipos; sin embargo, los casos más egregios de exageración y distorsión afectan al léxico (por ejemplo el uso recurrente de *cagayero/cagayera* por *caballero)*, por no mencionar las líneas argumentales. El grado de sistematicidad en el tiempo y en el espacio, teniendo en cuenta incluso la imitación de autores anteriores, hace pensar que los rasgos fonéticos y morfológicos atribuidos a los africanos en esos textos eran verdaderos en esencia. Los rasgos más notables que se repiten en esos fragmentos del afro-español son:

(1) Errores de concordancia nombre-adjetivo y sujeto-verbo.

(2) Errores en el uso de preposiciones habituales.

---

[2] Entre los estudios de la representación lingüística del español "africanizado" del Siglo de Oro están: Castellano (1961), Chasca (1946), Dunzo (1974), Granda (1969), Jason (1965, 1967), Lipski (1986d, 1986e, 1986f, 1988), Ríos de Torres (1991), Sarró López (1988), Veres (1950), Weber de Kurlat (1962a, 1962b, 1970).

(3) Pérdida incipiente de /s/ final, muy especialmente en la terminación verbal de primera persona del plural, /-mos/, donde la /s/ final es gramaticalmente irrelevante, y en palabras como *Jesús,* donde la /s/ es léxica y redundante. La pérdida de /s/ preconsonántica es rara al principio, pero a fines del siglo XVII se encuentran más ejemplos (Lipski, 1986f, 1988).

(4) La /d/ intervocálica se escribe con frecuencia como /r/; este cambio, que se produce en varios dialectos afro-hispánicos actuales, es el resultado del fracaso al intentar pronunciar esa /d/ como fricativa. Pronunciada rápidamente, la [d] intervocálica se reduce a [r].

(5) Se añaden vocales paragógicas al final de muchas palabras que acaban en consonante, especialmente cuando la vocal final es tónica. Los ejemplos más comunes son: *dioso/rioso > dios,* y *sioro/seoro/sinoro/siñolo/zeolo > señor.*

(6) El intercambio de /l/ y /r/ es muy frecuente, por lo que Francisco de Quevedo (1988: 127) decía, con su agudo humor, que para hablar *guineo,* que era como él denominaba al pidgin afro-hispano, "sabrás guineo en volviendo las rr ll, y al contrario: como Francisco, *Flancico;* primo, *plimo".* En los dialectos actuales de Andalucía y las Islas Canarias, así como en el caribeño, la neutralización y pérdida de líquidas predomina en posición final de sintagma y ante consonantes. En los textos afro-hispánicos, el cambio /r/ < /l/ era también común entre vocales (por ejemplo *agora < agola)* y cuando ese fonema aparece como segundo miembro de grupo consonántico (por ejemplo *neglo < negro).*

(7) Una característica general de los primeros textos afro-hispánicos es la nasalización intrusiva, representada en los documentos escritos por la adición de una *n* (por ejemplo *negro < nengro/nengre/nengue).* La mayoría de estos casos representan o la nasalización espontánea de una vocal o la prenasalización de consonantes en inicio de palabra (Lipski, 1992). Cuando una palabra va precedida de otra que termina en vocal, los hablantes de español percibían la primera palabra terminada en /n/. Esto explica los cuasi artículos como *lan* (por ejemplo *lan botella),* procedente de algo parecido a la + ^{m}*botella.* La nasal intrusiva final de palabra en los textos *bozales* es más común ante las obstruyentes sonoras /b/, /d/ y /g/. Un rasgo común de los dialectos afro-hispanos actuales es la pronunciación de esos elementos como oclusivos en contextos intervocálicos, contextos en los que reciben una pronunciación fricativa en otros dialectos del español. Los hablantes

de español a veces perciben una /b/, /d/ o /g/ inesperada-
mente oclusiva como si estuviera precedida de una consonante nasal, incluso cuando objetivamente no hay ningún
elemento de ese tipo (por ejemplo Catalán, 1960, 1964). El
contexto postnasal es uno de los pocos contextos en que las
obstruyentes sonoras son siempre oclusivas en todos los dialectos del español.

(8) Había mucha variación en la cópula. Una coincidencia interesante de muchos textos es la creación de un verbo *sar* (a
veces *(santar)*, mezcla de *ser* y *estar*, y que combina los esquemas sintácticos de ambos verbos. Que esta no es una in-
vención ingeniosa de los escritores españoles lo indica la supervivencia de formas similares en los criollos afro-ibéricos,
incluidos el de Santo Tomé, el de Annobón y el de Palenque.

En otros aspectos, los primeros textos afro-hispánicos presentan
menos sistematicidad interna. He aquí unos cuantos ejemplos del Siglo de Oro que ilustran las características recién descritas:

> Dentiliopala non yerra:
> pensé samo de mi tierra,
> reniega den Belcebú.
> Si querer ser mi galán,
> pue que Lucrecia li andora,
> tendremo tura la hora
> zampato de culdobán.
> No hablá ningún cagayera
> ma querido y rengalado:
> yo lintraré rimendado
> como por muser men quera.
> Mía vida ¿no me riponde?
> Onjos míos de anzabache,
> quererme mucho, non tache,
> mi amor, mi rey y mi conde.

> (Lope de Vega,
> *El santo negro Rosambuco;* Vega Carpio 1983: t. IV)

> Aunque más ro disimulo,
> no le he yevado en pasiensia,
> ¡Várate é diabro ra niña!
> ¿Descororida te quejas?
> Pelone vuesalmesé,
> aunque lezcortez paresca,
> que a eza niña endimoniada
> le quielo dar cantaleta.
> ¿Pol qué le pienza que dise,

yevada de tanta pena:
¿sin colol anda ra niña?
¡Barrabas yeve la puelca!
Si eya comía calbon,
sal, senisa, yeso, tierra
y otlas muchas polquerías,
¿cómo ha de estal golda y flezca?
Comiela, ¡pléguete Clisto!
Pala poder eztar buena,
vaca, tosino, calnero,
gayina, peldiz, coneja,
paromino, ganso, pavo,
poyos y poyas sin clestas,
capon de leche, chorisos,
solomiyos y moyejas,
salchichones, longanisas,
y culabetes de peyas...

(Luis Quiñones de Benavente,
El negrito hablador y sin color anda la niña; Rosell, 1874)

Siolo mío, siolo mío, no hay para qué vuesa [merced] se venga tan colecicos, que, aunque negro, samo honraro y no sufrimo cosiquillas, aunque sean del mismo demoños, y si me plinga, voto an dioso que da ocasión a que haga un disiparates, y eso tocino mejor será para barrigas por de dentro que por de fueras.

(Simón Aguado, *Entremés de los negros;*
Cotarelo y Mori 1911: vol. I)

Los africanos que llegaron a España de adultos, y que trabajaron como esclavos o como trabajadores libres, debieron de manejar, como mucho, un español pidginizado rudimentario. Este pidgin nunca se estabilizó hasta formar un criollo o un "español negro" etnolingüísticamente peculiar en alguna parte de España. La esclavitud tuvo corta vida y no estuvo tan extendida como en Hispanoamérica. Los africanos libres se integraron rápidamente en los escalones inferiores de la sociedad española. Muchos negros trabajaron en España como artesanos, aprendieron oficios y llegaron a ser oficiales e incluso maestros artesanos, aunque la oposición de los artesanos blancos fue considerable. Los artesanos africanos formaron sus propios gremios y sociedades en el sur de España. Fundaron cofradías o hermandades religiosas exclusivamente africanas, y celebraban la Semana Santa al lado de los demás españoles. La mezcla con los españoles blancos era la consecuencia inevitable, y el habla pidginizada descrita anteriormente desapareció tras una sola generación. Algunas piezas léxicas referentes a música, bailes, etc. fueron conservadas como parte de las cofradías, o por su valor histriónico para las audiencias blancas en los equivalentes del siglo XVI a las demostraciones juglarescas, donde los africanos negros ejecutaban danzas y rituales "típicos" para los espectadores europeos. De forma muy similar a los ritos de santería afrocubanos actuales, que conservan palabras y expresiones africanas con fines ceremoniales, las comunidades afro-hispánicas de la España de los siglos XVI y XVII probablemente conservaron algún recuerdo lingüístico de su herencia africana. No se produjo ninguna repercusión duradera en el español peninsular, pero en España el "habla negra" literaria siguió siendo usada en canciones y parodias hasta bien entrado el siglo XVIII, mucho después de que el español pidgin hubiera desaparecido de la Península Ibérica. En Portugal, la misma tradición literaria continuó hasta principios del siglo XIX. Actualmente, la lengua africanizada del Siglo de Oro parece exótica y es imposible asociarla con ningún dialecto actual del español.

LOS COMIENZOS DE LA LENGUA AFRO-HISPANA EN HISPANOAMÉRICA

En Hispanoamérica, la presencia africana ha durado casi 400 años, y ha afectado permanentemente al arte, la música, la comida, la religión, la medicina y otros hábitos culturales de muchas zonas. Han sido identificadas docenas de palabras de origen africano en los dialectos regionales del español, desde el Caribe al Cono Sur (por ejemplo Álvarez Nazario, 1974; Megenney, 1983). Hoy en día, la población de origen africano domina demográficamente en gran parte del Caribe y en la costa oeste de América del Sur; en la época colonial, había más cantidad de africanos en las regiones del interior. Hispanoamérica es también la sede de dos criollos afro-ibéricos: el papiamento, hablado en las islas holandesas de Aruba, Bonaire y Curaçao, y el palenquero, que se habla en la villa colombiana de Palenque de San Basilio. Grupos aislados de origen africano en la República Dominicana, Cuba, Ecuador, Perú, Venezuela, Trinidad, Panamá y Colombia emplean al hablar características que no aparecen en otros dialectos españoles y que apuntan a variedades "africanizadas" del español anteriores. Un rico y variado corpus de literatura, música, folclore oral y narraciones de viajes atestiguan el uso de una lengua afro-hispana en Hispanoamérica, desde el siglo XVI hasta principios del siglo XX.

Aunque el primer lugar en que se emplearon esclavos africanos fueron las Antillas de principios del siglo XVI, durante los dos primeros siglos de la colonización los grupos más numerosos trabajaron en las minas del interior de Bolivia, Perú, México, Honduras y Colombia.

119

Poco se sabe de su lengua, salvo lo que se conserva en un puñado de poemas y canciones del siglo XVII, que imitan el *habla de negro* de la España del Siglo de Oro. Los esclavos eran predominantemente varones, estaban sujetos a condiciones de trabajo durísimas y fueron diezmados por las enfermedades y la ausencia de mujeres con las que poder reproducirse. Algunos de los esclavos importados por los portugueses seguramente hablaban ya un pidgin portugués rudimentario, quizás del tipo del que a la larga daría lugar a los criollos afro-lusitanos de Santo Tomé, Príncipe, Annobón, Cabo Verde y otras regiones del África occidental. El portugués pidgin era empleado por los marineros y comerciantes europeos en África occidental y también en Asia y el Oriente como lengua franca o "lengua de reconocimiento" (Naro, 1978). Los préstamos portugueses al acano, al quicongo, al quimbundú y a muchas lenguas del África oriental desde el siglo XVI en adelante atestiguan el vigor de alguna variedad del portugués en África. Era costumbre portuguesa concentrar esclavos en "almacenes" o *feitorias* a la espera de su venta y posterior embarque. Muchas de esas *feitorias* estaban en islas (Santo Tomé, Fernando Poo, Cabo Verde y a veces incluso en la remota Annobón). En siglos posteriores se usaron con este objeto Brasil, Barbados y Curaçao.

Se suele decir que en los almacenes portugueses de esclavos los africanos que hablaban lenguas mutuamente ininteligibles adoptaron un pidgin portugués rudimentario; los que llegaron a formar poblaciones permanentes extendieron este pidgin hasta crear las lenguas criollas citadas anteriormente (pero cfr. Goodman, 1987 para una perspectiva contraria). Como no contamos con testimonios directos, el grado en que conocían el portugués pidgin los esclavos africanos embarcados a España e Hispanoamérica es objeto de discusión permanente. Incluso aunque los esclavos hubieran conocido originariamente alguna forma de portugués en las *feitorias* o a bordo, de ello no se sigue necesariamente que hubieran conservado esta lengua a su llegada a Hispanoamérica. Las situaciones más propicias a la conservación del pidgin portugués tendrían como ingredientes el aislamiento con respecto al español y la existencia de una fragmentación étnica que impidiera el uso de una lengua materna común. Esas condiciones podrían haberse dado en las minas del interior, pero las poblaciones africanas se extinguieron tan rápidamente que no ha quedado rastro de sus lenguas. Durante el resto del periodo colonial, los esclavos africanos fueron empleados principalmente como criados domésticos, trabajadores urbanos y agrícolas. Estaban rodeados de hablantes de español, lo que imposibilitó que conservaran el pidgin portugués frente a la alternativa española, más accesible.

Entre los teóricos de la pidginización y la criollización se citan las plantaciones como un contexto especialmente favorable a la formación de criollos; de hecho, algunos estudiosos creen que una situación como la de las plantaciones es esencial para la criollización (cfr. Mintz, 1971). En Hispanoamérica, el contexto de "plantación" en el que trabajaban los africanos antes de principios del siglo XIX no cumple el modelo esencial descrito por los criollistas. La separación lingüística y cultural entre africanos y españoles nunca fue tan grande como para privar a los africanos de los modelos que les pudieran proporcionar los hablantes nativos. Los esclavos no vivían aparte en barracas o tiendas, y trabajaban codo con codo con otros trabajadores, entre los que había indígenas y mestizos, e incluso colonos blancos pobres. Las fincas agrícolas no eran grandes, lo que disminuía la separación física de esclavos y amos. Los africanos pudieron integrarse en la sociedad colonial, aunque en los niveles más bajos, a veces una generación después de su llegada. En tales circunstancias, los africanos de la primera generación hablarían un español pidginizado de forma similar a otros grupos de inmigrantes recién llegados, y en esa variedad convivirían características zonales africanas junto con los resultados de un aprendizaje imperfecto del español. Desde las décadas finales del siglo XVIII hasta mediados del siglo XIX, la eclosión de las plantaciones de azúcar provocó la importación de cientos de miles de esclavos directamente de África, así como de las islas caribeñas. Además de Brasil, la nación más afectada por esta corriente fue Cuba; en este último país, el número de esclavos importados en el último medio siglo del comercio de esclavos rebasó ampliamente el número de los llegados desde el siglo XVI. Una de las consecuencias de este rápido incremento de la población esclava fue el uso de lenguas africanas entre grupos de esclavos que habían sido sacados de una misma región. Entre los afro-cubanos ancianos sobreviven restos de yoruba y de quicongo, aunque su uso suele limitarse a ciertas ceremonias religiosas. En tales comunidades surgió rápidamente un habla más "africanizada", que duraría al menos hasta la segunda generación.

No todos los trabajadores de las plantaciones de azúcar vinieron directamente de África; algunos procedían de otras islas del Caribe, y llevaron consigo sus lenguas criollas. Llegaron en gran número trabajadores de Jamaica, que hablaban un inglés criollo, y trabajadores de Haití, que hablaban un francés criollo. En el siglo XIX se añadieron trabajadores de Curaçao, que hablaban el papiamento, lengua criolla de base ibérica. Muchos esclavos llegaron a Puerto Rico y Cuba a través de las Islas Vírgenes, donde aún se usaba el "holandés negro", lengua criolla de base holandesa. Aunque estas lenguas raramente sobrevivieron tras la primera generación, dieron un aire decididamente criollo al español "afro-cubano", lo que creó la impresión de que antaño en las Antillas se extendía un único criollo de base española. Aunque sin duda existió un español criolloide alguna vez y entre algunos hablantes, el enorme corpus de testimonios de la Cuba del siglo XIX, y los trabajos de investigación a que ha dado lugar, defienden un grado de sistematicidad panregional mayor de lo que garantiza una reconstrucción seria.

TESTIMONIOS ESCRITOS DE LA EXISTENCIA DE UNA LENGUA AFRO-HISPANA EN HISPANOAMÉRICA

La primera mención directa del habla afro-hispánica de Hispanoamérica aparece a mediados del siglo XVII, en canciones y poemas que continúan la tradición literaria de la España del Siglo de Oro. Los poemas más conocidos están escritos por Sor Juana Inés de la Cruz, que imitó el habla de los africanos de México (que llegaban desde Puerto Rico) hacia 1670. Las transcripciones de Sor Juana coinciden con otras reproducciones del habla afro-hispánica; un ejemplo típico es el siguiente:

> Cuche usé, cómo la rá
> rimoño la cantaleta;
> ¡huye, husico ri tonina,
> con su nalís ri trumpeta!
> ¡Vaya, vaya, vaya!
> ¡Zambio, lela, lela!
> ¡Válgati, riabro, rimoño,
> con su ojo ri culebra!
> ¿Quiriaba picá la Virgi?
> ¡Anda, tomá para heya!...
> Sola saca la Pañola;
> ¡pues, Dioso, mila la trampa,
> que aunque neglo, gente somo,
> aunque nos dici cabaya!

También se conserva un conjunto de poemas y canciones afromexicanas del siglo XVII menos conocidas. Unos cuantos *villancicos* se basan en el portugués pidginizado más que en el español (Megenney, 1985). Un ejemplo es:

> ha negliyo, ha negliyo de Santo Tomé...
> que de riza morremo contenta.
> que aregría que temo
> pos la santa nacimento desde Deos

o que nasce na seno.
sá blanco nao sá moreno
e may sá nosso palente.
azuntamo turo zente
cos flauto y os bitangola.
birimbao,
cos viola, cos arpa e cascaué.
Agregremo esse siola
os menino e Sa Zuzé.

La referencia a Santo Tomé es relevante, pues el almacén portugués de esclavos de esa isla alcanzó su apogeo hacia 1640, y los esclavos que habían estado en esa isla supuestamente hablarían un pidgin o un criollo de base portuguesa, posiblemente incluso como lengua materna. Los restantes textos *bozales* del México colonial son indiscutiblemente españoles. Un villancico del siglo XVII más hispanizado es (Stevenson, 1974: 52):

a palente a palente
que que le señol neglico
que bamo a lo portalico
a yeva a niño plesente
vamo turu de repente
ante que vaya pastora
y si a lo niño que yora
le pantamo que halemo?
uno baile baylemo
y sera la puelto rico
que la niño duerme.
lo neglo venimo
a la nacimenta
tocando trumenta
y a niño selvimo
copriya decimo.

El español africanizado está también atestiguado en otras partes de la Hispanoamérica del siglo XVII, especialmente en las tierras altas de Colombia, Perú y Alto Perú (Bolivia). Por ejemplo, el peruano Juan de Araujo (1646-1712) compuso *Los negritos a la Navidad del Sφ.* en la segunda mitad del siglo XVII (Stevenson, 1959: 236 y ss.):

Los coflades de la estleya vamo turus a Beleya
y velemo a rio la beya con ciolo en lo potal
vamo vamo currendo aya, oylemo un viyansico que lo compondlá
Flacico siendo gayta su focico y luego lo cantalá
Blasico Pellico Zuanico y Tomá y lo estliviyo dilá

Gulumbé gulumbá guachemo
bamo a bel que traen de Angola a Ziolo y a siola Baltasale
con Melchola y mi primo Gasipar
vamo vamo currendo ayá curendo acá
vamo siguiendo la estleya lo negliyo coltezano pus lo rey
e cun tesoro, a la estleya tlas lo Rey a pulque ayá
de calmino los tles ban, Blasico Pelico Zuanico y Tomá e ya
vamo turu ayá, que pala al niño aleglar
Vamo turus los Neglios pues nos yeba nostla estleya que
sin tantos noche abla i co Pelico Zuanico y Tomá plimo beya
noche abla vamo alegle al polta riyo velemo junto al peseble.

Esta canción fue cantada en Cuzco y posiblemente en otras partes, y afirma que retrata el habla de los bozales africanos del Perú del
siglo XVII. Un canción anónima del mismo siglo, *Esa noche yo baila,*
fue compuesta sin lugar a dudas en Bolivia (Claro, 1974: lxxv-lxxvii):

Esa noche yo baila
con Maria lucume
asta sol que amanece
Plo mi Dios que sa acuya
esa gente comensa
aunque pe la buesa fe
su hichito ya nace.
Poca poca nobela
nacie cun Batulume
puero nega en bona fe
del chiquillo que ayesa
el manda me a mi canta
yo canta asta amanese
sy hichito ya nace...

Otro ejemplo afro-boliviano, de finales del siglo XVII o comienzos
del XVIII, es el siguiente (Fortún de Ponce, 1957: 122 y ss.):

Afuela, afuela apalta apalta
que entlamo la tlopa Gazpala
apalta, afuela
que entlamo la gualda re reye Guineya.
e lo pífalo soplal
e mandamo echal plegon
respetamo ro branco
tenemo atención.
Manda la reye Gazipala
que nenglo vamo regala en plusición a plotala
con sonaja e guitarría
e cantemo tonadiya...

Los textos bozales citados guardan poco parecido con los dialectos actuales del español de esas regiones. En particular, ninguna de las modificaciones consonánticas de esta primera lengua afro-hispánica aparecen en el español del interior de Perú, Colombia, Bolivia o México. Además, los textos no contienen otros elementos regionales identificables que pudieran salvar el salto existente entre el español colonial, el habla bozal y los dialectos regionales actuales del español. La lengua bozal hispanoamericana del siglo XVII desapareció sin dejar rastro y no ejerció un influjo discernible en los dialectos españoles de su alrededor.

Desde el siglo XVIII en adelante comienzan a salir a la luz ejemplos bozales más auténticamente hispanoamericanos. Como ocurre con los casos peninsulares, hay siempre elementos burlescos y estereotipados, pero también hay atisbos de lo que pudo ser el habla afro-hispánica en las distintas colonias españolas. Los siguientes textos proceden del Veracruz del siglo XVIII, zona donde la presencia africana fue especialmente abundante, y donde la pérdida de las consonantes finales persiste todavía (Mendoza, 1956):

Ya lo ve como no me quere,
no me quere como yo,
y dice que la mujere
no se mueren de amó.
Ya lo ve como tu carricia
no comprende mi doló
y muero y de la tiricia
se adficia mi corazón.

En este texto encontramos fenómenos que aparecen aún en enclaves afro-hispánicos aislados: la omnipresente reducción de /s/ final de sílaba, la neutralización y pérdida de las líquidas finales de sílaba y la conversión de /d/ intervocálica en [r].

Uno de los pocos textos afro-hispánicos del Caribe del siglo XVIII que han pervivido es un *canto de cabildo* cubano anónimo (Guirao, 1938: 3):

Dondó jachero
pa un palo.
Palo ta duro.
jacha no cotta.
Palo ta brabbo.
¿qué son ese?
Si palo so jocuma,
yo so quiebrajacha.
Bamo be quie pue ma.

Tu jabla y no conose.
Tambó ta brabbo.

La lengua de este poema es español pidginizado, pero las modificaciones fonológicas son las del español cubano vernáculo, e inducen a pensar que los africanos de la Cuba del XVIII extendieron la ya existente reducción consonántica, e influyeron quizás en las variedades regionales del español de zonas donde la población africana era predominante en número.

En un catecismo publicado por el español Nicolás Duque de Estrada en Cuba en 1797 (Laviña, 1989; cfr. también Fernández Marrero, 1987) hay otra muestra del español bozal. El curioso texto se titula *Explicación de la doctrina cristiana acomodada a la capacidad de los negros bozales,* y, en parte, constituye un "manual" para que los sacerdotes hispano-hablantes simplifiquen su lenguaje y lo hagan accesible a los esclavos africanos. Según el autor, la lengua utilizada por los bozales era "sin casos, sin tpos., sin conjunciones, sin concordancias, sin orden..." (Laviña, 1987: 67). En el catecismo sólo se atribuye directamente al habla bozal una oración (pág. 75): *pa nuetro ta seno cielos* [padre nuestro que estás en los cielos]. La mayoría de las simplificaciones del español que hace deliberadamente su autor no son representativas del español pidginizado, sólo suponen la pérdida del artículo y la ausencia de concordancia, por ejemplo:

> Ustedes no miran casabe entero? Eso se llama torta de casabe; parte la torta pedaso, pedaso, mas que son chiquito, eso es partícula de casabe. Mismo pan, mismo ñame.

El texto nos lleva a pensar que a finales del siglo XVIII, el español bozal se parecía más al español "hablado por un extranjero" (en el sentido de Ferguson, 1975), que al pidgin enormemente distorsionado que aparecía en los primeros ejemplos literarios.

Desde principios del XIX y durante los cien años siguientes, se produjo la eclosión de la lengua afro-hispánica en poemas, obras de teatro, canciones y novelas de distintas regiones de Hispanoamérica. El mayor número de textos, con mucho, procede de Cuba, donde la representación literaria del español "africanizado" ha sido un motivo popular durante décadas. Muchos ejemplos de lengua afro-cubana fueron recogidos por los folcloristas cubanos Fernando Ortiz (1924, 1985, 1986) y Lydia Cabrera (1969, 1970, 1971, 1972, 1975, 1976, 1979, 1980, 1989). La lengua bozal fue profusamente usada en el *teatro bufo* cubano del XIX; entre las obras más conocidas están *Los novios catedráticos* de Ignacio Benítez del Cristo (1930), *La herencia de Canuto* y *Los hijos de Thalía* de Benjamín Sánchez Maldonado (1961),

Los negros catedráticos y *El negro cheche* de Francisco Fernández (Montes Huidobro, 1987). El periodista cubano nacido en España, Bartolomé José Crespo y Borbón, que firmaba con el pseudónimo de Creto Gangá, escribió varias entregas periodísticas basadas en los personajes bozales Pancha Jutía y Canuto Raspadura (Cruz 1974). Entre las novelas cubanas más conocidas que se sirven del español bozal se encuentran *Biografía de un cimarrón* de Miguel Barnet, *Francisco* de Anselmo Suárez y Romero, *Caniquí* de José Antonio Ramos, *Doña Guiomar* y *Vía Crucis* de Emilio Bacardí, *Sofía* de Martín Morúa Delgado, *Cecilia Valdés* de Cirilo Villaverde, y *Romualdo* de Francisco Calcagno. La lengua de estos textos afro-cubanos varía desde un español balbuciente y rudimentario a un habla apenas distinguible del español cubano coloquial no-africano.

El lexicógrafo cubano Esteban Pichardo fue uno de los primeros que describió el habla bozal del siglo XIX, ofreciendo la siguiente imitación (Pichardo, 1976: 11-12):

> yo mi ñama Frasico Mandinga, nenglito reburujaoro, crabo musuamo ño Mingué, de la Cribanerí, branco como carabón, suña como nan gato, poco poco mirá oté, cribi papele toro ri toro ri, Frasico dale dinele, non gurbia dinele, e laja cabesa, e bebe guariente, e coje la cuelo, guanta qui guanta.

Creto Gangá emplea un lenguaje más humorístico (Cruz, 1974):

> Negrito má fotuná
> no lo salí lan Guinea
> bindita hora que branco
> me lo traé neta tierra.
> Ya yo son libre
> yo tá casá
> mi su amo memo
> me libertá.

Los textos cubanos ilustran el español bozal tal como se utilizó desde finales del siglo XVIII hasta principios del siglo XX.

Han salido a la luz unos cuantos ejemplos bozales portorriqueños del siglo XIX (cfr. Álvarez Nazario, 1974), así como un par de casos venezolanos. El lenguaje literario afro-peruano del mismo siglo está representado en varias obras importantes, que reflejan la numerosa población africana de Lima y de otras ciudades costeras, cuya lengua bozal y cuyas tradiciones musicales fueron observadas por estudiosos durante todo el siglo XIX (cfr. Romero, 1987). Incluso hoy, es evidente la presencia africana en la costa del Perú, y en la Lima colonial, los esclavos y los trabajadores libres africanos trabajaron como criados, además de desempeñar otros oficios y ocupaciones. Una importante fuente literaria de lenguaje afro-peruano del siglo XIX es el satirista Felipe Pardo y Aliaga, cuyos escritos describen la situación lingüística de Lima en las primeras décadas del siglo XIX.

Tras Cuba, la segunda fuente más importante de lengua afro-hispánica en la Hispanoamérica colonial son Buenos Aires y Montevideo. Durante gran parte del periodo colonial, la población de origen africano representó una proporción demográfica significativa en ambas ciudades, acercándose al 40 % del total a principios del siglo XIX (Fontanella de Weinberg 1987a, 1987b). Los africanos eran mayoritariamente recién llegados, y hablaban el español bozal de otros lugares. Numerosos textos afro-argentinos y afro-uruguayos han entrado en los *cancioneros,* repertorios de carnaval y relatos de las interminables guerras civiles que asolaron esas naciones a principios del periodo postcolonial. Un buen ejemplo, del poema afro-uruguayo *Los negros federales,* es el siguiente (Ortiz Oderigo, 1974: 140-1):

> hacemi favol, ño Pancho
> de aplical mi tu papeli
> polque yo soy bosalona
> y no lo puedo entendeli
> yo quisiela uté me diga
> lo que ti queli decí,
> porque tio Juan, mi malido,
> quieli también esclibí.
> El es neglo bosalona
> pelo neglo fedelá
> y agladecido a la Patlia
> que le dio la libeltá.

Muchos de los ejemplos afro-argentinos y afro-uruguayos no contienen la bufonería condescendiente de los textos afro-hispánicos de España y de otras zonas de Hispanoamérica. En las guerras coloniales y postcoloniales de la región del Río de la Plata, los soldados de origen africano desempeñaron una función importante y se distinguieron por su valentía y su entrega. En las Pampas, el gaucho negro era una figura familiar, y los mejores payadores, o improvisadores de canciones, eran de origen africano. Los afro-argentinos aparecen en varias obras de la literatura gaucha, entre ellas, *Martín Fierro* de Fernández y *Cielito gaucho* de Ascasubi; en este último poema, uno de los personajes negros emplea la lengua bozal (Ascasubi, 1900):

Onde é que etá esem branquillos.
Lijalo no má vinise
a ese rosine tlompeta,
que cuando le tlopellamo
lon diablo que no sujeta.

LA POSIBLE BASE CRIOLLA PORTUGUESA DEL ESPAÑOL BOZAL DE HISPANOAMÉRICA

La mayoría de los textos bozales españoles de Hispanoamérica, desde el siglo XVII hasta finales del XIX, no apuntan de modo convincente a la existencia previa de un pidgin o criollo español panhispanoamericano uniforme. Las características recurrentes de la lengua bozal pueden ser explicadas como evoluciones espontáneas independientes o como errores naturales propios del aprendizaje. Los ejemplos afro-hispánicos del XIX pretendían representar el habla de los africanos que vivían en estrecho contacto con los hablantes nativos de español y que, tras la emancipación de mediados del XIX, adquirieron una movilidad social y geográfica considerable. Al menos durante la primera mitad de ese siglo, dondequiera de Hispanoamérica que hubiese grandes poblaciones africanas, existía aún una lengua pidginizada afro-hispánica. Tal lengua raramente sobrevivía a la primera generación de hablantes bozales, aunque en algunos lugares persistieron hasta bien entrado el siglo XX variedades afroamericanas totalmente fluidas. Los datos citados más arriba no sirven para demostrar que la base del español bozal colonial la proporcionara ningún criollo o pidgin ibero-romance estable; no obstante, existen o han desaparecido recientemente varios criollos de base española en zonas de Hispanoamérica con poblaciones mayoritariamente afroamericanas. Desde las observaciones de Van Name (1869) y hasta mediados del siglo XX, se pensó que en el Nuevo Mundo no había existido ningún dialecto criollizado del español, a diferencia de lo que ocurre con los criollos del francés, el inglés, el portugués y el holandés, que se siguen hablando. La única excepción, señalada por algunos, era el papiamento, hablado en las Antillas Holandesas (especialmente en la antaño estación esclavista de Curaçao), formado a partir del español y del portugués (cfr. Lenz, 1928; Navarro Tomás, 1951; van Wijk, 1958; para las primeras teorías sobre el papiamento; Birmingham, 1970; DeBose, 1975; Ferrol, 1982; Maurer, 1986a, 1986b; Munteanu 1974, 1992 para estudios más recientes).

Desde hace unas décadas tan sólo, se ha empezado a estudiar el dialecto criollo de Palenque de San Basilio en Colombia, que se parece enormemente al papiamento y a los criollos afro-portugueses (Bickerton y Escalante, 1970; Escalante, 1954; Friedemann y Patiño Roselli, 1983; Granda, 1968, 1972b; Megenney, 1986; Schwegler, 1991b, 1992, en prensa a). Al principio, estos criollos eran estudiados como curiosidades aisladas, de interés sólo para los especialistas, pero sin una relación directa con las cuestiones más generales de la dialectología hispanoamericana. El palenquero, por ejemplo, fue creado por un grupo de esclavos huidos de Cartagena de Indias a principios del XVII y que fundaron una ciudad en el interior de Colombia. El papiamento surgió en Curaçao en el mismo periodo, cuando la isla se utilizó como escala en el tráfico de esclavos y acogió a judíos sefardíes hablantes de portugués procedentes de Brasil. Los elementos portugueses del papiamento pueden explicarse por la presencia de esos últimos; las formas similares del palenquero, aunque quizás apoyen las teorías de un pidgin portugués aprendido por los esclavos en África o en los barcos, no implican necesariamente que se extendiera por Hispanoamérica un criollo afro-lusitano. No obstante, varios investigadores han señalado que ciertos textos bozales del siglo XIX de Cuba y Puerto Rico muestran construcciones que no se pueden explicar por un aprendizaje imperfecto del español. Esos textos presentan similitudes sorprendentes con el papiamento, el criollo de Cabo Verde y el palenquero, elementos inconfundiblemente criollos cuya presencia no se puede atribuir a mera casualidad ni se puede predecir a partir del español pidginizado de los primeros ejemplos bozales. Esos rasgos recurrentes dieron lugar a la revolucionaria afirmación de que antaño había existido en <u>toda</u> Hispanoamérica, o al menos en la región del Caribe, un criollo afro-lusitano[3]. Se supone que la fuente última es

---

[3] Esta hipótesis la defiende explícitamente, por ejemplo Granda (1976: 5-6):

> Los esclavos negros establecidos en diferentes áreas de la América española desde el siglo XVI al XIX manejaron, primeramente junto a sus hablas africanas aborígenes y posteriormente con carácter exclusivo o al menos dominante, un código lingüístico criollo. Esta modalidad de lenguas fue evolucionando... hacia el español subestandard de las diferentes zonas hispanoamericanas en que el fenómeno se produjo, a través de un *continuum* poscriollo... [En español en el original. *N. del T.*]

Este criollo, a su vez, tuvo su origen en un pidgin afro-lusitano, desarrollado en el África Occidental (por ejemplo Granda, 1976: 8):

> Las modalidades del criollo desarrollado y empleado en las diferentes zonas hispanoamericanas de población negra derivaron, genética y por lo tanto estructuralmente, del... protodiasistema criollo portugués de África que constituyó la base de la cual, por diferentes procesos de relexificación... se originaron aquéllas. [En español en el original. *N. del T.*]

Otheguy (1973) admite la posibilidad de que existiera un criollo anterior, pero sin aceptar definitivamente una base previa afro-lusitana. La hipótesis de Granda es aceptada en sus líneas esenciales por Megenney (1984, 1985b), Perl (1982, 1984, 1985, 1987,

la "lengua de reconocimiento" pidgin portuguesa, que surgió en el siglo XV; esas similitudes también se han aducido para fomentar las teorías "monogenéticas" de la formación de criollos, según las cuales este primer pidgin portugués fue relexificado y refundido para formar dialectos criollos del inglés y del francés en el Caribe y África, del español y del portugués en Asia, y del holandés en las Indias Orientales, Guyana y posiblemente Sudáfrica[4]. Las consecuencias de la hipótesis criolla portuguesa en la dialectología hispanoamericana son evidentes, pues en su forma más radical esta teoría sostiene que un ÚNICO criollo subyace virtualmente a toda el habla afro-hispánica de un periodo de más de tres siglos, y fue más importante que el elemento estrictamente africano a la hora de determinar las características del español bozal y sus posibles repercusiones en el español general de Hispanoamérica. El centro de atención de los estudios afro-hispánicos se desvió parcialmente, apartándose de la búsqueda de relaciones afro-americanas directas, hacia la propuesta de un estadio criollo panhispánico intermedio. Esta lengua intermedia, debido al contacto con el español europeo que siguió a la abolición de la esclavitud, se fue pareciendo cada vez más al español regional de Hispanoamérica, mientras transfería quizás algunas de sus propias características al español hablado por los descendientes de europeos.

Esta es una afirmación radical, que, si se verificara, cambiaría totalmente nuestras ideas sobre la formación del español americano en grandes zonas del Caribe y de las costas de América del Sur. La contribución africana al español de América seria entonces doble: no sólo la transferencia directa de africanismos, sino también una transferencia intermedia a partir de un criollo afro-hispánico, cuyas características habían cuajado ya entre la población africana de la América española.

Muchas de las pruebas aducidas a favor de la existencia de un criollo bozal hispanoamericano no resisten el análisis alternativo que sostienen que el aprendizaje imperfecto del español dio lugar a variedades que surgieron espontáneamente en distintas colonias. Los hablantes de las distintas lenguas africanas producirían tales construcciones al adquirir el español en condiciones desfavorables en diferentes momentos y lugares, de una manera muy parecida a como los aprendices actuales de español con diferentes bases lingüísticas producen los mismos errores de concordancia, la misma simplificación

---

1989a, 1989b), y Ziegler (1981). De opinión contraria son Laurence (1974), Lipski (1986d) y López Morales (1980).

[4] Esta hipótesis fue lanzada por primera vez por Thompson (1961) y Whinnom (1965), y ampliada por Naro (1978).

sintáctica, el uso incorrecto o la pérdida de las preposiciones, etc. De hecho, salvo unas pocas, todas las similitudes existentes entre los textos bozales y los criollos mencionados son comunes a todas las situaciones de aprendizaje lingüístico precario (Lipski, 1985e). Incluso los otros elementos de carácter criollo podrían no ser restos de un criollo bozal panhispánico previo, sino más bien préstamos directos de criollos afro-americanos ya existentes.

UN ANÁLISIS MÁS DETENIDO DE LOS ELEMENTOS "CRIOLLOS"
DE LA LENGUA BOZAL

Una gran variedad de fenómenos de los textos afro-cubanos y afro-portorriqueños han sido utilizados en un momento u otro para apoyar la teoría de un criollo monogenético panhispánico. Un examen más detallado revela que, aunque en criollos afro-ibéricos como el papiamento y el palenquero aparecen construcciones similares, sólo lo hacen de forma esporádica en los textos del español bozal, y que, salvo unos pocos, todas las demás tienen raíces no criollas. Entre los casos citados con mayor frecuencia están los siguientes:

(1) Preguntas sin inversión del tipo *¿qué tú quieres?* (Otheguy, 1973). Estas construcciones son habituales en el Caribe, y pueden haber sido reforzadas por la inmigración canaria. Los criollos afro-ibéricos presentan también este tipo de preguntas, pero también los dialectos no africanizados del español, y muchas variedades del portugués.

(2) Uso obligatorio de pronombres sujetos redundantes (Granda, 1968, 1971). Todos los criollos afro-románicos emplean pronombres de sujeto obligatorios, debido a la ausencia de flexión verbal. Lo mismo ocurre en los restos de español que carecen de una base criolla (Lipski, 1985e) y entre bilingües de distinto origen lingüístico con poco dominio del español. Dado que los pronombres o clíticos de sujeto son obligatorios en casi todas las lenguas del África occidental, la preferencia por los pronombres explícitos en el español bozal podría predecirse sin tener que recurrir al estadio intermedio de un criollo.

(3) Infinitivos "personalizados" con sujetos léxicos del tipo *para tú hacer eso* (Álvarez Nazario, 1959: 46; Megenney, 1984). Tales construcciones aparecen en los criollos afro-ibéricos, pero también en el español canario y andaluz, en gallego y portugués y por toda Hispanoamérica (Kany, 1951: 159; Padrón,

1949: 164; Flórez, 1946: 377). Es probable que esta construcción haya surgido espontáneamente en más de una zona, pues es el resultado de la reducción de una forma conjugada marcada al infinitivo, que es la forma no marcada por excelencia. También se produce en el español de los niños (Gili Gaya, 1960: 29; 1972) y en portugués, donde hay un "infinitivo personal" conjugado (Maurer, 1968).

(4) Ausencia de concordancia de género y número en nombres y adjetivos (cfr. Granda, 1968, 1971; Otheguy, 1973; Perl, 1982, 1989a, 1989b). Los criollos de base románica han eliminado los sistemas originarios de marcación del género y número en adjetivos y nombres. Esta misma inestabilidad y reducción del género/número es una de las características más comunes del español que hablan los que lo están aprendiendo y los extranjeros, y se produce en zonas donde el español se emplea como segunda lengua, como en Guinea Ecuatorial (Lipski, 1985d) y donde se hablan restos de español (Lipski, 1985e, 1990c, 1990d). La existencia de este proceso durante la criollización refleja el hecho de que los criollos se suelen formar a partir de pidgins reducidos, pero la simple presencia de sistemas de concordancia deficientes no apunta a la existencia previa de un criollo.

(5) Pérdida de preposiciones usuales, especialmente *a* y *de* (Álvarez Nazario, 1959; Granda, 1971; Otheguy, 1973; Perl, 1982, 1989a, 1989b). Este mismo rasgo aparece en casi todas las variedades del español como segunda lengua y en los restos de español. Según los análisis sintácticos actuales, *de* y *a* podrían no ser preposiciones subyacentes, sino más bien marcadores superficiales de caso, y, por tanto, sujetos a borrado durante un aprendizaje imperfecto o debido a la erosión lingüística.

(6) Eliminación ocasional de la cópula (Álvarez Nazario, 1959, 1974; Granda, 1971; Perl, 1982). Suele ocurrir en los restos de español, y dado que una amplia variedad de lenguas del África Occidental emplean "adjetivos verbalizados" en lugar de la construcción *verbo + adjetivo predicado,* la pérdida de la cópula puede ser más una característica dialectal africana que un resto postcriollo. En cualquier caso, los ejemplos afro-hispánicos son rarísimos.

(7) Pérdida de artículos (Álvarez Nazario, 1959, 1974; Granda, 1971; Perl, 1982). También aparece en los restos de español y en el español como lengua extranjera, y a la vista de la ausencia generalizada de artículos en las lenguas del África Occidental, podría ser también una característica dialectal.

(8) Postposición de los demostrativos como en *piera ese* [= *la piedra ésa* /*esa piedra]* (Otheguy, 1973). Hay demostrativos postpuestos en muchos dialectos no criollos del español (y son típicos del español coloquial cubano), así como en varios criollos. Además los textos bozales hispanoamericanos presentan solamente un par de ejemplos.

(9) Ausencia de complementadores sintácticos tales como *que* (Granda, 1971). La simplificación sintáctica mediante la reducción de las estructuras subordinadas caracteriza todas las formas reducidas del español y aparece en el español como lengua extranjera de afro-hispánicos, amerindio-hispánicos y anglo-hispánicos.

(10) Uso del pronombre sujeto *vos* en textos bozales del Caribe, donde no se emplea normalmente este pronombre (Megenney, 1984, 1985b). El pronombre *(a)bo* aparece en todos los criollos afro-lusitanos, así como en el papiamento y en el palenquero. En los ejemplos bozales caribeños, *vos* es extremadamente raro, y sólo aparece en un villancico cubano del XIX de Camagüey (Ballagas, 1946: 92):

> ... Francisco mi pariente
> disió que ya *vos* parió,
> como yo quería aguaitá
> lo que *vó* había parió,
> aquíe me tenei, Seña.

La presencia de *vos* en este ejemplo aislado no implica la existencia de un criollo anterior en Cuba, pues en el siglo XIX se documentan profusamente en Cuba restos de *vos,* junto con las formas verbales diptongadas, precisamente en esta región (López Morales, 1965; Pichardo, 1976: 12). Al mismo tiempo, las formas verbales diptongadas no aparecen en ningún criollo afro-ibérico, mientras que son numerosas como variantes del voseo en varias regiones de Hispanoamérica: oeste de Panamá, la región de Venezuela del lago Maracaibo, la mayor parte de Chile y a veces en la zona andina.

(11) Uso de la preposición/conector portmanteau *na,* que se encuentra en unos pocos textos afro-caribeños, y en criollos de base portuguesa, procedente de la contracción de *en + a* (Megenney, 1984, 1985b). Un raro ejemplo cubano es (Estrada y Zenea, 1980): *atrá quitrín pa yegá prisa, prisa,* na *panadería, cuando yo me piá de* na *caballo.* Brau (1984: 138) observó que en Puerto Rico en el siglo XIX los cimarrones bozales empleaban expresiones como *ne-pueblo, na-cosina, na-*

casa por *en el pueblo, en la cocina, en la casa.* Esta forma tiene un uso muy limitado en los textos afro-caribeños y no se documenta en la lengua bozal de otras zonas.

(12) En los criollos afro-lusitanos, papiamento y palenquero incluidos, los pronombres de tercera persona del singular se reducen a una única variante para singular y otra para plural. Normalmente la variante singular tiene la forma general *e(le),* mientras que hay más variación en el plural, con pronombre de origen no románico (por ejemplo *nan* en papiamento, *ané* en palenquero). Unos cuantos textos afro-caribeños presentan pronombres de tercera persona similares a los de los criollos afro-ibéricos. La forma general es *elle* o *nelle;* estas formas se documentan con frecuencia en Cuba en el siglo XIX. En la novela *Cecilia Valdés,* de Cirilo Villaverde (ca. 1839) encontramos: <u>Elle</u> *estaba en un mortorio. El borbanaó manda prendeslo. Dentra Tondá,* <u>elle</u> *solito con su espá, coge dos. Nelle* se utilizaba a veces como tercera persona del plural como en (Morúa Delgado, 1901): *Y* <u>nelle</u> *lo muchachito va pendé su Paña de nuté?* ("Y ellos los muchachitos van a depender de su España de usted?"). En la pieza "Los negros catedráticos", representada en 1877 (Benítez del Cristo, 1930), encontramos ejemplos como *Eso mimo quiere yo, nelle lo mimo, vamo pa le engresia.* El humorista cubano del XIX Creto Gangá utilizó mucho *nelle,* por ejemplo (Cruz, 1974: 117-8): *si yo lo tené uno niño como nelle, yo va murí de cuntentamienta.* Álvarez Nazario (1974: 185-197), uno de los pocos autores que han intentado analizar esta forma, cree que se ha producido una sustitución semántica de una preposición más un artículo (como en *na).* Sin embargo, no hay una fuente plausible en el caso de *(n)elle.* La [y] representada por *ll* se deriva presumiblemente de *ella, ellas* y *ellos* (la variante *nella* aparece a veces); ni el portugués *êle,* ni formas similares del papiamento, palenquero, santotomense, etc. proporcionan un origen para [y]. *Elle/nelle* podría ser una evolución afro-hispánica espontánea que surgió en el caribeño del XIX.

(13) El uso de *tener* en lugar de *haber* como verbo existencial (Megenney, 1984, 1985a; Granda, 1968). Muchos criollos afroibéricos, así como el portugués brasileño vernáculo con influjo africano, han reemplazado el existencial *haber* por *tener.* Aunque el uso de *tener* en el habla bozal puede proceder de un protocriollo anterior, esta no es una conclusión necesaria, pues el uso de *tener* existencial también aparece en las reliquias de español de muchas regiones, e incluso en

algunos dialectos del español sin conexión afro-criolla demostrable (cfr. Lipski, 1985e). Al mismo tiempo, el uso de *tener* con valor existencial es muy raro en bozal; un ejemplo (Cabrera, 1969) es: *en botica tien de tó*. Mucho más frecuente es el uso de *haber*, aunque en formas y esquemas sintácticos no estándar: *yo lo ve craramiente que lo habé en la mundo quiene me lo tené infisión y güena goluntá* (Cruz, 1974: 230). (14) Se ha afirmado que la frecuente anteposición caribeña de *más* en expresiones negativas *(más nada, más nunca)* en vez de la más habitual posición final es un resto de un criollo anterior de base portuguesa (Megenney, 1985a). Es muy probable el influjo portugués, pero hay más probabilidades de que la presencia de la construcción en el español del Caribe se deba a la fuerte influencia del español de las Canarias, en el que son habituales tales construcciones (debidas, aparentemente, a contactos marítimos gallego-portugueses previos) (Álvarez Nazario, 1972b: 95; D'Albuquerque, 1953; Gutiérrez Araus, 1991; Kany, 1951: 363-4; Lorenzo Ramos, 1976; Pérez Vidal, 1944; Torres Stinga, 1981).

POSIBLE INFLUJO DEL PAPIAMENTO EN EL ESPAÑOL AFRO-CARIBEÑO

Muchos de los rasgos de la lengua afro-hispánica antigua no apoyan de manera inequívoca la existencia previa de un criollo español pan-caribeño. Sin embargo, en algunos textos bozales caribeños, existe un elemento indiscutiblemente criollo que ha sido la piedra angular de todas las teorías criollistas del español bozal. Nos referimos al uso de *ta*, en combinación con una raíz verbal derivada del infinitivo sin la /r/ final:

(Puerto Rico) *¿Po qué tú no ta queré a mí?*
(Puerto Rico) *Siempre ta regalá dinero a mí*
(Cuba) *Horita ta bení pa cá*
(Cuba) *Río Seco ta corre mamba*
(Cuba) *Como que yo ta cuchá la gente que habla tanto... yo ta mirá gente mucho*
(Cuba) *Amo ta pedí leche*

Esta construcción, que tiene pocas probabilidades de haber surgido espontáneamente de un pidgin español inestructurado, es idéntica a ciertos sintagmas verbales existentes en los criollos de base ibérica de todo el mundo, incluidos el palenquero y el papiamento de Hispanoamérica, los criollos portugueses de Guinea-Bissau y Cabo

Verde en África, los criollos portugueses de la India, Sri Lanka, Macao y Malaysia y el español criollo filipino (chabacano). Muchos investigadores (por ejemplo Otheguy, 1973; Granda, 1968; Megenney, 1984, 1985a, 1985c; Perl, 1982, 1989a, 1989b; Ziegler, 1981) han considerado la presencia de *ta* en el español bozal afro-caribeño como prueba virtualmente concluyente de que alguna vez se habló en todo el Caribe, y quizás en toda América del Sur, un criollo afro-hispánico similar al palenquero y al papiamento.

Pese a las evidentes similitudes en lo tocante a la partícula *ta,* en otros aspectos los sistemas verbales de los criollos citados comparten pocas similitudes con el español bozal. Para el pasado/perfectivo, la variante más común es *ya/ja,* pero se utilizan también otras formas; el papiamento, por ejemplo, usa *a* al igual que el dialecto ternateño del español criollo filipino. En palenquero, *ba* se emplea como marcador de imperfectivo, aunque sus propiedades sintácticas son diferentes de las de *ta*. El papiamento y el criollo de Cabo Verde hacen algún uso de las formas verbales españolas/portuguesas del imperfecto. Ningún texto bozal hispanoamericano presenta un uso sistemático de ninguna partícula de pasado/perfectivo.

Más variación existe entre los criollos para representar futuro/ "irrealis": el papiamento tiene *lo* (supuestamente del portugués *logo* "luego, más tarde"), el palenquero tiene *tan,* el español criollo filipino tiene *di* o *ay,* etc. Los textos bozales hispanoamericanos, por el contrario, no emplean ninguna partícula para señalar futuridad; o utilizan el presente simple o un futuro perifrástico español con *va.* Esto arroja dudas considerables sobre la existencia previa de un criollo afro-hispánico uniforme, pues solamente encontramos en los documentos de la lengua bozal uno de los tres componentes del sistema verbal criollo. Se hace necesaria una reevaluación del papel desempeñado por *ta* en el español bozal.

Llama la atención el hecho de que entre la totalidad de textos afro-hispánicos, de España y de toda Hispanoamérica y a lo largo de 400 años, la combinación *ta* + V_{inf} aparezca <u>sólo</u> (1) en un número muy pequeño de textos, (2) en el siglo XIX, (3) en Cuba y Puerto Rico. Incluso en el corpus afro-caribeño del siglo XIX, las construcciones basadas en *ta* alternan con el esquema bozal arquetípico de las formas verbales conjugadas parcial o incorrectamente. No aparecen ejemplos de *ta* en el amplio corpus afro-hispánico de Argentina, Uruguay o Perú, ni en los textos esporádicos de otras regiones.

En unos pocos casos se podría defender que han tenido lugar evoluciones espontáneas, por ejemplo cuando *ta* deriva claramente de *esta[r]* con función de verbo locativo o en combinación con un adjetivo: *Yo no pue* <u>ta</u> *quieto ya* (Cruz, 1974: 148); *Nangüe* <u>ta</u> *bueno...*

(Cabrera, 1983: 183). En otros casos, también cabe la posibilidad de que nos encontremos ante la erosión fonética de lo que fue un gerundio terminado en -ando o -(i)endo: *Que to mi cuepo me* etá *temblá* (Cabrera, 1979: 40); *pavo real* ta *bucán palo* (Cabrera, 1983: 128). En otros casos, sin embargo, los verbos en cuestión son habituales o durativos, contextos en que el español no emplearía una construcción con *estar*. Este resto es el único indicador seguro de la penetración de elementos criollos en la lengua bozal.

El repaso de los textos bozales de Puerto Rico arrroja solamente un pequeño número de casos de partícula aspectual *ta* (Álvarez Nazario, 1974: 193-4), comparado con otros ejemplos en los que no aparecen formas de claro carácter criollo. Con diferencia, el mayor número de casos de *ta* aparece en textos de Cuba, desde mediados del siglo XIX hasta principios del XX. Incluso en Cuba, numerosos textos bozales del mismo periodo carecen de *ta,* y emplean, a su vez, el sistema verbal bozal prototípico, en el cual los verbos se reducen a la tercera persona del singular o al infinitivo desnudo (o en el caso de la cópula *ser,* a *son).* Este misterio puede ser resuelto, al menos en parte, recurriendo al estudio del origen de la mano de obra en el Caribe del siglo XIX.

El origen de las construcciones verbales con *ta,* y posiblemente de otras estructuras de tipo criollo en parte de la lengua bozal cubana y portorriqueña puede ser retrotraído a la importación de trabajadores hablantes de papiamento desde Curaçao a Puerto Rico y Cuba a comienzos del siglo XIX (Álvarez Nazario, 1959, 1974: 65, 218-9; Grand, 1973). El *asiento* holandés de Curaçao, que estaba en funcionamiento desde 1634, fue revocado en 1713, pero el tráfico clandestino desde Curaçao y San Eustacio continuó embarcando esclavos hacia todo el Caribe después de esa fecha. En las décadas finales del siglo XVIII, la eclosión de las plantaciones de azúcar provocó una demanda sin precedentes de trabajadores en Cuba, y Curaçao fue fundamental para satisfacer las necesidades de las colonias españolas. En Cuba, y Puerto Rico, los negros de Curaçao fueron mencionados en las novelas y obras de teatro del siglo XIX. El "habla de Curaçao" (es decir, el papiamento) era descrito como *español arañado* o *degenerado.* El uso del papiamento está bien atestiguado en Cuba y Puerto Rico hasta fines del siglo XIX (Bachiller y Morales, 1883: 103; Álvarez Nazario, 1974: 146).

Para que el papiamento influyera en el habla de los bozales, no era necesario que hubiera una gran cantidad de hablantes de papiamento en una determinada región, ni que la imitación de todos los rasgos del papiamento se siguiera automáticamente de la coexistencia de bozales cubanos y portorriqueños con los nativos de Curaçao.

Los bozales de origen africano, ocupados en crear un vernáculo de contacto para la supervivencia basado en el español que oían, se mostrarían dispuestos a adoptar aquellos rasgos del papiamento que coincidieran parcialmente con los esquemas bozales ya en desarrollo, o que proporcionaran un medio eficaz de lograr una comunicación fiable. La construcción verbal *ta* V_{inf} es un buen candidato a la adopción, pues permite una diferenciación verbal considerable sin incrementar la complejidad morfológica más allá del infinitivo. Es también homóloga del frecuente esquema africano occidental de partículas preverbales de tiempo/aspecto, que ha sido reproducido en los criollos "atlánticos" con influjo africano, y, por tanto, le sonaría menos "extranjera" al esclavo de la plantación que estaba adquiriendo el pidgin español. Por último, esta solución era más sencilla que la caótica mezcla de formas verbales que caracterizaba al habla bozal anterior. Varias características ya existentes en la lengua bozal en desarrollo ayudarían a asimilar los verbos del papiamento con *ta:* (1) el uso de *ta,* derivado de *está/estar* en construcciones adjetivales (por ejemplo *el palo ta duro);* (2) la pérdida de /r/ final en los infinitivos, desde el siglo XVI en adelante; (3) el uso de raíces verbales no flexionadas en lugar de los verbos conjugados en el español bozal. Así como los hablantes de español consideraban al papiamento un "español roto", así los hablantes bozales habrían descubierto que el papiamento se parecía más a su propia habla que a un español totalmente flexionado. Los trabajadores de Curaçao hablaban papiamento con fluidez, como lengua nativa o cuasi nativa, y no como pidgin; los cubanos y portorriqueños de origen africano probablemente tomaron el papiamento, hablado por sus compañeros de trabajo, como modelo.

En apoyo de la idea de que el papiamento puede haber influido directamente en la lengua bozal portorriqueña y cubana del siglo XIX podemos señalar algunos otros rasgos de esos textos que coinciden también con el papiamento. Entre los casos más convincentes están los siguientes:

(1) Uso de *riba* < Esp. *arriba* (adv.) como preposición con el significado de "sobre", también en papiamento y ocasionalmente en otros criollos afro-ibéricos:

> ya pará *rriba* téngue   "subió al tengue" (Cabrera, 1975: 183)
> pone cañón *riba* alifante   "pone el cañón sobre el elefante" (Cabrera, 1979: 17-8)
> Ese trepa *riba* palo (Cabrera, 1976)
> (Papiamento) *Kiko tin riba mesa?*   "¿Qué hay sobre la mesa?"

(2) Uso de *awor* < *ahora*. *Awor* aparece en el papiamento, así como en el español bozal cubano (Birmingham, 1970: 28-9):

> ¿Y qué yo dicí *ahuora*, eh? (Benítez del Cristo, 1930)
> *ahuora* sí mi pecho está girviendo como agua que pela engallina (Benítez del Cristo, 1930)
> y *ahuora* que no lo ve (Montes Huidobro, 1987 [Francisco Fernández, *El negro cheche*])

(3) La palabra del papiamento para "hoy" es *awe,* notablemente diferente de la española y del portugués *hoje*. Formas similares a la palabra del papiamento aparecen en textos bozales cubanos del XIX:

> Poquitico fatá pa que señiora murí *agüoí* (Estrada y Zenea, 1980)
> *Agüe* memo, ñamito "Hoy mismo, amito" (Santa Cruz, 1908)
> *ahuoy lo va a jasé Pancha* (Creto Gangá, 1975)

(4) La palabra del papiamento para "hijo, hija" es *yiu,* con intrusión de una /y/ inicial no derivable con facilidad de la palabra española *hijo*. La forma *yijo* aparece en los textos bozales cubanos del siglo XIX, pero no en textos bozales de otras regiones:

> Mi *yijo,* gayina negro son mucho, y toíto pone güebo blanco (Morúa Delgado, 1975)
> *Yija* de mi pecho son (Benítez del Cristo, 1930)
> ay, *yijo,* yo no tiene carabela aquí. (Cabrera, 1970)
> si, *yijo,* es mío el quimbombó (Cabrera, 1983)

(5) El verbo del papiamento para "decir" es *bisá,* del portugués/ español *avisar*. Esta palabra no se usa así en el español de América, pero varios textos bozales cubanos presentan *bisá* con el significado de "decir":

> Niña Paulita ñamá yo, *bisa* negra pa ni   "La señorita Paulita me llamó, le dijo a esta negra que fuera" (Santa Cruz, 1908)
> Robé, *visa* mi señora serí que yo ta nel río (Cabrera, 1976)

(6) En papiamento, el pronombre sujeto de primera persona del singular es *(a)mí;* la forma más larga es enfática o contrastiva. Desde el siglo XVI, ninguna forma del español bozal ha empleado *(a)mí* como pronombre sujeto (Lipski, 1991d), pero esta forma reaparece en unos pocos textos bozales cubanos del XIX:

A mí no bebe aguariente, mi ama (Merlin, 1974)
Mí no sabe, ñamito... mi no sabe nä (Santa Cruz, 1908)

Para resumir la exposición precedente, el español bozal, en el Caribe y en otras regiones, no fue un fenómeno homogéneo, sino que se caracterizó más bien por una inestabilidad y variación considerables, más típicas de los pidgins de reciente adquisición y efervescencia que de un verdadero criollo. Los elementos inconfundiblemente criollos que aparecen en un subconjunto de textos afro-caribeños hacen pensar, más que en un criollo panhispanoamericano, en una incursión directa del papiamento en un momento y lugar determinados de la historia de la lengua afro-hispánica. En el Caribe y en el resto de Hispanoamérica, la situación lingüística afro-hispánica fue heterogénea y espontánea y no dio lugar a un auténtico criollo salvo en pequeños enclaves aislados.

INFLUJOS AFRICANOS PERMANENTES EN EL ESPAÑOL DE AMÉRICA

Aunque pocos datos sólidos apoyan las teorías que defienden la existencia de un criollo afro-hispánico previo en Hispanoamérica, la presencia de unidades léxicas africanas y la penetración de muchas tradiciones musicales, religiosas y folclóricas africanas son una muestra clara de las repercusiones de las comunidades africanas en la sociedad hispánica. Los africanos de Hispanoamérica trabajaron como criados y en otros oficios que los pusieron en estrecho contacto con la estructura familiar íntima de la sociedad. En muchas familias de clase alta, los hijos estaban a cargo de mujeres africanas y jugaban con los niños negros. Algunos no africanos se convirtieron en diglósicos y podían hablar la lengua afro-hispánica con tanta soltura como la variedad del grupo social de sus padres. Gran parte de la literatura negrista del siglo XIX y de principios del XX escrita por hispanoamericanos blancos refleja esta situación; la lengua no es un estereotipo humillante, sino una reproducción exacta basada en las tradiciones aprendidas en la niñez. Esta temprana exposición al español africanizado a menudo se veía reforzada en la adolescencia y en la madurez por el contacto cotidiano con sirvientes, vendedores y artesanos, entre los cuales estaban bien representados los negros en muchas regiones de Hispanoamérica.

En el extremo más alto de la escala social había una enorme conciencia del habla africana, aunque la resistencia a adoptar abiertamente africanismos formaba parte también de una actitud elitista. En-

141

tre los grupos socioeconómicos más bajos, los elementos africanos penetraron con mayor facilidad en el habla popular, y, siguiendo la movilidad social ascendente típica de las unidades vernáculas, a la larga llegaron a figurar en el habla de las clases superiores. La música y el drama popular fueron dos de los vehículos más eficaces de transmisión, y las actividades carnavalescas constituyeron el elemento más importante en la región del Río de la Plata. Hay ciertos indicios de que el tango argentino tiene raíces afro-hispánicas. Aunque la palabra misma aparece en Andalucía antes del comercio de esclavos, los primeros ejecutantes de este baile en el Río de la Plata eran afro-argentinos. Un fenómeno típico del Montevideo y del Buenos Aires del siglo XIX eran los *candombes,* grupos musicales y teatrales afro-hispánicos que, en parte, extendieron los primeros *cabildos* y cuyas actividades se concentraban en el carnaval precuaresmal anual. Estos grupos utilizaban canciones populares en las que se conservaba la lengua afro-hispánica pidginizada. Muchas de las canciones eran populares entre la población no africana, y consiguieron hacer entrar algunos afro-hispanismos en el vocabulario general. En otras colonias hispanoamericanas, los elementos africanos fueron absorbidos por la población de forma similar, especialmente en las grandes ciudades como Lima, Cartagena y La Habana, donde africanos del mismo grupo étnico pudieron organizar actividades sociales y religiosas, mantener su lengua nativa y presentar sus hábitos culturales y lingüísticos ante un público numeroso.

La heterogeneidad lingüística de la población africana de Hispanoamérica fue la causa de que muy pocas unidades léxicas entraran en el léxico del español de América. En África, las lenguas regionales se solían usar como lenguas francas y algunas sobrevivieron a la travesía marítima para aparecer en Hispanoamérica. El inglés pidgin del África Occidental, la lengua franca más importante de gran parte de la costa occidental de África, también hace su aparición en Cuba y Puerto Rico en el siglo XIX, con palabras como *tifi-tifi* (I.P. *tif/tifi)* "robar" (Ortiz, 1916: 238-9; Álvarez Nazario, 1974: 201). También penetraron en el vocabulario regional de Cuba y Puerto Rico, por no hablar de la República Dominicana, palabras del francés criollo llevadas por refugiados del levantamiento de los esclavos de Santo Domingo (Nuevo Haití) y por trabajadores y esclavos fugitivos de las Antillas Menores. En la mayoría de los casos, las palabras africanas no sobrevivieron en los dialectos locales del español, pues muy pocas, por no decir ninguna, representaban conceptos que no estuvieran ya presentes en palabras españolas ya existentes. Excepciones importantes fueron la comida, la música y la danza, campos en los que han pervivido algunas unidades léxicas africanas.

No siempre se ha llevado a cabo con la seriedad deseada la búsqueda de africanismos léxicos. Una práctica habitual ha sido atribuir palabras inusuales de regiones con una fuerte herencia afro-americana a sustratos africanos, especialmente si presentaban consonantes nasales. Esto ha hecho que palabras españolas de pleno derecho hayan sido incorrectamente clasificadas como africanismos; y puesto que los africanos mantuvieron a menudo un estrecho contacto con los indígenas americanos, muchas palabras de origen indígena han sido víctimas también de la búsqueda acrítica de africanismos. Además, pocos estudiosos del español de América poseían conocimientos sobre las lenguas africanas; los diletantes se limitaban a buscar equivalentes en diccionarios bilingües, sin tener en cuenta que las lenguas bantúes, en particular, poseen ricos sistemas morfológicos donde las raíces se suelen rodear de afijos que no aparecen en las entradas de un diccionario. El resultado ha sido una cantidad de etimologías fantásticas extraídas a partir de similitudes fonéticas y con valores semánticos exageradamente improbables. Dado que la mayoría de las lenguas del África Occidental no poseen grupos o codas consonánticas, y puesto que las lenguas de los grupos cua y atlántico abundan en palabras monosílabas y bisílabas, no resulta difícil encontrar un posible competidor africano para cualquier palabra del español regional de origen desconocido.

Sería prolijo hacer un repaso de los africanismos léxicos del español de América. Entre las palabras de origen africano más aceptadas se encuentran las siguientes:

Banano/banana se usa en varias lenguas africanas. La utilización de este término en lenguas no relacionadas entre sí y de regiones muy distantes sugiere su transmisión a través de una lengua franca africana, quizás un pidgin inglés o portugués.

Batuque "danza africana antaño popular en Buenos Aires y Montevideo". Megenney (1983) ha propuesto varias palabras bantúes estrechamente relacionadas, en concreto el quimbundú *batuke,* de significado similar.

Bunda "nalgas". Este término se emplea en muchos países caribeños y sudamericanos, así como en el portugués de Brasil y en el criollo haitiano, zonas todas con una fuerte influencia africana. El quimbundú *mbunda,* con el mismo significado, es casi con toda certeza su origen.

Cachimbo/cachimba "pipa". En quimbundú y lenguas vecinas hay palabras con el mismo significado y forma.

Candombe (y el brasileño *candomblé)* "grupo de baile afro-hispano" posiblemente sea de origen africano, lo más probable quimbundú, la lengua más representada en la región del Río de la Plata y Brasil.

Dengue, que posee una amplia variedad de significados, entre ellos "mojigatería", "esclavina" y "fiebre tropical", ha sido atribuida también a un origen quimbundú (Pereda Valdés, 1965: 183).

Gandul/guandul/guandú "guisante o judía pequeña y verde". El español estándar posee *gandul* con el significado de "vago", pero el término homófono empleado en gran parte del Caribe parece de origen africano; Megenney (1983) propone el quicongo *wandu* de significado similar.

Marimba; tanto la palabra como el instrumento que designa tienen probables raíces africanas. Hay instrumentos similares a la marimba hispanoamericana en toda África, y el uso de marimbas por africanos en Hispanoamérica aparece descrito en muchos textos coloniales.

Milonga "tipo de expresión musical afro-ríoplatense" ha sido analizada como quimbundú *mi* "marcador de plural" + *longa* "palabra".

Mucama "criada", especialmente en Argentina y Uruguay, parece ser de origen quimbundú *(mu + kama* "esclava", combinación de un prefijo clasificador y una raíz).

Ñame. Palabras similares de idéntico significado aparecen en varias lenguas del África Occidental, desde Senegambia a Nigeria.

Álvarez Nazario (1971), Megenney (1976, 1981, 1982, 1983) y Pereda Valdés (1965) hacen un repaso de otros posibles africanismos.

POSIBLE INFLUJO AFRICANO EN LA PRONUNCIACIÓN DEL ESPAÑOL DE AMÉRICA

La posible contribución africana a la fonología hispanoamericana sigue siendo objeto de un intenso debate. Los primeros textos afrohispánicos de las tierras altas no guardan parecido con los dialectos actuales del español de esas mismas zonas, lo que indica que la presencia temprana de poblaciones africanas no tuvo consecuencias en la pronunciación del español. En el siglo XIX los africanos se concentraban en las regiones costeras, donde los patrones de pronunciación eran similares a los del sur de España y se parecían más a los de los textos bozales. Al igual que ocurre con la atribución de influjo indígena a ciertas formas de pronunciación, la búsqueda de las huellas africanas en la pronunciación regional del español pocas veces ha gozado de los beneficios de una investigación seria. Se han etiquetado de africanismos las variantes socialmente estigmatizadas de las regiones que cuentan con una población africana numerosa, sin haber hecho la más mínima reflexión sobre los patrones fonotácticos africanos ni sobre la variación dialectal del español. Dejando a un lado las más fantásticas, el resto de las propuestas serias no es muy numeroso, pero merece nuestra atención:

(1) El cambio de /y/ y /č/ a [ñ], como en *chato* > *ñato* y *llamar* > *ñamar,* ha sido considerado como una transferencia africana, por ejemplo por Pichardo (1976: 11), al describir el español bozal cubano; por Álvarez Nazario (1974: 169) para Puerto Rico y, con menos insistencia, por Henríquez Ureña (1940: 168) para el español dominicano. En el mejor de los casos, los datos no son concluyentes, pues el mismo fenómeno aparece en variedades no africanizadas del español, de España y de Hispanoamérica; por ejemplo, los *isleños* de Louisiana (Lipski, 1990c).

(2) El paso de /d/ intervocálica a [r] ha sido asociado al influjo africano, propuesta que se ve apoyada por los textos afro-hispánicos desde el siglo XVI al XX (Chasca, 1946; Weber de Kurlat, 1962a, 1962b, 1970; Castellano, 1961; Jason, 1967; Granda, 1969). La misma pronunciación se encuentra muy a menudo en Guinea Ecuatorial (Lipski, 1985a). En Hispanoamérica, el cambio /d/ > [r] sólo se produce en hispanohablantes monolingües de regiones con una prolongada presencia afro-hispánica: entre ellas están la zona central de la República Dominicana (Megenney, 1990; Núñez Cedeño, 1987), la costa norte de Colombia, el Chocó colombiano y gran parte de la costa del Pacífico (Granda, 1977; Schwegler, 1991a), la costa noroccidental de Ecuador (Toscano Mateus, 1953), y otras varias pequeñas zonas. Hoy, el cambio es esporádico, y ningún hablante pronuncia /d/ como [r] en todos los contextos. En generaciones anteriores, esta pronunciación estaba muy extendida y se documenta con frecuencia en la literatura.

(3) Más controvertido, pero de la mayor importancia para la reconstrucción completa de la diferenciación dialectal de Hispanoamérica, es el debilitamiento de las consonantes finales de sílaba, en especial la pérdida de /l/, /r/ y /s/ finales de palabra. Estas consonantes se debilitan habitualmente en el sur de España y en las Islas Canarias, proceso que debe de haber empezado a fines del siglo XVI o principios del XVII. A la vista de la base andaluza/canaria que se le reconoce al español de América, es razonable atribuir el grueso de la reducción consonántica, si no toda ella, a los contactos lingüísticos y culturales con Andalucía. Como estos rasgos se suelen dar en las zonas costeras, y difundirse hacia el interior desde las ciudades portuarias que gozaron de intensos contactos comerciales

y lingüísticos con el sur de España, una explicación satisfactoria podría basarse enteramente en la transferencia y posterior evolución de rasgos regionales procedentes de España. La coincidencia de la reducción consonántica con la presencia de esclavos africanos, en principio, puede explicarse como un efecto secundario, dado que la mayoría de los africanos trabajaban en las plantaciones o en las ciudades costeras, y aprendían, por tanto, variedades regionales del español en las que predominaba ya la reducción. Si a ello añadimos el hecho de que en todas las variedades del español la reducción consonántica es más frecuente entre los estratos socioeconómicos más bajos, que constituyeron los modelos lingüísticos más al alcance de los africanos que adquirían el español, la ecuación es completa.

La lengua bozal de Hispanoamérica, desde el siglo XVII hasta comienzos del XX, presenta toda la gama de reducciones consonánticas asociadas al "español atlántico". Los esclavos africanos tomaron como punto de partida las tendencias fonéticas regionales predominantes y las alteraron en parte para adecuarlas a la fonotáctica más generalizada en el África Occidental, donde la tendencia a la sílaba abierta era significativa, aunque no arrolladora. En la medida en que las variedades regionales del español ya contenían una incipiente reducción consonántica, el habla bozal borró aún más las variantes debilitadas, eliminando sistemáticamente sonidos en contextos en los que los hablantes nativos de español realizaban solamente un debilitamiento parcial y variable. Los escritores españoles, a su vez, otorgaban reconocimiento escrito a los rasgos fonéticos bozales sólo cuando éstos divergían considerablemente de las tendencias regionales dominantes, con la posible excepción de las clases sociales más bajas de hispanohablantes cuya habla era, por lo general, objeto de ridiculización. Así, la ausencia de un determinado proceso de debilitamiento en los textos bozales no implica necesariamente que ese fenómeno estuviera ausente del habla de los africanos, sino únicamente que los escritores españoles no encontraban el habla de los africanos diferente de la suya propia en lo que atañe a ese rasgo. Por tanto, la contribución africana al debilitamiento consonántico en el español de América no hay que buscarla en el origen de esas modificaciones, sino más bien en la pérdida completa de las consonantes finales de sílaba, que podrían haber recibido una pronunciación más fuerte en las variedades no africanas.

(4) La lateralización de /r/ final de sílaba en Hispanoamérica muestra los signos de la contribución africana. En España, el cambio /r/ > [l] ocurre esporádicamente en partes de Andalucía y Murcia, así como en las Islas Canarias, pero no es típico de ninguna región. En Hispanoamérica, [r] > /l/ en posición final de sílaba aparece predominantemente en zonas donde la presencia afro-hispánica fue numerosa y prolongada: Cuba, Puerto Rico, la República Dominicana, Trinidad, costa de Colombia, partes de la costa caribeña de Panamá, costa norte de Perú, etc. Los primeros textos afro-hispánicos de las regiones hispanoamericanas donde la población de origen africano es actualmente muy escasa también ofrecen ejemplos de lateralización de /r/: altiplanicie del Perú y zona de Buenos Aires/Montevideo.

Los africanos de Hispanoamérica rara vez, por no decir ninguna, iniciaron una reducción de consonantes finales de sílaba sin que existieran antecedentes previos. Las modificaciones puramente africanas (lateralización de /r/ intervocálica, vocales paragógicas, nasalización intrusiva, etc.) que no coincidían con cambios panhispánicos no pervivieron en el español de América, salvo en restos de enclaves afro-hispánicos a veces, y en las lenguas criollas afro-ibéricas. Por el contrario, los hablantes africanos, que aprendieron el español en condiciones precarias y que escuchaban una variedad en la que las consonantes finales de sílaba estaban debilitadas, otorgaron a esos procesos variables un estatuto sistemático. Megenney (1989), por ejemplo, ha analizado el debilitamiento de /s/ en los dialectos americanos del español, y ha mostrado una sorprendente correlación entre dialectos/sociolectos en los que /s/ final de sílaba y final de palabra se pierde habitualmente (no simplemente se debilita en una aspiración) y el perfil lingüístico afro-hispánico. La lateralización de /r/ presenta una correlación similar y la conversión de /d/ intervocálica en [r] se limita a un puñado de enclaves con fuertes raíces afro-hispánicas. La dimensión africana de la fonética del español de América no actúa como una apisonadora, destruyendo patrones fonéticos formados en España, pero tampoco es una dimensión ausente en la formación de los dialectos del español de América. Una visión más equilibrada de la contribución fonética africana saca a la luz el complejo patrón de la interacción lingüística afro-hispánica durante un periodo de varios siglos, cuyos resultados comprenden el entrelazado de varios sistemas y procesos fonológicos.

Pese a la fuerte presencia africana en muchas zonas de Hispanoamérica y a la representación de la lengua bozal en la literatura y el folclore, actualmente no hay ninguna zona de Hispanoamérica donde exista un "español negro" etnolingüísticamente identificable, comparable al inglés negro de los Estados Unidos. Esta aserción está reñida con las creencias populares de muchos países, donde los miembros de la elite urbana afirman que los afro-americanos hablan una variedad distinta de español. Lo cierto es que en todas las comunidades hispanoamericanas donde conviven hablantes de origen europeo y africano en una zona lingüística, no hay medio lingüístico (por ejemplo detectar el habla en un teléfono) de diferenciar orígenes africanos y no africanos. Lo que sí hay es una fuerte correlación entre marginación sociolingüística y etnicidad, de manera que los hablantes de origen africano están desproporcionadamente representados en los estratos socioeconómicos más bajos. Esta distribución, junto con el mero prejuicio racial, es el responsable de las persistentes afirmaciones sobre la existencia de dialectos "negros" del español.

Sólo conocemos parcialmente las posibles razones de la ausencia de un español "afro-americano" en Hispanoamérica, en comparación con el tenaz mantenimiento de las características "negras" y "no negras" en el inglés americano incluso en estratos socioeconómicos mucho más altos. Una de las causas podría ser la ausencia de una separación social y física por causas raciales como la que antaño existió en Estados Unidos, pero no es suficiente. En cualquier caso, para trazar el desarrollo de los modos de habla afro-hispánicos y su integración en las variedades regionales del español de América, hay que hacer referencia al pasado, y, en este punto, una indeterminación considerable ensombrece la reconstrucción. En la Hispanoamérica actual perviven unos cuantos enclaves lingüísticos afro-hispánicos. En ninguna de estas regiones (con la excepción de Palenque de San Basilio en Colombia y su criollo) se habla una lengua totalmente "africanizada", pero algunos restos de formas afro-hispánicas anteriores constituyen pruebas tangibles que ayudan a la reconstrucción de un español bozal y criollo. Entre esos restos de una lengua afro-hispánica anterior podemos citar los siguientes:

(1) EL VALLE CHOTA DE ECUADOR. Este valle es un enclave tropical rodeado de las altiplanicies andinas, y su población es casi enteramente negra, en contraste con la población exclusiva-

mente indígeno/mestiza de las zonas vecinas. Los *choteños* negros poseen una historia de más de 250 años de residencia en las tierras altas centrales; esta población es quizás el mayor asentamiento negro de Hispanoamérica sin lazos cercanos ni recientes con la vida y la lengua de las tierras bajas costeras. Entre los choteños negros más ancianos quedan algunas construcciones sintácticas y fonológicas que hacen pensar en estadios anteriores de lengua más africanizados (Lipski, 1986c, 1987c). Los días en que se hablaba un español pidginizado en Ecuador desaparecieron hace mucho, pues nunca se produjo una importación a gran escala de esclavos africanos en el siglo XIX, ni ninguna otra llegada abundante y reciente de africanos que no hablaran español. Los vestigios de rasgos de carácter criollo del español del Valle de Chota son consecuencia de una prolongada marginación, y no de la desaparición reciente de un pidgin.

(2) REPÚBLICA DOMINICANA. Pese a la numerosa población de origen africano y de las contribuciones africanas a la música, la comida, la cultura y el vocabulario dominicanos, no tenemos una documentación del español bozal de la República Dominicana comparable a los testimonios de Cuba y Puerto Rico. La conspicua ausencia de español bozal es consecuencia de la historia de esta nación, donde la importación de esclavos directamente de África fue decayendo a finales del siglo XVI y nunca experimentó el resurgimiento de Cuba y Puerto Rico. A pesar de la escasez de español bozal en la República Dominicana, varios rasgos regionales reflejan el trasfondo lingüístico afro-hispánico de esta nación. La pronunciación, típicamente afro-hispánica, de /d/ intervocálica como [r] predomina especialmente en la ciudad de Villa Mella (Granda, 1986, 1987; Megenney, 1990; Núñez Cedeño, 1987), que posee una población afro-hispánica abundante. González y Benavides (1982), al describir el habla de las comunidades marginadas de la Península Samaná, señalan varios rasgos morfológicos que aparecen también en los textos bozales (cfr. también Benavides, 1973, 1985). Estos fenómenos no representan inequívocamente restos bozales, ya que, aunque la población de la Península Samaná es primordialmente de origen africano, no todos son descendientes de bozales hispano-hablantes. En Samaná viven también afro-americanos hablantes de inglés (americano), posiblemente llegados de las Islas Vírgenes y de otras zonas del Caribe anglófono. También hay grandes grupos de hablantes del criollo haitiano, conocido localmente

como *patois;* su lengua, cuando intentan hablar español, se puede confundir fácilmente con el español bozal.

(3) CUBA. Restos de lenguas africanas perviven aún en las provincias centrales de Cuba (García González, 1974; García González y Valdés Acosta, 1978; Gonzáles Huguet y Baudry, 1967; Granda, 1973b; Valdés Acosta, 1974). Se trata de un bilingüismo marginal, pero NO de español bozal; esos individuos hablan español cubano normal. En cambio, los cubanos del siglo XIX estaban muy familiarizados con el español de los africanos bozales y criollos, como atestiguan las decenas de poemas, obras de teatro y novelas donde aparece esa lengua. Bien entrado el siglo XX, había aún en Cuba hablantes de español bozal, que constituyeron la base de la extensa obra de Fernando Ortiz y Lydia Cabrera. Nada menos que en 1960, vivía en Cuba un puñado de antiguos esclavos bozales (Alzola, 1965). Aunque en esta época el número de afrocubanos que conservaba el habla bozal era muy pequeño, aún estaba viva entre los cubanos de todas las razas la conciencia colectiva de patrones anteriores, y se conservaban los estereotipos del español africanizado en el teatro popular, la poesía, las radionovelas, la música y en un conjunto de dichos (por ejemplo el peyorativo *es un negro de "vo va dí y yo va viní"* "es un negro de los que dicen 'yo voy a ir y yo voy a venir'"), que aplicaban los cubanos negros a otros negros considerados inferiores socialmente y carentes de cultura. Los cubanos viejos todavía recuerdan otros estereotipos afro-cubanos, como el uso de *son* como cópula indiferenciada (por ejemplo *¿qué son esto?),* y el uso de *ta* + infinitivo para expresar verbos. Las canciones populares de artistas como Celia Cruz y Miguelito Valdés mantienen viva la tradición de la lengua afro-cubana (Castellanos, 1983). También perviven vestigios del español bozal en los rituales *abakuá,* ceremonias afro-cubanas secretas en las que se combinan palabras y expresiones africanas con admoniciones y dichos en un español bozal deliberadamente artificial. Hoy en día, no hay ningún rasgo lingüístico que caracterice el habla de los cubanos de origen africano (pero cfr. Perl, 1991), pero la conciencia de un habla bozal anterior es más grande entre los cubanos que en cualquier otra comunidad de Hispanoamérica. El español afro-cubano, tanto el objetivamente real como las invenciones literarias, sigue teniendo valor en la cultura cubana.

(4) PUERTO RICO. Puerto Rico comparte con Cuba una historia de intensos contactos lingüísticos afro-hispánicos, pero durante

el siglo XIX llegaron relativamente pocos esclavos bozales. La conciencia popular del español africanizado de Puerto Rico nunca fue comparable a la situación de Cuba. Álvarez Nazario (1974) es un estudio casi exhaustivo de los textos bozales de Puerto Rico. Mason (1918: 361) descubrió restos de canciones bozales a principios del siglo XX. Como en Cuba, está documentada la presencia de hablantes de papiamento en el siglo XIX (Álvarez Nazario, 1970). En la década de 1970 se encontraron restos de francés criollo, cuando se grabaron en el sur de la isla canciones en *patois* (fosilizadas y recordadas con dificultad). Sin embargo, la única región "africana" en potencia del Puerto Rico moderno es la villa de Aldea Loíza, donde las tradiciones musicales y culturales recuerdan las de los grupos afro-hispánicos de otras partes de Hispanoamérica. Mauleón Benítez (1974) no encontró características lingüísticas africanas en Aldea Loíza. Los resultados de su investigación son negativos, aunque Álvarez Nazario (1974: 139, 224-6) los interpreta de un modo más favorable, al igual que Granda (1978: 510-11), quien considera que construcciones como *hijo macho* e *hija hembra* son posibles calcos lingüísticos de lenguas del África Occidental. Entre la población de origen africano son muy populares las sesiones de espiritismo, y a veces se emplea un habla bozal artificiosa en los momentos de la posesión del espíritu.

(5) VENEZUELA. La población de esclavos africanos en Venezuela fue considerable durante gran parte del periodo colonial; eran habituales las revueltas de esclavos y las aldeas fortificadas de cimarrones o *cumbes* (Acosta Saignes, 1967; Brito Figueroa, 1961; Megenney, 1988). No ha quedado mucha información sobre la lengua de los afro-venezolanos, aunque se sabe que había africanos bozales en el siglo XIX. Los esclavos huidos formaron *cumbes* o aldeas fortificadas por toda Venezuela y la lengua afro-hispánica debió quedar concentrada en esas comunidades. Otra fuente de mano de obra en Venezuela fue la vecina Curaçao; probablemente existieron en la costa de Venezuela asentamientos de hablantes de papiamento (por ejemplo los fragmentos de canciones recogidos por Aretz de Ramón y Rivera y Ramón y Rivera, 1955: 72). En el habla afro-venezolana actual, Megenney (1979, 1985c, 1980, 1988, 1990c, MS) ha descubierto características fonológicas y morfológicas ocasionales que pueden apuntar a formas bozales anteriores.

(6) PANAMÁ. Aunque Portobelo fue uno de los principales puertos esclavistas de la América española, en el siglo XVIII había

151

pocos bozales en la costa panameña. La población afro-americana, cada vez más marginada, comenzó la inevitable mezcla con la población española y el español bozal se esfumó de la memoria de las generaciones siguientes. Una excepción a la ausencia general de vestigios del español bozal es el lenguaje ritual de los *negros congos,* comunidades afro-hispánicas de la costa caribeña, que se concentran alrededor de Portobelo y de Nombre de Dios. Este lenguaje se emplea principalmente durante el Carnaval, y, pese a incorporaciones tardías de elementos humorísticos distorsionadores, contiene los restos de un español bozal anterior (Drolet, 1980; Joly, 1981; Lipski, 1985f, 1986g, 1990e). El habla *congo* hace pensar en la existencia previa de un pidgin, y quizás, un criollo de base española, pero si este último existió, no guardaba relación genética con el papiamento, el palenquero o con los criollos de base portuguesa de Asia y África.

RESUMEN: LA EVALUACIÓN DEL INFLUJO AFRICANO

La cuestión del influjo africano en el español de América es demasiado compleja para resolverla con una simple respuesta afirmativa o negativa. Las pruebas acumuladas aquí, y los hechos que emergen de un campo de investigación abierto en Hispanoamérica, indican que ninguna innovación importante en la pronunciación, la morfología o la sintaxis del español de América se debe exclusivamente a la presencia de hablantes de lenguas africanas o a alguna forma de lengua afro-hispánica, criolla o de otro tipo. El español colonial contenía ya las semillas de la reducción consonántica, la nasalización vocálica, las preguntas sin inversión, la anteposición de los sujetos de los infinitivos, la conservación de los pronombres sujeto explícitos, etc. En zonas donde grandes cantidades de africanos hablaban de forma distinta a los colonos blancos, la contribución africana se limitó a reforzar procesos ya en marcha y a llevarlos a su conclusión lógica. Esto no significa negar la indudable influencia africana en gran parte del español del América; solamente es una llamada de atención sobre la costumbre de atribuir orígenes africanos a fenómenos que con toda probabilidad existían ya en el español península e hispanoamericano.

Ha habido en Hispanoamérica criollos afro-ibéricos, cuyos últimos supervivientes son el papiamento y el palenquero. Al ahondar en la historia de esas lenguas criollas, se pone de manifiesto que constituyeron más la excepción que la regla, la respuesta a circunstancias únicas e irrepetibles que repentinamente asignaron a pidgins basados en el español o el portugués una función de salvavidas lingüístico para los africanos que hablaban lenguas ininteligibles entre sí. Estas circunstancias no se reprodujeron en la mayoría de las regiones hispanoamericanas en las que había africanos, y las similitudes estructurales de los fragmentos de español bozal de distintas partes no suponen necesariamente la existencia de un criollo panhispanoamericano. Los africanos de Hispanoamérica, por lo general, pasaron del estadio del pidgin o del español bozal a las variedades locales del español en el espacio de una o dos generaciones, dejando, a su vez, sutiles aportaciones lingüísticas propias.

Capítulo V

La variación social en el español de América

No es raro oír comentarios, proferidos por igual por hispanoamericanos y por españoles, sobre una ciudad, provincia o país donde se habla el español "más puro". Los miembros de las clases sociales más bajas, o que viven en regiones cuya habla es considerada "pintoresca" por sus compatriotas, denigran su lengua y lamentan no hablar "buen español". Los estudiantes extranjeros, de Estados Unidos y de otras partes, al empezar sus clases de español, preguntan si están aprendiendo una forma "correcta" de español y, si es así, cuál es su pedrigí.

Sorprendentemente, a pesar del interés que despiertan tales temas, no existen normas panhispánicas que seleccionen las variantes preferidas, ni ningún país o región reconocidos universalmente como poseedores del estándar lingüístico, y cuya forma de hablar sea emulada por los habitantes de otros países. A veces se oye en Estados Unidos la idea anacrónica de que el español "de Castilla" es el único contendiente de valía, pero esto es una reliquia de los días en que las lenguas extranjeras se enseñaban únicamente junto con sus literaturas escritas, y en que se equiparaba español con "la lengua de Cervantes". Hoy, ningún programa de enseñanza de lenguas de los Estados Unidos tiene una orientación exclusivamente "castellana", aunque los profesores puedan hablar esa variedad como lengua materna o por haberla aprendido. En muchos países de Hispanoamérica el término preferido para designar la lengua española es *castellano* y no *español,* pero esta es una cuestión política carente de consecuencias lingüísticas. *Castellano* indica un punto culminante de la historia cultural española: la creación de un estado ilustrado en Castilla por obra de Alfonso X, mientras que *español* designa al conquistador y administrador colonial. En cada país hispanohablante existen preferencias por ciertos dialectos, estén o no consagrados por el reconocimiento oficial. El repaso de las normas lingüísticas y de las preferencias sociolingüísticas de Hispanoamérica es una forma fructífera de empezar a analizar el tejido social del español de América.

La función de las academias de la lengua y otras entidades oficiales

Madrid es la sede de la *Real Academia de la Lengua Española,* organismo de carácter oficial encargado de confeccionar diccionarios y gramáticas, y de admitir o excluir oficialmente palabras, expresiones y construcciones gramaticales. Cada nación hispanoamericana, más Estados Unidos y Filipinas, tiene una academia nacional de la lengua española, que elige miembros correspondientes para la institución española. En Hispanoamérica, las academias tienen relaciones con los gobiernos nacionales. Se ha acusado a las academias de la lengua de mantener actitudes reaccionarias, de defender un excesivo purismo, y de negarse a reconocer la realidad lingüística y la evolución continua de la lengua. También han sido alabadas como últimos bastiones de una lengua respetable, como últimos puntos de referencia en una jungla cada vez más caótica de palabras y dialectos que claman por su reconocimiento. Críticos y defensores tienen cierta justificación para sus respectivas actitudes. En puridad, las academias de la lengua comparten los defectos y las virtudes de sus miembros y reflejan la investigación lingüística de un lugar y una época dados. En la España actual, por ejemplo, son miembros de la Real Academia lingüistas y filólogos de reconocido prestigio, y se presta una atención creciente al uso real, a la diferenciación sociolingüística, al estudio de dialectos marginados o aislados, y a la aplicación de teorías lingüísticas modernas al estudio del español. Esta academia, así como sus compañeras hispanoamericanas, constituye un foro para la discusión de la variación lingüística y patrocina publicaciones y programas de investigación.

La selección de normas de prestigio

El estándar lingüístico de prestigio de un país se suele basar en el habla de su capital. Esto es así sobre todo en los países pequeños o de escasa población donde las capitales han mantenido el monopolio administrativo y cultural y son los únicos lugares donde se puede acceder a la educación superior, a la realización profesional y a la producción artística. Con todo, existen bastantes excepciones a esta tendencia para discutir la selección *a priori* de una norma de prestigio. En España, por ejemplo, aunque el habla de Madrid no carece de admiradores, pocos españoles albergan la creencia de que el "mejor" español se hable en la capital. Debido al crecimiento de la inmigración y a la fragmentación del estándar urbano en una miríada de sociolectos, el español de Madrid puede, de hecho, despertar sentimientos negativos comparado, por ejemplo, con el de Toledo (anterior capital de Castilla la Nueva) o el de Burgos (anterior capital de Castilla la Vieja). En Colombia, el habla de Bogotá está perdiendo mucho de su prestigio, y si se llevara a cabo una encuesta nacional de popularidad, tendrían más posibilidades de ganar los departamentos interiores, donde la mezcla demográfica ha sido mínima. En Perú, el dialecto de Lima se ha fragmentado en tantos sociolectos que el español de la "Ciudad de los Reyes" descrito por Canfield (1960b), propiedad casi exclusiva de una elite, ha quedado ensombrecido por variedades populares con características sustancialmente diferentes. No obstante, el habla de las elites de Lima, que pronto sólo existirá en la memoria colectiva, está aún implícito en los medios de comunicación y en la educación limeños, y ninguna otra variedad regional puede competir con Lima en cuanto estándar de prestigio.

En Bolivia, aunque La Paz goza de preferencia como capital *de facto,* el español paceño comparte con Sucre, la otra capital oficial, características muy marcadas, tales como una /r/ fuertemente fricativa, la reducción de las vocales átonas, la pronunciación africada de /tr/, y rasgos sintácticos que sugieren un sustrato indígena. En la medida en que se pueda decir que una zona de Bolivia presenta las características de un estándar de prestigio, esa zona sería, probablemente, Tarija (Gordon, 1979).

El español de la pequeña Costa Rica presenta una variación regional notable, y el habla del valle central, que incluye la capital, San José, se considera el estándar nacional, aunque no sin comentarios irónicos por parte de los habitantes de las zonas de alrededor. Los demás países de América Central, incluida Panamá, presentan menos variación regional; y lo mismo le sucede a Uruguay, por lo que en estas naciones la distinción rural/urbano es un indicador más efectivo del prestigio sociolingüístico. Lo mismo se puede decir de Puerto Rico, Cuba y la República Dominicana, aunque en estos dos últimos países existe una considerable variación regional. En algunos estados hispanoamericanos, el habla de la capital monopoliza las emisoras de radio y televisión, y es imitada abiertamente por los habitantes de otras zonas. Ciudad de México y Buenos Aires imponen sus modos de habla sobre una heterogeneidad regional notable, y, en Venezuela, el dialecto de Caracas no sólo predomina sobre otras variedades costeras, sino que ensombrece el habla de las tierras altas andinas. El habla de la Venezuela andina es muy parecida a la de las zonas vecinas de Colombia, pero en este último país, los dialectos andinos coinciden prácticamente con el estándar nacional de prestigio, mientras que en Venezuela esta forma de habla está considerada pintoresca y rústica. Todo lo que hemos dicho hasta ahora constituye una prueba clara de que no existen variantes de prestigio universalmente reconocidas; cada nación gravita hacia una de sus variedades regionales.

La fuerza con que destaca un dialecto regional como norma nacional de prestigio es, entre otras cosas, directamente proporcional a la cantidad de variación regional. En países donde la variación regional es mínima, se selecciona simplemente el habla urbana culta como modelo digno de imitación. El nacionalismo suele prevalecer sobre los rasgos regionales en países donde algunos dialectos periféricos se solapan con el estándar de prestigio de países vecinos. Así, por ejemplo, un costarricense de la provincia de Guanacaste, cuya habla no se puede distinguir de la del sur de Nicaragua, aceptará San José como sede del español "costarricense", mientras que se mostrará indiferente, si no abiertamente hostil, a la idea de que alguna variedad urbana de Nicaragua sería más adecuada en esa región. Un mexicano de la costa de Tabasco o Guerrero puede presentar más similitudes lingüísticas con el caribeño que con el mexicano del interior, pero sólo le prestará atención a este último. Los habitantes del noroeste de Argentina se sienten fascinados por el habla de Buenos Aires, aunque objetivamente su forma de hablar recuerde totalmente a la de Paraguay. Los bolivianos que viven en los llanos orientales también hablan un dialecto que guarda mucho parecido al español paraguayo. Pocos bolivianos de las tierras bajas imitan el habla de las ciudades más importantes, pero sus sentimientos nacionalistas, exacerbados por los recuerdos de la guerra del Chaco, les impulsan a afirmar que el español de La Paz es "más boliviano" que el dialecto de Asunción, objetivamente mucho más cercano al suyo. Estas observaciones prestan una cierta validez a la clasificación tradicional de los dialectos de Hispanoamérica por países; aunque las variedades regionales sobrepasen las fronteras nacionales, la conciencia sociolingüística de los distintos países está estrechamente ligada a sentimientos nacionalistas.

Superpuesta a los sentimientos regionalistas o ncionalistas, en España y en Hispanoamérica existe la idea semiinconsciente de que las "mejores" variedades del español son las que presentan una correspondencia mayor entre la pronunciación y la escritura. Esta preferencia se manifiesta especialmente en el caso de la pronunciación sibilante de /s/ final, del mantenimiento de la oposición entre /r/ y /l/

en posición final de sílaba, y de la pronunciación de /d/ intervocálica. La preferencia por una correspondencia sonido-grafema estricta tiene una excepción importante: el lleísmo, o conservación de la distinción /ʎ/-/y/, rara vez se considera prestigioso o digno de imitación, pese al hecho de que antaño esta distinción formara parte de todos los dialectos "castellanos". En la mayoría de los países donde se conserva aún el fonema /ʎ/, su neutralización con /y/ se ha extendido rápidamente en el último siglo, y /ʎ/ ha quedado relegada a las regiones rurales, por lo que se asocia con el habla rústica. Así sucede en la España peninsular, las Islas Canarias, Argentina, Perú, y la mayor parte de Colombia y Venezuela. Incluso en Paraguay y Bolivia, donde casi todos los hablantes conservan /ʎ/, se asigna a este sonido poco valor positivo. En naciones donde /ʎ/ está totalmente ausente (México, América Central y zona del Caribe) /ʎ/ no pasa de ser considerada una curiosidad. Siempre hay individuos que, llevados por las descripciones de los manuales y por ideas idiosincrásicas sobre la pronunciación "correcta", introducen /ʎ/ en su habla incluso en países donde este fonema no es endémico; esto da la impresión de que /ʎ/ posee mayor prestigio del que realmente goza. En los Estados Unidos, la equiparación tradicional del "buen" español con el "castellano" ha contribuido a crear una preferencia artificial por /ʎ/ por parte de muchos profesores de español. Conforme crece en número e importancia la población hispana de los Estados Unidos y la enseñanza del español se desplaza hacia normas panamericanas, está desapareciendo de los hábitos educativos ese "castellano" mitológico .

EL NACIONALISMO LINGÜÍSTICO Y EL RECHAZO DE LOS REGIONALISMOS

En sutil contraste con el nacionalismo lingüístico, encontramos el rechazo tácito de la pronunciación excesivamente regional. Aunque la pronunciación fricativa rehilada o žeísta de /y/ domina el habla de Argentina y Uruguay, y así lo reconocen con orgullo los rioplatenses, existe cierta inseguridad lingüística en esas naciones. Muchos porteños confiesan una actitud ambivalente hacia ese rasgo típicamente rioplatense. Los habitantes de las tierras altas ecuatorianas se sienten normalmente orgullosos de su forma de hablar, pero, a menudo, los propios *serranos* contemplan con cierto humor la pronunciación fricativa rehilada de /rr/, la africada de /tr/ y la reducción vocálica extrema. Muchos mexicanos encuentran afectada y petulante la melodiosa entonación de Ciudad de México, por mucho que se esfuercen por imitarla tras una breve visita a la capital. El caso de la /rr/ velarizada de Puerto Rico es especialmente interesante, pues los valores

sociolingüísticos que se asignan a esta pronunciación tan específicamente regional (rara vez aparece fuera de Puerto Rico) se agrupan en
dos polos diametralmente opuestos. Los puristas tradicionales piensan que este sonido, que predomina entre los estratos socioeconómicos más bajos y en las regiones rurales, es un defecto lingüístico, cuya
corrección resulta imperativa. Los grupos nacionalistas, y los que tienen poderosos sentimientos positivos hacia la cultura portorriqueña,
suelen adoptar deliberadamente la /rr/ velarizada. Los profesionales
educados en la Universidad, que no aprendieron la variante velarizada de niños, pueden adoptar de adultos esa pronunciación como
insignia lingüística de sus sentimientos nacionalistas (cfr. Hammond,
1986; López Morales, 1979b, 1983a)[1].

ESTUDIO DE UN CASO: EL USO DE "VOS"

Quizás la mejor ilustración de la ambivalencia sociolingüística de
ciertas formas catalogadas de regionales sea la elección de los pronombres familiares de sujeto. En gran parte de Hispanoamérica, el
pronombre de segunda persona *tú* es raro o inexistente en el habla
espontánea. En esas regiones, *vos* desempeña los mismos valores gramaticales y semánticos que *tú* en otros países. Las formas verbales
que acompañan a *vos* varían según criterios regionales y sociolingüísticos, pero es la presencia o ausencia de *vos* la que constituye la
variable más interesante. *Vos* se utiliza casi exclusivamente en toda
América Central, así como en Argentina, Uruguay y Paraguay. Se emplea también en centros urbanos de Colombia, Venezuela, Ecuador y
Bolivia que gozan de prestigio local, y,en cambio, sólo en zonas marginadas de México, Panamá, Perú y Chile. Incluso en países donde
casi todos los habitantes utilizan *vos,* es habitual la inseguridad sobre
la "corrección" de esta forma. Sólo Argentina ha incorporado *vos* tan
profundamente en todos los aspectos de la lengua pública y privada
que ha neutralizado cualquier sentimiento de desaprobación, salvo el
de los grupos más reaccionarios. En Argentina, un *criollo* que intente
usar *tú* con un compatriota se arriesga a ser objeto de críticas; es raro

---

[1] No existe la misma ambivalencia para el cambio /r/ > [l], habitual pero estigmatizado en Puerto Rico (López Morales, 1983a, 1983b, 1984). Aunque este cambio se des-
liza en todos los niveles del habla, se evita conscientemente y nunca se emplea para
reforzar una postura ideológica. Esto puede suceder porque el cambio, aunque frecuente en Puerto Rico, aparece en los niveles socioeconómicos bajos de otros países
caribeños, y, por tanto, no se considera una pronunciación exclusivamente portorriqueña.

que los argentinos expatriados hagan comentarios negativos sobre el uso de *vos* o que lo eviten conscientemente cuando hablan con interlocutores no voseantes. La situación es muy diferente en América Central, la otra región importante donde prevalece el voseo. La combinación de marginación histórica y de orientación eurocéntrica que caracteriza a los gramáticos y a la elite urbana ha creado un clima de desinformación, inseguridad y autodesprecio entre muchos centroamericanos. Se documentan algunos usos legítimos de *tú*, especialmente en Guatemala, pero lo peculiar centroamericano es *vos*. Muchos centroamericanos entrevistados por el autor de este libro aseguraron que el suyo era el único país de América Central donde se usaba *vos* (esta idea domina sobre todo entre los costarricenses y los nicaragüenses), pese a las abundantes pruebas en contra. Igualmente común es la afirmación, que se suele hacer sobre todo ante los extranjeros, de que *vos* no se utiliza en absoluto o de que es una forma vulgar y que revela una educación deficiente. Abundan en las gramáticas tradicionales comentarios escritos de este tenor, que llegan hasta nuestros días. El uso oficial en América Central reconoce sólo *tú*, por ejemplo en los himnos nacionales, en los elogios y en los bandos oficiales insertos en carteles y tablones. En las escuelas, sólo se enseñan *tú* y sus formas verbales, aunque la mayoría de los maestros no castigan el uso de *vos* en la clase, ni dejan de emplearlo ellos mismos. Cuando se enseña la literatura nacional, únicamente se estudian obras tradicionales en las que se emplea *tú* y, a veces, hasta *vosotros*. Raramente se colocan en el mismo plano novelas o cuentos regionalistas que utilicen *vos,* y muchas de esas obras refuerzan la idea de que *vos* es plebeyo al adjudicar esta forma sólo a los estratos socioeconómicos más bajos. Algunas corrientes literarias actuales están haciendo desaparecer esta actitud, que, sin embargo, aún conserva mucha fuerza. Todo ello crea inseguridad en los centroamericanos, inseguridad que se ve agravada por la ausencia de conciencia sobre la verdadera difusión de *vos* en Hispanoamérica. Los centroamericanos con más cultura o que han viajado más asocian *vos* con Argentina, pues les resulta familiar el español de ese país por las películas, la música popular y los culebrones.

La negativa oficial a reconocer *vos* es tan fuerte en América Central que se tuvo que producir una revolución social para que este pronombre obtuviera la sanción pública. Con la Revolución Sandinista de 1979, la predilección nicaragüense por *vos* logró el reconocimiento oficial. Carteles y pancartas exhortaban a la población con lemas como *Nicaragüense, cumplí con tu deber* y los materiales empleados para la campaña nacional de alfabetización utilizaban sólo *vos*. Los *comandantes* nicaragüenses institucionalizaron el uso público de los pronombres familiares entre los empleados públicos y hasta la correspondencia oficial sobre asuntos oficiales designaba a los líderes como *compañero* y empleaba el *vos*. El autor de este libro obtuvo un visado nicaragüense con un sello que contenía el lema *Nicaragua espera por vos,* combinación de familiaridad jovial y uso regional sin paralelo en el lenguaje diplomático. El uso oficial de *vos* se extendió también a la radio y la televisión, donde predominaban la pronunciación y el vocabulario vernáculos, en especial en los comentarios políticos y en los programas dirigidos a cooperativas, organizaciones, etc. Aunque en la actualidad el gobierno sandinista no está en el poder, no ha cesado por completo el reconocimiento oficial y la difusión de regionalismos nicaragüenses, y el uso público de *vos* en Nicaragua es más visible que en otros países de Hispanoamérica.

En otras zonas de Hispanoamérica, *vos* está confinado a un uso regional. En Venezuela, por ejemplo, el uso de *vos* está limitado a Maracaibo y los departamentos andinos, con diferente morfología verbal en cada caso. Los venezolanos de otras regiones hacen bromas sobre los maracuchos y los gochos, y en Maracaibo los miembros de los estratos socioeconómicos más altos albergan sentimientos negativos hacia el uso de *vos,* pese a que lo empleen todos los grupos. En Colombia, *vos* se utiliza en parte de Antioquia, cuya habla tiene prestigio por otras razones, y aparece asistemáticamente en Bogotá. En Perú, el uso de *vos* se limita a unas pocas regiones andinas marginadas y no tiene prestigio. En Ecuador y Bolivia, *vos* y *tú* se emplean en las principales ciudades, pero rara vez se critica el *vos*. No obstante, es raro que los habitantes de los países andinos acepten *vos* como el pronombre del español "correcto". En Chile, la reacción contra el antaño endémico *vos* ha sido muy fuerte, y queda ejemplificada en los comentarios de Andrés Bello (1940), publicados a finales del XIX. La idea, popular entre los gramáticos del siglo XX, de que, casi sin ayuda de nadie, Bello consiguió eliminar el voseo del uso respetuoso en Chile es, sin duda, una exageración, pero *vos* quedó relegado a las clases socioeconómicas más pobres de la capital. En otras zonas de Chile, no se puede por menos que reconocer la vitalidad de *vos,* e, incluso en Santiago, muchos chilenos son sinceramente inconscientes de la existencia paralela de *vos* en la lengua "invisible" de las clases no privilegiadas. En el Chile actual, las formas verbales diptongadas del voseo [por ejemplo *soi(h), tenei(h)]* las emplean profusamente las clases trabajadoras y cada vez más los jóvenes de todas las clases sociales. El pronombre que las acompaña no suele ser *vos;* se utiliza o *tú* o un pronombre nulo equívoco. Esta situación es única en América: que una forma verbal de voseo se emplee en ausencia del pronombre correspondiente, como en una especie de cripto-voseo.

Combinaciones superficialmente similares aparecen en Bolivia, Ecuador y noroeste de Argentina, pero reflejan la confluencia de varios sistemas en contacto, más que la obliteración necesaria de un elemento que se cree sociolingüísticamente indeseable.

EL LENGUAJE DE LAS EMISORAS DE RADIO

En Hispanoamérica, la radio se apoya en las normas de prestigio, nacionales o regionales. La radio permite el acceso instantáneo a las voces y a las ideas de todos los miembros de la sociedad, como oyentes o como participantes ocasionales. El examen de la lengua de los programas de radio es un buen índice de las actitudes lingüísticas, así como del uso real. Para comprender en profundidad la sociolingüística de la radio en Hispanoamérica, es necesario tener en cuenta la función que tiene allí la radio comparada con la que tiene en Estados Unidos y en Europa. En Hispanoamérica, en muchos casos la radio es el único medio de comunicación con que cuentan vastas zonas rurales y amplios segmentos de la población que sufren de analfabetismo parcial o total. En regiones donde los teléfonos son escasos o inexistentes, los mensajes de "servicio público" sirven para que se comuniquen entre sí zonas distantes. Muchas veces son los protagonistas mismos de los mensajes los que salen en las ondas, yuxtaponiendo el habla del locutor a los niveles más populares. Otra función habitual de la radio en Hispanoamérica es la educación de adultos, con programas de alfabetización, de extensión agrícola y clases de español para las comunidades indígenas. A menudo son algunos miembros de la misma comunidad los que hacen las funciones del profesor, y aunque puedan haber recibido cierta educación, sus patrones de habla pueden corresponder más a los de las zonas rurales que a las normas urbanas de prestigio. Los programas de variedades musicales en los que los oyentes hacen peticiones y dedican las canciones gozan de gran popularidad en Hispanoamérica, llegando a veces a monopolizar las emisiones. Las retransmisiones deportivas son la sal de la vida y tales programas gravitan con naturalidad hacia lo vernáculo. Las radionovelas didácticas y cómicas también son habituales y emplean, a veces exagerándola, el habla popular y regional. En resumen, la radio abarca un espectro de variación lingüística más amplio que en Estados Unidos y en Europa.

Excepto en las ciudades más grandes y más ricas de Hispanoamérica, los locutores de radio no suelen recibir una formación profesional sobre las técnicas y el lenguaje de la radio. Se supone tácitamente que el personal de la radio (a excepción de los programas deportivos y de los invitados a tertulias) empleará un habla culta y formal, pero los oyentes que participen deben guiarse por normas y restricciones autoimpuestas. En los noticiarios prevalece un estilo artificial de lectura. Pero tampoco se reflejan las normas cultas en el habla "purificada" que se utiliza para las notificaciones formales y la lectura de textos de naturaleza oficial o informativa. Por ejemplo, aunque los habitantes cultos de Buenos Aires y Montevideo dan a /y/ una pronunciación rehilada o žeísta, ésta es menos frecuente en las emisiones formales de radio. La /s/ final de sílaba, debilitada en gran parte de Hispanoamérica, se resiste a la modificación en los noticiarios, lo que contrasta enormemente hasta con el habla más culta. La investigación comparativa descrita en Lipski (1983), que toma como variables la pronunciación de /s/ y /n/ finales de sílaba, ilustra la diferencia entre la pronunciación de los noticiarios y el habla espontánea, discrepancia que varía de país a país, y entre emisoras. Las mayores disparidades cuantitativas en la pronunciación se producen en países donde las consonantes finales se debilitan considerablemente en el habla normal, mientras que se conservan en los informativos: el Caribe, el Cono Sur y ciertas zonas de América Central.

Los estados totalitarios conservadores, como los que han ocupado el poder durante largos periodos en Chile, Paraguay, El Salvador, etc., suelen defender ideas reaccionarias sobre la "pureza" lingüística. En esos países, la mayoría de las emisoras de radio están en manos del gobierno o de las oligarquías que tienen el poder. La ideología predominante es conservadora y tradicional, y acentúa los valores religiosos, sociales y lingüísticos de las clases privilegiadas, que consideran a las masas trabajadoras como sus enemigos. En los países donde se han producido revoluciones sociales se suelen elevar las formas populares de habla a los escalones más altos de las emisiones de radio. Esto se puede observar, por ejemplo, en la programación doméstica e internacional de Cuba y la Nicaragua sandinista.

LAS EMISIONES CLANDESTINAS COMO MUESTRARIO SOCIOLINGÜÍSTICO

A la sombra de las emisoras hispanoamericanas existe un conjunto de emisoras clandestinas que sirven de portavoces a algunos movimientos rebeldes, grupos de exiliados y frentes de resistencia interna. Algunas tienen una vida muy corta porque responden a un determinado acontecimiento; un ejemplo sería la batalla radiofónica de emisoras clandestinas entre Argentina y Gran Bretaña durante la Guerra de las Islas Malvinas de 1982, o la fase final de la insurrección sandinista en 1979. Otras existen desde hace muchos años: las emisoras de los exiliados cubanos llevan emitiendo dos décadas o más. Aunque funcionan al margen del control gubernamental, las emisoras clandestinas proporcionan información muy valiosa sobre los correlatos lingüísticos de las distintas posiciones ideológicas.

Entre los acontecimientos que han dado lugar a las emisoras clandestinas de vida más larga están:

(1) El exilio de los cubanos que rechazan la revolución de Fidel Castro (desde la década de 1960). Las principales emisoras clandestinas, pasadas y actuales, son Radio Mambí, La Voz de Alpha 66, La Voz de Cuba Independiente y Democrática (CID) y Radio Caimán.

(2) La oposición contrarrevolucionaria a la toma del poder por los sandinistas en Nicaragua (1979-1990). La principal emisora clandestina fue Radio 15 de Noviembre; otras emisoras eran Radio Miskut, Radio Monimbó y La Voz de Sandino.

(3) La guerra civil de El Salvador (que empezó hacia 1980). Las principales emisoras clandestinas son Radio Venceremos y Radio Farabundo Martí.

La lengua empleada por estas emisoras clandestinas rara vez es neutral, y además de contener una retórica políticamente sesgada, suele revelar aspectos sociolingüísticos interesantes (cfr. Lipski, 1991b). Por ejemplo, las emisoras rebeldes salvadoreñas utilizan, sorprendentemente, poca lengua popular, aunque las emisiones están dirigidas a aquellos segmentos de la población salvadoreña que tienen más probabilidades de simpatizar con la insurrección armada (campesinos sin tierra y obreros). La lengua empleada evita rasgos tales como el debilitamiento consonántico y el uso del pronombre familiar *vos,* típicamente centroamericano.

La lengua y el estilo de las emisoras nicaragüenses clandestinas variaba mucho. Radio Monimbó empleaba un tono suave, no combativo, para presentar los comentarios editoriales: evitaba rasgos fonéticos característicos del español popular de Nicaragua, pero conservaba una entonación y un ritmo inconfundiblemente nicaragüenses. Los locutores de Radio Miskut hablaban un español popular con el acento típico de los misquitos bilingües. En general, las transmisiones de Radio 15 de Septiembre estaban dirigidas a una audiencia de clase media/profesional, que, aunque emplee formas populares e incluso vulgares en el habla coloquial, posee una imagen lingüística de sí misma que le obliga a pensar que el uso de tales formas en público es inapropiado.

La lengua de las emisoras clandestinas cubanas es también muy variada. La Voz de Alpha 66 emplea una lengua de sabor popular, mientras que las restantes emisoras se inclinan por estilos más formales, aunque inconfundiblemente cubanos. Esto refleja, entre otras cosas, el hecho de que las emisoras cubanas intentan captar oyentes de dentro de Cuba, y de que no es muy probable que estén controladas por las agencias internacionales de noticias, pues no se está produciendo ningún conflicto activo. Por el contrario, las emisoras nicaragüenses y salvadoreñas han dedicado un considerable esfuerzo a convertirse en fuentes de información para las agencias de noticias, y aunque nominalmente su función es unir a las fuerzas rebeldes, en realidad modelan su habla pensando en una audiencia internacional. Para el sociolingüista, estas emisoras tienen bastante interés, pues sus características lingüísticas rara vez son resultado de una planificación deliberada, sino que más bien reflejan la imagen lingüística inconsciente que de sí mismos tienen los grupos implicados, libres de los rígidos moldes impuestos por la radio oficial y comercial.

ELEMENTOS ESPECÍFICOS DE DIFERENCIACIÓN SOCIOLINGÜÍSTICA

En cada zona lingüística de Hispanoamérica, ciertos rasgos varían según la clase socioeconómica. Desde los primeros estudios cuantitativos de las regiones hispano-hablantes (por ejemplo Berk-Seligson, 1978; Cedergren, 1973; Fontanella de Weinberg, 1974a, 1974b; Ma y Herasimchuk, 1971; Poplack, 1979a, 1979b, 1980a, 1980b; Lafford, 1982; López Morales, 1979; Silva-Corvalán, 1979; Terrell, 1977, 1978, etc.), la atención se ha centrado en la variación fonológica. El mismo conjunto de variables define casi todos los dialectos: conservación frente a pérdida de /s/ final de sílaba, comportamiento de las líquidas en posición de coda silábica, pronunciación africada frente a fricativa de /č/ y en menor medida de /y/, /ʎ/, /r/, /rr/ y /n/ final. Silva-Corvalán (1989) hace un repaso de la sociolingüística hispanoamericana, tanto de las cuestiones teóricas como de los fenómenos específicos. Cuando el comportamiento de las consonantes finales de sílaba presenta una estratificación sociolingüística, inevitablemente son las variantes reducidas o erosionadas las que se correlacionan con los estratos socioeconómicos más bajos. Esta observación confirma la dicotomía existente entre el español popular, que adopta los resultados del cambio fonológico sin restricciones, y las normas de prestigio, que evitan los cambios fónicos que erosionan las correspondencias letra-sonido. Otra característica de las normas de prestigio es el desprecio de las variantes regionales, tales como los enclaves de conservación de /ʎ/ en los países yeístas, la pronunciación africada de /tr/,

165

la extrema reducción de las vocales átonas, etc. En toda Hispanoamérica, las normas de prestigio regionales son, de hecho, aproximaciones a un estándar suprarregional, una lengua panamericana o incluso pan-hispánica en la que las similitudes pesen más que las diferencias. En Hispanoamérica, las distancias geográficas son inmensas, y la compartimentación social y política de los distintos países hace bastante difícil la imitación directa del habla de otros países. Más bien lo que sigue prevaleciendo son las aspiraciones internas a una pronunciación conservadora.

La variación gramatical entre clases sociales ha recibido menos atención, aunque existen muchos estudios, por ejemplo, Bentivoglio (1987, 1988, 1989), Klein (1980), Lavandera (1975), Morales (1986a), Sedano (1989), Silva-Corvalán (1979, 1989) y otros. Como sucede con la variación fonológica, la tendencia predominante es la aproximación a los estándares literarios escritos, pero en este componente importa menos el sesgo antiregional que el deseo de evitar las formas populares empleadas en todo el mundo hispano-hablante.

En lo que atañe a las variables fonológicas, la diferenciación sociolingüística es con frecuencia cuantitativa: gradaciones en el uso de variantes específicas, que en su totalidad pueden aparecer en todos los estilos y lectos en proporciones diferentes. Por ejemplo, tanto un profesional culto como un campesino analfabeto pueden aspirar o elidir la /-s/ final; sin embargo, el último, con toda probabilidad, aplicará la regla más frecuentemente y en una gama de contextos más amplia que el primero. Cuando las variables sociolingüísticas son gramaticales, la variación cuantitativa se suele reemplazar por la presencia o ausencia estrictas de determinados elementos. Se trata ahora de palabras o construcciones estigmatizadas, que se evitan o que a veces no llegan a ser adquiridas por los hablantes de los sociolectos superiores. A diferencia de la variación fonológica, que no siempre está bajo pleno control consciente y que se ve afectada por factores tales como la velocidad y la concentración, la selección de determinadas variantes léxicas o morfológicas forma parte del repertorio básico de un hablante. Un individuo que sienta que cierta palabra es subestándar simplemente decidirá no emplearla, en especial cuando esta palabra no figure destacada en el contexto de la adquisición de la lengua. Un caso típico sería el uso de la forma coloquial de subjuntivo *haiga* (estándar *haya)*. Esta forma a veces la emplean coloquialmente hablantes cultos, pero está estigmatizada en todo el mundo hispano-hablante y nunca aparece en el discurso formal. En términos de rango y de registro, *haiga* es equiparable a *ain't* en inglés. Otros ejemplos de variantes universalmente estigmatizadas en español son *naide* por *nadie, semos* por *somos, probe* por *pobre, asina/ansina* por *así,* uso de

-*nos* en lugar de -*mos* en el imperfecto y pluscuamperfecto de sub-juntivo (*estábanos* por *estábamos*), la regularización de los temas ver-bales para uniformar el acento y la diptongación, como, por ejemplo, en *ténganos* por *tengamos, vuelvemos* por *volvemos,* etc. Ninguna de esas formas es propia de una sola región, aunque a veces se identifi-quen incorrectamente estos elementos panhispánicos como exclusi-vos de un determinado país. Lo habitual es que las concentraciones de formas analógicas, de elementos arcaicos y de variantes alternati-vas no estándar predominen en las zonas rurales, lo que se debe no solamente a la falta de escuelas, sino también a las escasas posibilida-des de que penetren en ellas las normas de prestigio.

El estudio de la variación sociolingüística en el campo del léxico y de la semántica apenas si ha empezado, y los estudios cuantitativos son prácticamente inexistentes. Los repertorios léxicos y los atlas dia-lectales a veces han puesto de relieve las diferencias entre el campo y la ciudad, pero aparte de los abundantes comentarios anecdóticos, hay muy poca información sobre las diferencias sistemáticas existen-tes entre los distintos sociolectos. Los lingüistas no suelen tener ac-ceso a muestras reales del habla de la clase obrera o campesina. En los Estados Unidos y en el Reino Unido, algunos estudios lingüísticos recientes se han servido del observador-participante, que suele ser un investigador nacido y criado en un entorno obrero y entrenado poste-riormente en la Universidad. El observador-participante ideal es acep-tado por la comunidad, aunque a veces con suspicacia o ironía, y puede estudiar los estilos vernáculos, tanto mediante la introspección como mediante la observación libre.

En Hispanoamérica, este tipo de investigación no ha hecho sino empezar. Esto se debe en parte a la mínima movilidad socioeconó-mica característica de las clases inferiores en las zonas rurales y urba-nas, y también a un desdén generalizado por colocar el estudio de los grupos marginados en pie de igualdad con las descripciones de las clases privilegiadas. Un paradigma sociolingüístico objetivo que des-criba la variación sin asignar valores o sugerir remedios subvierte la suposición tácita de que la "variación" y el uso "no-estándar" es pro-piedad exclusiva de las clases inferiores, y que el habla de la clase su-perior es, por definición, "correcta", sistemática y no necesita más examen.

Se han escrito decenas de artículos y monografías sobre los so-ciolectos rurales y urbanos, pero la mayoría de los observadores eran miembros de la elite intelectual, cuya presencia puede provocar formas artificiales y más elevadas que no sean representativas del habla espontánea. El investigador de campo típico en Hispanoamé-rica entrevista a sujetos de un estrato socioeconómico menor, con lo que nunca se supera por completo la "paradoja del observador". Incluso en el caso de que se produjera un habla vernácula verdaderamente espontánea, podría ocurrir que no fuera descrita adecuadamente si al lingüista encargado de hacerlo no le resultaran familiares esos patrones lingüísticos. A veces se piensa que el contacto cotidiano entre un hablante de la clase profesional y, por ejemplo, los criados, los trabajadores y los campesinos, produce cierta familiaridad con los detalles íntimos del habla de éstos. En realidad, los hablantes de la clase trabajadora suelen dominar una gama mucho más amplia de registros de lo que suele pensar la elite urbana, y, consciente o inconscientemente, no producen el mismo conjunto de formas cuando hablan con o ante un hablante de la clase superior. Las formas de habla descritas por los lingüistas como "populares" podrían, en realidad, representar el *mesolecto,* es decir un registro a medio camino entre la norma de prestigio y los niveles vernáculos menos estándares. La bibliografía que pretende describir el habla popular suele resentirse de los mismos defectos en el método de observación, como ocurre con los estudios de los antropólogos, los trabajadores sociales y el personal policial o judicial. Nada hace pensar que el español "vernáculo" de América sea drásticamente diferente de lo que se supone normalmente (aunque la jerga intragrupal de los jóvenes pandilleros y de los criminales sea indescifrable para los no iniciados); lo que sucede es que, sobre todo en lo tocante a la selección léxica y a la distribución cuantitativa de palabras y formas gramaticales, la información que poseemos es, en el mejor de los casos, parcial.

RESUMEN

El español de América presenta numerosas características suprarregionales, y una norma de prestigio bien definida, aunque no oficial, válida para los dos continentes. Esta norma adopta como principio la correspondencia estricta sonido-grafema, evita los elementos morfológicos y gramaticales no estándar, y posee un vocabulario con un mínimo de regionalismos. Aunque esta *norma culta* sea la variedad materna de muy pocos hispanoamericanos, es real desde el punto de vista sociolingüístico, pues forma el telón de fondo contra el cual se definen los estándares regionales de prestigio. Estos últimos gravitan alrededor de los principales centros urbanos, normalmente las capitales, y en ellos se aceptan más características regionales. Sin embargo, raramente se le concede prestigio a las construcciones que no sean comunes a todo el mundo hispano-hablante. Los rasgos lingüísticos que se identifican, aunque sólo sea implícitamente, con grupos étnicos marginados, sufren el mismo desprecio[2].

Aunque la norma de prestigio hispanoamericana es un conjunto de denominadores comunes en el que no aparecen elementos marcados desde el punto de vista regional o étnico, no se hace ningún esfuerzo por imitar el español peninsular. Los rasgos característicamente castellanos —/θ/ fricativa interdental, /x/ muy gutural, /s/ apicoalveolar, uso de *vosotros,* etc.— no aparecen en Hispanoamérica, y no son aceptadas sociolingüísticamente a no ser que las empleen nativos de España. El español de América no puede ser acusado de actitudes neocolonialistas, aunque sigan reflejándose en el habla los sistemas regionales de castas.

---

[2] En este sentido, no se puede descartar la posible relación de la entonación de Buenos Aires y del vocabulario lunfardo con la entrada de inmigrantes italianos pobres. En todo el Caribe, muchas de las peculiaridades fonológicas estigmatizadas (en particular el cambio de /r/ final > [l]) fueron antaño identificadas con los hablantes africanos, aunque actualmente no existe tal correspondencia. En la región andina, los rasgos fonológicos y morfosintácticos de posible origen indígena están fuertemente estigmatizados.

SEGUNDA PARTE

Los dialectos del español de América

CAPÍTULO VI

Introducción a la descripción de los dialectos del español de América

INTRODUCCIÓN

El español es la lengua oficial de dieciocho países de Hispanoamérica, y de la Comunidad de Puerto Rico. La realidad del uso lingüístico no coincide con las fronteras políticas y es un reflejo de la compleja historia de las naciones americanas y del mosaico de lenguas indígenas e inmigrantes que han entrado en contacto con el español en los últimos 500 años. Millones de hispanoamericanos que hablan muy poco o ningún español viven en países donde el español es la lengua oficial. Varios millones de hispanohablantes viven en naciones del hemisferio occidental cuya lengua oficial no es el español. Algunas de estas dispares comunidades abarcan vastos territorios y ciudades importantes, mientras que otras son pequeños islotes, desconocidos incluso para sus vecinos inmediatos. Para una gran proporción de hispanohablantes, el bilingüismo es la regla, no la excepción, y las consecuencias lingüísticas del bilingüismo deben aparecer en cualquier explicación general del español de América. En los capítulos siguientes se estudian las características más sobresalientes del español de América por regiones. Aunque las fronteras políticas no suelen coincidir con las zonas dialectales, la mayoría de la bibliografía relevante se ha centrado en los distintos países o en ciertas regiones de esos países. Los datos, por tanto, estarán organizados por países, mientras que los rasgos regionales que traspasan las fronteras nacionales se analizarán dentro de los límites de las descripciones lingüísticas de cada país.

La dialectología del español tomó como primer modelo de trabajo los atlas y las monografías dialectales que se empezaron a confeccionar en Europa a finales del siglo XIX y principios del XX. El objeto primordial de esos estudios era el habla rural, considerada como la depositaria de las variantes "más puras" y "más auténticas". El informante ideal era una persona de edad avanzada, analfabeta, que no hubiera salido de su pueblo natal o que hubiera salido lo menos posible, y que se dedicara a la agricultura de subsistencia o al servicio doméstico. A mediados de este siglo aparecieron decenas de magníficas monografías sobre las lenguas y los dialectos rurales de España, lo que puso esas variedades lingüísticas al alcance de los expertos por primera vez. El epítome del interés rural es el *Atlas Lingüístico de la Península Ibérica* (Consejo Superior de Investigaciones Científicas, 1962), aunque también se estudiaban zonas urbanas. El *Atlas Lingüístico y Etnográfico de Andalucía* (ALEA) (Alvar, Llorente y Salvador, 1961), que incluía las zonas urbanas como componente esencial de la recogida de datos, también se decanta a favor del informante rural semianalfabeto, al igual que los atlas, más recientes, de las Islas Canarias (Alvar, 1978), Aragón (Alvar *et al.,* 1979-83) y el País Vasco (Ruiz Olabuenaga, 1988).

Ese objeto es el adecuado para aquellas comunidades lingüísticas donde tales informantes representan la mayoría de la población, y donde no exista una norma urbana suprarregional que prevalezca sobre las variantes locales. Las lenguas regionales de Italia y Francia, el romanche en Suiza y algunas lenguas regionales de España constituirían objetivos apropiados para este tipo de estudios. Esos mismos criterios de selección no proporcionan resultados representativos cuando se aplican a la lengua nacional de una sociedad cada vez más urbanizada, en la que los sistemas de escolarización y los medios de comunicación ejercen un influjo normalizador centrípeto sobre las variantes regionales. Si se mantiene el objetivo rural/analfabeto, el atlas lingüístico, más que reflejar con precisión la variación regional, queda reducido a un álbum de recuerdos, de islas temporales de periodos anteriores en que predominaban lo que ahora son curiosidades rústicas. Esto no invalida los proyectos de los atlas tradicionales, pues los datos son inapreciables para los lingüistas historicistas y para los sociolingüistas que busquen los orígenes de la variación. Sin embargo, considerar un "atlas" de ese tipo como si fuera una compilación puesta al día de materiales de referencia es engañoso para el potencial usuario. Al consultar un mapa de carreteras, por ejemplo, uno espera encontrar mapas de las carreteras existentes (y posiblemente la señalización de futuros trazados), y no un confuso dibujo de antiguas carreteras, atajos y pistas conocidas sólo por senderistas experimentados. Los atlas lingüísticos del pasado, y algunos de la generación actual, refuerzan la impresión, tan bien descrita por Lope Blanch (1986: 12) de que "el fin último de la dialectología es el descubrimiento de rarezas lingüísticas, de fósiles idiomáticos, de monstruosidades expresivas"*.

Un buen antídoto es la incorporación del estándar urbano, interpretado como "el foco de irradiación lingüística desde el cual se extienden los hechos de la lengua al resto del país" (Lope Blanch, 1986: 13)**. En Uruguay, por ejemplo, donde más de dos tercios de la población vive en la capital, el estudio del habla urbana adquiere la máxima prioridad. La población de Argentina y Venezuela está también arrolladoramente representada por normas lingüísticas urbanas, como le sucede a otros muchos países pequeños como Costa Rica, Puerto Rico y Cuba. En las naciones andinas, incluso aunque la población rural sea numerosa, el español se concentra en las ciudades, y en Colombia, donde el español es la lengua materna de la mayoría de la población, un puñado de zonas urbanas definen los patrones lingüísticos de la mayoría de los colombianos.

Una respuesta directa a la obsesión por los hablantes rurales es el "Proyecto de estudio coordinado de la norma lingüística culta de las principales ciudades de Iberoamérica y de la Península Ibérica" (conocido como el proyecto de la "Norma Culta"), desarrollado bajo los auspicios del Programa Interamericano de Lingüística y Enseñanza de Idiomas (PILEI). Este proyecto, iniciado en 1964 y todavía en curso, tiene como objetivo la recolección y transcripción sistemáticas de entrevistas grabadas que representen el uso lingüístico de los hablantes cultos de las ciudades más grandes de España e Hispanoamérica. Las entrevistas se llevan a cabo según un formato preestablecido que consta de un cuestionario básico, de perfiles demográficos que especifican el número y la edad de los informantes, y de distintos tipos de entrevistas (conversación en grupo, lectura o habla formal, diálogo dirigido, grabaciones secretas u ocultas). Las entrevistas están dirigidas por equipos preparados para ello de cada ciudad, guiados por especialistas de las universidades regionales y coordinados por los directores del proyecto de la Norma Culta. Las grabaciones serán

---

* En español en el original. *[N. del T.]*
** En español en el original. *[N. del T.]*

transcritas en su totalidad y archivadas, y quedarán a disposición de todos los investigadores cualificados que deseen utilizarlas; por otra parte, las transcripciones están siendo publicadas. La lista original de ciudades era: Barcelona, Bogotá, Buenos Aires, La Habana, Lima, Madrid, Ciudad de México, Montevideo y Santiago de Chile. A ellas se añadieron posteriormente otras ciudades: Caracas, Sevilla, San Juan. Un poco después, se incorporaron Quito, San José, Panamá, La Paz, Santo Domingo y La Laguna /Santa Cruz de Tenerife. La metodología del proyecto de la Norma Culta ha sido utilizado también en muchos estudios sobre zonas urbanas del mundo hispanohablante.

En el momento en que se está redactando el presente libro, se han completado casi totalmente las entrevistas y transcripciones de las siguientes ciudades: Bogotá (Instituto Caro y Cuervo, 1985, Otálora de Fernanda y González, 1986), Buenos Aires (Universidad Nacional de Buenos Aires, 1987), Caracas (Bentivoglio, 1979), La Habana (en realidad, cubanos expatriados residentes en Estados Unidos), Lima (Caravedo, 1989), Madrid (Esgueva y Cantarero, 1981), Ciudad de México (Lope Blanch, 1971), San Juan (Morales y Vaquero, 1990), Santiago de Chile (Rabanales y Contreras, 1979), y Sevilla (Pineda, 1985). Las transcripciones de la Norma Culta han dado lugar a numerosas monografías y artículos más breves, algunos de los cuales serán citados en los siguientes capítulos.

Hasta el día de hoy, no existe un depósito centralizado para los datos grabados de la Norma Culta, aunque se guardan colecciones importantísimas en la Universidad de Puerto Rico, la Universidad Nacional Autónoma de México, el Instituto Caro y Cuervo de Bogotá y la Universidad de Texas en Austin. Recientemente algunas instituciones públicas y privadas han ofrecido su ayuda económica para estandarizar las colecciones de cintas, algunas de las cuales se están deteriorando gravemente. Con el nacimiento de la tecnología digital, será posible, a la larga, proporcionar acceso directo a toda la base de datos de la Norma Culta, así como a grabaciones cuya calidad no se deteriore como consecuencia de la realización de copias.

Además de las grabaciones de la Norma Culta, en muchas ciudades se han hecho grabaciones de la "Norma Media", o de la clase media, y de la "Norma Popular", o de las clases trabajadoras, y no siempre de acuerdo con el programa original del PILEI. También se han publicado algunos de estos estudios; por ejemplo, Lamíquiz y Ropero (1987) para Sevilla y Lope Blanch (1976) para Ciudad de México. Como ocurre con el corpus de la Norma Culta, estos materiales secundarios no han sido copiados ni almacenados en ningún depósito central, pero constituyen fuentes valiosas de datos sociolingüísticos para los investigadores que puedan tener acceso a ellos. Otras colecciones de grabaciones de muestras dialectales pertenecen a los departamentos universitarios o a investigadores individuales, pero no se tiene conocimiento de todas las existentes. La calidad y la utilidad de esos materiales varía mucho; algunos son fruto del trabajo de aficionados y están pobremente planificados y ejecutados, mientras que otros son hitos de una metodología de campo sistemática. Entre los mejores materiales se encuentra la colección de grabaciones etnolingüísticas y transcripciones del Instituto Caro y Cuervo de Bogotá, y las grabaciones del Colegio de México.

El uso de grabaciones magnéticas, que pueden ser almacenadas y duplicadas para uso de otros investigadores, es ciertamente una mejora importante con respecto a estudios anteriores. Estos estudios dialectológicos anteriores se servían por entero de transcripciones escritas que cogían al vuelo los investigadores de campo, lápiz y cuaderno en mano. Aunque la mayoría de esos investigadores de campo eran transcriptores extremadamente hábiles, las transcripciones no dejaban de ser huellas inverificables de acontecimientos fugaces. Las limitaciones humanas inherentes a este sistema de recogida de datos imponen una selección de la información utilizada. Si se desea una transcripción fonética fina, la encuesta debe limitarse a palabras pronunciadas aisladamente, o a palabras aisladas extraídas de un discurso no transcrito en su totalidad. Esto daba lugar a la técnica de la elicitación léxica, según la cual la pronunciación de palabras aisladas (contexto muy antinatural y atípico) se lista en las entradas del atlas dialectal como pronunciación "típica" de una región. Esto es especialmente engañoso cuando se trata de palabras monosílabas como *pus, mar, crin,* etc., cuyas consonantes finales pueden sucumbir libremente a la modificación y a la erosión en el discurso fluido, pero pueden reinsertarse artificialmente en las formas de cita, debido a la escasez de material fonético. La incorporación acrítica de resultados basados en formas de cita puede dar la impresión de una variación regional mayor y más sistemática de la que en realidad hay. Por el contrario, si hay que transcribir discurso fluido, por ejemplo, cuentos y canciones, el grado de detalle ha de ser necesariamente mucho menor. Todas estas desventajas se eliminan con las grabaciones magnéticas, que se pueden reproducir cuantas veces se desee y transcribir mucho después de la entrevista. Este procedimiento también asegura la posibilidad de copiar la información. Los investigadores pueden tener acceso no sólo a las transcripciones, sino también a las cintas de las entrevistas, con lo que se facilita la resolución de cualquier problema sobre la exactitud o la interpretación. La cantidad relativamente pequeña de entrevistas grabadas en cada zona (cien o menos) puede ser manejada con comodidad por los investigadores, y la publicación de los textos de las transcripciones posibilita la investigación exhaustiva. Varios investigadores están introduciendo ahora todo el corpus de las transcripciones en bases de datos computerizadas, para que se puedan utilizar las técnicas de búsqueda y recuperación de información propias de los programas de procesamiento de datos para analizar rápida y eficazmente extensas muestras de discurso. Los estudios actuales y futuros basados en los materiales de la Norma Culta estarán basados en un corpus uniforme. El lector de un estudio, por ejemplo, sobre "el español de Caracas" sabrá exactamente qué materiales han sido utilizados y podrá consultarlos en caso de desacuerdo en la interpretación de los datos.

El proyecto de la Norma Culta no está libre de problemas ni han escapado a la crítica sus bases conceptuales. Muchos de esos problemas son técnicos, por ejemplo, el hecho de que el proyecto comenzara en una época en que las grabadoras eran armatostes y efectuaban grabaciones de una calidad muy pobre y el que las propias cintas fueran a veces de una calidad cuestionable y se hayan deteriorado con el paso del tiempo. Las directrices del PILEI prescriben un conjunto de formatos diferentes en que han de hacerse las grabaciones, que comprenden conferencias públicas, conversaciones, monólogos, etc. El objetivo era conseguir la muestra más amplia posible de variación sociolingüística para futuros estudios, identificar las normas lingüísticas reales e imaginarias de una determinada comunidad. Sin embargo, la puesta en práctica de algunas de esas directrices ha producido resultados poco utilizables. Algunas cintas de conferencias públicas son virtualmente inaudibles, mientras que los monólogos largos, algunos de los cuales son muy interesantes, no reflejan ningún acontecimiento lingüístico natural que pueda afectar al uso lingüístico general de la comunidad. El formato más controvertido es la grabación oculta, prescrita por el PILEI como medio de verificación de un habla realmente desinhibida. Ese tipo de grabaciones crea muchos problemas técnicos, algunos de los cuales se han solucionado con las grabadoras de bolsillo. Es la dimensión ética la que constituye el problema más espinoso, pues el deseo del lingüista de superar lo que Labov ha llamado (1972: 209) "la paradoja del observador" debe quedar compensado por la ética profesional y el derecho a la intimidad. Algunos podrían argumentar que una grabación secreta realizada en un escenario público como puede ser un acontecimiento deportivo no difiere de una fotografía anónima tomada en una multitud, pero la naturaleza humana suele reaccionar de forma menos favorable al registro no autorizado de la voz que a fotografías casuales en las que pueden aparecer participantes desconocidos. Una solución de compromiso adoptada por muchos investigadores es revelar que se ha realizado una grabación al final de la sesión, pedir autorización para usar el material de forma anónima en la investigación y ofrecerse a destruir la grabación al punto si el sujeto se opone a lo anterior. Este procedimiento puede descargar la conciencia del investigador, pero es poco probable que convenza a la víctima y puede minar la confianza mutua esencial a cualquier investigación lingüística. En la práctica, las grabaciones ocultas pocas veces dan lugar a muestras de discurso más espontáneas y reveladoras del uso lingüístico real que las que pueden obtenerse en una grabación autorizada dirigida por un investigador competente.

No todos aceptan el concepto mismo de la norma urbana culta como representativa de un dialecto regional o social legítimo. Hidalgo (1990a), por ejemplo, piensa que el proyecto está basado en una idea insostenible: una comunidad lingüística homogénea idealizada que en absoluto refleja la complejidad lingüística del mundo hispano-hablante moderno. Aunque Hidalgo argumenta que el español de América se formó originariamente como un conjunto de dialectos urbanos (y no, como algunos piensan, como una lengua esencialmente rural que han desarrollado por azar los centros urbanos a lo largo de la historia), el habla culta de las ciudades hispanoamericanas modernas ha dado como resultado una lengua suprarregional, en la que las similitudes superan las diferencias. Al mismo tiempo, la meta de la "norma culta" falla por la migración masiva a los centros urbanos de hablantes de dialectos rurales que, a veces, sobrepasan en número a los urbanos nativos. El nuevo español de América, según Hidalgo, es un habla "rurbana" que combina características rurales y características urbanas de la clase trabajadora y de la clase alta y que crea construcciones que no encajan en las casillas tradicionales de la dialectología hispánica. Desde este punto de vista, los fallos no residen tanto en el diseño del proyecto mismo de la Norma Culta como en una situación que no tuvieron en cuenta los diseñadores del proyecto, pertenecientes a la tradición clásica: "los rápidos cambios estructurales de la sociedad hispanoamericana" (pág. 59).

LOS PROYECTOS DE ATLAS DIALECTALES EN HISPANOAMÉRICA

Gran parte de la información fiable sobre la variación regional en Hispanoamérica está contenida en artículos y monografías que se centran en una zona relativamente pequeña, aunque unos cuantos estudios, como los de Navarro Tomás (1948) para Puerto Rico, Vidal de Battini (1964) para Argentina y Oroz (1966) para Chile, intentan abarcar la variación en un país entero. Las lagunas descriptivas resultantes son enormes, y faltan estudios fiables sobre amplias regiones, con lo que la extrapolación y la especulación constituyen los únicos pilares sobre los que se puede apoyar la descripción del habla de un determinado punto del mapa. El proyecto de la Norma Culta, aunque es un paso de gigante en la creación de una base de datos panhispanoamericana, no llena las lagunas descriptivas existentes entre las principales ciudades, y deja sin cubrir miles de kilómetros cuadrados en los que se habla español.

Los atlas lingüísticos de Europa se llevaron a cabo en condiciones que no siempre se dan en Hispanoamérica: acceso relativamente fácil a regiones remotas, grupos de investigadores bien preparados, generoso apoyo gubernamental y acceso a la bibliografía necesaria. Pese a la falta crónica y crítica de recursos, varias naciones hispanoamericanas se han embarcado en proyectos de largo alcance que aprovechan los logros de estudios anteriores, al tiempo que intentan evitar muchos de los escollos y problemas metodológicos que convierten a otros atlas dialectales en herramientas poco útiles para la investigación. Desde la publicación de los volúmenes de *Presente y futuro de la lengua española* (OFINES 1964; cfr. también Montes Giraldo, 1982) han estado circulando propuestas para la realización de atlas dialectales de Hispanoamérica. Entre las últimas propuestas de atlas están Araya (1973) para Chile, Navarro Correa (1974) para Venezuela, Caravedo (1987a) para Perú y García Riverón (1991) para Cuba. Ya está en marcha un proyecto para hacer el atlas lingüístico del español del sudoeste de Estados Unidos (cfr. Lope Blanch, 1990), que incluye materiales recogidos en Tejas, Nuevo México, Arizona y California. En Nuevo México y Colorado se está confeccionando un atlas lingüístico regional del español. En Colombia (Instituto Caro y Cuervo, 1981) y México (Lope Blanch ed., 1990) se han hecho ya unos atlas dialectales exhaustivos y se han publicado ya los volúmenes. Los proyectos incluyen grabaciones de entrevistas de cierta longitud con habitantes de cada región. El centro de atención se ha desplazado de las "monstruosidades" descritas por Lope Blanch a individuos de todas las edades y de todas clases de vida. Estos estudios son hitos en la dialectología hispánica, y establecen nuevas normas para la metodología de la investigación.

Además de las compilaciones de regionalismos, han aparecido un conjunto de diccionarios y glosarios de "(hispano)americanismos". Varían mucho en la longitud, en su exhaustividad y en la fiabilidad de los criterios de selección. Entre las obras más conocidas están Malaret (1946), Morínigo (1966), Santamaría (1942), Sopena (1982), Toro y Gisbert (1900) y más recientemente Steel (1990). Buesa Oliver (1965) y Casullo (1964) se centran en palabras de origen indígena, mientras que Lerner (1974) y Martínez Vigil (1939) se ocupan de los arcaísmos del español de América. El léxico de América Central está recogido por Bayo (1931), Costales Samaniego (1962, 1963), Mendieta (1934), Salazar García (1910) y Scavnicky (1987). Para tener una idea de las unidades léxicas en uso en el español de América desde los siglos XVI al XIX, las compilaciones de Boyd-Bowman (1971, 1982, 1983, 1984, 1987) son herramientas de referencia inapreciables. Sala *et al.* (1982) estudia los componentes individuales del léxico del español de América que corresponden a préstamos de otras lenguas, a calcos sintácticos o semánticos, y a palabras españolas patrimoniales cuyo significado se ha modificado o ampliado en Hispanoamérica. Las monografías de Kany (1951, 1960a, 1960b) abarcan una extensa gama de variación léxica, semántica y sintáctica en Hispanoamérica, extraída principalmente de fuentes literarias. Aunque algunas de las citas son discutibles, esos libros son de gran valor debido a su exhaustividad y a la enorme cantidad de documentación manejada.

Las citadas obras de referencia no siempre pueden afrontar la enormidad y la diversidad del léxico del español de América. Como sucede con cualquier tarea de esta magnitud, hay problemas metodológicos y lagunas. El más serio es el hecho de que casi todas las entradas estén basadas en información de segunda mano, sacada de una bibliografía de calidad muy dispar. La frecuente falta de referencias bibliográficas hace imposible su comprobación. No obstante estas obras constituyen, en conjunto, un útil punto de partida para el estudio del léxico del español de América.

RASGOS LINGÜÍSTICOS DE LAS DISTINTAS REGIONES

Hasta el observador no avezado sabe que las fronteras regionales rara vez coinciden con las divisiones dialectales. Sin embargo, y de manera inevitable, la identidad política prevalece sobre la realidad lingüística, y los hispanoamericanos mismos clasifican las variedades del español como lo haría un empleado de aduanas. Aunque los mismos patrones lingüísticos caractericen a distintos países, es raro escuchar referencias al español "andino", "centroamericano" o "caribeño". Los hábitos lingüísticos se suelen describir como "cubanos", "mexicanos", "argentinos", etc. El resto de la presente sección tiene la forma de una exposición ateórica y pragmática por países. Las divisiones resultantes, aunque a veces arbitrarias desde un punto de vista estrictamente lingüístico, coinciden con la bibliografía disponible, y coinciden también con sentimientos nacionalistas sociolingüísticamente reales.

CAPÍTULO VII

El español de Argentina

PERSPECTIVA HISTÓRICA

Argentina es el país hispano-hablante más grande, y el español de Argentina ha sido objeto de muchos estudios lingüísticos serios. Dentro de las fronteras de este país existen varios dialectos regionales y sociales, todos ensombrecidos por la prestigiosa habla *porteña* de Buenos Aires, prototipo del español argentino para el resto del mundo hispano-hablante. Aunque el léxico argentino varía considerablemente según las regiones, la diferenciación regional más llamativa afecta a variables fonológicas. En unas cuantas zonas del norte, el bilingüismo es también un factor de importancia. Además del de Buenos Aires, se pueden identificar los siguientes dialectos principales (Donni de Mirande, 1991; Vidal de Battini, 1964a, 1964b):

(1) región costera o litoral, que se extiende desde Buenos Aires, Entrerríos y Santa Fe hasta el extremo sur de Argentina (zonas delimitadas desde Buenos Aires);

(2) el extremo occidental de Argentina: zonas de Mendoza y San Juan, que comparten muchas características con el habla de Chile;

(3) la parte extrema noroccidental con influjo quechua, que comprende Tucumán, Salta, Jujuy y parte de las provincias vecinas;

(4) el nordeste, con influjo guaraní, que abarca Corrientes y Misiones, partes del Chaco (Resistencia) y Formosa;

(5) la región central, centrada en Córdoba, zona de transición que limita con todas las demás zonas lingüísticas;

183

(6) unos cuantos pequeños enclaves (en vías de desaparición), especialmente el dialecto de Santiago del Estero y el habla de los collas en la frontera con Bolivia.

Junto a numerosos artículos, contamos con monografías sobre los dialectos regionales argentinos: Fontanella de Weinberg (1979, 1987) y Guria (1965) para Buenos Aires; Donni de Mirande (1977) y Boretti de Macchia (1977) para la región costera de Río de la Plata; País (1980) para Catamarca; Catinelli (1985) para Córdoba; Bedía (1989) para Jujuy; Amable (1975), Biazzi (1985) y Sanicky (1981) para Misiones; Quant e Irigoyen (1980) para Resistencia; Donni de Mirande (1968) y Universidad Nacional de Rosario (1987) para Rosario; Martorell de Laconi (1986) y Rossi de Fiori (1985) para Salta; Sanou de los Ríos (1989) para San Juan; Vidal de Battini (1949) para San Luis; Ávila (1980) y Lullo (1965) para Santiago del Estero; Cohen de Chervonagura (1981) y Rojas (1980, 1985) para Tucumán. Vidal de Battini (1964a, 1964b) constituye una excelente visión de la variación regional en Argentina. Estudios más breves son Alfonso (1964), Costa Álvarez (1928), Malmberg (1950), Monner Sans (1944), y Toro y Gisbert (1932).

Aunque el territorio perteneciente a la Argentina actual no ha cambiado en esencia desde la Independencia en 1810, durante la época colonial se produjeron reajustes considerables en los asentamientos y en la jurisdicción, todo lo cual ha afectado al complejo mosaico de dialectos regionales. La colonización de Argentina se llevó a cabo desde tres puntos distintos, cada uno de los cuales supuso diferentes formas de contacto y posterior evolución lingüística. Buenos Aires fue fundada en 1536 por Pedro de Mendoza, cuya expedición río Paraná arriba culminó con la fundación de Asunción, Paraguay. El amplio estuario formado por la confluencia de los ríos Paraná y Uruguay recibió el nombre de Río de la Plata, pues se creía que río arriba había fabulosos yacimientos de ese mineral esperando ser embarcados hacia España. Cuando los hostiles indios de las Pampas forzaron la evacuación de Buenos Aires unos cuantos años después, los habitantes fueron realojados en Asunción. Buenos Aires fue refundada de nuevo en 1580 por un puñado de colonos procedentes de España y de las colonias vecinas. Las ciudades de Tucumán (1565), Santa Fe (1573), Córdoba (1573), Salta (1582), Corrientes (1588) y Jujuy (1593) fueron fundadas siguiendo el mismo patrón general. Muchas de las ciudades del norte surgieron en la ruta que unía Buenos Aires y el Potosí, sede de los yacimientos de plata más productivos. Aunque la política oficial española prohibía la exportación de plata a través de Buenos Aires, había mucho contrabando entre esta última y Potosí, lo que provocó el crecimiento demográfico del interior de Argentina. Tucumán y las ciudades vecinas se convirtieron en los principales abastecedores de carne y tejidos del Potosí y del resto de Charcas (Bolivia), y, durante muchas décadas, Tucumán formó parte de la Audiencia de Caracas. El norte de Argentina es rico en tierras fértiles, pero posee pocos recursos mineros, por lo que la zona fue colonizada por pequeños campesinos y comerciantes españoles que implantaron un dialecto español decididamente rústico desde el principio.

En 1617, Buenos Aires se convirtió en la capital de la provincia colonial de Río de la Plata, y su importancia creció de forma considerable. Las leyes monopolistas españolas exigían que todos los productos viajaran por el Caribe hasta Portobelo, cruzaran por tierra hasta la Ciudad de Panamá, fueran embarcadas en El Callao y llevadas a los enclaves andinos del Alto Perú. Las consecuencias eran unos precios astronómicamente altos y una gran escasez de productos en el interior de América del Sur. La ruta por el Atlántico hasta Buenos Aires era mucho más corta y más barata, y, por ello, floreció un mercado "paralelo" en todo el periodo colonial, impulsado por la colonia portuguesa de Brasil. Buenos Aires sólo recibió el reconocimiento de su importancia con la creación del Virreinato del Río de la Plata en 1776, que abarcaba las actuales Argentina, Uruguay, Paraguay y Bolivia. Buenos Aires creció hasta convertirse en la segunda ciudad más grande del hemisferio occidental y el centro social y cultural de gran parte de América del Sur.

De Buenos Aires salieron los colonos que fundaron Montevideo en 1726, lo que explica la gran similitud del habla de las dos ciudades. En décadas posteriores, fueron conquistadas y colonizadas las Pampas del Sur desde Buenos Aires, cuya habla llegó a dominar el sur de Argentina hasta la Patagonia. La población indígena que vivía alrededor de Buenos Aires y las Pampas, aunque hostil y resistente a los avances españoles, era escasa en número y a la larga disminuyó, dejando las Pampas libres a la labor colonizadora de las crecientes oleadas de colonos europeos. Llegaron grandes cantidades de esclavos africanos al puerto de Buenos Aires; muchos permanecieron en la capital o fueron llevados a zonas urbanas del interior, donde representaron un segmento amplio de la clase artesana libre. Otros se convirtieron en gauchos, y encontraron la libertad en las amplias llanuras. En el nordeste, la presencia guaraní fue siempre importante, y, como en Paraguay, el español se desarrolló en estrecha simbiosis con el guaraní.

El extremo occidental de Argentina fue colonizado desde Chile, y las provincias de Mendoza, San Juan y San Luis originariamente pertenecieron a la provincia chilena de Cuyo. Las principales ciudades de la región fueron fundadas en las últimas décadas del siglo XVI, y permanecieron bajo la administración de Chile hasta la creación del Virreinato de Río de la Plata, casi dos siglos después. Esta zona pasó entonces a la jurisdicción administrativa de Tucumán, de la que absorbió algunos rasgos lingüísticos. Hoy, el habla del occidente de Argentina guarda aún un gran parecido con los dialectos del Chile central, aunque el estándar de prestigio de Buenos Aires está penetrando rápidamente. La población indígena fue antaño significativa y estaba compuesta por varios grupos étnicos. Se produjo la mezcla racial con los españoles, y aunque la identidad étnica de esos grupos ha desaparecido, algunas unidades léxicas locales y algunos topónimos recuerdan su existencia.

El noroeste de Argentina fue colonizado por expediciones que partían de Perú, y que atravesaban Bolivia. Esta región contuvo en tiempos una población quechua-hablante importante, de la que aún quedan reminiscencias. La lengua quechua ha influido bastante en el desarrollo de los dialectos regionales y ha aportado algunas palabras al español general de Argentina. Tucumán estuvo subordinada a la Audiencia de Charcas (Bolivia) hasta la creación del Virreinato de Río de la Plata. Santiago del Estero, fundada en 1553, posee el honor de ser la ciudad más antigua de Argentina cuya existencia no se ha visto interrumpida. Santiago, que se benefició, en su origen, del establecimiento de rutas comerciales largas pero directas con Lima, quedó luego ensombrecida por Córdoba y Tucumán, y cayó en un aislamiento que puede explicar su estatuto de enclave lingüístico con rasgos dialectales únicos (Vidal de Battini, 1964: 79).

El territorio de Argentina dependía en un principio de las minas del Potosí, pues se dedicaba a abastecer de comida y de bienes de consumo a las ciudades mineras a cambio de la plata. Los ricos suelos de Argentina posibilitaron el crecimiento de una economía agrícola independiente y diversificada. Primero se criaron ovejas en las pampas, actividad aún importante en la Patagonia. Las pampas eran un terreno ideal para la cría de vacuno, y, ya antes de la Independencia, Argentina se convertiría en uno de los mayores productores de carne del mundo. También se producen grandes cantidades de trigo en las pampas. La cría de ganado impulsó el desarrollo de una lucrativa industria cárnica en Buenos Aires y las ciudades vecinas, lo que contribuyó al proceso de industrialización que había empezado con la producción textil. En el oeste de Argentina, la producción de vino y el cultivo de frutas es la fuente básica de ingresos, y en Tucumán lo ha sido la industria azucarera. En el siglo XX se inicia la industria pesada en Buenos Aires y otras ciudades grandes, lo que sitúa a Argentina entre las naciones más diversificadas de Hispanoamérica.

Se suele creer que la Argentina actual es una nación con una mínima presencia indígena, pero una visita a los extremos noroeste y nordeste del país ofrece una perspectiva diferente (cfr. Clairis, 1985; Klein, 1985; Stark, 1985b). En la época de la llegada de los españoles al Río de la Plata, la población indígena de las llanuras era escasa, pero belicosa, lo que retrasó la fundación definitiva de Buenos Aires. A los indios que atacaban sin descanso los asentamientos españoles de la costa se les suele conocer con el nombre genérico de pampas, pero la designación correcta de los grupos que vivían cerca de Buenos Aires es la de querandíes. Como otros habitantes de las llanuras, los pampas cazaban con boleadoras, y resistieron tenazmente la dominación española. Dejaron pocas huellas lingüísticas verificables, a excepción de unos cuantos topónimos. Algunos atribuyen la palabra *gaucho* a los pampas, pero esta atribución todavía está sin demostrar.

El sur de Argentina estaba poblado por varios grupos nómadas conocidos globalmente como patagonianos, entre los que se encontraban los guénaken, los chonik/choneca y, en el Estrecho de Magallanes, los canoeros, como los yámana y los alacalufe. Quedan algunos restos de estos grupos, que llevan una existencia marginal fuera de la esfera cultural y lingüística de la Argentina hispano-hablante.

Para observar cierto influjo lingüístico indígena en el español de Argentina, hay que dirigirse al norte y al oeste. En el nordeste de Argentina —Corrientes, Misiones y Resistencia— vivían grupos hablantes de guaraní, así como otros grupos más pequeños. El guaraní aún se habla en esta región, y ha aportado al español numerosas palabras, además de rasgos fonéticos y gramaticales. El extremo noroeste de Argentina había caído bajo el dominio de los incas, y el quechua se había extendido como lengua franca, desplazando a las lenguas locales. Los indios de esta zona eran de trato más fácil y se sometieron a los españoles, lo que dio como resultado un contacto lingüístico que ha modelado intensamente los dialectos locales del español. Las lenguas originales dejaron solamente topónimos, pero el uso creciente del quechua en el noroeste de Argentina ha afectado profundamente al habla regional.

Desde los primeros tiempos coloniales, fueron llevados a Argentina esclavos africanos, como trabajadores urbanos y como criados. La mayoría residía en Buenos Aires, pero también hubo poblaciones africanas numerosas en las ciudades de la ruta comercial a Potosí. Los esclavos y trabajadores libres negros trabajaron en los campos de

187

caña de Tucumán y en las viñas de Mendoza (Masini, 1962), pero rápidamente se produjo la mezcla racial y no quedó ningún influjo lingüístico ni cultural. En Buenos Aires, sin embargo, los africanos vivían y trabajaban juntos y los distintos grupos étnicos formaron cabildos y cofradías. Como en Uruguay, los argentinos negros participaron en gran número en las guerras de la Independencia colonial. Muchos se convirtieron en gauchos, y algunos de los mejores improvisadores de canciones o *payadores* eran de origen africano. Aparecen gauchos negros en la literatura gauchesca, desde el *Martín Fierro* al *Santos Vega*. Después de la abolición de la esclavitud y de la independencia de España, los afro-argentinos organizaron libremente bailes y comparsas de carnaval, llevando su lengua y su cultura ante las masas de la sociedad argentina (Andrews, 1980; Becco, 1953; Kordon, 1938; Lanuza, 1967; Molinari, 1944; Ortiz Oderigo, 1969, 1974; Puccia, 1974; Rodríguez Molas, 1957; Rossi, 1950; Studer, 1958). Aunque muchos negros vivían en la marginación, trabajando como obreros, vendedores ambulantes, sirvientes, cocheros, etc., su presencia se dejó sentir en todo Buenos Aires, y su habla y su música eran muy conocidas. Algunos han defendido que el tango nació entre los africanos de la región del Río de la Plata, aunque la palabra misma ya se utilizaba mucho antes en Andalucía. La palabra *mucama* "criada", típicamente rioplatense, es también de origen africano.

Desde mediados del siglo XIX hasta la Segunda Guerra Mundial, Argentina recibió varios millones de inmigrantes europeos. Los españoles fueron siempre numerosos (especialmente los canarios), pero también se establecieron en Argentina importantes cantidades de ingleses, franceses, rusos y sirios/libaneses. En la Patagonia, la inmigración galesa dio lugar a comunidades donde todavía se habla el galés. Con todo, ha sido la inmigración italiana, que empezó a fines del siglo XIX, la que ha ejercido el influjo lingüístico más notable en el español de Argentina. El deseo de los inmigrantes italianos de salvar la brecha entre el español y los dialectos italianos con el mínimo esfuerzo provocó la creación de una lengua de contacto, conocida como *cocoliche* (v. *infra),* que desapareció a medida que los hijos de los inmigrantes adquirían el español como primera lengua. Durante las primera décadas del siglo XX, más de la mitad de la población de muchos barrios bonaerenses era de origen italiano, y la contribución italiana va más allá de un aprendizaje imperfecto del español para abarcar decenas de palabras, entre las que se cuenta el grueso del léxico del *lunfardo,* la jerga característica de Buenos Aires. El influjo italiano sobre el español del Río de la Plata puede haber tenido un efecto duradero en la pronunciación; por ejemplo la elisión de /s/ final en el habla porteña coloquial. Muchos pares cognados italianos/

españoles contienen una /s/ final en español mientras que carecen de ella en italiano: Esp. *vos* / It. *voi*, y las terminaciones verbales de primera persona del plural Esp. *-amos, -emos, -imos* / It. *-iamo* (Donghi de Halperin 1925). Los inmigrantes italianos normalmente la /s/ final en tales unidades, incluso cuando las variedades regionales del español realizaban esa /s/ como una aspiración; este fenómeno aparece con frecuencia en la literatura: "Chichilo, qué sabé vó... vo no ve nada" (Discepolo, 1958). Lavandera (1984: 64-6) ha confirmado que en la pronunciación de los inmigrantes italianos de Argentina, /s/ final de palabra desaparece totalmente, mientras que /s/ preconsonántica (que normalmente es una [h] aspirada en el español de Argentina) se conserva como [s] sibilante. Este tratamiento de la /s/, que difiere totalmente del español de Argentina, imita los patrones italianos. Algunos también han atribuido la peculiar entonación "circunfleja" de Buenos Aires al sustrato italiano, hipótesis fascinante que tiene que ser comprobada.

FONÉTICA Y FONOLOGÍA

Las principales descripciones de la pronunciación del español de Argentina son: Donni de Mirande (1968, 1980), Fontanella de Weinberg (1979, 1987), Malmberg (1950), Morales (1991) y Vidal de Battini (1949, 1964). Decenas de artículos y de estudios breves proporcionan detalles adicionales. Los siguientes rasgos fonéticos son generales en toda Argentina:

(1) /n/ final de palabra es alveolar.
(2) Las líquidas finales de sílaba rara vez están sometidas a neutralización o a alguna otra modificación. En la zona de Neuquén, en el sur de Argentina, se ha registrado cierta neutralización de las líquidas preconsonánticas, pero sólo de forma esporádica; además parece que es un fenómeno en rápida regresión. En Jujuy, se encuentra también cierta lateralización de /r/ en el nivel vernáculo (Lacunza de Pockorny y Postigo de Bedía, 1977). Los textos de principios del siglo XIX que representan el habla de los afro-argentinos (en especial de los bozales que hablaban el español de forma imperfecta) ofrecen ejemplos de neutralización y de pérdida de líquidas, no sólo en posición final de palabra, sino también intervocálica, como en el poema "El negro shicoba" de César Hipólito Bacle (Ortiz Oderigo, 1969: 66):

yo soy un neglito, niñas,
que ando siemple pol acá,
vendo plumelos, schicobas,
y naide quiele complá.
Selá polque soy tan neglo
que pasa de rigulá
y tolas las niñas juyen
que palecen asustás.

Aunque en algún periodo esta forma de habla pueda haber tenido algún influjo en una sección más amplia del español de Argentina, dado que los afro-argentinos representaban
nada menos que el 30 % de la población de Buenos Aires antes de mediados del siglo XIX (Fontanella de Weinberg, 1987),
la rápida absorción de este grupo a través de la mezcla racial
y la arrolladora inmigración europea de finales del XIX y de
principios del XX hicieron desaparecer cualquier rastro de la
neutralización de líquidas de todos los subdialectos del español de Argentina.

(3) La /d/ intervocálica no cae en la mayor parte de Argentina
tan a menudo como, por ejemplo, en Chile y Paraguay, salvo
entre los estratos socioeconómicos más bajos. En el habla
gauchesca, la pérdida de /d/ intervocálica e inicial de palabra
era casi sistemática, pero a medida que el nivel educativo de
la Argentina rural siga elevándose y prevalezca el contacto
con los modos de habla urbanos, el debilitamiento consonántico extremo asociado al habla gauchesca se convertirá en un
fenómeno progresivamente menos habitual.

(4) La /č/ africada casi nunca pierde sus elementos oclusivos; si
esto ocurriera, crearía potencialmente un gran número de ho-
mónimos, dada la pronunciación dominante de /y/ como [š].

(5) En casi toda Argentina, /s/ final de sílaba se debilita o se elide. /s/ final se conserva como sibilante en una zona en retroceso de Santiago del Estero, y en una pequeña franja de la
frontera con Bolivia en el extremo noroeste. Entre los hablantes cultos de Buenos Aires, la aspiración predomina sobre la
pérdida, que está sociolingüísticamente estigmatizada (Fontanella de Weinberg, 1974a, 1974b; Terrell, 1978). En posición
prevocálica final de palabra (por ejemplo *los amigos)*, [s] sibilante predomina en los registros más formales, y en las clases
socioeconómicas superiores. La aspiración o elisión de /s/
prevocálica está estigmatizada en Buenos Aires, aunque esta
realización sea el resultado lógico del debilitamiento de /s/ y
siga el mismo camino de muchos otros dialectos del español

(por ejemplo Lipski, 1984). En otras zonas de Argentina, la reducción de /s/ está menos sujeta a restricciones sociolingüísticas, y alcanza niveles más altos que en Buenos Aires. Incluso en Bahía Blanca (Fontanella de Weinberg, 1967, 1974a, 1974b) y Rosario (Donni de Mirande, 1987) en la zona general de Buenos Aires, la reducción de /s/ está extendidísima. En Corrientes y Misiones, la pérdida de /s/ final de sílaba es habitual incluso entre hablantes cultos, lo que contrasta con el fuerte estigma sociolingüístico que soporta esta pronunciación en Buenos Aires. Los estudios realizados en Patagonia, Mendoza, Jujuy (Lacunza de Pockorny y Postigo de Bedía, 1977) y Tucumán (Rojas, 1980: 57-61) confirman estas tendencias. La investigación de Fontanella de Weinberg (1974a, 1974b) indica que, dentro de cada clase social, la reducción de /s/ aparece con más frecuencia entre los varones que entre las mujeres, al menos en el gran Buenos Aires. La pérdida de /s/ es más frecuente entre las clases bajas y menos frecuente entre las clases medias, mientras que la clase superior representa un nivel intermedio. Esto se explica por el sentimiento de inseguridad sociolingüística exhibida por los miembros de las clases medias, que poseen una movilidad ascendente en la escala social y que en muchas sociedades son muy sensibles a los marcadores lingüísticos de clase, y son los más propensos a cometer ultracorrecciones. Aunque en ninguna zona de Argentina la pérdida de /s/ final quede compensada fonológicamente por el relajamiento vocálico, como ocurre en el este de Andalucía, la aspiración de /s/ puede afectar a la vocal precedente. Los casos más llamativos aparecen entre los hablantes rurales sin instrucción del centro de Argentina, donde la aspiración de /s/ final ocasiona un alargamiento significativo de la vocal precedente (Vidal de Battini, 1949: 42).

(6) La entonación del español de Argentina es famosa por los patrones circunflejos de Buenos Aires, analizados por Fontanella de Weinberg (1966, 1980). Este dialecto también se caracteriza por la relativa longitud de las vocales átonas. Aunque los patrones melódicos de Buenos Aires se están extendiendo rápidamente a otras zonas de Argentina, debido al prestigio de la norma porteña, siguen existiendo diferencias.

Buenos Aires /litoral del sur

(1) La /rr/ múltiple se pronuncia como vibrante alveolar.

(2) El fonema /ʎ/ no existe, e /y/ recibe una pronunciación fricativa acanalada conocida como žeísmo o rehilamiento. Aunque el sonido general era [ž] sonora, muchos habitantes jóvenes de Buenos Aires pronuncian ahora una [š] sorda, y ese ensordecimiento se está extendiendo por toda Argentina. El proceso se ha originado, sin duda, en este siglo, pero su rápida extensión ha empezado en la segunda mitad del mismo (Fontanella de Weinberg, 1979). Aunque el žeísmo ensordecido se concentra en Buenos Aires, la pronunciación rehilada de /y/-/ʎ/ está más extendida, y alcanza a gran parte de la Patagonia, el norte de Tucumán (Rojas, 1980: 61) y Salta. En el extremo oeste esta pronunciación es rara, siendo [y] palatal la realización normal (por ejemplo Vidal de Battini, 1949: 47). La pronunciación rehilada de /y/ se originó en Buenos Aires, desde donde se ha expandido, y representa el estándar de prestigio que se asocia con el español de Argentina en todo el mundo. La fecha de inicio del proceso no ha podido ser determinada con exactitud, pero se sitúa entre finales del XVIII y principios del XIX (Fontanella de Weinberg, 1973). Se ha dicho que la inmigración italiana a Buenos Aires se encuentra en el origen de este cambio, pero no hay pruebas que apoyen esta suposición. Entre los inmigrantes italianos de otras zonas de Hispanoamérica no se ha producido este cambio, mientras que en España hay pronunciación rehilada de /y/, por ejemplo, en Sevilla y otras ciudades del sur. En Buenos Aires/Montevideo, este cambio fue probablemente espontáneo, impulsado por la existencia previa de pronunciaciones comparables en España. En la mayor parte de la zona donde encontramos esta pronunciación, /y/ y /ʎ/ se han neutralizado.

Zona nordeste/con influjo guaraní

(1) En las zonas de Misiones y Corrientes, el fonema /ʎ/ se conserva todavía (normalmente como lateral palatal) en la mayoría de los hablantes, aunque también hay yeísmo (cfr. Abadía de Quant, 1988; Ayala Gauna, 1964; Sanicky, 1981).

(2) /y/ suele ser africada, al igual que en Paraguay, aunque hay una incipiente pronunciación rehilada, quizás por influjo del

habla de Buenos Aires. En la región del norte no se produce el ensordecimiento de esta fricativa procedente de /y/.

(3) /r/ final, en especial en los infinitivos, cae con frecuencia en Corrientes y Misiones (Vidal de Battini, 1964; Amable, 1975: 156).

(4) /rr/ múltiple a veces recibe una pronunciación fricativa rehilada. La mayoría de los hablantes distingue /rr/ de /y/-/ʎ/, aunque las realizaciones fricativas son bastante parecidas (cfr. Ayala Gauna, 1964; Vitor, 1964; para Tucumán cfr. Lagmanovich, 1976; Rojas, 1980: 62). Hay noticias de que en algunas regiones del norte, en particular en la frontera con Paraguay, existe una confusión fonológica potencial, pues el sonido [ž] es la realización local de /rr/, mientras que la pronunciación cada vez más predominantemente porteña, impulsada por los maestros, la radio y la televisión, las películas y los viajes a la capital, asigna el mismo sonido a /y/-/ʎ/. Sin embargo, esta confusión es más potencial que real, pues ningún grupo de hablantes asigna normalmente [ž] a /rr/ y a /y/-/ʎ/, y basta con escuchar unos cuantos segundos cualquier idiolecto para determinar el valor fonológico de [ž] en él.

(5) Aparecen oclusiones glotales entre palabras y para destruir los hiatos, lo mismo que en Paraguay (Vidal de Battini, 1964; Thon, 1989).

(6) En Misiones, algunos hablantes ancianos dan una pronunciación fricativa a /č/, pero en este dialecto ni /y/ ni /ʎ/ reciben una pronunciación que pueda terminar en una fusión con /č/ (Sileoni de Biazzi, 1977).

Zonas del Norte-Oeste / con influjo quechua

(1) En algunas regiones del extremo norte, en el límite con Bolivia y Paraguay, hay asibilación de /r/ final de sintagma, especialmente en zonas caracterizadas por el bilingüismo, pasado o actual, con el quechua.

(2) En Santiago del Estero se produce una situación similar a la de Quito, en la que /y/ se pronuncia [y] y /ʎ/ es [ž]. Este enclave está adoptando los modelos yeístas predominantes en el resto de Argentina, aunque todavía se encuentran hablantes que presentan la antigua alternancia.

(3) En gran parte de la zona interior norteña no es raro que al grupo /tr/ se le dé una realización casi africada, aunque no tan marcada como en los países andinos. Este fenómeno se produce hasta en las zonas costeras aisladas, lo que hizo que Donni de Mirande (1972) lo asociara con la antigua

colonización española y el posterior aislamiento o marginación.

(4) Muchos dialectos centro-norteños, por ejemplo en Córdoba y Tucumán, presentan una tendencia hacia un ritmo acentual temporal (Fontanella de Weinberg, 1966, 1971, 1980).

(5) /y/ no suele recibir una pronunciación fricativa rehilada, sino que suele ser una fricativa palatal débil.

CARACTERÍSTICAS MORFOLÓGICAS

(1) El español de Argentina emplea uniformemente *vos* en vez de *tú*. El uso de *vos* se acepta en todos los niveles sociales y en todos los contextos, y aunque algunos individuos muestren ciertas reservas personales sobre la "corrección" de *vos*, Argentina en su conjunto ha afirmado su identidad criolla en parte mediante el uso universal de *vos* (Gregorio de Mac, 1967; Martorell de Laconi, 1986; Wainerman, 1972, 1976). Como en Uruguay, está algo estigmatizada la utilización de las formas del voseo en el subjuntivo (por ejemplo *no me digás*), aunque tales formas sean frecuentes (Donni de Mirande, 1968, 1980). Casi inexistente en Argentina, salvo en unas cuantas ciudades del norte (por ejemplo Rojas, 1980: 78 para Tucumán, Martorell de Laconi y Rossi de Fiori, 1986: 7-38), es la combinación de *vos* + forma verbal correspondiente a *tú* (por ejemplo *vos eres*). Puesto que *tú* está, en general, ausente del español de Argentina, no se encuentran combinaciones de *tú* + forma verbal del voseo. (Sin embargo, tales combinaciones sí aparecen en el pasado: cfr. Rojas, 1985: 282 para Tucumán.) Las terminaciones verbales asociadas a *vos* suelen ser *-ás, -és* e *-ís,* pero en el noroeste, con influjo quechua, se da el uso de *-ís* con los verbos de la segunda conjugación (por ejemplo *comís*) entre hablantes rurales sin instrucción (Rojas, 1980: 79). Vidal de Battini (1947: 117 y ss.) registró formas diptongadas en *-ai(s), -ei(s),* etc. en San Luis, pero este uso ha desaparecido salvo entre los hablantes ancianos de regiones rurales aisladas.

(2) La mayoría de Argentina es estrictamente loísta, y emplea *lo* como clítico de objeto directo de tercera persona singular, tanto para los referentes animados como inanimados. En el nordeste (Misiones, Corrientes), el uso de *le* es más frecuente (Amable, 1975: 19). En Jujuy, *lo* se usa a veces como clítico de dativo: *lo [= le] di mi palabra* (Lacunza de Pockorny y Postigo de Bedía, 1977).

(1) Los argentinos, como la mayoría de los hispanohablantes del Cono Sur, suelen emplear la duplicación mediante clíticos de los nombres de objeto directo definidos y de persona: *lo conozco a Juan*, donde el clítico *lo* sería redundante e inaceptable en otros dialectos del español. Suñer (1988) ofrece algunas explicaciones sobre el valor sintáctico de la duplicación mediante clíticos en el español de Argentina. Gómez López de Terán y Assís (1977) ofrece muchos ejemplos del uso popular, en el cual también se produce la duplicación mediante clítico (normalmente con *lo)* de objetos directos inanimados.

(2) En el noroeste, con influjo quechua, los hablantes rurales sin instrucción pueden usar *lo* genéricamente incluso cuando no hay referencia masculina singular (Rojas, 1980: 83): *Lo quiere mucho a su hijita; ¿Me lo va a firmar la libreta?*

(3) El uso de los tiempos verbales en el español de Argentina no siempre sigue los modelos establecidos por las gramáticas normativas. Por ejemplo, se puede emplear el pretérito indefinido en lugar del pretérito perfecto incluso cuando se ha establecido la continuidad con el momento presente: en Argentina *Juan no llegó* puede significar "Juan no ha llegado aún", mientras que en otras zonas sólo puede significar "Juan no llegó", esto es, queda excluida la posibilidad de un cambio posterior de la situación. Asimismo un verbo principal en pasado o en condicional se combina libremente con un verbo subordinado en presente de subjuntivo, combinación que rompe con la *consecutio temporum* prescriptiva: *Juan me dijo que lo haga [= hiciera] en seguida.*

(4) En el habla vernácula de muchas regiones (por ejemplo Rojas, 1980: 75, para el norte de Argentina), *yo* sustituye a *mí* en las construcciones de verbos de dativo: *yo [= a mí] me parece que me voy.*

(5) En el habla popular del norte de Argentina, *nos* aparece en posición preverbal en construcciones exhortativas del tipo *nos sentemos [= sentémonos].*

(6) Entre los hablantes con menos instrucción de todo el país, el clítico reflexivo *se* suele usarse genéricamente incluso cuando no hay referencia a la tercera persona: *se [= nos] llevamos bien, se [= nos] vamos.*

(7) Entre los hablantes rurales, especialmente en la zona central

de Argentina, es posible encontrar combinaciones en las que un pronombre sujeto precede a una forma verbal no finita (infinitivo o gerundio): *al yo venir, yo llegando* (Vidal de Battini, 1949: 378).

(8) En zonas de Argentina donde el español está en contacto bilingüe con lenguas indígenas, a veces se producen mezclas sintácticas. Por ejemplo, Quant e Irigoyen (1977, 1980) han estudiado la influencia guaraní en el dialecto vernáculo de Resistencia, cerca de Corrientes en el Chaco argentino. Ayala Gauna (1964) presenta datos sobre el habla de Corrientes.

Muchos de estos rasgos también aparecen en el español de Paraguay. Entre los casos típicos de penetración sintáctica se encuentran los siguientes:

(i) Ausencia de cópula, combinada con un orden de palabras en que el sujeto ocupa la posición final, como en *muy malo vos* [= *vos sos muy malo*].

(ii) Posesivos redundantes con posesión inalienable: *de mi cabeza sufro* [= *sufro de la cabeza*].

(iii) Doble negación con negación antepuesta: *nadie no está* [= *no hay nadie*].

(iv) Ausencia de clíticos reflexivos en construcciones de posesión inalienable: *poné tu pollera* [= *ponete la pollera*].

(v) Objeto directo nulo: *llevé los papeles para la farmacia y no sé si* [los] *perdí*.

(vi) Uso de *eso* pospuesto para incluir otros miembros de un grupo: *las batatas eso* "las batatas y otras cosas", *mi mamá eso* "mi madre y otros", etc. En Misiones se usa *y eso* (Amable, 1975: 141) *mi hermana y eso* "mi hermana y los otros".

(vii) Uso de *grande* en vez de *mucho: comió grande*.

(viii) Uso de *ir en* para expresar movimiento: *él se va en Corrientes* [= ... *va a* ...].

(ix) *Mismo* se usa a veces para expresar una respuesta afirmativa a una pregunta, con el significado aproximado de "sí, eso es correcto".

(9) En la región de Misiones también se produce cierta penetración del portugués brasileño. Aunque se suele limitar al léxico, pueden aparecer transferencias morfosintácticas entre los hablantes con menos instrucción. Por ejemplo, el diminutivo *-iño* puede ser adjuntado a nombres y adjetivos españoles, y *tener* se usa como verbo auxiliar en vez de *haber* (Kaul, 1977).

El léxico argentino contiene una rica variedad de regionalismos, pero, naturalmente, es el dialecto de Buenos Aires el que tiene la difusión más amplia. Los principales estudios sobre el léxico nacional y regional de la Argentina son: Abad de Santillán (1976), Aguilar (1986), Aramburu (1944), Belgeri (1959), Cáceres Freyre (1961), Casullo (1964a), Coluccio (1985), Díaz Salazar (1911), Fidalgo (1965), Flores (1961), Huertas (1963), Kaul (1977b), Lafone y Quevedo (1898), Lizondo Borda (1927), Paleari (1982), Rojas (1976), Saubidet Gache (1948), Solá (1975), Viggiano Esaín (1956) y Villafuerte (1961).

El léxico del español de Argentina puede dividirse al menos en tres categorías: (1) el componente derivado del español; (2) unidades de origen italiano; (3) el *lunfardo,* de origen híbrido. En la primera categoría, el vocativo *che,* de origen controvertido, es tan llamativo que los habitantes de los países vecinos lo emplean para caracterizar a todos los argentinos como *los che.* De uso antes habitual, aunque ahora en recesión, son *pibe/piba,* como términos apelativos. Estas palabras pueden haber llegado a través de las Islas Canarias, donde todavía se emplean en algunas zonas. La inmigración canaria fue especialmente numerosa en Argentina a fines del XIX y principios del XX.

El componente italiano se limita a los coloquialismos y en parte se solapa con el lunfardo. *Chau,* del italiano *ciao,* lo emplean todos los argentinos, en el sentido de "adiós". Algunos ítalo-argentinos también lo emplean como saludo, como ocurre en Italia.

El lunfardo (abreviado a veces en *lunfa)* se desarrolló entre las clases socialmente más marginadas de Buenos Aires. Como el *pachuco* mexicano, algunos creen que el lunfardo nació como jerga de criminales. Lo normal en ese tipo de jergas es que se sustituyan las palabras para impedir la comprensión a los no iniciados. El uso del término *lunfardo* para designar a los criminales y a su lengua apoya esta teoría. En realidad, lo más probable es que los orígenes del lunfardo fueran menos siniestros (cfr. Terugi, 1978), aunque es indiscutible que los elementos criminales se apropiaron de este subconjunto léxico y lo ampliaron. En su sentido más amplio, el lunfardo es simplemente el habla vernácula de las clases obreras de Buenos Aires, similar al *cockney* londinense. Muchos habitantes cultos de Buenos Aires seguramente aceptarían esta definición; aunque algunos tienen alguna reserva sobre la corrección del lunfardo, la mayoría lo considera auténticamente criollo y una fuente de orgullo regionalista. Terugi (1978: 26) amplía la definición más, para designar todas las unidades léxicas del habla popular de Argentina que no se suelen encontrar (al menos con los mismos significados) en los diccionarios del español estándar. Las principales compilaciones de vocabulario y de expresiones lunfardas son: Barcia (1973), Bioy Casares (1978), Borges (1953), Capparelli (1980), Casullo (1964b), Commarota (1970), Dis (1975), Raúl Escobar (1986), Gobello (1961, 1963, 1975, 1990), Rodríguez (1987), Terrera (1968), Terugio (1978), Valle (1966), Villamayor (1969), y Villanueva (1962).

No se sabe con certeza el origen del término *lunfardo*. Una hipótesis es que deriva del italiano *lombardo* (Villanueva, 1962), pero esta etimología es problemática (Terugi, 1978: 21-2). No hay duda de que la comunidad italiana de Buenos Aires tuvo un papel fundamental en el desarrollo del lunfardo, si es que no lo tuvo en su creación. Sin embargo, muchas palabras lunfardas proceden de España y Portugal, otras de la jerga y del argot franceses, y unas cuantas del inglés. En la época moderna, el lunfardo ha perdido muchas de sus connotaciones etnolingüísticas para abarcar todos los elementos resultantes de la evolución del habla popular de Buenos Aires, incluidas las jergas de los jóvenes y de los estudiantes y la deportiva. En esencia, *lunfardo* designa el uso preferente de un determinado léxico, combinado con una entonación y una pronunciación segmental que tipifica y pone de manifiesto las tendencias de la clase trabajadora. En Buenos Aires esto significa una pronunciación fricativa rehilada fuerte de /y/-/λ/, normalmente ensordecida en [š], junto con cambios entonativos marcados, y pérdida total de /s/ final de palabra. La elección de las unidades léxicas sigue siendo el criterio más definitorio; uno puede hablar el lunfardo sin emplear todos los rasgos fonéticos, mientras que se pueden utilizar esos rasgos fonéticos en ausencia del lunfardo.

Muchas palabras del lunfardo han pasado al habla vernácula de Buenos Aires; las letras de los tangos han tenido un papel fundamental en la introducción de las palabras lunfardas en el habla cotidiana de las clases medias argentinas. Algunas palabras del lunfardo que se emplean comúnmente son: *bacán* "hombre, tipo", *cana* "policía, prisión", *falluto* "jactancioso, hipócrita", *minga* "no, nada", *farabute* "loco", *menega* "dinero", *manyar* "entender, saber", *mina* "mujer", *micho* "pobre, marginado", *cafishio/cafisio* "chulo, proxeneta", etc. (Meo Zilio, 1960; Donghi de Halperin, 1925; Terugi, 1978). Otras palabras lunfardas habituales son *gil* y *otario* "loco, mamón", *sofaifa* "hombre", *fiaca* "pereza", *morfar* "comer", y *falopa* "droga ilícita". Como ocurre con otras jergas, el lunfardo es una creación dinámica; las palabras antiguas desaparecen del uso, y permanecen, si acaso, en la literatura, mientras que constantemente entran nuevas palabras.

El cocoliche

La inmigración de cientos de italianos a Buenos Aires, Montevideo y otras grandes ciudades del Río de la Plata en las primeras décadas del siglo XX dio lugar a un cambio demográfico drástico. En la cúspide de la eclosión migratoria, la mayoría de los habitantes de Buenos Aires era de origen extranjero, y la proporción de italianos iba del 25 % a más del 50 %, dependiendo de la época y de la zona urbana. La mayoría de los inmigrantes italianos eran pobres y analfabetos, y pocos hablaban el italiano estándar; en su lugar, empleaban una amplia variedad de lenguas y dialectos regionales. Muchos dialectos regionales italianos están emparentados con el español, y era natural que los italianos de la clase trabajadora dieran el esperable paso de modificar sólo mínimamente sus patrones de habla para conseguir una mayor inteligibilidad, en vez de intentar dominar todas las estructuras del español y olvidar sus dialectos nativos. Al mismo tiempo, el italiano hablado por esos inmigrantes sufría la influencia cada vez mayor del español (Meo Zilio, 1955a, 1955b). Así, se creó una situación general de contacto lingüístico en Buenos Aires y Montevideo, conocido genéricamente con el término (un tanto despectivo) de *cocoliche,* que designa el habla híbrida ítalo-española empleada por la primera generación de inmigrantes italianos (cfr. Meo Zilio, 1955c, 1956, 1958, 1959, 1989; Montoya, 1979; Lavandera, 1984: 61-75; Rosell, 1970). El origen de la palabra *cocoliche* no está del todo claro, pero una anécdota adscribe el término a una representación de la comedia *Juan Moreira* de José "Pepino 88" Podestá en 1890 (Podestá, 1965). Uno de los actores, llamado Antonio Cocoliche, se mofó espontáneamente del habla de un inmigrante italiano, donde se mezclaban italiano y español: "Ma quiame Franchisque Cocoliche, e sono cregollo gasta lo güese" (Podestá, 1930: 62-3). Cualquiera que sea su origen, los autores de comedias, los poetas y los columnistas adoptaron rápidamente el término *cocoliche* para designar tanto a los inmigrantes italianos como sus esfuerzos por hablar español. El cocoliche sufrió la estereotipación y se hicieron creaciones muy poco verosímiles para agradar al público, de forma muy parecida a lo que ocurrió con el español "africanizado" en manos de los poetas y dramaturgos del Siglo de Oro. Muchos llegaron a creer que el cocoliche sólo existía en la imaginación de los autores y actores de comedias, pero, en realidad, durante varias décadas, en el Río de la Plata se habló un continuo estable y sistemático de español con influencia italiana (dialectal). Muchos inmigrantes italianos que llegaron antes de la Segunda Guerra Mundial hablaban poco o ningún italiano estándar, sino sólo dialectos regionales, cuyas características variaban enormemente. En lo que atañe a su similitud global con el español, los dialectos del norte difieren tanto que impiden una transferencia fácil, mientras que los del centro y del sur (hasta Calabria al menos) guardan un parecido mayor con él. La demografía regional de la inmigración italiana al Río de la Plata evolucionó rápidamente (Cacopardo y Moreno, 1985) desde una mayoría de italianos del norte (1880) a una mezcla dispar de italianos del norte y del sur (1890), para pasar, posteriormente, a una mayoría de italianos del centro y del sur (desde la última década del XIX en adelante). El cocoliche refleja la importancia creciente de los dialectos regionales del centro y del sur, pero en la práctica cada inmigrante creó una versión ligeramente diferente del español, en la que los dialectos regionales italianos se combinaban con el aprendizaje imperfecto del español para producir un amplio espectro de variantes morfológicas, sintácticas y fonológicas. Meo Zilio (1989: 207-254) constituye una descripción completa de los resultados lingüísticos de la mezcla español-italiano, mientras que Rosell (1970) traza la historia del cocoliche en la literatura y la cultura popular. Lavandera (1984) presenta los resultados de una investigación sociolingüística sobre la estructura y el uso del cocoliche.

El cocoliche estaba asociado a las clases sociales más bajas, a quienes la lucha por la subsistencia impedía el estudio formal y la adquisición de las variantes más prestigiosas del español. A los ojos de los porteños más cultos, el cocoliche era cómico y macarrónico, y casi de inmediato se convirtió en un estereotipo literario que aparecía en tiras cómicas, columnas periodísticas, novelas, poemas y obras de teatro. Algunas representaciones del cocoliche son parodias inexactas desde el punto de vista lingüístico, pero otras reflejan una mejor percepción del uso real. A medida que descendía la inmigración argentina y los descendientes de los primeros inmigrantes nacidos ya en Argentina adquirían el español como lengua nativa, el cocoliche fue desapareciendo, y hoy se recuerda más como una creación de la cultura popular que como una forma de habla que empleó en el pasado un amplio segmento de la población de Buenos Aires y Montevideo. Los modernos argentinos y uruguayos pueden dudar de que se hablara alguna vez realmente el cocoliche, pero aquellos cuyos abuelos o bisabuelos de origen italiano aún viven saben que el cocoliche se conserva todavía en la intimidad de sus casas y barrios. Un ejemplo literario típico de cocoliche, extraído de la comedia *El guarda 323* de Armando Discepolo (1990: 270) es:

¿No me conóscano? So Pascuales Ventricello, lo guarda. O ido a combrá todo esto pe que hoy cumble vende año la chica mía, e quiero convidare a lo novio, que va a tocarle la serenata esta noche. Yo tengo na hija que se me va a casá. ¡Parece mentira! Lo novio, Rafaele Llorende, la ha conocido a lo tranguay. E me agropiano.

El siguiente es un ejemplo de cocoliche más cercano al español, que intenta representar el habla de los inmigrantes italianos posteriores a la Segunda Guerra Mundial (Meo Zilio, 1989: 249):

> Quella terra tropicale era proprio una confusione deárbore e fiore, fiore e árbori, a tal punto que sepoteva sapere quí había por detrás de tanto tronco tupido si uno no sacaba il machette e se abría il paso. Io tomé la decisione de facerme un camino per la selva a machettazo limpio, pero prima lo afilé in compagnía di aquella exhuberante leona qui me aveva ricebuto in il paese.

Un ejemplo de habla ítalo-argentina grabada de la realidad es (Lavandera, 1984: 68):

> El hombre se interesó michísimo e, ya había tomato informe, el dueño que me había tomato a trabajar estaba muy contento diche que yo muchacho é un muchacho que trabaja entontse el jombre me dijo, dice sí, dishe, hacete valere, diche, hacete valere porque el hombre sta muy contento, muy conforme. A mí el hombre me había dicho, diche, Roque, dice, vo te quedá tre día...

El habla gauchesca

El español de Argentina actual se identifica con la norma urbana culta de Buenos Aires, pero en el pasado el gaucho rural, el vaquero de las Pampas, proporcionó el modelo lingüístico con el cual se identificaban Argentina y Uruguay en la literatura y en la vida cotidiana. Hoy el gaucho real es tan raro como el *cowboy* americano, y pocos de los gauchos que quedan saben improvisar *payadas* o competiciones de canciones. Los modernos gauchos tampoco conservan todos los patrones lingüísticos rústicos y arcaicos inmortalizados en los clásicos de la literatura gauchesca: *Fausto* de Estanislao del Campo, *Santos Vega* y *Paulino Lucero* de Hilario Ascasubi, los "Diálogos" de Bartolomé Hidalgo, y el épico *Martín Fierro* de José Fernández. El habla gauchesca es muy conocida para los argentinos cultos, y aparece todavía en la música popular, las películas y el teatro. Tiscornia (1930) ofrece el estudio más completo de la lengua gauchesca. Otros estudios son Belgeri (1959), Cayol (1985), Guarnieri (1971), Inchauspe (1949, 1953), Leumann (1953), López Osornio (1945), Pacheco (1968), Pinto (1963) y Rossi (1933-37).

La esencia del habla gauchesca, al menos tal y como la representa la literatura, es una combinación de unidades léxicas, formas morfológicas populares y erosión fonética. Las unidades léxicas incluyen elementos arcaicos y rústicos y argentinismos legítimos, muchos de origen indígena. El primer grupo está tipificado por *mesmo, agora, y truje, afusilar, dir* "ir", y *gomitar.* Palabras y expresiones típicamente gauchescas son: *yuyo* "hierba, pasto", *sobre el pucho* "inmediatamente", *chinchulines/chunchulines* "tripa de cordero o de vaca asada", etc. Muchas de estas palabras han sido aceptadas por el español general de Argentina y se han extendido a países vecinos.

La morfología popular del habla gauchesca sigue tendencias existentes en España y en otras zonas rurales de Hispanoamérica. Se regularizan los verbos irregulares o se conjugan analógicamente a otros verbos irregulares, hay usos no estándar de las preposiciones y conjunciones, y la etimología popular conduce a la modificación de muchas palabras. Las modificaciones fonéticas también son despreciables si se sitúan en el contexto del español rural. Se pierde la /d/ intervocálica (aunque no en la medida en que se produce en el habla rural actual de Argentina), se intercambian /b/ y /g/ ante /o/ y /u/, la semivocal [w] se refuerza en [gu] (por ejemplo *huevo > güevo).* Ninguna de estas modificaciones es propia del español gauchesco o argentino. Lo que distingue al habla gauchesca es la mezcla de terminología rústica, imágenes y metáforas ligadas a la tierra, y la altísima densidad de formas reconocibles al instante (por lectores y oyentes cultos) como formas no estándar y arcaicas. Una lengua similar se puede encontrar, por ejemplo, en ámbitos rurales de México, Colombia, España y las Islas Canarias, pero sólo cuando se combina con el fascinante modo de vida del gaucho adquiere ese grado de esplendor literario y cultural. Veamos un ejemplo del *Martín Fierro* (Tiscornia, 1925: 286):

> Vos, porque sos ecetuao,
> ya te querés sulevar,
> no vinistes a votar
> cuando hubieron elecciones:
> no te valdrán eseciones,
> yo te voy a enderezar.

De *Paulino Lucero* (Ascasubi, 1900: 214-5):

> No te trujera esta lonja
> que le he sacao a un francés,
> para vos, ahí la tenés:
> esto es querer, no lisonja.
>
> Ansí es que me acuerdo yo,
> tomá, y dejate de quejas;
> juntala con las orejas
> que Oribe te regaló.

Un ejemplo moderno, que conserva todavía el espíritu gauchesco, es el siguiente (Belgeri, 1959: 80):

> Como bienes de dijunto
> ni dentre tiene el alcaide,
> por no interesarle a naide,
> creo, sospecho, barrunto,
> no preocuparle un asunto,
> al güen Dios se lo encomiendo,
> ir llegando, va cayendo,
> por ignorar, en ayuna,
> tener poca fe o ninguna,
> la ganancia no le arriendo.

El español de Bolivia

PERSPECTIVA HISTÓRICA

Bolivia es un país grande, y dentro de sus fronteras encontramos una gran variedad de dialectos del español, además de algunas comunidades indígenas importantes. Aunque se suele considerar que Bolivia es un país andino cuyas principales ciudades se encuentran a una altitud que corta la respiración, el español de Bolivia se habla desde el elevadísimo Altiplano hasta los valles interandinos y las tierras bajas amazónicas con rasgos característicos propios. Los dialectos de las tierras altas han recibido el influjo de las dos principales lenguas indígenas, el quechua y el aimara, en especial en el nivel vernáculo, mientras que los llanos del este, que abarcan casi las dos terceras partes del territorio boliviano, comparten muchos rasgos con el habla de la vecina Paraguay. Como esta última nación, Bolivia ofrece rasgos innovadores y elementos arcaizantes entre sus dialectos, que son piezas misteriosas del rompecabezas lingüístico hispanoamericano.

No hay una descripción completa del español de Bolivia y muchas subvariedades únicas desde el punto de vista étnico siguen esperando una explicación. Los principales estudios descriptivos son Justiano de la Rocha (1986, 1991), Laprade (1976), Mendoza (1988, 1991), Sanabria (1965, 1975), Stratford (1989) y Vara Reyes (1960). La mayoría de los trabajos sobre el español de Bolivia coinciden en distinguir el Altiplano, el Valle de Cochabamba, y el llano, y a veces consideran como subvariedad separada la región de Tarija, más homogéneamente hispánica. Muchas de las características en que se funda esa división son fonológicas, aunque en los dialectos de las tierras altas hablados por bilingües se pueden detectar ciertas peculiaridades sintácticas.

No contamos con una cifra exacta del número de bolivianos que hablan el español como primera o como segunda lengua, dada la falta de fiabilidad de los datos del censo, y el rechazo general que sufren las lenguas indígenas en el proceso de ascensión en la escala social. Como en otros territorios andinos, el término *cholo* es etnolingüístico, y designa a una persona de origen mestizo o indígeno puro que habla español y se identifica, cultural y económicamente, con la Bolivia urbana hispanohablante. La pequeña población caucasiana ha conservado el poder económico y político en Bolivia, aunque los grupos indígenas han avanzado en sus esfuerzos por conseguir participación en ambos campos.

La conquista española de Bolivia fue errática y nunca llegó a completarse. Cuando llegaron los españoles, las tierras altas de Bolivia estaban bajo dominio inca. El lago Titicaca y el Altiplano boliviano fueron visitados por vez primera por los españoles en 1539, durante una expedición de Gonzalo Pizarro. En 1563, Bolivia fue incorporada a la Audiencia de Charcas, llamada más tarde del Alto Perú. Las tierras bajas bolivianas no fueron conquistadas desde el Altiplano, sino más bien por los buscadores españoles de tesoros que salían desde Asunción, Paraguay, porque habían oído hablar de los metales preciosos del este. En la época en que esas fuerzas expedicionarias habían fundado ya Santa Cruz de la Sierra, las fuerzas españolas de Perú se habían apoderado de los yacimientos de oro y plata de Perú y Bolivia. La competencia e incluso la hostilidad de las colonias peruanas impidieron que el grupo de Asunción continuara penetrando en las tierras altas. Hoy, el español de las tierras bajas de Bolivia recuerda mucho al de Paraguay, mientras que el español del Altiplano boliviano desemboca sin solución de continuidad en los dialectos peruanos conforme avanza hacia el norte.

En 1545, un trabajador indio llamó la atención de un terrateniente español sobre lo que resultó ser una montaña entera de plata, el legendario Potosí. De inmediato, el gobierno español se dedicó a explotar esa riqueza; se llevaron esclavos africanos a trabajar en las minas, pero murieron en masa debido a la altitud y a las penosas condiciones de trabajo. Decenas de miles de indios fueron forzados a una esclavitud *de facto,* y Potosí se convirtió en el centro más populoso de Hispanoamérica, con una población de más de 150.000 habitantes en una época en que las demás ciudades importantes contaban tan sólo con unos cuantos miles. La búsqueda de metales preciosos por parte de los españoles se satisfizo con el descubrimiento de los ricos yacimientos de plata de Potosí, y durante un cierto tiempo esta región fue el centro de atención del imperio español en América del Sur. El tesoro de Potosí impulsó la creación de la casi autónoma Audiencia de Charcas, lo que debilitó el control administrativo ejercido por Lima.

La obsesión por las actividades mineras creó una situación inestable, y toda modificación en la productividad de las minas de plata de Potosí tenía repercusiones inmediatas y profundas en el resto de la región. Durante las primeras décadas de la explotación minera, se trabajó en los yacimientos de superficie, que eran fáciles de explotar y muy ricos en mineral de plata. Una vez que se agotaron esos yacimientos, se hizo necesaria la apertura de pozos, lo que exigía un gasto considerable de capital y una tecnología más sofisticada. Aún más importante fue la drástica disminución de mineral, lo que incrementó brutalmente el coste total de la extracción de la plata. Los técnicos españoles introdujeron la técnica de la amalgamación con mercurio, que era suministrado por la mina peruana de Huancavelica, monopolio real español. Esto consolidó la supremacía española sobre la producción de plata, y estimuló también la creación de largas rutas de abastecimiento para satisfacer las necesidades del remoto y desolado Potosí. La Paz, fundada originalmente en medio del territorio aimara como estación de paso entre Cuzco y el sur de Charcas, fue un puerto importante entre Perú y Potosí, y se convirtió en un gran centro comercial y administrativo. Con el incremento de la actividad minera en las tierras altas, se necesitaron mayores provisiones de hojas de coca para mantener el nivel de trabajo de los mineros, y las plantaciones de coca de la región de Yungas al este de La Paz pasaron a manos españolas, acontecimiento que contribuyó a la importancia comercial de esa ciudad.

Cochabamba se fundó en 1571 en un fértil valle habitado por hablantes de quechua, y fue el principal puesto español para controlar sus actividades. En los alrededores de Cochabamba se cultivaba trigo y maíz, que se enviaba hacia Potosí, lo que convertía a Cochabamba en un punto importante en el esquema colonial boliviano. Otro asentamiento importante en los primeros tiempos coloniales fue Chuquisaca (rebautizada con el nombre de Sucre tras la Independencia), que controlaba gran parte de la región del sur hasta Tucumán, Argentina. Esa ciudad boliviana desarrolló una economía basada en el abastecimiento de carne y animales de carga a las minas de Potosí. Tarija, en el sur de Bolivia, también proporcionaba carne y otras provisiones. La ciudad minera de Oruro fue fundada a finales del siglo XVII y se convirtió en otra ciudad de crecimiento rápido, aunque nunca a la escala de Potosí (Klein, 1982).

La producción boliviana de plata alcanzó su cenit a mediados del siglo XVII. Durante el siglo siguiente, la producción cayó drásticamente, en parte como resultado de la caída de los precios mundiales de plata. La mayoría de las zonas urbanas de Bolivia experimentaron una severa migración hacia fuera; sólo La Paz mantuvo una población y una economía estables. A finales del siglo XVIII se produjo una recuperación de la minería boliviana, pero nunca se alcanzaron los niveles anteriores, especialmente debido a que la plata de las minas mexicanas era más fácil de extraer. Entretanto, el puerto argentino de Buenos Aires había dejado de ser una estación de paso remota para convertirse en una ciudad comercial importante, gracias a la relajación de las restricciones españolas sobre el comercio intercolonial. Buenos Aires sustituyó a Lima como nudo principal del comercio de Charcas, la mitad del cual, al menos, estaba en manos del contrabando. La importancia de Buenos Aires fue reconocida por el gobierno español cuando la convirtió en virreinato en el siglo XVIII, y Charcas pasó a ser administrada desde ella. Así pues, las tendencias sociales y lingüísticas responsables de la formación de la sociedad boliviana cambiaron en un periodo crucial del desarrollo colonial, lo que explica, parcialmente, ciertos rasgos del español de Bolivia.

Tras la Independencia, Bolivia padeció guerras y disputas territoriales que tuvieron como resultado la pérdida de casi la mitad de su superficie originaria. La zona costera occidental pasó a Chile en la Guerra del Pacífico, varios territorios amazónicos cayeron en manos de Perú y Brasil, y gran parte del árido Chaco pasó a Paraguay tras la Guerra del Chaco de 1932. Lo único que podemos hacer es especular sobre las consecuencias lingüísticas de esta reducción del territorio, pero la pérdida de la región del Pacífico impidió que Bolivia recibiera un influjo importante de los rasgos lingüísticos costeros comunes a Perú y Chile y ausentes en las actuales tierras altas bolivianas.

A principios del siglo XX, la minería del estaño creció repentinamente en importancia y se convirtió en la principal fuente de divisas de Bolivia. El tungsteno y otros metales raros pasaron también a ser recursos minerales fundamentales, a medida que aumentaba su uso en la industria y en la tecnología. Aunque la economía boliviana tuvo un resurgimiento parcial como resultado de los nuevos yacimientos, nunca superó el aislamiento económico y cultural provocado por la pérdida de sus territorios costeros.

En la época precolombina, las principales civilizaciones de Bolivia se concentraban en el altiplano, y estaban dominadas por los aimaras, cuya hegemonía empezó a declinar a fines del siglo XII. En su momento de mayor expansión, el reino aimara llegaba casi a Cuzco por el norte, y al norte de Chile por el sur. En el siglo XV, los incas, y con ellos la cultura y la lengua quechua, empezaron a penetrar en el territorio aimara al sur del lago Titicaca, y consiguieron dominar gran parte de él. Cuando los españoles llegaron a Bolivia, el dominio inca no tenía ni siquiera un siglo de existencia, pero ya existían núcleos hablantes de quechua, y los españoles, que habían logrado cierto éxito en su intento de imponer esa lengua como lengua franca en Ecuador y Perú, le dieron preferencia en la colonización de Bolivia. Actualmente, el quechua y el aimara son las dos lenguas indígenas más importantes de Bolivia y se distribuyen, a grandes rasgos, por regiones. La región aimara comprende la mayoría del noroeste de Bolivia desde el lago Titicaca al Salar de Uyuni, en el norte de la provincia de Potosí, e incluye la ciudad de La Paz. El quechua se habla en la mayor parte de las provincias de Cochabamba, Potosí y Chuquisaca, así como en una pequeña porción de la provincia de Pando en el extremo norte, e incluye las ciudades de Cochabamba, Sucre, Oruro y Potosí.

En Bolivia también hay grupos indígenas más pequeños, principalmente en las tierras bajas amazónicas, el más numeroso de los cuales es el chiquitano. Entre las otras lenguas bolivianas hay varios miembros de las familias tupí-guaraní y arahuaca, además de algunos islotes lingüísticos. Dado el número relativamente escaso de hablantes, lo remoto de su localización, y la ausencia de integración social y económica en la sociedad hispanohablante, estos grupos y sus contribuciones lingüísticas no han sido estudiados adecuadamente (cfr. Plaza Martínez y Carvajal Carvajal, 1985; Ibarra Grasso, 1985).

Cuando comenzó la explotación intensiva de las minas del Potosí, los españoles empezaron a importar esclavos africanos para ayudar o sustituir a la mano de obra indígena. Debido a la escasez de bolivianos de origen africano en los últimos siglos, se ha pensado que sólo llegaron africanos durante el siglo XVI, y que la población africana, predominantemente masculina, murió a causa de las duras condiciones de trabajo y la escasez de oportunidades para la procreación. En realidad, la situación es más compleja, y la presencia africana en Bolivia, aunque nunca muy numerosa, no fue tan insignificante como a veces se ha dicho. Los datos presentados por Crespo (1977) revelan que la proporción varón-mujer nunca fue superior a 2:1, y que la población africana siguió siendo relativamente grande en varias zonas de Bolivia, ya debido a una importación continua, ya debido a la reproducción natural, hasta fines del periodo colonial. Por ejemplo, hacia mediados del siglo XVII, se calcula que Charcas tenía un total de 850.000 habitantes, de los cuales casi 750.000 eran indios que no se habían asimilado ni lingüística ni culturalmente al modo de vida español. En la misma época había unos 50.000 blancos en la región, 30.000 negros y 5.000 mulatos, cifras comparables a las de Venezuela en el mismo periodo de tiempo. Si estas cifras son exactas, y dado el estrecho contacto entre africanos y españoles en los asentamientos coloniales, existieron, entonces, grandes oportunidades para el contacto lingüístico. En Potosí, un censo de 1611 reveló que había unos 6.000 negros y mulatos en una población de 160.000 habitantes (la mayoría de los cuales, sin embargo, eran indígenas no hispano-hablantes). Tras el declive demográfico que sucedió a la caída de la actividad minera, un censo de 1719 presenta a 2.300 negros y mulatos de un total de 70.000 habitantes. En 1832, la población negra y mulata había descendido a unos 1.100 de un total de 224.000. Hasta en La Paz, en la época de la Independencia colonial, la población de origen africano constituía un 3-5 % del total, formado por una mayoría de población indígena que hablaba poco español (cfr. Pizarroso Cuenca, 1977; Portugal Ortiz, 1977).

Tras el declive de las minas de Potosí, los africanos de Bolivia se trasladaron a la región de Yungas al este de La Paz, donde muchos contrajeron matrimonio con aimaras y se dedicaron al cultivo de la coca y a la agricultura a pequeña escala. Hoy, los afro-bolivianos hablan tanto aimara como español, y se identifican culturalmente más con la población indígena. Parece que se habló un tipo de lengua afro-hispánica en la Bolivia colonial, en zonas urbanas donde trabajaban grandes cantidades de africanos. Como en otras ciudades coloniales, hay pruebas de que los africanos tenían sus propios bailes y canciones. Como ejemplo podemos citar un villancico compuesto probablemente durante el siglo XVII o principios del siglo XVIII (Claro, 1974: lxxv-lxxvii). Este texto presenta los rasgos típicos de la lengua afro-hispana, como ausencia de concordancia sujeto-verbo, reducción fonológica, pérdida de artículos, etc.:

> esa noche yo baila
> ha ha ha ha
> con Maria lucume
> he he he he

asta Sol qᵉ amanece
ha ha ha ha
...
Nacie cun Batulume
he he he he
Puero nega en bona fe
ha ha ha ha ha
del chiquillo qᵉ ayesa
he he he he
el manda me a mi canta...

Fortún de Ponce (1957: 122 y ss.) presenta otros ejemplos de canciones afro-bolivianas antiguas. Se pueden encontrar imitaciones más recientes de la lengua afro-boliviana (normalmente limitadas al intercambio de /l/ y /r/, y a la pérdida excesiva de /s/) en los cuentos y leyendas recogidos por Paredes Candia (1984: 299 y ss.; 1987: 146 y ss.).

FONÉTICA Y FONOLOGÍA

Gordon (1980, 1987) y Justiano de la Rocha (1986) son trabajos generales sobre la pronunciación boliviana. Laprade (1976), Mendoza (1988), Sanabria (1975) y Vara Reyes (1960) son estudios regionales detallados que incluyen aspectos de la pronunciación. Pese a las notables diferencias de pronunciación, varias características básicas unen a los dialectos bolivianos de todas las zonas:

(1) En toda Bolivia se conserva /ʎ/ como fonema separado, con una articulación lateral que lo opone a /y/. En el habla rápida de las zonas urbanas se produce a veces la reducción a /y/, pero el yeísmo no es general en ninguna zona de Bolivia. Esta situación contrasta con algunas descripciones del español de Bolivia en las que se pueden encontrar afirmaciones sobre un yeísmo regional y sociolingüísticamente delimitado. Alonso (1953: 189) afirmaba que Tarija no distinguía /ʎ/ e /y/, sin aportar datos. Vara Reyes (1960: 66) niega la existencia de yeísmo en Tarija o en cualquier otra parte de Bolivia, postura que Gordon (1980) verificó en un trabajo de campo. Justiano de la Rocha (1986) tampoco detectó neutralización de /ʎ/ e /y/ en Bolivia. Sin embargo, Mendoza (1988) defiende la existencia de yeísmo tanto en el llano como en la zona de Tarija. Según Sanabria (1975: 27), el yeísmo se produce en los llanos sólo entre ciertos grupos indígenas cuya lengua nativa carece de /ʎ/. Las investigaciones realizadas por el autor del pre-

sente libro confirman la presencia de /ʎ/ en toda Bolivia, aunque ocasionalmente se produce la deslateralización como rasgo idiosincrásico.

(2) La pronunciación de /n/ final de palabra varía en toda Bolivia, pero es muy habitual la velarización o la elisión (cfr. Gordon, 1980).

El altiplano

(1) En las tierras altas /s/ ofrece una gran resistencia a su desaparición, y se conserva como sibilante en todas las codas silábicas. La /s/ suele ser apical, similar a la del norte de España, y esta apicalidad tiene un valor sociolingüístico positivo. /s/ prevocálica final de palabra se sonoriza a veces en [z], aunque no con la regularidad que tiene este fenómeno en la zona central de Ecuador.

(2) En el nivel vernáculo, la intensa reducción de las vocales átonas en contacto con /s/ crea sílabas en donde la /s/ constituye el núcleo. La palabra *pues,* reducida a [ps], casi se ha lexicalizado con esa pronunciación, especialmente cuando se coloca al final de cláusula como pseudo-partícula (v. *infra).* *Entonces* se pronuncia a menudo como [en-ton-s], con [s] silábica. La reducción vocálica extrema está sociolingüísticamente estigmatizada en las zonas urbanas, y se asocia a hablantes bilingües.

(3) En el habla informal, la combinación de /s/ y de /i/ semivocal puede dar lugar a [ʃ] (Justiano de la Rocha, 1986: 12).

(4) La /rr/ múltiple suele ser fricativa o sibilante rehilada, y sus realizaciones fonéticas varían desde dento-alveolar a prepalatal. Entre los estratos socioeconómicos más altos, la pronunciación fricativa está algo estigmatizada, aunque hasta los bolivianos más cultos de las tierras altas emplean este sonido la mayor parte del tiempo (Gordon, 1987). Entre las clases trabajadoras es general una especie de realización fricativa de /rr/. Gordon (1987) ha llamado la atención sobre el inicio de una posible generalización de [ř] vibrante en las tierras altas, proceso que sólo podrá verificarse con el paso del tiempo.

(5) /r/ final de sintagma se asibila y frecuentemente se ensordece.

(6) La combinación /tr/ recibe una pronunciación africada.

(7) /x/ fricativa posterior posee una fricción velar audible, y ante las vocales anteriores se aproxima a la región palatal.

(8) /y/ es débil y puede caer en contacto con las vocales altas.

(9) Se suele elidir /d/ intervocálica, incluso entre hablantes cultos.

(10) Los hablantes bilingües que no dominan bien el español pueden realizar /b/, /d/ y /g/ intervocálicas como oclusivas.

(11) Los hablantes bilingües con poco dominio del español tienden a reducir el sistema vocálico español al de tres vocales (/i/, /a/ y /u/) del quechua y del aimara. En la práctica, esto no significa que /e/ y /o/ se realicen siempre como [i] y [u], respectivamente, como aparece en los estereotipos literarios. De hecho, Echalar-Afcha (1981) presenta datos experimentales de que los bilingües aimara-español no tienen muchas dificultades para articular /e/ y /o/ españolas, sí les cuesta más /i/ y mucho /u/. Incluso en quechua y aimara, /i/ y /u/ presentan una considerable variación alofónica, y cuando esos sistemas se aplican al español, el resultado es la inestabilidad de las oposiciones /i/-/e/ y /u/-/o/. Lo habitual es la ultracorrección y los problemas de identificación, así como la variabilidad y la asistematicidad en la pronunciación de las mismas unidades por un mismo hablante. Esta confusión vocálica sufre un gran estigma sociolingüístico, como en otros lugares de la región andina.

Los llanos (tierras bajas)

(1) En la pronunciación del *llanero* no se produce la reducción de las vocales átonas, aunque la /e/ final átona suele elevarse a [i] en el nivel vernáculo (Sanabria, 1975: 25).

(2) /s/ final de sílaba y de palabra se aspira o se elide. La proporción de la reducción de /s/ es comparable a la del Caribe, pero a diferencia de lo que ocurre en esta última región, la elisión completa es menos frecuente, y la aspiración es muy pronunciada, incluso en posición final de sintagma.

(3) La asibilación de /rr/ y /r/ no es característica de los llanos (aunque Gordon (1987) ha señalado una tendencia incipiente en esta dirección), así como tampoco la africación de /tr/. Este rasgo diferencia en parte los llanos de Bolivia del español (urbano) de Paraguay.

(4) En los llanos, la velarización de /n/ es menos frecuente que en las tierras altas.

(5) /b/, /d/ y /g/ intervocálicas se suelen elidir en todos los niveles sociales (Sanabria, 1975: 25).

(1) En la mayor parte de Bolivia se emplea el pronombre de sujeto *vos* al menos en algunas circunstancias, pero la elección del pronombre familiar y de la correspondiente morfología verbal varía geográfica, sociolingüística y etnolingüísticamente. Aunque la cuestión es compleja en extremo, y todavía no se ha llevado a cabo un estudio definitivo del voseo en toda Bolivia, se pueden hacer algunas generalizaciones. En las zonas urbanas de las tierras altas, los hablantes monolingües de español emplean *vos* y *tú* (Echalar-Afcha, 1981; Rona, 1967: 66). Cuando se utiliza *vos,* casi siempre se combina con las formas verbales correspondientes a *tú: vos eres, vos tienes,* etc. Los hablantes sociolingüísticamente marginados de lenguas indígenas usan *vos* en vez de *tú* casi de forma sistemática, pero emplean formas verbales correspondientes a *vos.* En la segunda conjugación predomina *-ís,* aunque también aparece *-és: vos tenís,* etc. Las formas correspondientes a *tú* se pueden encontrar hasta en las zonas rurales (Páez Urdaneta, 1981: 100). En la parte sur de Bolivia, en particular en Tarija, aún se conservan las formas del voseo que mantienen el diptongo etimológico: *vos habláis, vos tenéis,* etc. (Vara Reyes, 1960: 66). En el llano boliviano, el voseo se acompaña de las terminaciones *-ás, -és,* e *-ís;* en subjuntivo cambia el uso con respecto a la posición del acento en la raíz o en la desinencia, aunque la última es la forma habitual (Sanabria, 1975: 31): *hagas* frente a *hagás.*

(2) En los llanos aparecen los diminutivos en *-ingo* e *-inga* en el habla popular (Sanabria, 1975: 29), aunque no son frecuentes en estilos más formales. Igualmente, se pueden emplear *-ongo/-onga* como aumentativos, aunque están limitados a formas casi fijas.

(3) En toda Bolivia se emplea *che* como vocativo, como ocurre en Argentina y Uruguay. Muchos bolivianos creen que ha sido importado directamente de Argentina (o quizás de Paraguay), a causa de las fronteras comunes y como resultado de la fuerte influencia de la cultura popular argentina (películas y televisión) en Bolivia.

(4) Entre los hablantes de quechua se adjunta el sufijo posesivo *-y* a palabras españolas para dotarlas de un tono afectivo. Cuando se combina con el sufijo diminutivo español *-ito,* se

intensifica ese efecto: *herminatay* "querida hermana", *cora-zoncitoy*, etc.

Características sintácticas

Las innovaciones sintácticas del español de Bolivia están casi enteramente ligadas a la interacción bilingüe con las lenguas indígenas, en especial con el aimara y el quechua. En los niveles bajos de fluidez en español se encuentran discrepancias en la concordancia morfológica y en el orden de palabras, mientras que entre los bolivianos que hablan español con fluidez se han implantado firmemente en la lengua algunos esquemas:

(1) Los clíticos de objeto manifiestan las mismas propiedades que en otros lugares de la región andina; la duplicación mediante clítico del objeto directo es la regla incluso con objetos directos inanimados, y entre los bilingües con menos fluidez, *lo* es el clítico que se usa con más frecuencia:

> Ya *lo* he dejado la llama (Stratford, 1989: 119)
> Tú *lo* tienes la dirección (Stratford, 1989: 119)
> Entonces, el proceso ha constitido *[sic]* en moler*lo* todo eso (Stratford, 1989: 119)
> Cerra*lo* la puerta (Justiano de la Rocha, 1986: 29)
> Mientras tanto, véme*lo* el asado (Mendoza, 1988)

(2) La repetición de clíticos en posición pre- y postverbal es habitual en el nivel vernáculo:

> Lastimosamente, no *la* he podido conocer*la*... (Stratford, 1989: 120)
> *Te* estoy hablándo*te* yo de acá (Stratford, 1989: 120) ... y la pregunta *lo* que *lo* he hecho es...

(3) Los objetos directos pueden no estar marcados por un clítico explícito y los objetos directos antepuestos no necesitan ser doblados por clíticos:

> Aquí están los medicamentos. ¿Cómo ø has traído? (Stratford, 1989: 116)
> Hace mucho tiempo que no recibo una carta tuya. Estoy extrañando ø (Stratford, 1989: 117)

(4) Entre los hablantes de quechua con poco dominio del español, se puede adjuntar el prefijo *ri-* a los imperativos españo-

214

les, lo que lo convierte en una petición cortés (Justiano de la Rocha, 1986: 30; Gutiérrez Marrone, 1980: 80): *esperarime* "espérame, por favor", etc.

(5) Entre la mayoría de los hablantes bilingües y algunos monolingües, es bastante frecuente el uso de *en aquí, en allá,* etc. (Justiano de la Rocha, 1986: 31; Mendoza, 1988; Stratford, 1989: 199-200).

(6) Los bolivianos bilingües de muchas regiones emplean palabras españoles como partículas de final de sintagma, a veces como calcos de partículas quechuas y aimaras. En las regiones quechua-hablantes, se puede añadir *y* al final de las preguntas, por énfasis o como apéndice interrogativo (Justiano de la Rocha, 1986: 31-2):

¿Estás yendo *y?*   "Estás yendo, ¿no?
¿Te acuerdas *y?*   "¿De verdad te acuerdas?

(7) Los bolivianos hablantes de aimara y algunos hablantes de quechua hacen uso de *nomás, pues, pero,* y *siempre,* como partículas de fin de sintagma que señalan el grado de implicación, efecto, etc. Algunas de las expresiones pueden escapar inadvertidas en un principio, pues otras variedades del español emplean *nomás, pues* y *siempre* (aunque nunca *pero)* al final del sintagma. Se puede oír una expresión como *aquí nomás* "aquí mismo" en toda la región andina, en México y gran parte de América Central, y en otras partes; *vamos, pues* es prácticamente universal, y *¿quieres ir siempre?* "¿quieres ir después de todo?" es frecuente en México y América Central. En el español de Bolivia con influencia aimara, sin embargo, *nomás, pues* y *pero* (en este orden relativo) pueden combinarse de dos en dos o aparecer las tres juntas con sutiles matices de significado. Laprade (1981) ha mostrado que mientras que *andá* es estrictamente imperativo, *andá pues* y *andá nomás pues* son progresivamente peticiones más corteses y conciliadoras. Otros ejemplos son:

Mirala *pues pero*
Los dos *nomás pero*
Dile *nomás pues pero*
Entrá *nomás pues*

Siempre en el español de las tierras altas bolivianas no sólo tiene el significado de "después de todo, aún", sino que, cuando aparece colocado en posición final (especialmente en las oraciones declarativas) puede ser un mero reforzador de la oración (Laprade, 1981):

> Aquí había estado *siempre*   "¡si estaba aquí!"
> ¿Estás decidido a casarte *siempre?*   "¿Todavía quieres casarte?"

(8) El gerundio en el español vernáculo de las tierras altas se emplea de forma distinta a como se utiliza en las variedades monolingües del español. El verbo *diciendo* es el más frecuente, pero se pueden emplear otros verbos:

> *Diciendo* me ha dicho (Justiano de la Rocha, 1986: 32) "Me ha dicho así"
> Señoras, ustedes de qué zona es, nos decía. De Villa Tunari, *diciendo* (Mendoza, 1988)

(9) En mayor medida que en las variedades monolingües del español, los habitantes de las tierras altas bolivianas utilizan *dice* y *dizque* para relatar acontecimientos no experimentados, incluso cuando no se trata de estilo indirecto:

> Igual *decía* en mi pueblo, mis familias, *dice* que tenía mi abuelo, *dizque* tenía la llama harto ["muchas llamas"] (Stratford, 1989: 155)
> Extrañaba a su hijos *dice* (Mendoza, 1988)

(10) Una de las desviaciones más llamativas del uso monolingüe del español en las tierras andinas de Bolivia es también una de las más sutiles, y por eso puede escapar inadvertida; el uso de ciertos tiempos verbales españoles para expresar conceptos no-hispánicos del significado verbal, como acontecimientos relatados frente a experimentados o lo inesperado de una situación. Por ahora, estos usos han sido estudiados detenidamente entre los bilingües aimara-español (Hardman de Bautista, 1982; Laprade, 1981; Stratford, 1989, 1991), pero hay indicios de que los bilingües quechua-español efectúan desplazamientos de significado similares (cfr. Herrero, 1969 para el español con influjo quechua de Cochabamba; también Gutiérrez Marrone, 1980, 1984). En uno de los ejemplos se hace uso del pluscuamperfecto, pero sin la referencia habitual a un evento ocurrido con anterioridad a otro evento del pasado. Como traducción, en apariencia, de los conceptos aimaras de sorpresa o de ausencia de experiencia personal, el pluscuamperfecto se emplea en Bolivia en contextos donde no hay im-

plícita ni una referencia al pasado ni tampoco un significado perfectivo. La elección del pluscuamperfecto puede ser también el resultado de un intento de evitar la responsabilidad por las acciones de uno:

> un país civilizado *había sido* ["es"] así (Laprade, 1981: 223)
> *Habías estado* ["has estado"] trabajando fuerte (Laprade, 1981: 223)
> *Habían sabido* [sí que fuman, lo he descubierto] fumar (Laprade, 1981: 223)
> *Había dejado* ["parece que dejó"] el paquete en la cocina (Mendoza, 1988)
> y en nada *habían encontrado* ["me dijeron que no encontraron"] trabajo (Stratford, 1989: 79)

(11) Como en otras partes de la región andina, los bolivianos bilingües suelen usar posesivos dobles: combinan el determinante posesivo con un sintagma genitivo con *de* (frecuentemente antepuesto), o combinan el determinante posesivo con el dativo de posesión inalienable:

> *de* la María *su* casa (Gutiérrez de Marrone, 1984)
> *de* mi tío *su* casa es (Stratford, 1989: 142)

CARACTERÍSTICAS LÉXICAS

El léxico del español de Bolivia mantiene una relación muy estrecha con la filiación etnolingüística y la región geográfica. Los principales trabajos sobre el léxico boliviano son Barneville Vásquez (1988), Fernández Naranjo y Gómez de Fernández (1967), Gutiérrez de Iturri (1984), Key (1966), Muñoz Reyes (1981), Muñoz Reyes y Muñoz Reyes (1982), Paredes Candía (1963), Prudencio Claure (1978), Ríos Quiroga (1984) y Viscarra (1981). La mayoría de los "bolivianismos" son de origen indígena; fundamentalmente son quechuas y aimaras en las tierras altas, guaraníes y chiquitanos en las tierras bajas del este. Muchos de los préstamos quechuas y aimaras son conocidos en otras zonas andinas:

> *achuntar* "acertar, dar en el clavo"
> *apallar* "cosechar"
> *cachinas* "canicas"
> *calancho* "desnudo"
> *camba* "nativo de las provincias del este, en especial de Santa Cruz"
> *chacha* "hacer novillos"

217

chamuña "especie de pastel"
chapaco "nativo de Tarija"
chuño "patata frita desecada"
coba "jerga o caló de delincuentes"
colla "nativo del altiplano o de las tierras altas"
¡cosa! exclamación con el significado de "¡muy bien, excelente!"
¡eso! exclamación con el significado de "¿quién sabe?"
huayna "joven"
jachu "oficial de policía"
lagua "tipo de sopa hecha de maíz"
mamada "ganga inesperada"
opa "estúpido, torpe"
rato "rápidamente"
salteña "variedad boliviana de empanada"
soroche "mal de altura"
sunicho "caballo del altiplano; persona del campo llegada hace poco a
    la ciudad"

CAPÍTULO IX

El español de Chile

Al mirar el mapa de América del Sur, podríamos pensar que el español de Chile es muy similar al de Argentina, pero, en general, no es así. El español de Chile está sometido a muy poca variación regional a pesar de que ocupa un territorio de más de 3.000 kilómetros. De hecho, el español de Chile, representado por el habla de Santiago-Valparaíso, difiere tanto del de los países vecinos que Henríquez Ureña (1921) clasificó a Chile como una zona dialectal separada del resto. Posteriores clasificaciones del español de América han mantenido ese estatuto "especial" del español de Chile.

Oroz (1964, 1966) constituye la descripción más completa del español de Chile. Lenz (1940), aunque anticuado y con muchas imprecisiones, es una fuente valiosa de información sobre etapas anteriores. Rabanales (1953) también contiene observaciones útiles. Aunque el habla de los chilenos cultos apenas varíe de un extremo del país al otro, hay más variación en el nivel vernáculo. Oroz (1966) divide el país en cuatro zonas: norte, central, sur y el archipiélago de Chiloé. Chile le arrebató Antofagasta a Bolivia, y adquirió Iquique y Arica del Perú. Actualmente, la transición lingüística desde el sur de Perú al norte de Chile es suave, mientras que en las montañas nororientales de Chile el habla se mezcla con los patrones lingüísticos de las tierras altas bolivianas, especialmente entre los hablantes de aimara. La zona central abarca el territorio que rodea el área urbana de Santiago-Valparaíso. El sur de Chile fue colonizado más tarde, y sigue estando muy pobremente poblado; el archipiélago de Chiloé permaneció en un aislamiento aún mayor con respecto al resto del país desde un punto de vista lingüístico y económico.

En 1540, la zona que es hoy Chile empezó a ser conquistada para España por Pedro de Valdivia, tras los viajes de exploración de Diego de Almagro. Valdivia fundó Santiago en 1541; Concepción fue fundada en 1550. Poco después, Hurtado de Mendoza comenzó la conquista del sur de Chile, con las islas Chiloé. La colonización inicial no fue ni pacífica ni duradera, pues la combinación de desastres naturales y ataques indígenas obligaron a refundar varias ciudades.

La zona norte de Chile formó parte del imperio inca, pero la presencia inca nunca fue muy abundante. Valdivia encontró resistencia por parte de los araucanos, sobre todo los mapuches, que habitaban la región central. Los mapuches eran el principal grupo indígena del país y el único que resistió la penetración española durante cierto tiempo. Lo consiguieron adoptando las tácticas militares de los propios españoles, incluido el uso de caballos, y mediante una táctica de ataque por sorpresa y rápida retirada contra los asentamientos españoles. Cuando los españoles reconstruían los asentamientos, ellos los atacaban de nuevo. En Uruguay, los charrúas adoptaron estrategias similares con un éxito similar. El gobierno español gastó millones de pesos en sus infructuosos intentos de someter a los mapuches. Sí lograron hacer retroceder a la población indígena hacia el sur, aunque los matrimonios mixtos entre hombres españoles y mujeres indias mejoraron algo la situación. En Chile continuaron las luchas esporádicas con la población indígena hasta fines del siglo XIX, mucho después de la proclamación de la Independencia.

Chile fue explorado por aventureros que salían de Perú, y estuvo bajo la jurisdicción del Virreinato de Lima. Con el paso del tiempo, se creó la Audiencia de Chile, y el gobernador casi llegó a tener autonomía, sobre todo en lo referente a los asuntos militares tendentes al dominio de la población indígena. Los primeros exploradores habían sido tentados por relatos sobre la gran riqueza de Chile, pero lo que encontraron, por el contrario, fue un duro desierto, indios hostiles y una línea costera que parecía no tener fin. Se obtuvieron pequeñas cantidades de oro de los yacimientos de aluvión, y se abrieron algunas minas cerca de Concepción, pero la primera riqueza minera real apareció en los yacimientos de plata del norte. Se crearon las minas, y se extrajo también algo de cobre y de nitrato. Los yacimientos de plata no duraron mucho, y la población de Chile se desplazó de la prohibida región norteña hacia los fértiles valles centrales. Allí se empezó a cultivar grano, verduras, frutas y ganado para el consumo interno y la exportación a las colonias vecinas. Tras la Independencia, los productos agrícolas chilenos siguieron teniendo demanda; la Carrera del Oro californiana hizo crecer la necesidad de provisiones en la costa del Pacífico. Durante el siglo XIX se descubrieron nuevos yacimientos de plata, y el cobre y el nitrato llegaron a dominar la economía de la nación. Gran parte de la actividad minera estaba controlada por intereses extranjeros, especialmente británicos, y en el extremo norte penetraron bastantes anglicismos en el léxico local.

El siglo XIX fue también una época de expansión territorial. Tras la Guerra del Pacífico (1879-1883), Chile arrebató sus provincias del norte a Perú y a Bolivia, extendiéndose desde Tacna en el norte a Antofagasta en el sur. Las provincias capturadas contenían algunos de los yacimientos más ricos. En 1888, Chile se anexionó oficialmente Rapa Nui (la Isla de Pascua), tras alguna disputa con Francia y otros intereses europeos. Fracasaron varias expediciones chilenas que tenían como objetivo la colonización, y la isla terminó cayendo en manos de una empresa ovícola chileno-escocesa. Los nativos de la isla no se integraron en la explotación comercial, y, por ello, la Isla de Pascua siguió siendo una estación extranjera hasta mediados del presente siglo. La población indígena ha oscilado desde un máximo de varios miles a un mínimo de varios cientos. Se calcula que la población actual de Rapa Nui es inferior a 1.000 habitantes; casi todos hablan español, aunque no todos lo hacen con total fluidez. Los continentales representan hoy la mayoría de la población de la isla como resultado del creciente turismo, y la Isla de Pascua pertenece por derecho propio a la parte hispano-hablante de Chile. Chile también controla varias pequeñas islas del Pacífico sur, la mayoría de las cuales no están habitadas. El archipiélago de Juan Fernández se hizo famoso como escenario de la novela *Robinson Crusoe* de Daniel Defoe, que está basada en las aventuras de Alexander Selkirk, quien fue abandonado en la isla en los primeros años del siglo XVIII. A mediados de ese siglo, tras grandes disputas con los británicos, el gobierno español levantó una fortificación en Juan Fernández, y a principios del XIX, existía una guarnición en la isla. Cuando Chile consiguió su Independencia de España, Juan Fernández pasó a formar parte de la nueva república, y Bernardo O'Higgins levantó una colonia penal en la isla. Durante la Fiebre del Oro californiana, Juan Fernández volvió a adquirir importancia como fuente de provisiones para los barcos que bordeaban Cabo de Hornos hacia California, y la población de la isla se dedicó a la pesca, en especial de langostas. Durante el siglo XX, la única isla habitada, Más a Tierra, ha sido visitada por turistas interesados en el relato de Robinson Crusoe, pero la pesca sigue siendo la actividad principal de la población, que alcanza ahora los 500 habitantes.

Todavía no se han delimitado las posibles repercusiones del influjo araucano/mapuche sobre el español de Chile. Al investigador alemán Lenz (1940) le llamaron tanto la atención las características fonéticas del español de Chile que afirmó que era español hablado con una fonética mapuche. Posteriormente se retractó, después de conocer la existencia de fenómenos comparables en el sur de España. Que el mapuche ha contribuido al léxico chileno está fuera de toda duda, pero no se ha demostrado aún el supuesto influjo en la fonología. La lengua mapuche se habla aún en algunas comunidades del sur de Chile, donde a veces predomina sobre el español (cfr. Lagos Altamirano y Olivera Ahumada, 1988), pero es una lengua en recesión. En el extremo nororiental de Chile hay una comunidad aimara, pequeña pero estable. Los otros grupos indígenas más pequeños que habitaban en Chile han desaparecido como comunidades con una identidad étnica separada del resto.

La presencia africana en Chile nunca tuvo la importancia que alcanzó al otro lado de los Andes, pero sí hubo importación de esclavos durante el periodo colonial (Mellafe, 1959; Sater, 1979; Vidal Correa, 1957). Como en otras naciones del Cono Sur, no se han calculado aún las consecuencias lingüísticas de la presencia africana; es una cuestión que está por estudiar.

FONÉTICA Y FONOLOGÍA

Los dialectos regionales chilenos se diferencian por unos pocos rasgos fonéticos segmentales, además de por algunas unidades léxicas y los esquemas prosódicos (Oroz, 1964, 1966; Rabanales, 1953; Silva-Corvalán, 1979; Silva-Fuenzalida, 1952; Underwood, 1971). Esas diferencias son mínimas si se las compara con la considerable uniformidad de la pronunciación, cuyos principales rasgos son:

(1) /s/ final de sílaba y de palabra se reduce a una aspiración [h] o a la pérdida. En Chile, las cifras que alcanza la reducción son muy altas, incluso en posición final prevocálica y ante vocal acentuada: *los otros* (por ejemplo Cepeda, 1990). Entre las clases urbanas cultas, /s/ se conserva como aspiración, mientras que la pérdida total en cualquier posición, salvo en la de final de sintagma, sufre la estigmatización sociolingüística y

es sistemática sólo entre las clases urbanas más bajas (a cuyos miembros se les conoce despectivamente como *los rotos),* y entre los habitantes rurales sin instrucción (conocidos como *huasos).* No hay una variación regional notable en la pronunciación de /s/, salvo en el extremo nordeste, en la frontera con Bolivia, donde los hablantes de aimara conservan [s] sibilante.

(2) /n/ final de palabra es alveolar. La velarización sólo se encuentra en el extremo norte de Chile, la región que perteneció al Perú.

(3) En la mayor parte de Chile, /ʎ/ e /y/ se han neutralizado en favor de la fricativa palatal [y]. No suele producirse en Chile la pronunciación rehilada, como ocurre en Argentina. En algunas zonas rurales aisladas del sur de Chile hay islas de lleísmo (Oroz, 1966: 116-20). Lenz (1940), que vivió en Chile a fines del siglo XIX, afirmó que /ʎ/ existía entonces como fonema en el norte de Chile, pero no se ha comprobado esta afirmación (Oroz, 1966: 116-7). Algunos hablantes aimaras del extremo nordeste de Chile mantienen /ʎ/, pero es mejor considerarlos como hablantes de un dialecto macroboliviano del español.

(4) Lenz (1940) afirmó que todas las líquidas del Chile central se neutralizaban en posición final de sílaba, y ofreció abundantes ejemplos del habla y de la literatura. Oroz (1966: 110-13) también observa esta tendencia, pero señala que está limitada, fundamentalmente, a las clases sociales más bajas y al uso idiosincrásico. Silva-Corvalán (1987) proporciona datos sobre la distribución sociolingüística de la neutralización de líquidas en Santiago, que confirman que el proceso es propio de las clases bajas. Su estudio indica la desaparición gradual de la neutralización entre las generaciones más jóvenes.

(5) En el habla de la clase obrera urbana se produce la caída ocasional de /r/ final de palabra, especialmente en los infinitivos.

(6) La /č/ chilena se suele citar como rasgo distintivo de este dialecto, debido a su frecuente articulación prepalatal, que la aproxima a [tˢ]. Lenz (1940: 150) fue el primero que la describió. Oroz (1966: 113) discrepa de él, y señala que lo frecuente es una /č/ fricativa, especialmente en los dialectos del norte. Bernales (1986) confirma la pronunciación fricativa de /č/ en el sur de Chile, mientras que observa una africada más adelantada similar a la descrita por Lenz. Wigdorsky (1983) y Díaz Campos (1986) también han señalado la pronunciación fricativa.

(7) En gran parte de Chile, a la /rr/ múltiple se le da una pronunciación rehilada, que, sin embargo, no es nunca tan fuerte como en la zona dialectal andina (Carrasco, 1974).

(8) /r/ final de palabra se realiza a veces como una sibilante parcial o totalmente ensordecida, en particular entre las clases sociales más bajas.

(9) En la mayoría de las regiones, /tr/ recibe una pronunciación alveolar cuasi africada, que está sociolingüísticamente estigmatizada (Silva-Corvalán, 1987), pero que emplean los chilenos de todos los niveles culturales. En el extremo sur de Chile, esta pronunciación es menos habitual (Araya, 1968: 16), salvo entre palabras de origen mapuche, en donde [č] y [tr] pueden estar en variación libre.

(10) La /x/ fricativa posterior adquiere una pronunciación palatal [ç] ante vocales anteriores, que a veces se acerca al [çj] diptongado. Oroz (1966: 125) ha encontrado este sonido en la mayoría de Chile. Otros investigadores han defendido que la articulación excesivamente palatal es característica del habla de las clases bajas; ciertamente, entre los habitantes de Santiago que pertenecen a la clase obrera es habitual oír una /x/ palatal. En el extremo sur de Chile, incluido Chiloé, /x/ suele ser una aspiración débil (Araya, 1968: 16).

(11) Las vocales átonas finales de palabra suelen ensordecerse, y pueden llegar a ser articuladas de forma tan débil que apenas resulten audibles.

CARACTERÍSTICAS MORFOLÓGICAS

En Chile, el uso de *vos* y las correspondientes formas verbales oxítonas estuvieron antaño tan extendidas como en la región del Río de la Plata. El rápido declive de la aceptabilidad social del voseo empezó hace más de un siglo; algunos lo han achacado a las ideas negativas del influyente humanista y gramático Andrés Bello (Bello, 1940: 54, escrita originalmente en 1834). Bello se encontró con un uso vigoroso de *vos* en Chile en el siglo XIX, pero no estaba acompañado de la morfología verbal sistemáticamente oxítona del otro lado de los Andes. Observó combinaciones como *vos eres, vos sois* y *tú eres*. De ello se puede deducir que al menos algunos chilenos mantenían el diptongo etimológico de las formas de *vosotros*. Bello también señaló (pág. 57) que la "ínfima plebe" utilizaba *-ís* para el indicativo de la segunda conjungación y el subjuntivo de la primera. Lenz (1940), que escribió tres cuartos de siglo después, habló de la gran difusión del uso de *vos* con las mismas formas "plebeyas" que había descrito Bello. Oroz (1966: 294 y ss.), al describir el moderno español de Chile, observó que *vos* se utilizaba en todo Chile, menos en el extremo norte y Chiloé, pero sólo en el nivel vernáculo y cuando existía un alto grado de familiaridad y confianza. Coincidió con Vidal de Battini (1964a) en que Chile quedaba mejor descrito como país en donde coexisten *tú* y *vos*, pero donde predomina *tú*, en contraste con la descripción ofrecida por Henríquez Ureña (1921), según la cual el *vos* "competía" con *tú*. El hecho de que el pronombre *vos* haya sido característico durante largo tiempo de las clases sociales más bajas, de que no haya tenido ninguna aceptación oficial y se use en zonas aisladas, ha dado lugar a numerosas combinaciones híbridas debidas a la ultracorrección y a la mezcla de los paradigmas del tuteo y del voseo. Se han observado formas analógicas como *tus* y *yos* (basadas en *vos)*, así como combinaciones cruzadas del tipo *tú tenís* y *vos tienes*.

En años recientes, el uso de *vos* y de las formas verbales del voseo ha sufrido una transformación parcial en Chile. Las formas verbales oxítonas, incluidas los verbos en *-ís* de la segunda conjugación, son cada vez más habituales entre las clases medias, impulsadas por las generaciones más jóvenes. Este hecho, combinado con la flexibilidad de la morfología verbal empleada con *vos* y *tú,* ha conducido a Morales (1972) a plantear la cuestión de que el voseo sea una simple alternativa al tuteo, carente de valores sociolingüísticos diferenciales. Sin embargo, no se ha alcanzado aún un equilibrio completo. Según Morales (1972), el uso de las formas verbales de voseo (combinadas con *tú)* tiene más aceptación entre los hablantes de las clases media y alta que el uso del pronombre *vos* mismo, con independencia de la morfología verbal que le acompañe. Cuando se emplean las formas verbales del voseo sin pronombre sujeto, puede transmitirse una familiaridad positiva. En el imperativo, sin embargo, prevalecen las formas del tuteo en casi todas las circunstancias, con la excepción de unas cuantas formas casi fijas como *vení, mirá*. Torrejón (1986, 1991) saca a la luz una situación que sólo hace unas décadas habría sido impensable: "el voseo culto de Chile". Observa un uso casi sistemático de las formas verbales del voseo entre los jóvenes de las clases media y alta, que, por ahora, se está difundiendo bien entre las generaciones urbanas de mediana edad. En esos niveles sociales es casi exclusivo el uso de *tú* como pronombre sujeto, y lo más habitual es la ausencia de pronombres sujetos. Estos cambios se atribuyen a la gradual erosión de las barreras sociales en Chile, así como a las tendencias iconoclastas de los hablantes jóvenes, quienes a veces adoptan conscientemente elementos rechazados por generaciones anteriores. En Chile, las formas verbales del voseo transmiten solidaridad y fami-

225

liaridad, No obstante, no se producen combinaciones híbridas como *vos tienes* en esos grupos sociales. Si esas tendencias continúan, el español de Chile desarrollará con el paso del tiempo un paradigma único, en el que las formas verbales de segunda persona del singular derivarán de raíces originariamente plurales (cfr. también Eguiliz, 1962).

CARACTERÍSTICAS LÉXICAS

Los rasgos más peculiares del léxico chileno tienen raíces indígenas, pero la dureza geográfica y el aislamiento de muchas zonas ha provocado una considerable regionalización también del vocabulario cotidiano. El léxico chileno, regional y nacional, se ha beneficiado de un conjunto de estudios que abarcan más de un siglo. Entre los más completos están: Academia Chilena (1978), Álvarez Sotomayor (1949), Amunátegui (1907), Armengol Valenzuela (1918), Bahamonde Silva (1978), Cárdenas (1978), Cavada (1910, 1914), Echeverría y Reyes (1900), Grass (1987), Lenz (1905-10), Lira Urquieta (1973), Medina (1917, 1927, 1928), Meyer-Rusca (1952), Morales Pettorino (1984-87), Rabanales (1987), Rodríguez (1875), Rojas Carrasco (1943), Román (191-18), Solar (1900), Subercaseaux (1986), Tangol (1976), Vicuña Cifuentes (1910) e Yrarrázaval Larraín (1945). Entre las unidades léxicas más típicamente chilenas están:

> *achuntar* "acertar la respuesta correcta"
> *aliado* "tipo de bocadillo"
> *ampolleta* "bombilla"
> *arrechunches* "posesiones personales"
> *azulear* "ser despedido de un trabajo"
> *bencina* "gasolina"
> *caliche* "nitrato natural"
> *callampa* "seta (comestible); chabola"
> *candelilla* "luciérnaga"
> *chiches* "dinero"
> *concho* "posos de vino o café; benjamín de una familia"
> *gallo* "tipo, dandi"
> *fome* "aburrido, anticuado"
> *futre* "individuo bien vestido, miembro de una elite"
> *huacho* "huérfano, hijo ilegítimo; niño vivaz"
> *huaso* "campesino rudo"
> *huata* "tripa"
> *pelambre* (m.) "cotilleo sobre una persona"
> *pololear* "tener novio/a, salir con alguien"
> *pololo/polola* "novio/a"
> *poto* "nalga"
> *roto* "miembro del proletariado urbano"

CAPÍTULO X

El español de Colombia

PERSPECTIVA HISTÓRICA

El español de Colombia presenta muchos contrastes y contradicciones. Desde el punto de vista de la dialectología, Colombia es una de las naciones más estudiadas de Hispanoamérica; se ha publicado un atlas lingüístico (Instituto Caro y Cuervo, 1981), y numerosos artículos y monografías describen los dialectos regionales y los registros sociales. Entre los estudios más completos están Alvar (1977), Becerra (1985), Flórez (1957, 1964, 1965, 1969), Granda (1977), Lafford (1982), Montes Giraldo (1959), Niño Murcia (1988), Schwegler (1991a) y Villegas Duque (1986). Al mismo tiempo, Colombia posee zonas tan inaccesibles que se rumorea que existen dialectos "no descubiertos" aún. El habla culta de Bogotá y de otras ciudades del interior goza de la reputación popular de ser el español "más puro" de Hispanoamérica, prestigio alimentado por la existencia del Instituto Caro y Cuervo. Colombia es también sede de una lengua criolla afro-hispánica única, la lengua de Palenque de San Basilio, desconocida para los investigadores foráneos hasta hace sólo unas décadas (Bickerton y Escalante, 1970; Escalante, 1954; Friedemann y Patiño Roselli, 1983; Megenney, 1986; Montes Giraldo, 1962; Schwegler, 1989). En el nivel fonético, las variedades del español de Colombia van desde los conservadores dialectos de las tierras altas con una pronunciación de manual a las drásticas reducciones consonánticas de las zonas costeras.

Al territorio de Colombia llegaron por vez primera los españoles en 1509, como parte de la expedición de Alonso Ojeda más allá del lago Maracaibo. Ojeda llegó a la Península Guajira, cuyos habitantes eran, entonces como ahora, fieramente independientes, por lo que

227

rechazaron a los españoles. Ojeda continuó hasta la Bahía de Cartagena e intentó fundar una colonia en la costa caribeña. La resistencia indígena y otras circunstancias adversas impidieron el establecimiento de una colonia permanente hasta 1525, año en que se fundó Santa Marta. Cartagena de Indias, que se convertiría en el puerto español más importante de Tierra Firme, fue fundada en 1533. Al principio, Santa Marta soportó el grueso del esfuerzo colonial español, pero las trifulcas entre los oficiales coloniales desplazaron la atención hacia Cartagena en el momento crítico en que España adoptaba el sistema de flotas. Cartagena se convirtió en parada obligatoria para las flotas que iban y venían de España, lo que garantizó su importancia.

Deslumbrados por historias sobre ciudades de oro, los españoles penetraron tierra adentro por el territorio de los chibchas, descubriendo llanuras fértiles y joyas indias hechas de oro y piedras preciosas, pero no ricos yacimientos. Santa Fe de Bogotá se fundó en 1538, como resultado de la empresa colonizadora nacida en el Caribe. Gran parte del sur de Colombia fue conquistada para España por Sebastián Benalcázar, que ya había conquistado Ecuador.

La colonización española de Colombia tuvo como objetivo casi único los yacimientos de oro. Aunque nunca se descubrieron grandes minas, algunos yacimientos de aluvión y afloramientos compensaron los esfuerzos españoles en las regiones del oeste de Colombia. Cualquier tipo de minería es un trabajo intensivo, y España empleó el sistema de la *encomienda,* así como la esclavitud de la población indígena, para obtener el deseado tesoro. A principios del siglo XVII, los esclavos africanos se habían convertido en la mano de obra fundamental, y había grandes cantidades de negros en los centros mineros del Chocó, Antioquia y Popayán. Las demás ciudades colombianas nacieron para satisfacer la necesidad de provisiones y materiales de esos centros mineros. Los españoles se congregaron en las tierras fértiles, excepto en el prohibido Chocó, cuya población siguió siendo predominantemente negra.

Nueva Granada, como se llamaba la Colombia colonial, estuvo en un principio bajo la jurisdicción de Santo Domingo, y después, bajo la de Lima, aunque se estableció una capitanía general en Bogotá a mediados del siglo XVI. En 1718 Nueva Granada se convirtió en virreinato, en teoría en igualdad de condiciones con respecto a Perú y México, pero en realidad de menor importancia. Este ascenso de estatus trajo consigo la creación de una universidad y de otros centros culturales y religiosos en Bogotá, con la consiguiente llegada de clérigos, profesores y administradores españoles. Desde el punto de vista lingüístico, este hecho favoreció el contacto continuo de Bogotá con el habla de la elite castellana, aunque la distancia con respecto a los principales puertos aisló el habla de las tierras altas colombianas de los patrones atlántico-caribeños en desarrollo. Actualmente, el habla culta de Bogotá es tenida en gran estima en toda Hispanoamérica, debido fundamentalmente a la estricta correspondencia entre fonética y ortografía.

El gobierno de Bogotá controlaba el territorio que se extendía desde la frontera costarricense-panameña en el norte hasta Nariño en el sur, y desde el océano Pacífico hasta la desembocadura del Orinoco en la actual Venezuela.

Cartagena de Indias, en la costa caribeña, era el puerto más importante de Tierra Firme, y uno de los pocos autorizados para recibir esclavos africanos. Por Cartagena y Portobelo (también perteneciente a Colombia hasta el siglo XX) pasaron la mayoría de los esclavos que llegaban a América del Sur, así como muchas de las mercancías. La flota española con destino a Portobelo atracaba en Cartagena dos veces en cada viaje, al entrar en el Caribe y al abandonarlo. Los habitantes de Cartagena estaban en contacto constante con las innovaciones lingüísticas que se producían en el Caribe y en el sur de España, lo que contribuyó a que existiera una gran similitud entre estos dialectos. En el Caribe, Cartagena guarda muchísimo parecido con otras zonas donde la presencia africana fue intensa (por ejemplo Cuba, Panamá y Venezuela).

Debido a su importancia estratégica, Cartagena fue víctima de continuos ataques piratas; el más cruento tuvo lugar en 1586, cuando Francis Drake saqueó la ciudad y exigió un elevado rescate bajo la amenaza de pasar a cuchillo a toda la población. También sufrieron continuos ataques Santa Marta, Ríohacha y otras pequeñas ciudades costeras. En parte alivió el problema un fuerte construido en Cartagena, pero la ciudad fue ocupada por piratas y fuerzas militares extranjeras en varias ocasiones.

No existe una clasificación universalmente aceptada de los dialectos del español de Colombia, pero sí hay acuerdo sobre las divisiones más generales. Flórez (1964) propone un total de siete zonas dialectales, definidas por la combinación de los principales rasgos fonéticos y por isoglosas léxicas bastante sutiles: costero (Atlántico y Pacífico), Antioquia, Nariño-Cauca, Tolima, Cundinamarca/Boyacá, Santander y Llanero (este-tierras bajas amazónicas). Pese a la precisión de la clasificación, pocos colombianos distinguen más de tres o cuatro dialectos, y la pronunciación y la selección de *tú, vos* y *usted* superan en importancia al léxico en el establecimiento de esa clasificación popular.

Partiendo de la única distinción que reconocen todos los colombianos, entre *costeños* (habitantes de la costa) y *cachacos* (habitantes de las tierras altas del interior), Montes Giraldo (1982) divide Colombia en dos "superzonas", interior y costera (caribeña y pacífica), utilizando como criterio fundamental la conservación o el debilitamiento de /s/ final. También diferencian a los dos macrodialectos la pronunciación de /n/, /l/ y /r/ finales. Por la parte caribeña, las características "costeras" se adentran bastante en el interior. La costa caribeña de Colombia contiene los puertos principales del país: Cartagena, Barranquilla y puertos pequeños como Santa Marta, Riohacha, que gozaron de cierta importancia durante el periodo colonial. Esta región colombiana contó con una importante presencia africana, lo que se ha reflejado en el léxico, y, seguramente, ha contribuido a las reducciones consonánticas típicas de esta zona. La costa del Pacífico comparte los rasgos generales de la reducción consonántica, pero presenta ciertas peculiaridades propias, además de distintas formas de segunda persona y un léxico sustancialmente diferente. Esta región incluye el Chocó y la zona oeste de Colombia hasta la frontera con Ecuador. La zona entera participa del débil consonantismo de toda la Hispanoamérica costera. La variación fonética en esta zona es tanto sociolingüística como regional, dada la marginación extrema de muchas comunidades, comparadas con las clases media y alta, pequeñas en número pero lingüísticamente prominentes, de las zonas urbanas más grandes de la costa del Pacífico. También hay que contar con factores etnolingüísticos. Predomina demográficamente la población de origen africano, y es seguro que ha tenido influencia en los patrones fonéticos regionales.

Las tierras altas centrales, que se extienden desde la frontera con Venezuela hasta el Valle de Cauca, forman una zona importante, caracterizada por el conservadurismo fonológico, un léxico predominantemente derivado del español, y una fuerte preferencia por el pronombre *usted* (junto con *su mercé* y *vos),* incluso en el nivel familiar. La Amazonia colombiana, donde el español es, para muchos habitantes, sólo una segunda lengua, puede ser considerada, con pleno derecho, una zona dialectal aparte. En el extremo sudoccidental, el departamento de Nariño, presenta características diferentes a las de cualquier otra parte de Colombia, características que reflejan un sustrato quechua. Pese a todo, para el oído poco entrenado, Colombia se divide en *costeños* y *cachacos,* siendo los bogotanos el modelo de prestigio al que aspiran los demás. En Colombia, el prestigio sociolingüístico del dialecto de la capital es inmenso, y aunque los habitantes de la costa son incapaces, en su mayoría, de acercarse al habla de Bogotá, este modo de hablar es el objetivo de todos los colombianos cultos. En consecuencia, los hablantes de dialectos regionales que difieren del de Bogotá sufren un complejo de inferioridad lingüística, que se manifiesta en ultracorrecciones y neologismos, así como en una actitud muy ambivalente hacia su propia habla regional.

INFLUENCIAS LINGÜÍSTICAS EXTRAHISPÁNICAS

Como señalábamos antes, Cartagena de Indias fue el principal puerto español para la importación de esclavos africanos durante la mayor parte del periodo colonial (Del Castillo Mathieu, 1982). Cientos de miles de africanos llegaron a la costa caribeña de Colombia, no sólo a Cartagena sino también a Riohacha, Santa Marta y otras ciudades pequeñas. Aunque muchos eran embarcados de nuevo rumbo a otras colonias, surgieron grandes concentraciones de africanos en todas los zonas costeras del norte de Colombia, y después, en la costa del Pacífico, especialmente en el Chocó. La población africana de Cartagena llegó a alcanzar el 75 % del total durante algún tiempo, y aunque al final descendió por debajo del 50 %, siguió siendo una poderosa fuerza lingüística y cultural. En las regiones rurales de las costas continuó predominando la población africana. El epítome de la lengua afro-colombiana es el criollo palenquero, que se habla en el pueblo de Palenque de San Basilio (Bickerton y Escalante, 1970; Escalante, 1954; Friedemann y Patiño Roselli, 1983; Megenney, 1986; Montes Giraldo, 1962), pero muchas de las palabras empleadas por los costeños son de origen africano (Del Castillo Matthieu, 1982; Megenney, 1976, 1980) y algunos aspectos más sutiles de la pronunciación y de la sintaxis pueden haber recibido el influjo de la presencia africana.

La Amazonia colombiana contiene una buena cantidad de comunidades indígenas que conservan sus lenguas y culturas, pero su impacto lingüístico sobre el resto de Colombia es irrelevante (cfr. Patiño Roselli, 1991). En la Península Guajira, los indios guajiros siguieron empleando su lengua nativa durante todo el periodo colonial, y la pueden hablar incluso hoy. Muchos guajiros pactaron con el gobierno colombiano y se dedican al pastoreo y a la pesca. A cambio, el gobierno no exige la asimilación de los guajiros, cuya contribución lingüística al español de Colombia, por tanto, es mínima. Los chibchas, que antaño ocupaban la mayoría de las tierras del interior, han desaparecido como grupo étnico aparte, pero han dejado como legado topónimos y unas cuantas palabras. La población chibcha nunca fue densa, y no hubo un periodo de bilingüismo continuado que pudiera haber contribuido a una penetración más profunda. En el Chocó, desde el Darién panameño siguiendo la línea costera, siguen hablando sus lenguas nativas, además del español, pequeños grupos,

231

.aunque numerosos, conocidos colectivamente como los chocóes. En el suroeste de Colombia, cerca de la frontera con Ecuador, se hablaba el quechua, en el límite norte del imperio inca en la época de la llegada de los primeros españoles. El uso del quechua ha retrocedido, pero, en el nivel vernáculo, el habla de Nariño comparte muchas de sus características morfosintácticas con los dialectos andinos del sur. Por último, en las islas caribeñas de San Andrés y Providencia, la lengua predominante es el inglés criollo de las Indias Occidentales, aunque en San Andrés el español es cada vez más habitual entre la población nacida en la isla (cfr. Dittman de Espinal y Forbes, 1989; O'Flynn de Chaves, 1990; Patiño Roselli, 1991).

Características fonológicas

El atlas lingüístico de Colombia (Instituto Caro y Cuervo, 1981) proporciona mucha información sobre la pronunciación regional. La fonética de Bogotá ha sido descrita por Cuervo (1885), Flórez (1951a), y muchos estudios breves (por ejemplo Correa 1953). La pronunciación de otras regiones interiores está recogida en Flórez (1957, 1964, 1965, 1969), Villegas Duque (1986), y numerosos artículos y notas breves. Becerra (1985), Granda (1973c, 1977), Lafford (1982) y Schwegler (1991a) constituyen tratamientos monográficos de la pronunciación costera. Las principales características son las siguientes.

Tierras altas del interior

(1) Se conserva /s/ final de sílaba y de palabra como [s] sibilante. Algunos colombianos, especialmente los de los departamentos inmediatamente al oeste de Bogotá, tienen una [ś] apicoalveolar cercana a la castellana.

(2) Aunque /s/ final de sílaba se resiste al debilitamiento en las tierras altas colombianas, en proporciones comparables a las de México y el norte de España, a veces /s/ se aspira en posición inicial de palabra e intervocálica. La pronunciación de *nosotros* como *nojotros,* propia del español popular, está muy extendida en el centro de Colombia, incluso entre hablantes con un nivel cultural relativamente alto. La disimilación en palabras que contienen una sucesión de /s/ puede hacer que una de ellas (habitualmente la primera) se realice como [h]: *necesario* [nehesario], *licenciado* [lihensiaδo], etc. (Flórez, 1951b: 29; Flórez, 1973: 82-3).

(3) /s/ prevocálica inicial de palabra se aspira a menudo en construcciones como *una señora* [unaheñora]. Esta pronunciación no es habitual, salvo en estratos sociolingüísticos muy bajos (Flórez, 1951: 193), pero la zona central de Colombia es la única del mundo hispano-hablante que reduce /s/ más frecuentemente en inicial de sílaba que en posición final de sílaba.

(4) /x/ fricativa posterior es débil en la zona central de Colombia, raramente más fuerte que una aspiración como [h].

(5) /n/ final de palabra suele ser alveolar.

(6) La /rr/ múltiple es una vibrante débil, aunque se oyen a veces pronunciaciones fricativas rehiladas, especialmente en las tierras altas de Nariño, que tienen influjo quechua.

(7) /r/ final de sílaba es una fricativa débil y no es rara una pronunciación como sibilante ensordecida en posición final de palabra.

(8) Ninguna zona del centro de Colombia presenta, de modo uniforme, una pronunciación africada de /tr/, pero tal pronunciación aparece con una frecuencia superior al simple azar por toda la región (González de la Calle, 1963: 252-3). Es especialmente frecuente en las tierras altas suroccidentales de Nariño (Albor, 1984; Pazos, 1984a, 1984b).

(9) Cuando Cuervo (1885) describió la pronunciación de Bogotá en los años anteriores a 1875, el fonema lateral palatal /ʎ/ se utilizaba en todas las tierras altas de Colombia. Flórez (1951: 240) señaló que la pronunciación lateral era típica de los nativos de Bogotá y de los departamentos de Boyacá, Cundinamarca, algunas partes de Santander y Norte de Santander, Nariño, Cauca, Huila y Tolima. Dos décadas más tarde, Flórez (1973: 94 y ss.) descubrió que /ʎ/ se había fusionado con /y/ en la mayoría de Colombia, incluidos grandes sectores de Bogotá. Este autor presenta un mapa que muestra la conservación de /ʎ/ (de forma precaria) en una franja estrecha que sigue a grandes rasgos el trazado de los Andes. El atlas lingüístico colombiano confirma que la palatal lateral sólo aparece sistemáticamente en zonas aisladas de los Andes colombianos, y está siendo identificada cada vez más con las regiones rurales. En Bogotá se puede oír aún este sonido, lo que no es sorprendente dada la masiva inmigración de las zonas rurales a la capital, pero en la norma de Bogotá, en los medios audiovisuales, en las escuelas y en los actos públicos, ha desaparecido /ʎ/ como fonema (Montes Giraldo, 1969). El sonido representado por /ʎ/-/y/ es una fricativa palatal bastante dé-

bil, que a veces desaparece en posición intervocálica en contacto con /i/. En posición inicial de sintagma, a veces se oye una africada, pero lo que no hay son realizaciones fricativas rehiladas, excepto de forma idiosincrásica.

(10) Las obstruyentes sonoras intervocálicas son bastante débiles en la zona central de Colombia; /g/ suele caer, por ejemplo en la pronunciación de *Bogotá* y *bogotano;* es también frecuente la pérdida de /b/ y /d/.

(11) Las obstruyentes sonoras postconsonánticas se pronuncian normalmente como oclusivas (por ejemplo *algo, ordinario, hierba)* (Amastae, 1986; Montes Giraldo, 1975a).

(12) A veces se aspiran las oclusivas sordas (Rodríguez de Montes 1972), en unas ocasiones para enfatizar y en otras ocasiones de forma inconsciente.

La costa caribeña

(1) Por lo general se aspira o se pierde /s/ final de sílaba y de palabra en toda la región, aunque entre los hablantes urbanos cultos se encuentran proporciones altas de conservación de [s] sibilante. Lafford (1982) presenta pruebas que sugieren un retroceso parcial del debilitamiento de /s/ entre los habitantes cultos más jóvenes, inspirado por el estandar de prestigio de Bogotá, pero la reducción de /s/ sigue siendo la norma en Cartagena (Becerra, 1985). Para otras regiones costeras, cfr. Flórez (1949).

(2) Predomina la velarización de /n/ final de palabra; una solución alternativa es la elisión de la nasal y la consiguiente nasalización de la vocal previa.

(3) La /x/ fricativa posterior es una débil aspiración, y se puede perder en contextos intervocálicos.

(4) Se suele elidir la /d/ intervocálica.

(5) En el siglo XIX y a principios del XX, la población predominantemente afro-hispana de gran parte de la región costera rural daba una pronunciación oclusiva a la /d/ intervocálica, que luego se reducía a [r] en el habla rápida, como ilustran textos como *Cantos populares de mi tierra* de Candelario Obeso (1877); he aquí los primeros versos de "Los palomos" (Smith Córdoba, 1984: 43):

> Siendo probe alimales lo palomos,
> a la gente a sé gente noj enseñan;
> e su conduta la mejó cactilla,
> hay en sus moros efertiva cencia.

Nacen los ros sobre la mimas pajas;
y allí se etán hata en repué que vuelan;
maj asina chiquitos, entre er nío
se rán caló, entre juntos, y se besan.

Cuervo (1885) decía que esta pronunciación era habitual en toda la costa caribeña, pero ahora es muy rara en esta región (Flórez, 1973: 72).

(6) En el habla popular se suele perder /r/ final de sintagma, especialmente en los infinitivos.

(7) Las líquidas preconsonánticas tienden a la neutralización en el nivel vernáculo. /r/ suele verse más afectada que /l/, pero ambas líquidas entra en un proceso que muy frecuentemente supone la geminación de la consonante siguiente. Una solución alternativa es la glotalización de la líquida, de modo que los demás colombianos oyen *Cartagena* como *Cat-tagena* o *Cag-tagena*. El uso de Obeso de *cactilla* por *cartilla* ejemplifica esta impresión acústica. Según Becerra (1985: 167 y ss.), en Cartagena existe una jerarquía de los tipos de segmento ante los cuales la erosión de /r/ final de sílaba impulsa la geminación de la consonante siguiente. Entre los estratos sociales más bajos, la geminación se produce ante todas las obstruyentes, por ejemplo *Cartagena, Turbaco, cargar,* etc. Entre las clases sociales más altas, la asimilación se limita a las dentales y las alveolares, y la pronunciación de la palabra *Cartagena* sirve simultáneamente como identificador sociolingüístico y regional.

La costa del Pacífico

(1) Se aspira o se elide /s/ final de sílaba y de palabra (Albor, 1971, 1984; Granda, 1977; Montes Giraldo, 1974; Pazos, 1984a, 1984b; Schwegler, 1991a). Montes Giraldo (1982) afirma que la reducción de /s/ final y de otras consonantes es menos severa que en la costa caribeña. En lo que respecta a los hablantes de clase media, esa afirmación es cierta, en particular en la costa sur. En cambio, el habla vernácula del Chocó presenta tasas de reducción consonántica comparables a la de los dialectos del Caribe.

(2) Se suele velarizar /n/ final de palabra; hay ejemplos de elisión, y en unas cuantas regiones pequeñas de la costa se puede encontrar labialización en [m].

(3) En buena parte de la costa del Pacífico, pero especialmente en el Chocó, la /d/ intervocálica se pronuncia como [r] (Montes Giraldo, 1974; Granda, 1973c, 1977; Schwegler, 1991a).

(4) /y/ es una aproximante fuerte, que a veces se pronuncia como africada en posición inicial absoluta, y que no suele desaparecer cuando es intervocálica.

(5) En el nivel vernáculo se reducen las líquidas finales de sílaba, pero lo que se oye más a menudo es una aproximante indistinta no lateral. La geminación del tipo de la de Cartagena no es habitual en la costa del Pacífico. La /r/ final suele desaparecer, especialmente en los infinitivos (Granda, 1977; Montes Giraldo, 1974, 1975b; Pazos, 1984a, 1984b; Schwegler, 1991a).

(6) Montes Giraldo (1974) y Granda (1973c, 1977) describen casos de oclusión glotal en la costa occidental de Colombia. A veces este sonido resulta de la glotalización de /s/ final de palabra prevocálica, como en *los amigos*. También resulta afectada /k/ intervocálica, como en *bocadillo* [bo?aðiyo]. Actualmente este fenómeno está limitado a algunas zonas remotas, y no forma parte de la norma urbana de ninguna zona de Colombia.

La región amazónica

La Amazonia colombiana no constituye una región lingüística unificada, pues la mayoría de los hablantes nativos de español proceden de otras zonas del país, mientras que la población indígena habla español, en el caso de que lo hable, como segunda lengua. Alvar (1977) es el estudio de un dialecto amazónico, el de Leticia, en la frontera con Brasil y Perú en el extremo suroriental de Colombia. Las características fonológicas son una amalgama de las tendencias predominantes del interior de Colombia, de donde proceden la mayoría de los inmigrantes hispano-hablantes, y los efectos del aprendizaje imperfecto del español por parte de la población indígena (cfr. también Rodríguez de Monte, 1981).

Los rasgos más habituales son:

(1) La /s/ final de sílaba y de palabra se suele realizar como [s] sibilante. A veces desaparece, especialmente cuando es morfo-

lógicamente redundante (por ejemplo en *los muchachos*), pero rara vez se debilita en forma de aspiración.

(2) /n/ final de palabra es a veces velar, rasgo ausente de las tierras altas colombianas, pero que podría ser efecto de los dialectos vecinos del Perú.

(3) Las obstruyentes sonoras intervocálicas son a veces oclusivas; entre la población indígena aumenta esta tendencia.

(4) /ʎ/ no aparece como fonema e /y/ se realiza como fricativa débil.

CARACTERÍSTICAS MORFOLÓGICAS

(1) La variable morfosintáctica más notable del español de Colombia es la selección de los pronombres familiares, y la correspondiente morfología verbal. Los colombianos de las regiones centrales prefieren *usted* en una amplia variedad de contextos, incluso entre esposos, de padres a hijos y entre amigos íntimos, etc. La población de los departamentos orientales (por ejemplo Boyacá) emplea *usted* casi de forma exclusiva; *tú* se aprende en la escuela, pero es de poco uso en la vida real de la región, especialmente en las zonas rurales. Según los análisis de Montes Giraldo (1982), *tú* como pronombre familiar se emplea de forma sistemática sólo en Cartagena y en otras zonas costeras del Caribe, mientras que el resto del país prefiere alguna combinación de *usted* y *vos*. En la práctica, sin embargo, *tú* se oye bastante en el interior de Colombia.

(2) Algunos dialectos del interior, especialmente los de la región andina oriental (Boyacá, Cundinamarca, etc.) emplean el pronombre *su mercé < su merced*. Este sintagma deriva de un antiguo apelativo enormemente cortés. En otros países de habla hispana sólo se utilizaría *su mercé* para dirigirse a un juez, o a un obispo, etc. En el este de Colombia, sin embargo, *su mercé* ha sufrido cambios importantes. En el nivel familiar, *su mercé* transmite un matiz especial de ternura y de solidaridad, en relaciones que estarían normalmente caracterizadas por un *usted* mutuo: de padres a hijos, entre hermanos, etc. (Ruiz Morales, 1987). En el mercado, *su mercé* puede ser utilizado por los vendedores para dirigirse a los clientes, en un intento de demostrar que sus precios y mercancías son dignos de confianza; de acuerdo con las formas de tratamiento típicas, la reciprocidad no es aceptada por el comprador, que

mantiene el neutro *usted*. En Bogotá, *su mercé* compite con *usted, tú* y *vos,* mientras que en el oeste de Colombia y en las regiones costeras no aparece *su mercé.*

(3) La costa caribeña de Colombia emplea de forma exclusiva *tú,* mientras que en la costa del Pacífico hay más variación (Montes Giraldo, 1967): se pueden oír *vos* y *tú,* junto con las formas verbales del voseo y del tuteo. *Vos* se oye más en el sudoeste de Colombia, en los departamentos de Cauca, Valle del Cauca y Nariño (Flórez, 1951b). En los departamentos centrales —Antioquia, Tolima, Cladas, etc.— también se emplea *vos* (cfr. Flórez, 1953). En Santander y Norte de Santander se usa *vos* de forma variable, mientras que en Bogotá la situación es más compleja, dada la heterogeneidad de la población de la ciudad. Las formas verbales que suelen acompañar a *vos* son *-ás, -és* e *-ís.* En el habla vernácula de Nariño, los verbos de la segunda conjugación también toman la desinencia en *-ís.* El uso de *vos* con las formas verbales del tuteo es sólo ocasional. En unos pocos enclaves del norte de Colombia, mayoritariamente en el departamento de Bolívar, aún se pueden encontrar las desinencias diptongadas en *-ái(s)* y *-éi(s),* pero están desapareciendo rápidamente.

(4) El español de Colombia da una preferencia especial al diminutivo *-ico,* sobre todo tras nombres o adjetivos cuya consonante final es /t/ o /d/: *momentico, maestrico, ratico,* etc. (cfr. Fontanella, 1962). Este rasgo lo comparte con Cuba, Costa Rica y algunas otras zonas de Hispanoamérica, y es una forma (en retroceso) del nordeste de España (en especial de Aragón).

(5) En la región de Nariño, de influjo quechua, los sufijos diminutivos pueden adjuntarse a pronombres clíticos, sobre todo en construcciones en imperativo: *bájemelito* (Pazos, 1984a, 1984b).

(6) En la misma región, en las construcciones yusivas se utiliza a veces más el futuro que las formas de imperativo/subjuntivo; como en los imperativos normales, los pronombres clíticos se adjuntan al final (Pazos, 1984a, 1984b): *ayudarásles a tu hermano.*

CARACTERÍSTICAS SINTÁCTICAS

(1) Habitual en buena parte de Colombia es el uso de *"ser* intensivo", como en:

Lo hice *fue* en el verano
Teníamos *era* que trabajar mucho,

Esta combinación también aparece en Ecuador, Panamá y Venezuela; en los dos últimos países está ganando terreno rápidamente. La combinación de criterios geográficos (todos los países limitan con Colombia, y tienen muchos inmigrantes colombianos), de las fechas en que se atestigua y la frecuencia de uso hacen pensar que esta construcción se puede haber originado en Colombia. No todos los colombianos la emplean, pero la frecuencia de la construcción es sustancialmente más alta que en los países vecinos.

(2) Los colombianos, incluso de las regiones interiores, suelen usar sujetos pronominales de infinitivo antepuestos, como en

antes de *yo* salir de mi país
para *él* sacar mejores notas

Esta distribución contradice en parte la hipótesis de que esta construcción nació en el Caribe, en unión con otras modificaciones sintácticas típicamente caribeñas (por ejemplo Suñer, 1986).

(3) En la región andina sur de Colombia tambien aparecen muchos de los rasgos propios de Ecuador que se atribuyen al influjo quechua (Niño-Murcia, 1988; Pazos, 1984b). Por ejemplo, hay perífrasis verbales con gerundios, del tipo *deles pasando el cafecito* [= *páseles...*], combinaciones con *venir* + GERUNDIO, como *vine comiendo* [= *comí antes de venir*]. Otras combinaciones de VERBO + GERUNDIO, aparentemente calcos de expresiones quechuas, aparecen en el habla de los hablantes bilingües y de los monolingües rurales.

(4) La reduplicación del objeto directo mediante un clítico, del tipo *lo veo el caballo,* aparece en el extremo sur de Colombia, pero no es tan frecuente como en los países andinos de más al sur.

(5) En la costa del Pacífico, sobre todo entre los hablantes afroamericanos rurales, es habitual la doble negación, sin pausa o quiebro de la entonación antes del segundo *no* (cfr. Schwegler, 1991):

no hablo inglés *no*

(6) En la región amazónica, los bilingües con escaso dominio de español emplean estructuras que difieren notablemente de las normas españolas monolingües. En la frontera con Brasil, algunos casos se pueden deber a la transferencia del portu-

gués no estándar. Un ejemplo es el uso de pronombres de sujeto para los objetos directos, rasgo que también aparece en el portugués brasileño vernáculo (Rodríguez de Montes 1981: 85):

Cuando él mira *nosotro,* eyos juega

(7) En la región amazónica es habitual la repetición del pronombre sujeto; puede ser una transferencia del portugués brasileño o de lenguas indígenas que no emplean pronombres nulos:

Eyos tan saltando y cuando *eyos* miran que uno les da confianza, *eyos* yevan uno... (Rodríguez Montes, 1981: 85)

(8) En la Amazonia colombiana se pueden omitir los objetos directos inanimados, o pueden ser duplicados mediante clíticos, como ocurre en muchos dialectos andinos, incluidos los del extremo sur de Colombia. Los hablantes que no tienen el español como primera lengua pueden usar *lo* para doblar todos los objetos directos:

Lo mató una danta (Rodríguez de Montes, 1981: 104)
Ustede yevó carne, no me dio [ø] (Rodríguez de Montes, 1981: 129)

CARACTERÍSTICAS LÉXICAS

El léxico de las tierras altas colombianas procede en su mayoría de palabras españolas patrimoniales. En otras zonas la influencia de las lenguas africanas e indígenas es relativamente mayor. No hay muchas palabras que se puedan considerar "colombianas"; es más bien la combinación de determinadas unidades en una muestra de discurso lo que proporciona las indicaciones más relevantes. Los principales estudios sobre el léxico colombiano son: Academia Colombiana (1975), Alario di Filippo (1964), González (1959) y Tobon Betancourt (1946). El vocabulario regional está recogido en muchos glosarios: Álvárez (1984) para Nariño, Tascón (1961) para Valle del Cauca, Acuña (1983) y León Rey (1955) para Bogotá, Sánchez Camacho (1958) para Santander, Revollo (1942) y Sundheim (1922) para la costa caribeña. Entre las palabras colombianas más empleadas tenemos:

amarrado "tacaño"
argolla "anillo de boda"

biche "verde" (dicho de fruta)
bituta/bitute "comida" (principalmente en la costa caribeña)
cachaco "persona del interior"
cachifo/cachifa "chico/chica"
cafongo "comida hecha de maíz y queso, envuelta en hojas" (princip. en la costa caribeña)
chanfa/chanfaina "trabajo"
cuelza "regalo de cumpleaños"
fucú "mala suerte"
furuminga "confusión o multitud de personas" (princ. en la costa caribeña)
guandoca "cárcel" (coloq.)
joto "paquete pequeño"
locho "rubio" (mayoritariamente en el interior)
mamado "cansado, fatigado"
mono "rubio, de piel blanca"
pipa "tripa" (coloq.)
pite "pequeña porción"
verraquera "algo excelente, extraordinario"

Capítulo XI

El español de Costa Rica

PERSPECTIVA HISTÓRICA

Los centroamericanos identifican de inmediato el acento del *tico,* aunque este estereotipo pertenece sólo al *valle central,* en el que se encuentran las principales ciudades del país. El español de Costa Rica es radicalmente diferente, en concreto en la pronunciación, de los dialectos panameños del sur y de los dialectos nicaragüenses del norte; además, la variación regional es enorme en un país que se puede atravesar en unas cuantas horas. Las diferencias con respecto a Panamá se pueden atribuir a la administración colonial: Panamá formaba parte del Virreinato de Nueva Granada (cuya base era Bogotá), mientras que Costa Rica formaba parte de la Capitanía General de Guatemala. El llamativo contraste con el español de Nicaragua no se puede explicar tan fácilmente. Algunos historiadores atribuyen la peculiaridad del español de Costa Rica al prolongado aislamiento que sufrió durante el periodo colonial, y al predominio de los pequeños campesinos españoles, a diferencia de la abundancia de grandes fincas administradas por propietarios ausentes propia de muchas otras colonias. Aunque existen varias descripciones del español de Costa Rica, no se ha trazado aún el perfil lingüístico de todo el país. Los estudios básicos son: Agüero (1960, 1962, 1964), y, en una perspectiva histórica, M. Quesada Pacheco (1990). El dialecto regional de Guanacaste ha sido estudiado por Cowin (1978) y M. Quesada Pacheco (1991a).

Colón llegó a la costa caribeña de Costa Rica en 1502; Pedrarias Ávila, junto con otros exploradores, fundó la primera colonia unos veinte años después. El territorio que conocemos hoy como Costa Rica formaba parte de la vagamente definida "Veraguas" que se extendía desde Panamá a Honduras; Costa Rica no obtuvo el reconocimiento oficial como provincia aparte hasta 1573. Desde el principio, Costa Rica se mantuvo al margen de la esfera de interés de España en Centroamérica, debido a la carencia de recursos minerales explotables y de una población indígena manejable. A diferencia de zonas tan ricas como México, Quito, Perú y Potosí, Costa Rica no proporcionó ni un gramo de oro o de plata. Muy pronto se descubrió que los primeros relatos que hablaban de inmensas cantidades de oro en "Veraguas" se referían en realidad a pequeñas zonas mineras, ninguna de las cuales estaba en Costa Rica. La población indígena recogía algunas pepitas de oro del lecho de los ríos, pero esto carecía de interés para los buscadores españoles de tesoros, que abandonaron el territorio decepcionados. Los españoles tampoco se interesaron por la explotación agrícola intensiva debido a la escasez de población indígena: unos 30.000 a principios del siglo XVI, que se redujo a menos de la mitad en el medio siglo siguiente (Fonseca, 1983: 34-39).

La colonia española de Costa Rica también se enfrentó a dificultades de comunicación. La costa caribeña no fue colonizada hasta finales del periodo colonial, y, como El Salvador, Costa Rica no participó en el comercio europeo que se llevaba a cabo desde los puertos caribeños. En la costa del Pacífico, Costa Rica no tenía puertos importantes. El comercio local recorría la costa, pero no se construyeron más infraestructuras, y la amenaza pirata junto con el olvido español desanimaron cualquier actividad económica. La comunicación con Nicaragua hacia el norte era bastante buena a través del *camino real,* pero el comercio con Panamá no se desarrolló hasta la construcción de un sendero para las caballerías, que exigía más de tres semanas de viaje para cubrir el trayecto entre el centro de Costa Rica y Ciudad de Panamá. El tráfico marítimo con Panamá era mejor, aunque limitado por el hecho de que en la costa de Costa Rica atracaban muy pocos barcos. Costa Rica fue relegada al papel de abastecedora de productos agrícolas, como sebo, mulas de transporte y comida, para Nicaragua y Panamá. La demanda de estos productos decayó rápidamente, y Costa Rica se encerró en una agricultura de subsistencia, casi sin circulación de dinero y poco comercio exterior. El cultivo de cacao y de tabaco disfrutó de breves periodos de éxito, pero no tuvo un efecto duradero en la economía costarricense. En Nicoya prosperó la cría de ganado, pero esta región pertenecía casi por entero a Nicaragua, y no fue anexionada a Costa Rica hasta varios siglos más tarde.

Debido a la existencia de una población indígena rebelde, aunque escasa, no fue posible en Costa Rica el sistema de encomienda, y la colonia fue poblada por pequeños agricultores. La mayoría procedía de un estrato similar en España, lo que evitó la formación temprana de una aristocracia local. El porcentaje de colonos de origen andaluz y extremeño durante el primer siglo de colonización fue considerablemente menor que en las regiones caribeñas (Meléndez, 1978; Meléndez, 1982: 119-126; Población de Costa Rica, 1977). La decepción que supuso no haber encontrado metales preciosos postergó la colonización, por lo que muchos de los colonos vinieron de colonias ya existentes en América Central, en particular de Nicaragua y Guatemala. Este último dato no carece de importancia a la hora de estudiar las notables similitudes fonéticas entre el español de Costa Rica y el de Guatemala, que no comparten los dialectos centroamericanos que los separan desde el punto de vista geográfico. El desarrollo urbano no adquirió importancia hasta finales del siglo XVIII, más de dos siglos más tarde que en las colonias más prósperas. En el siglo XIX, comenzó la producción de café a escala comercial, y en el siglo XX la industria de la fruta tropical (sobre todo bananas, pero también piñas y otras frutas) se convirtió en la fuente principal de la economía costarricense. El principal impacto lingüístico y cultural de la industria bananera (dominada por los Estados Unidos) tuvo su origen en la importación de miles de trabajadores de las Indias Occidentales, que hablaban un inglés criollo, y que ahora constituyen una parte sustancial de la población de la costa caribeña de Costa Rica.

INFLUENCIAS LINGÜÍSTICAS EXTRAHISPÁNICAS

A principios del siglo XVI, la población indígena de Costa Rica estaba formada sobre todo por grupos hablantes de chibcha que procedían de América del Sur. En el norte vivían algunos pequeños grupos de hablantes de nahua, que fueron los responsables de la introducción de palabras nahua en el español de Costa Rica. En la zona noroccidental vivían también algunos chorotegas. La mezcla cultural entre españoles e indígenas fue muy grande en Costa Rica, y si el fenotipo de la Costa Rica actual es algo más "europeo" que el del resto de América Central, se debe más a la escasez de población indígena durante el periodo colonial que a la separación racial.

En la moderna Costa Rica pocos grupos de indígenas conservan su cultura y su lengua. La mayoría se sitúa en la frontera panameña, con algunos enclaves en el extremo norte. Estos grupos son pequeños y sus lenguas están desapareciendo a gran velocidad. Entre ellos se encuentran los gustusos en el norte, y los bribis, cabécares, bruncas y térrabas en el sur (Arroyo Soto, 1966; Costenla, 1983, 1984; Fernández Guardia, 1918; Stone, 1961; Thiel, 1882). Algunos de estos grupos han dejado topónimos y apellidos, pero su influjo colectivo en el español de Costa Rica es mínimo.

El inglés criollo de la costa caribeña de Costa Rica tiene unas raíces más homogéneas que en las Islas Bahía de Honduras o en la Costa de los Mosquitos de Honduras y Nicaragua. Los trabajadores de las Indias Occidentales fueron llevados a Puerto Limón a principios del siglo xx por el empresario Minor Keith para construir una autopista transcontinental. Cuando este proyecto se quedó sin fondos, Keith inició el cultivo de bananas a pequeña escala para la exportación, con el que esperaba conseguir el dinero suficiente para terminar la autopista. La industria bananera centroamericana tuvo sus inicios ahí, y fue la responsable de la llegada de miles de hablantes de inglés criollo a la costa caribeña de Costa Rica (Meléndez y Duncan, 1979). A los negros de las Indias occidentales se les prohibió penetrar hacia el interior durante muchos años, y carecían de derechos sociales y educativos, por lo que su lengua siguió siendo el inglés criollo, ya que eran muy estrechos los lazos familiares con Jamaica, las Islas Caimán y otras islas caribeñas. Cuando las enfermedades de la banana hicieron que los propietarios de las compañías fruteras abandonaran sus plantaciones en la costa caribeña y las trasladaran a la zona del Golfito en la costa del Pacífico, no se permitió a los trabajadores negros que se desplazaran allí, y una severa depresión económica golpeó Limón (Casey Gaspar, 1979). Más recientemente, el gobierno de Costa Rica ha extendido los servicios sociales y educativos a la costa caribeña. Con la llegada de más costarricenses hispano-hablantes y la apertura de más escuelas, está desapareciendo el uso del inglés criollo en Limón, pero el influjo del inglés de las Indias Occidentales sobre la pronunciación, la sintaxis y el vocabulario del español local es todavía notable (cfr. Herzfeld, 1983a, 1983b).

FONÉTICA Y FONOLOGÍA

La mayoría de las descripciones del español de Costa Rica versan exclusivamente sobre el habla del *Valle Central*, y cuando se hace mención de la variación regional, es sólo para señalar que los habitantes de la zona de Guanacaste debilitan la /s/ final de sílaba, lo que es reflejo del hecho de que Guanacaste y gran parte de Nicoya pertenecieron antaño a Nicaragua. En realidad, el español de Costa Rica está dividido en zonas que sobrepasan esta dicotomía tan simple. La división tierras altas/Guanacaste goza de cierta fama porque abarca a la mayoría de la población económicamente activa del país. La mayoría de la variación regional y sociolingüística es fonética. Algunos estudios de la pronunciación de Costa Rica son: Agüero (1960), Arroyo Soto (1971), Berk-Seligson (1978, 1984), Berk-Seligson y Seligson (1978), Chavarría-Aguilar (1951), Fernández (1982), Gagini y Cuervo (1938), J. Quesada Pacheco (1984), M. Quesada Pacheco (1981, 1991a), Sánchez Corrales (1986), Solano Rojas (1986), Umaña Aguiar (1981, 1990), y Wilson (1971, 1980). M. Quesada Pacheco (1990) traza el desarrollo histórico del español de Costa Rica, incluido el sistema fónico.

Tendencias fonéticas generales

(1) /n/ final de palabra se velariza con regularidad en final de sintagma y en posición prevocálica.
(2) /y/ intervocálica es débil, y a menudo cae en contacto con /i/ y /e/.

Valle Central

Este dialecto comprende las principales ciudades de Costa Rica: Cartago (la capital colonial), San José, Heredia y Alajuela, y define la norma para el país entero. Sus rasgos fonéticos son:

(1) El grupo /tr/ recibe una articulación alveolar, que da como resultado un sonido muy parecido a [č]. Aunque la mayoría de los costarricenses hacen y reconocen una distinción entre, por ejemplo *otro* y *ocho,* la diferencia es leve. La pronunciación costarricense de /tr/ difiere cualitativamente de la pronunciación "alveolar/africada" de /tr/ de Guatemala y de las zonas andinas, aunque guarde cierta similitud perceptiva. La /r/ a veces recibe una articulación retrofleja, y la pronunciación costarricense recuerda mucho a la del grupo /tr/ en inglés americano. Esta pronunciación está muy extendida, aunque está sometida a cierta variación en la mayoría de Costa Rica, y no está estigmatizada, aunque haya sido identificada como regionalismo ya desde Gagini y Cuervo (1938 [1901]: 236). Agüero (1960: 28) considera que esta pronunciación es un "defecto", y muchos costarricenses se ríen de su propia pronunciación de /tr/, pero ninguno intenta evitarla.
(2) /r/ recibe una pronunciación retrofleja o asibilada en posición final de sílaba, en especial en final absoluto (cfr. Umaña

Aguiar 1981, 1990). Agüero (1960: 27-28) considera inaceptable esta pronunciación, pero pocos costarricenses lo sienten así. Quesada Pacheco (1990: 54) sostiene que la asibilación de /r/ final en el centro de Costa Rica puede haber empezado a fines del siglo XVIII; Sánchez Corrales (1985, 1986a, 1986b) defiende una fecha más tardía.

(3) /rr/ múltiple se suele pronunciar como una fricativa rehilada [ž], aunque cuando se debilita en el habla rápida puede convertirse en retrofleja (Umaña Aguiar, 1981). Agüero (1960) describió esta pronunciación, que no mencionan Gagini y Cuervo (1938), quienes se basan en observaciones realizadas en el siglo XIX. Entrevistas a costarricenses ancianos confirman que esta pronunciación ya existía a principios del siglo XX y probablemente mucho antes, por lo que no se explica el silencio de los primeros estudiosos.

(4) /d/ intervocálica desaparece con frecuencia, muy a menudo en la desinencia verbal /-ado/.

(5) La pronunciación oclusiva de /b/, /d/ y /g/ postconsonánticas es variable, depende de las combinaciones en que aparezcan (Chavarría-Aguilar, 1951; Fernández, 1982), y predomina en las zonas rurales.

(6) El español de la Costa Rica central difiere de los dialectos de las vecinas Nicaragua y Panamá, así como de otras regiones de Costa Rica en la conservación de /s/ final de sílaba y de palabra (J. Quesada Pacheco, 1984, 1988). A veces /s/ prevocálica final de palabra se sonoriza en [z]. En las tierras centrales hay muy poca, o casi ninguna, estratificación sociolingüística asociada a la reducción de /s/; simplemente no se produce con la frecuencia necesaria para representar una variable lingüística importante. Los costarricenses que debilitan /s/ en un grado significativo proceden, invariablemente, de las regiones costeras.

(7) Hasta hace poco, muchas regiones de la zona central de Costa Rica llamaban la atención por la pronunciación cerrada de /e/ y /o/ átonas (normalmente en posición final), que se acercaba a [i] y [u], respectivamente. Agüero (1960: 20) observó que el cambio era habitual sobre todo entre mujeres, pero sólo cuando la vocal seguía a un sonido "palatal" como [č], y cuando la vocal estaba también ensordecida. Agüero (1964: 142) describe el cambio /o/ > [u] en hiatos. Gagini y Cuervo (1934: 236) observan el cambio, y señalan que es similar al que se produce en Galicia, aunque rechazan un origen gallego directo. Arroyo Soto (1971: 26-28) da ejemplos de

la literatura popular. Solano Rojas (1986) es el primer estudio lingüístico serio de este fenómeno, que en la actualidad está limitado a los habitantes más mayores de unas cuantas zonas aisladas.

Guanacaste/Nicoya

La pronunciación del *guanacasteco* es una extensión del español del sur de Nicaragua, país al que perteneció esta región (cfr. Cowin, 1978; Jaén, 1989; Quesada Pacheco, 1991). En concreto, ello significa la reducción de /s/ final de palabra y de sílaba en [h], y poca, o ninguna, modificación de /r/, /rr/ y /tr/. Los habitantes de esta región ganadera, próspera aunque poco poblada, no siempre tienen a bien el nombre de *nica-regalados* que les dan los *cartagos* o habitantes de las regiones centrales interiores, y algunos habitantes cultos modifican su pronunciación para acercarla a la de la capital. Así, conservan más la [s] final de sílaba; sin embargo, nunca imitan la pronunciación interior de /r/, /tr/ o /rr/.

Puntarenas

Esta zona, que representa la costa central del Pacífico al oeste de las tierras centrales del interior, muestra características híbridas. Por una parte, se reduce mucho /s/ final de sílaba y palabra, mientras que, por otra parte, se les da a /r/ y /rr/ una pronunciación fricativa o sibilante. El grupo /tr/ se pronuncia, de forma variable, como africada en esta zona.

Costa caribeña

El dialecto de la costa caribeña está centrado en Puerto Limón, pero se extiende desde la frontera nicaragüense en el norte a casi la frontera panameña en el sur, e incluye buena parte de la región llana del interior. La /s/ final de palabra y de sílaba se resiste a la elisión en este dialecto, aunque no en el grado de las tierras altas centrales. La pronunciación de /r/, /rr/ y /tr/ es más variable, a veces se aproxima al habla del valle central, y a veces se mantiene más cercana a las normas panhispánicas. Los habitantes anglófonos, dependiendo de su nivel de dominio del español, introducen alguna variación fonética, especialmente en la pronunciación retrofleja de /r/ intervocálica, y la pronunciación oclusiva de /d/ intervocálica, que puede sonar como [r].

Región de la frontera panameña

Esta zona se extiende en la parte caribeña desde Bribri a Sixaola (ciudad fronteriza), mientras que en la parte del Pacífico la región se extiende desde Golfito hasta bien dentro de Panamá. Sus características fonéticas son, fundamentalmente, las de la Panamá rural: elisión o aspiración de /s/ final, neutralización ocasional o pérdida de /l/ y /r/ final de sílaba, y debilitamiento de /d/ intervocálica.

CARACTERÍSTICAS MORFOLÓGICAS

(1) El español de Costa Rica emplea el voseo, como en otras partes de Centroamérica, aunque el uso de *usted* hasta entre amigos íntimos o miembros de la familia contrasta con la mayoría de los dialectos de América Central (Villegas, 1963; Láscaris, 1975: 168-88; Vargas Dengo, 1975). En la frontera con Panamá, en particular en la zona del Pacífico, las formas verbales correspondientes al voseo presentan el diptongo propio de las formas verbales de *vosotros: hablái(s), coméi(s),* etc. En el pasado, las formas diptongadas eran más habituales en todo el país (Quesada Pacheco, 1990: 74 y ss.).

(2) Los costarricenses son conocidos como *ticos* debido a su preferencia por el sufijo diminutivo *-ico* cuando la consonante inmediatamente precedente es una /t/ o una /d/, o para reduplicar el diminutivo *-ito: momentico, hermanitico,* etc. (Zamora Elizondo, 1945). En español, el sufijo *-ico* se identifica con los dialectos aragoneses, pero en Aragón el sufijo se adjunta de forma uniforme a todas las palabras, mientras que en Costa Rica el uso es más limitado (Láscaris, 1975: 109-11). La preferencia por *-ico* en Costa Rica, Cuba y Colombia está aún por explicar.

(3) El habla popular de Costa Rica acuña nombres colectivos con el sufijo *-ada,* rasgo que aparece en otras zonas de América Central (por ejemplo *güilada* "grupo de niños", de *güila* "niño pequeño"). También de interés es el gran número de nombres abstractos semi-coloquiales formados con *-era,* para designar el acto de hacer algo, una actividad general, o un nombre colectivo general: *bailadera* "baile", *habladera* "el

acto de hablar", *conversadera* "el acto de sostener una conversación", *comidera* "comida", *bebidera* "acto de beber", *escribidera* "periodismo" (Láscaris, 1975: 164-5).

Características léxicas

El español de Costa Rica contiene menos elementos nahua que el de los países centroamericanos del norte (Fernández Ferraz, 1892). Las restantes lenguas indígenas habladas en el pasado en Costa Rica han dejado pocas huellas, salvo topónimos y unas cuantas palabras regionales empleadas en las regiones rurales. Los estudios principales sobre el léxico de Costa Rica son Anónimo (1938), Arroyo Soto (1971), Gagini (1893), Láscaris (1975), M. Quesada Pacheco (1985, 1991b), Zúñiga Tristán (1976) y obras limitadas como Villegas (1955, 1966). Puesto que Costa Rica ocupa la posición final de una zona dialectal (América Central), hay algunas palabras que no se usan en otras zonas de Centroamérica, o que han adquirido un significado diferente. Una muestra de tales palabras es el siguiente:

chinear "malcriar a un niño, satisfacer los caprichos de alguien", etc.
chingo "desnudo"
chirote "excelente, muy feliz"
concho "campesino"
güila "niño pequeño"
ispiar < *espiar* "ver, mirar"
macho "rubio, de piel blanca, extranjero (nórdico)"
molote "agitación, barullo"

250

CAPÍTULO XII

El español de Cuba

El dialecto español de Cuba es una de las variedades hispano-americanas más estudiadas. Las manifestaciones afro-hispánicas de Cuba figuran de forma destacada en las teorías sobre la criollización y el influjo africano en el español de América. La presencia de una numerosa comunidad cubana en los Estados Unidos ha impulsado una gran cantidad de estudios fonológicos, sociolingüísticos y léxicos, todos centrados en La Habana y en otras ciudades grandes. Pese a ello, no se ha escrito aún una monografía exhaustiva sobre el español de Cuba, aunque está en marcha un proyecto de atlas lingüístico (García Riverón, 1991). Estudios parciales son Alzola (1965), Bachiller y Morales (1883), Isbasescu (1968), Montori (1916), Salcines (1957), y los artículos contenidos en Alonso y Fernández (1977) y López Morales (1970).

Colón visitó Cuba en su primer viaje y casi inmediatamente después se crearon pequeños asentamientos. Como no se encontró oro ni ningún otro metal precioso de fácil obtención, Cuba fue una balsa de aceite durante casi un siglo. La primera ciudad cubana que adquirió cierta importancia fue Santiago de Cuba, en el extremo oriental de la isla, cerca de la ya próspera colonia de La Española. Santiago se convirtió en la primera capital de Cuba, y las pequeñas cantidades de oro extraídas de los yacimientos de aluvión de Sancti Spiritus, Bayamo y Trinidad eran exportadas desde ese puerto.

También se utilizó Cuba como punto de partida de varias expediciones a América Central, pero una vez que las colonias de tierra firme empezaron a prosperar y a ser autosuficientes, la importancia de Cuba como estación de paso decayó vertiginosamente. Muchos colonos emigraron a las colonias del continente, pese a las estrictas medidas que tomó el gobierno español para impedir el abandono de las colonias isleñas. Santiago de Cuba perdió su importancia, pero el hasta entonces puerto menor de La Habana adquirió un papel destacado. Desde la segunda mitad del siglo XVI, España adoptó el sistema de enviar dos flotas anuales a las Américas, que llevaban pasajeros y mercancías y regresaban cargadas de tesoros. Este sistema era, en parte, una medida defensiva contra los frecuentes ataques piratas, pues los barcos incluían un convoy armado; también se levantaron fortificaciones en los puertos de destino. Una flota partía hacia Veracruz, y la otra a Nombre de Dios (más tarde Portobelo). Ambas flotas hacían un alto en La Habana (que había sido trasladada a la costa norte desde su situación original en la costa sur) en su trayecto desde España y también en el camino de regreso. Esto provocó una gran prosperidad en la Cuba occidental, mientras que la Cuba oriental entraba en un periodo de estancamiento social y económico del que nunca se recuperó del todo.

Los llanos de la zona central de Cuba se dedicaron a la cría de ganado para suministrar carne seca y cuero. El cultivo de azúcar, tabaco y después café empezó en la parte occidental de la isla. Gran parte del centro y del este de Cuba recurrió al contrabando para su supervivencia económica, y en particular en el este de Cuba, fueron más importantes los lazos lingüísticos y comerciales con otras islas del Caribe que con La Habana. Los resultados de este desequilibrio geográfico son aún perceptibles en el español de la Cuba actual, en la que el habla de los *orientales* guarda un parecido mucho mayor con el español de Santo Domingo y de Puerto Rico que con el de La Habana.

Durante la mayor parte del siglo XVIII, Cuba permaneció en el olvido, aunque no era precisamente una colonia pobre. La expansión de las rutas comerciales en el Caribe y en tierra firme, junto con la disminución de la importancia de las flotas de metales preciosos, privó a La Habana de mucha de su anterior importancia estratégica, y el oneroso sistema español de impuestos impidió un crecimiento económico significativo. Durante la Guerra de los Siete Años, La Habana fue capturada por los británicos en 1762, y fue ocupada durante casi un año. En este periodo, los cubanos disfrutaron de un comercio liberal con Gran Bretaña y sus colonias, gozando de una libertad económica desconocida bajo el dominio español. Desde el punto de vista lingüístico, este breve intermedio fue importante porque constituyó una inyección repentina de cosmopolitismo para la colonia española.

La industria azucarera cubana recibió un empujón con la revolución haitiana de 1791, que destruyó la fuente de producción de azúcar más importante del mundo. Muchos plantadores haitianos huyeron a Cuba, algunos de ellos con sus esclavos, y el rápido aumento de los precios del azúcar dio lugar a una frenética conversión de todas las tierras disponibles en Cuba en plantaciones azucareras. La producción de azúcar es un cultivo intensivo, y para satisfacer las elevadas necesidades de mano de obra, los cubanos empezaron a importar esclavos en una escala desconocida hasta entonces en las Antillas españolas. Unos tres cuartos de millón de esclavos fueron llevados a Cuba en menos de un siglo (Pérez, 1988: 85), y en el primer cuarto del siglo XIX los esclavos africanos representaban el 40 % de la población total de la isla. Si a esta cifra añadimos la gran cantidad de población negra libre, los africanos y los afro-hispanos constituyeron la mitad de la población cubana durante gran parte del siglo XIX. La distribución demográfica no era uniforme; en las ciudades más grandes había un predominio de población de origen español, mientras que en las zonas azucareras rurales la población afro-hispánica era muy numerosa. Las consecuencias lingüísticas de este desequilibrio demográfico fueron considerables, y toda la variedad de fenómenos atribuibles a la presencia africana en Cuba ha provocado un vivo debate. La numerosísima población negra libre (que se calcula que, en proporción, fue la más grande de todos los territorios esclavistas del mundo) representó un puente lingüístico y cultural entre los españoles y los criollos, por una parte, y los africanos no asimilados por otra.

También fue importante en el siglo XIX la fuerte inmigración de blancos, que, en parte, compensó la presencia africana. No sólo llegaron plantadores franceses, sino que, a medida que la mayoría de la América española se embarcaba en las guerras de la independencia, Cuba se iba anegando de lealistas españoles, hecho que fue fundamental para el retraso con que llegó el movimiento independentista a Cuba. La inmigración procedente de España fue muy numerosa en la segunda mitad del siglo XIX, en especial desde Galicia-Asturias y las Islas Canarias. La inmigración canaria alcanzó su culmen en las primeras décadas del siglo XX, y fue la responsable de una cantidad nada despreciable de transferencias lingüísticas entre los dos territorios. Tan concentrada estaba la inmigración española que los cubanos empezaron a llamar a los españoles de la península *gallegos* y a los de las Canarias *isleños*. En la época de la Guerra Americano-Española de 1898, casi la mitad de la población cubana blanca había nacido en España, de manera que el español de Cuba tiene un componente más europeo que la mayoría de los restantes dialectos de Hispanoamérica.

Los nacionalistas cubanos intentaron varias veces conseguir la independencia de España, pero no fue hasta la Guerra de 1898 cuando lograron romper sus lazos oficiales con España. Cuba fue un protectorado militar de los Estados Unidos durante cuatro años, y la enmienda Platt a la constitución cubana concedió a los Estados Unidos el derecho a intervenir militarmente en cualquier momento a partir de entonces. Esta enmienda fue finalmente abolida, pero los Estados Unidos mantienen una base naval en la Bahía de Guántanamo en el este de Cuba.

Después de una bochornosa alternancia de gobiernos civiles y militares, las fuerzas revolucionarias lideradas por Fidel Castro tomaron el poder en 1959. La rápida expropiación de la propiedad privada, la conversión oficial al comunismo, y las repercusiones internacionales que surgieron de la hostilidad creciente con Estados Unidos condujeron a cientos de miles de cubanos a abandonar la isla. La emigración más numerosa se produjo a mediados de los años 60, y, más tarde, durante el conflicto del Mariel en 1980, pero la huida de Cuba continúa en la actualidad. La mayoría de los cubanos se establecieron en Estados Unidos, especialmente en Miami y la zona de la Ciudad de Nueva York, y tras tres décadas, el español cubano ha desarrollado allí un sabor propio. Buena parte de la investigación sobre el español "de Cuba" se basa en las comunidades de expatriados de los Estados Unidos. Entre los residentes de los Estados Unidos nacidos en Cuba, los patrones lingüísticos no difieren de los de la isla, excepto en lo que respecta al mayor uso del inglés, pero las generaciones más jóvenes de cubanos americanos están iniciando el cambio gradual al inglés como primera lengua.

INFLUENCIAS LINGÜÍSTICAS EXTRAHISPÁNICAS

La población indígena de Cuba fue antaño considerable, y los primeros asentamientos españoles sufrieron sus ataques. Los arahuacos eran el grupo más numeroso y mejor organizado. También había taínos, en especial en el este de Cuba. El primer grupo conocido eran los siboneys, que ya habían sido desplazados al oeste de Cuba por las invasiones arahuacas. Las enfermedades, las masacres y los infructuosos intentos de esclavizar a los indios eliminaron pronto a la mayoría de la población indígena, pero no antes de que cierto número de unidades léxicas y de hábitos culturales hubieran penetrado en el léxico. Esas palabras son conocidas ahora no sólo en Cuba, sino en toda Hispanoamérica, adonde fueron llevadas por los primeros exploradores, cuyo primer contacto con el Nuevo Mundo se había producido en las Antillas.

Incluso antes de la Guerra Española-Americana fue significativa la influencia de Estados Unidos en Cuba, que se convirtió en el mejor cliente comercial de Cuba. El azúcar y el tabaco cubanos desembarcaban en Estados Unidos y se podían encontrar ciudadanos estadounidenses por toda Cuba. Tras la Independencia, se intensificó la presencia americana. Cientos de compañías estadounidenses tenían negocios en Cuba, tanto en las regiones urbanas como rurales, los cubanos más ricos visitaban Estados Unidos y se desplazaban allí para estudiar, y el inglés era conocido y empleado por las clases sociales más altas. El gobierno de Gerardo Machado, el más importante en el inicio de la Cuba postcolonial, era proamericano, y los dos gobiernos de Fulgencio Batista, así como los regímenes que hubo entre ellos, mantuvieron también lazos estrechos con los Estados Unidos. Durante esta época, los americanos viajaban a La Habana por negocios y por placer, muchas compañías americanas tenían grandes empresas en Cuba, y los cubanos cultos con negocios tenían al menos cierto conocimiento del inglés. Esto, combinado con la fascinación cubana por los deportes americanos, en particular el béisbol y el boxeo, dio lugar a la incorporación de numerosos anglicismos, que siguen usándose y extendiéndose a pesar del régimen antiamericano de Fidel Castro (cfr. Depestre Catony, 1985: 49-56).

La poderosa presencia africana en Cuba, sobre todo las importaciones masivas de esclavos directamente desde África en el siglo XIX, tuvieron como consecuencia un uso renovado de las lenguas africanas en suelo cubano. El yoruba ha constituido la base lingüística de las ceremonias religiosas afro-cubanas de la *santería* y los *ñáñigos;* se pueden encontrar restos de quicongo y otras lenguas bantúes en regiones aisladas del centro de Cuba (García González, 1974; García González y Valdés Acosta, 1978; Granda, 1973b; Valdés Acosta, 1974). Los cubanos nacidos en África (conocidos como *bozales)* siguieron hablando un pidgin español africanizado hasta bien entrado el siglo XX, y es concebible que esta habla tan limitada afectara al español vernáculo de las poblaciones afro-cubanas marginadas (Granda, 1971; López Morales, 1980b; Perl, 1984, 1985; Ziegler, 1981). Durante el siglo XIX fueron también trasladados desde Curaçao algunos trabajadores negros, quienes llevaron consigo el papiamento, lengua criolla afro-ibérica, a Cuba, donde se añadió al repertorio de los bozales. Por último, todo el léxico cubano se ha enriquecido con numerosos africanismos, algunos de los cuales se encuentran en toda Hispanoamérica, mientras que otros están confinados a ciertas regiones de Cuba.

Durante las décadas centrales del siglo XIX llegaron a Cuba unos cien mil chinos, en principio como resultado de la abolición de la esclavitud africana y la consiguiente necesidad de mano de obra que la reemplazara. Se produjo otra oleada de inmigrantes chinos en las primeras décadas del siglo XX. En ambos casos, los inmigrantes fueron fundamentalmente hombres, que se casaron con mujeres cubanas. Surgió una comunidad china cubana de identidad definida, que mantuvo la lengua y la cultura chinas, aunque también hablaba español y participaba del estilo de vida cubano. Tras la Revolución cubana, la mayoría se marchó a Estados Unidos, y formó nuevas comunidades en Nueva York y Miami. Las principales huellas lingüísticas de los chino-cubanos consistieron en una serie de no siempre caritativas metáforas e imitaciones de los esfuerzos de los chinos por hablar español, además de una variante cubana del juego de los números conocida como *charada china*. Sin embargo, la población cubana en general conocía muchas palabras chinas (cfr. Varela, 1980).

FONÉTICA Y FONOLOGÍA

El español de Cuba comparte características fonéticas con otros dialectos del Caribe. Las descripciones generales de la pronunciación cubana son, entre otros, Almendros (1958), Costa Sánchez (1976-77), Espinosa (1935), Haden y Matluck (1974), Isbašescu (1965, 1968), Lamb (1968), Rodríguez Herrera (1977), Ruiz-Hernández y Miyares Bermúdez (1984), Salcines (1957), Sosa (1974), Trista y Valdés (1978) y Vallejo-Claros (1970). Los rasgos fonéticos principales son:

(1) /y/ es fuerte y se resiste a la elisión; en inicio absoluto a veces es africada, pero la pronunciación africada no es tan frecuente como en otros dialectos caribeños (Saciuk, 1980).

(2) /x/ es una [h] faríngea débil, y suele desaparecer.

(3) La /č/ africada sólo se desafrica raramente; Canfield (1981: 42) señala una incipiente desafricación en Cuba, pero es mucho menos frecuente que en Puerto Rico, Panamá o Andalucía occidental.

(4) En posición final de sintagma y final de palabra prevocálica se velariza /n/ (Hammond, 1979; Lipski, 1986a; Terrell, 1975; Uber, 1984).

(5) En La Habana, /p/, /t/ y /k/ intervocálicas se sonorizan con no poca frecuencia.

(6) En toda Cuba, /rr/ se suele desonorizar. A veces este fenómeno se describe como "preaspiración" y se transcribe como [hr]; lo que se produce en realidad es un sonido vibrante en toda su duración, pero en el cual se retrasa o se suprime totalmente la sonoridad. Los datos presentados por Vallejo-Claros (1970) indican que esta variante está estigmatizada en buena parte de Cuba. La velarización de /rr/ es bastante rara

en Cuba (Cuéllar, 1971), y está confinada a los estratos sociales más bajos y, desde el punto de vista geográfico, a las provincias centrales y orientales.

(7) La neutralización de /l/ y /r/ final de palabra y final absoluta es característica de todas las variedades cubanas del español; pero las manifestaciones fonéticas varían según la región y el grupo sociocultural. De las dos líquidas, /l/ presenta más resistencia al cambio, especialmente en posición final de sintagma. La pérdida de /l/ en esa posición se produce sólo ocasionalmente; en periodos anteriores, este proceso estaba asociado al español pidginizado hablado por los esclavos nacidos en África que aprendieron el español de forma imperfecta. La pérdida de /r/ en posición final de sintagma es algo más habitual, pero entre las clases bajas, en La Habana y las provincias centrales; la lateralización en [l] es la alternativa más común. Entre las comunidades cubanas de los Estados Unidos, la pronunciación de /r/ en posición final de sintagma es un diferenciador sociolingüístico fundamental entre los primeros grupos de inmigrantes, que representaban a las clases profesionales de La Habana, y los que llegaron durante y después del conflicto del Mariel de 1980, entre los cuales hay una proporción mayoritaria de hablantes de las clases trabajadoras y de habitantes de las provincias rurales centrales.

(8) Las líquidas preconsonánticas también reciben una pronunciación variable. El mero intercambio, /r/ > [l] y /l/ > [r] es la posibilidad menos habitual. En La Habana, entre los estratos sociolingüísticos más bajos, es bastante normal la glotalización o retroflexión del primer elemento. En las provincias rurales centrales es más común la geminación de la consonante siguiente: *puerta > puetta, algo > aggo*, etc. (Costa Sánchez y Carrera Gómez, 1980a, 1980b; García González, 1980; Goodgall de Pruna, 1970; Harris, 1985; Ruiz Hernández y Miyares Bermúdez, 1984; Terrell, 1976; Uber, 1986; Vallejo-Claros, 1970). La vocalización de /r/ y /l/ a una semiconsonante [i̯] es casi inexistente en la Cuba actual, pero en el siglo xix esta pronunciación era típica del habla de los negros *curros,* afrocubanos que hablan español como primera lengua (Bachiller y Morales, 1883; Cruz, 1974; García González, 1980: 119-20; Montori, 1916: 108). Nada indica que esta pronunciación tuviera un origen africano; esos hablantes pueden haber adoptado una pronunciación andaluza exagerada, en lo que hace pensar el andalucísimo término *curro.*

(9) La /s/ final de sílaba y de palabra se debilita en un aspiración [h], mientras que es más habitual la elisión completa antes de pausa (Guitart, 1976; Hammond, 1979, 1980; Lipski, 1986a; Terrell, 1979; Uber, 1984).

(10) Las vocales cubanas rara vez se reducen o sufren otras modificaciones (Costa Sánchez, 1977; Ruiz Hernández, 1986). Dado el alto grado de reducción de la /s/ final de palabra, incluso cuando es marca de categorías morfológicas, buena parte de la investigación se ha dirigido a determinar si el español de Cuba presenta una regla de relajamiento vocálico similar a la que se puede encontrar en el español de la Andalucía oriental y que constituye la huella fonológica de la /s/ elidida (como defiende, por ejemplo, Rosario, 1962: 8). La investigación espectrográfica y psicolingüística (Clegg, 1967; Hammond, 1978; López Morales, 1979) demuestra que no es así. En el nivel idiolectal puede aparecer ocasionalmente alguna compensación fonética de la pérdida de /s/, especialmente en la forma de alargamiento vocálico (Núñez Cedeño, 1987b, 1988a).

CARACTERÍSTICAS MORFOLÓGICAS

(1) El español de Cuba emplea de modo uniforme *tú* como pronombre familiar. En el uso actual, este tratamiento se extiende a las personas que se acaba de conocer en circunstancias donde el *usted* sería más común en otros dialectos del español.

(2) En épocas anteriores había pequeños enclaves de voseo en Cuba (López Morales, 1965). Las formas verbales que acompañaban al pronombre mantenían el diptongo *[hablái(s), coméi(s)]*; este fue el último vestigio del voseo en las Antillas.

(3) El español de Cuba, como los dialectos de Colombia y Costa Rica, prefiere los diminutivos en *-ico* cuando se adjunta a una raíz terminada en /t/ o /d/: *ratico, momentico, chiquitico,* etcétera.

(4) Muchos sufijos derivados de topónimos, que admiten distintas variantes en los países hispano-hablantes, convergen en *-ero: habanero, santiaguero, guantanamero, matancero,* etc. (cfr. Pérez González, 1980).

(1) Las preguntas paricales sin inversión son la regla cuando el sujeto es un pronombre:

¿Qué tú quieres?
¿Cómo usted se llama?

Para muchos cubanos, el colocar el pronombre sujeto en una posición postverbal da un tono agresivo a la pregunta.

(2) Más precede a la palabra negativa en las combinaciones *más nunca, más nada, más nadie.*
(3) Son habituales en el español de Cuba los sujetos léxicos de los infinitivos, y en el caso de *para* se produce con la exclusión casi total de las construcciones en subjuntivo en el habla informal:

¿Qué tú me recomiendas para yo entender la lingüística?

CARACTERÍSTICAS LÉXICAS

El grueso del léxico básico cubano es español, pero debido a la situación central de Cuba durante el periodo colonial, la mayoría de las corrientes de innovación léxica afectaron al español de la isla. En consecuencia, el número de términos exclusivos de Cuba es muy limitado, pues Cuba sirvió de trampolín para muchas palabras nuevas del español de América. La contribución del arahuaco (y a veces del taíno) explica las palabras pancaribeñas *bohío* "vivienda rústica", *batey* "claro alrededor de una vivienda", que se usa actualmente con el significado de "patio" que rodea a una casa, *caimán, colibrí, cocuyo* "luciérnaga", etc. Valdés Bernal (1980) menciona varias palabras de origen indígena (relativas, fundamentalmente, a la flora y la fauna) de posible motivación onomatopéyica. López Morales (1970a, 1970b) constituye un tratamiento extenso de las palabras indígenas en el español de Cuba, incluidas las llegadas a Cuba desde tierra firme. Otros estudios sobre el vocabulario cubano son Dihigo (1928-), Dubsky (1977), Entralgo (1941), Espina Pérez (1972), Macías (1885), Ortiz (1974), Pan Pérez (1988), Pichardo (1836), Rodríguez Herrera (1958-9), Sánchez Boudy (1978-), Santiesteban (1982) y Suárez (1921). Entre las palabras reconocidas por los cubanos y por investigadores extranjeros como típicamente cubanas están:

(arroz) congrí "plato hecho de judías negras y arroz"
babalao "sacerdote de los cultos afro-cubanos"
bitongo "rico y mimado"
biyaya "muy inteligente"
botella, de "gratis"; *pedir botella* "hacer autostop"
cañona, dar "jugar sucio; hacer una maniobra peligrosa al conducir"
chucho "interruptor"
fajarse "luchar"
fotuto "bocina de coche"
fuácata, estar en la "ser muy pobre"
guajiro "campesino"
jimaguas "gemelos"
juyuyo "en gran abundancia"
lucirle a uno "parecer"
máquina "coche"
ñángara "comunista"
picú[d]o "pretencioso"
pisicorre "furgoneta pequeña"

Capítulo XIII

El español de Ecuador

Perspectiva histórica

El español hablado en la pequeña nación sudamericana de Ecuador presenta una gran variación regional y social. La división tripartita tradicional en costa, tierras altas andinas y cuenca amazónica circunscribe, en parte, la variación, pero los problemas son mucho más complejos de lo que haría suponer una simple correlación con las coordenadas geográficas. El español ecuatoriano presenta una rica textura de fenómenos de contacto con las lenguas indígenas. Es también importante el componente afro-hispánico, así como la herencia colonial española. El español de Ecuador ha sido objeto de una única monografía (Toscano Mateus, 1953), aún no superada. A ella hay que añadir una bibliografía compuesta por numerosos artículos breves y monografías regionales, pero todavía queda por hacer mucho trabajo descriptivo e interpretativo.

La primera exploración española del Ecuador, por la costa norte, la llevó a cabo Francisco de Pizarro en 1531. Pizarro llegó en pleno desarrollo de la guerra interna entre el jefe inca Atahualpa, que tenía su base en Quito, y su hermano Huáscar, que representaba a Cuzco. Atahualpa ya había conseguido victorias decisivas sobre Huáscar en el momento en que apareció Pizarro, y estaba a punto de asumir el control sobre todo el imperio inca. Pizarro capturó a Atahualpa a traición, lo que provocó la capitulación de los incas. Atahualpa fue asesinado, Pizarro se marchó en busca de las riquezas de Perú, y dejó a Sebastián de Benalcázar la tarea de conquistar el resto del reino de Quito. Esta misión no fue fácil, pero gran parte de la costa y de las zonas altas terminaron cayendo bajo el control nominal de España; la primera ciudad española, Santiago de Quito, fue fundada en 1534. La capital actual, San Francisco de Quito, fue fundada en el mismo año sobre un asentamiento inca. Los aventureros españoles se adentraron en la región amazónica, pero su interés decayó cuando se descubrió que no contenía riquezas fácilmente explotables. También se fundó en la primera mitad del siglo XVI la ciudad costera de Guayaquil, la cual se convirtió en el único puerto autorizado para el comercio exterior. Se establecieron rutas marítimas con Lima hacia el sur, y con Acapulco hacia el norte.

Aunque Ecuador formaba parte del Virreinato de Perú, se creó una entidad jurisdiccional subordinada a él —la Audiencia de Quito— que abarcaba el territorio del actual Ecuador y el sur de Colombia hasta Popayán. Esta división dio como resultado una cuasi autonomía con respecto a las decisiones políticas que se tomaban en Lima, aunque nunca llegó al grado de independencia de que gozaban Capitanías Generales como Guatemala. Al principio, los intereses de los españoles por Ecuador se limitaron a la búsqueda de metales preciosos, y en las minas se emplearon indios y esclavos africanos. Pero la riqueza extraída resultó insignificante en comparación con la de Perú, por lo que la Audiencia de Quito dirigió rápidamente su atención a la agricultura. Las fértiles tierras altas producían alimentos básicos para el consumo regional y local: trigo, cebada, patatas y ñame. En las zonas costeras tropicales se cultivaba cacao y caña de azúcar para el comercio, lo que obligó a la importación de más esclavos africanos. Muchas de las plantaciones comerciales de azúcar estaban en manos de los jesuitas, quienes también se encargaban de la explotación agrícola de los valles tropicales del río Chota. Ninguno de los productos agrícolas fue suficiente para asegurar un gran flujo de dinero, de ahí que la economía ecuatoriana se mantuviera dentro de unos límites regionales. Aunque todavía tiene un carácter predominantemente agrícola, Ecuador se ha beneficiado económicamente del descubrimiento de petróleo en la región amazónica. Se han multiplicado las ciudades petrolíferas en una zona que anteriormente contaba con pocos hablantes de español, lo que podría dar lugar, con el tiempo, al desarrollo de un dialecto amazónico del español de Ecuador.

Influencias lingüísticas extrahispánicas

En la época de la llegada de los españoles al Ecuador, el quechua no había logrado todavía una gran difusión, aunque con la expansión inca se estaba incrementando el número de hablantes de quechua. Había numerosos grupos indígenas pequeños, el más importante de los cuales lo constituían los canaris, que antaño habían gozado de una civilización floreciente en las tierras altas del sur. Los sacerdotes y los administradores españoles se aprovecharon de la estructura organizativa y de la hegemonía de los incas sobre los grupos étnicos más pequeños y convirtieron el quechua en la lengua franca de las altiplanicies y de la Amazonia ecuatorianas y del sur de Colombia. A la larga, el quechua desplazó a la mayoría de las lenguas indígenas, y en las regiones rurales prevaleció sobre el español. Este cambio lingüístico alteró profundamente el perfil lingüístico del Ecuador, y el prolongado contacto español-quechua en las zonas rurales y en el perímetro urbano introdujo al Ecuador en la zona dialectal andina.

En el Ecuador actual, el quechua es la lengua dominante en las regiones rurales de la zona andina, así como en parte de la cuenca amazónica. Muchos de los hablantes de quechua de las tierras altas pueden hablar español, pero su fluidez varía muchísimo. En algunos pueblos se ha desarrollado una interlengua español-quechua estable, conocida como *media lengua* (cfr. Muysken, 1979, 1981). No obstante, esta estabilidad es excepcional, y muchos de los hablantes bilingües quechua-español presentan un continuo de variación que va desde una pocas palabras españolas a un español totalmente fluido. El contacto quechua-español ha sido tan profundo que incluso los hablantes monolingües españoles emplean patrones lingüísticos que, con toda probabilidad, deben su existencia al sustrato quechua.

En la costa y en las selvas interiores del noroeste de Ecuador viven aún varios grupos indígenas pequeños; los más conocidos son los capayas y los colorados. Sin embargo, a efectos prácticos, el Ecuador costero es sólo hispanohablante. La región amazónica es sede de una gran variedad de lenguas y culturas, pero sólo los shuar son conocidos por los ecuatorianos y los foráneos (cfr. Stark, 1985a). En esta zona no se había hablado español hasta décadas recientes.

Ecuador posee también una población de origen africano significativa: según algunas estimaciones, alcanza el 25 % del total. Los afroecuatorianos se concentran, fundamentalmente, en la provincia costera noroccidental de Esmeraldas, aunque hay grupos menos numerosos que viven en el valle del Chota. El origen de la población negra del Ecuador está sujeto a cierta controversia, aunque es evidente que los negros ecuatorianos llegaron del norte. Una teoría sostiene que los primeros habitantes negros alcanzaron la costa de Ecuador a raíz de dos naufragios que se produjeron a principios del siglo XVII. Posteriormente, los jesuitas fueron los responsables de que llegaran esclavos negros para trabajar en las plantaciones, tanto de la costa como de las tierras altas del interior, y su ejemplo fue secundado por otros plantadores y propietarios, pues la mano de obra indígena era escasa en ciertas zonas y belicosa en otras. A principios del siglo XIX, las guerras de liberación supusieron la llegada de contingentes negros a Ecuador, procedentes, en su mayoría, de Colombia. Cuando en 1852 se produjo la manumisión de los esclavos en Ecuador, muchos de ellos se quedaron en la provincia de Esmeraldas. A finales del siglo XIX llegó otro grupo de ciudadanos negros, cuando se llevó a unos 4.000 ó 5.000 jamaicanos para trabajar en las plantaciones y en la construcción.

La población negra de Valle del Chota, conocidos, al principio, como coangues, también ha despertado el interés de los historiadores y de los antropólogos, pues constituye una de las escasas poblaciones afro-hispánicas que quedan en las zonas altas del interior. Algunos creen que los choteños descienden de los esclavos liberados o huidos de la provincia costera de Esmeraldas, pero parece que la mayoría desciende de los esclavos llevados por los jesuitas a las plantaciones de las tierras altas. En el valle del Chota, las tradiciones orales hacen referencia a que los primeros habitantes negros llegaron de lugares no especificados, mientras que en Esmeraldas no hay conciencia colectiva de migración alguna desde las tierras altas a la costa, pese a que algunos hayan postulado esa ruta de evolución. La población afro-ecuatoriana ha sido estudiada por Estupiñán Tello (1967), Peñaherrera de Costales y Costales Samaniego (1959), Whitten (1965, 1974), Whitten y Friedemann (1974) y otros. Lipski (1986c, 1987c) ofrece una valoración lingüística de esos grupos.

FONÉTICA Y FONOLOGÍA

Toscano Mateus (1953) estudia con detalle la pronunciación del español de Ecuador. De los rasgos fonéticos regionales y nacionales se ocupan también Argüello (1984, 1987), Boyd-Bowman (1953), Candau de Cevallos (1987), Cárdenas Reyes (1984, 1986), Córdova (1975), King (1953), Larrea Borja (1968), Lemos (1922), Moscoso Vega (1968), Moya (1981), Robinson (1979), Salazar (1889). Lipski (1986c, 1987c, 1989b, 1990b) trata aspectos de la fonología ecuatoriana.

La pronunciación del español de Ecuador está delimitada por coordenadas regionales. Tradicionalmente se habla de una división tripartita: costa, tierras altas andinas y cuenca amazónica. La sierra andina también presenta una notable diferenciación regional que alcanza a la pronunciación y al vocabulario. Por regiones, los principales rasgos fonéticos son los siguientes.

Región costera (provincias de Esmeraldas, Guayas, Los Ríos, Manabí)

(1) /n/ final de sintagma y de palabra prevocálica se velariza.

(2) /r/ final de sintagma cae con cierta regularidad, en especial entre los estratos socioeconómicos más bajos. Se produce de forma esporádica la neutralización de /r/ y /l/ preconsonánticas.

(3) En la región de Esmeraldas, de predominio afro-hispánico, no es inusual que /d/ intervocálica conserve una pronunciación oclusiva, que a veces se realiza como [r], pero este rasgo está desapareciendo.

(4) /rr/ se realiza como vibrante alveolar.

(5) La /d/ intervocálica es débil y cae con frecuencia.

(6) No existe /ʎ/ como fonema independiente. La /y/ intervocálica es una fricativa débil y puede caer en contacto con /i/ y /e/.

(7) /s/ final de palabra y de sílaba se debilita en forma de aspiración y con frecuencia se pierde, sobre todo en el contexto de final de sintagma. Las tasas de aspiración y pérdida son comparables a las de los dialectos del Caribe. Se deja notar una ligera estratificación sociolingüística, con algún intento de restauración de [s] final en el habla formal.

(8) Entre los campesinos analfabetos, [f] inicial alterna con [hʷ], incluso ante vocales no redondeadas: *fatal* > [hʷatal], *Juana* > [fana] (García, 1982: 29).

Extremo norte-central (Carchi)

(1) A diferencia de la mayor parte del resto de Ecuador, rara vez se velariza la /n/ final de palabra.

(2) No se reducen las vocales inacentuadas, aunque las vocales finales inacentuadas suelen ensordecerse.

(3) /rr/ es una vibrante alveolar múltiple.

(4) /r/ final de sílaba es una vibrante simple o una fricativa alveolar y nunca se asibila.

(5) El fonema /ʎ/ se realiza como lateral palatal.

(6) /y/ recibe una pronunciación fricativa débil.

(7) /s/ final de sílaba y de palabra se mantiene como [s], pero nunca se sonoriza en el contexto de final de palabra prevocálico.

Tierras altas centrales (de Imbabura
a Chimborazo, incluido Quito)

(1) Se reducen enormemente las vocales inacentuadas, ensorde-
cidas y acortadas, y, desde el punto de vista fonético, pueden
desaparecer en el habla rápida (Lipski, 1990b). Esta reducción tiene lugar normalmente en contacto con /s/, y afecta
principalmente a /e/, y después a /o/.

(2) Se velariza /n/ final de palabra, o a veces se elide, dejando
una vocal nasalizada.

(3) /rr/ se realiza como fricativa rehilada cercana a [ž].

(4) Se asibila /r/ final de sílaba, y recibe una pronunciación fricativa rehilada similar al resultado de /rr/.

(5) El grupo /tr/ recibe una pronunciación africada alveolar similar a [č].

(6) Se distinguen los fonemas /y/ y /ʎ/; este último no se realiza
como lateral palatal, sino como una fricativa palatoalveolar
[ž] similar a la realización de /rr/ (Argüello, 1978, 1980, 1987).
/y/ recibe una pronunciación palatal fricativa débil.

(7) Se mantiene /s/ final de sílaba como sibilante, y cuando aparece en posición final de la palabra ante una palabra que
empieza por vocal, lo normal es que se sonorice en [z], por
ejemplo *los amigos* [lozamiɣos] (Robinson, 1979; Lipski, 1989b).

(8) Entre los hablantes bilingües quechua-español, el cambio de
/f/ en [hʷ] (por ejemplo *familia > juamilia)* es habitual (cfr.
Moya, 1981: 287-8).

Cañar y Azuay (incluida Cuenca)

La pronunciación de esta zona es similar a la de Quito, aunque
las curvas de entonación son distintas, la reducción de las vocales
átonas mucho más pronunciada, y la pronunciación fricativa de /rr/ y
/tr/ más señalada. Las diferencias son las siguientes:

(1) /ʎ/ se realiza como lateral palatal, mientras que /y/ se mantiene como [y].

(2) /s/ final de palabra se sonoriza si le siguen vocales, al igual
que la /s/ interior de palabra en los prefijos: *desayuno* y *des-
empleo* se pronuncian habitualmente como [dezayuno] y [de-
zempleo].

(3) /č/ africada se realiza a veces como fricativa (Candau, 1987).

Loja

Esta provincia, en el extremo sur que limita con Perú, tiene una pronunciación similar a la de Carchi, salvo que la /n/ se velariza con más frecuencia.

Región amazónica

Es demasiado pronto para que se haya formado un dialecto "amazónico" del español de Ecuador; los indígenas que viven en esta región siguen hablando un español muy precario, con un fuerte influjo de sus lenguas nativas, mientras que los inmigrantes de regiones hispano-hablantes siguen hablando sus variedades regionales del español. Con el tiempo, si la población hispanófona se estabiliza, puede emerger un dialecto amazónico representativo, pero, por ahora, el español continúa siendo una lengua inmigrante en esta región.

CARACTERÍSTICAS MORFOLÓGICAS

(1) En gran parte de Ecuador se usa el pronombre sujeto *vos,* pero los esquemas son diferentes de los que se emplean en el Cono Sur y Centroamérica. Los ecuatorianos de la costa suelen acompañar el *vos* con formas verbales no diptongadas: *hablá(s), comé(s), viví(s),* etc. En ocasiones aparecen las formas correspondientes a *tú,* y, con menor frecuencia aún, la terminación *ís* de las tierras altas, como ocurre en *comís* (Toscano Mateus, 1953: 199-200). En la costa hay un cierto estigma sociolingüístico en el uso del voseo, especialmente entre las clases altas de Guayaquil (Toscano Mateus, 1953: 200), pero está enraizado profundamente en el habla costera, y no aparecen signos de regresión, excepto en Guayaquil y quizás en la ciudad de Esmeraldas. En las tierras altas se puede observar una escisión que sigue en gran parte fronteras etnolingüísticas. Los hablantes monolingües de español, o los mestizos bilingües que se identifican con el componente hispánico de la sociedad ecuatoriana, combinan de forma casi sistemática *vos* con las formas verbales correspondientes a *tú: vos eres, vos tienes,* etc. Los mismos hablantes pueden usar *tú* a veces, aunque esta es una opción menos probable en el ha-

267

bla natural. Los bilingües en los que domina el quechua normalmente emplean más las formas verbales de voseo que las correspondientes a *tú*. La terminación más frecuente en las formas verbales de la segunda conjugación es *-ís* y no *-és;* a veces incluso la primera conjugación adopta esta terminación. En ocasiones aisladas se puede oír la variante diptongada *habláis*. El verbo auxiliar *haber* se conjuga a menudo como *habís*. La extensión de *-ís* a las formas de futuro, por ejemplo *harís* < *harás*, *vendrís* < *vendrás*, y algunas otras, están perdiendo terreno a gran velocidad (Toscano Mateus, 1953: 231). El pronombre *tú* sólo lo usan en las tierras altas los hablantes urbanos cultos, aunque en las provincias periféricas de Carchi y Loja el empleo de *tú* es más espontáneo en el habla local. En todo Ecuador, la mezcla de formas verbales propias del voseo y del tuteo es frecuente entre los hablantes rurales, e incluso los hablantes urbanos cultos presentan una variación en el uso del voseo mayor que la que existe en las naciones de Centroamérica y del Cono Sur.

(2) En el nivel vernáculo, los bilingües en los que domina el quechua utilizan el diminutivo *-ito* en combinaciones inusuales en los dialectos monolingües del español. Suele corresponder al uso de morfemas afectivos quechuas que se aplican en circunstancias similares. Los diminutivos se pueden adjuntar a los demostrativos *(¿Quiere estito?)*, a los numerales *(cincuentita)*, a los interrogativos *(¿Cuántito es?)*, a la partícula adverbial *no más (aquí no masito)*, a los gerundios *(corriendito)*, etc. (cfr. Toscano Mateus, 1953: 422-4).

CARACTERÍSTICAS SINTÁCTICAS

(1) El español de Ecuador emplea con frecuencia el presente de subjuntivo en cláusulas subordinadas a verbos en pasado o en condicional:

Quería que lo *hagamos* en seguida

(2) En buena parte de Ecuador se suele emplear *le* como clítico de objeto directo para SSNN masculinos singulares, en contra de las tendencias loístas del español de América del Sur (Toscano Mateus, 1953: 202-5). *Le* puede extenderse incluso a los objetos femeninos. Muchos ecuatorianos, tanto bilingües como monolingües, no poseen el clítico *la* en su repertorio,

y, en consecuencia, emplean *le* (García y Otheguy, 1983). En registros más prestigiosos, el uso de *lo* (y *la)* en el tratamiento directo correspondiente a *usted* transmite más respeto que *le,* lo que va en contra de las tendencias de otras zonas de Hispanoamérica.

(3) Muchos dialectos ecuatorianos de las tierras altas permiten la "duplicación mediante clíticos" no sólo en el caso de objetos directos pronominales (obligatoria en todos los dialectos del español), sino con nombres de persona (propia sólo del Cono Sur y de la región andina), e incluso con nombres de objetos inanimados (limitada a la región andina):

> *le* conozco *a él*
> *le* conozco *a Juan*
> *le* veo *el carro*

(4) A diferencia de la mayoría de los demás dialectos del español, no se utiliza la duplicación mediante clítico cuando el objeto directo está desplazado a la izquierda:

> las elecciones nunca entendí

(5) En el nivel vernáculo, se suelen evitar las construcciones con doble clítico (esto es, objeto indirecto + directo) (Suñer y Yépez, 1988):

> dame[lo]

(6) Como en otros dialectos andinos, el español de Ecuador permite objetos directos (definidos) nulos:

> al chófer le di
> yo le reconocí al hombre que trajo

(7) Los hablantes bilingües en los que domina el quechua y, en ocasiones, los monolingües, suelen postponer el auxiliar *estar:*

> escuchándote estoy
> ocupado estoy

(8) Habitual en todas las tierras altas del Ecuador es el uso de *dar* + <u>gerundio</u> como imperativo, lo que posiblemente sea un

269

calco de estructuras quechuas (Albor, 1973; Rodríguez Caste lo, 1975: 9; Toscano Mateus, 1953: 285):

> dame cerrando las puerta   "cierra la puerta"
> dame comprando unas espermitas   "compra unas velas"

A veces aparecen otros verbos "auxiliares" en este esquema, pero sólo en hablantes bilingües con poco dominio del español:

> el señor manda diciendo que vengas
> Pedro dio componiendo mi reloj   "Pedro compuso mi reloj"

(9) Los bilingües con poco dominio del español pueden emplear un simple gerundio en vez de un verbo conjugado. Los hablantes monolingües del español usan a veces esa construcción en broma (Toscano Mateus, 1953: 272-6):

> ¿Qué haciendo?   "¿Qué podemos hacer?"
> Para eso trabajando   "Debes trabajar"
> Aquí viniendo a saludar   "Venimos a saludar"

(10) En las tierras altas de Ecuador se suele encontrar un uso de "ser intensivo":

> Ese señor vino *es* a caballo
> se muere *es* de la impresión

(11) En el español de Ecuador, tanto costero como de las tierras altas, aparecen a veces sujetos de infinitivo antepuestos, aunque no con la misma regularidad que en el español del Caribe (cfr. Toscano Mateus, 1953: 268):

> para *usted sacar* cualquier cosa del Carchi

(12) En el español de Ecuador, como en otros dialectos andinos, *no más* se utiliza como partícula sintáctica, cuyo uso difiere del panhispánico, o del "sólo" mexicano/centroamericano, para adquirir funciones de intensificación. A diferencia de los casos mencionados, en que *no más* recibe acento de palabra, en el Ecuador es átono:

> Aquí *no más* vivo
> ¿Cuánto *no más* cuesta?

¿Dónde *no más* fuiste?
¿Qué *no más* debemos hacer?

CARACTERÍSTICAS LÉXICAS

El léxico ecuatoriano está dividido por límites regionales. Los principales estudios léxicos son Alvarez Pazos (1985), Cordero Palacios (1985), Cornejo (1967), Encalada Vásquez (1990), Guerva (1968), Instituto Otavaleño de Antropología (1979), Lemos Ramírez (1920), Mateus (1933), Tobar Donoso (1981), Toscano Mateus (1953) y Vázquez (1925, 1980). En las tierras altas hay una elevada proporción de palabras derivadas del quechua, así como muchos arcaísmos. Los dialectos costeros poseen más palabras comunes al Caribe y a las zonas costeras de Hispanoamérica. En la provincia de Esmeraldas hay una proporción algo más elevada de africanismos, pero no existe un vocabulario "afro-hispánico" distintivo. Algunas palabras conocidas en todo Ecuador son:

amarcar "mecer en los brazos"
chimbo "maldición"
chulla "uno sólo" o "uno de un par": *Teno la chulla* "Tengo uno (de un par de calcetines)"
chulla ojo "tuerto"
chumar "emborracharse"
churo "rizo de pelo"
gringo "europeo de piel clara, de aspecto nórdico, extranjero blanco"
guagua "bebé"
huasipungo "pedazo de tierra ocupado por colonos o campesinos indígenas"
montuvio "campesino de la zona costera"
omoto "persona baja"
rondador "flauta de pan"

CAPÍTULO XIV

El español de El Salvador

PERSPECTIVA HISTÓRICA

El español salvadoreño es muy similar a los dialectos vecinos de Guatemala y Honduras. Ello se debe a que sus perfiles demográficos son similares, a que su desarrollo colonial sigue patrones comparables y a que los tres comparten el mismo estancamiento postcolonial. El Salvador es la única nación centroamericana sin costa caribeña, hecho que ha determinado el destino de este pequeño país. La esclavitud africana fue mínima y se concentró en algunas regiones muy reducidas. Aún se pueden encontrar salvadoreños negros hispano-hablantes, y aunque son pocos en número, han recibido el reconocimiento como minoría cultural, como lo atestigua la novela *Ébano* (Ordóñez Argüello, 1954). La dominación económica y cultural extranjera es un fenómeno relativamente reciente, en comparación con otros países centroamericanos. Esta combinación de circunstancias históricas ha dado lugar a una variación lingüística considerable dentro de un área geográfica pequeña. Como en Honduras, esta variación no se deja describir en virtud de fronteras regionales nítidas, sino que obedece a la oposición rural-urbano.

Desde el primer momento, El Salvador fue una colonia tranquila, un rincón poco explorado del vasto territorio español de Nueva España. Incluso el descubrimiento de El Salvador se debió, en apariencia, a la casualidad, pues los primeros españoles que llegaron a su costa en 1522 se habían embarcado rumbo a las Islas de las Especias, y se vieron obligados a atracar por dificultades técnicas. Las posteriores exploraciones españolas, que se hicieron por tierra desde Guatemala, sólo tuvieron como objetivo secundario la expansión territorial, ya que el principal era el descubrimiento de un canal entre los dos océanos. La mayoría de las expediciones se toparon con la hostilidad de los grupos indígenas, y no descubrieron riquezas suficientes para compensar condiciones tan desfavorables. Finalmente, los españoles lograron someter la región hacia 1530, pero no sacaron muchos beneficios. El Salvador y las zonas vecinas de Honduras se convirtieron en el escenario de las luchas internas entre los conquistadores Pedro de Alvarado, en Guatemala, y Pedrarias Dávila, en Panamá. Esos conflictos, en los que cada jefe militar intentaba vencer al otro, distrajeron la atención de la necesidad de crear asentamientos estables. La lucha intensificó el deseo de los exploradores españoles de encontrar recursos minerales de fácil explotación con los que financiar sus actividades y acelerar su posible regreso a Europa, donde podrían disfrutar de su nueva riqueza. Como esas riquezas no llegaron nunca, las fuerzas expedicionarias se dirigieron a otros territorios, dejando sólo un pequeño contingente en El Salvador.

Los españoles encontraron un asentamiento pipil, conocido como Cuzcatlán, en la zona general de El Salvador. Los indios lencas del este estaban dispersos por todo El Salvador y Honduras y poseían una cultura y una estructura política descentralizadas. Sin embargo, esto no impidió que los lencas opusieran una fiera resistencia a la penetración española, ejemplificada por el cacique Lempira en Honduras, que rechazó con éxito varios ataques españoles y finalmente fue asesinado a traición durante las negociaciones de paz. A la larga, los indios pipiles y los lencas fueron forzados a entrar en el sistema de la encomienda, por el cual los españoles *encomendados* recibían tributo de las familias indígenas que tenían bajo su dominio. Los *encomendados* de El Salvador intentaron que el tributo fuera en oro, pero, por lo general, tuvieron que conformarse con productos agrícolas como cacao y bálsamo. Los terratenientes españoles añadieron el añil y la cría de ganado, y así comenzó un sistema de *haciendas* reducido, pero estable, que se ha mantenido hasta hoy. En el siglo XIX, el algodón y el café se convirtieron en las cosechas más importantes, y fue tan intenso el deseo de dedicar toda la tierra cultivable al uso comercial que los grandes terratenientes obligaron a la mayoría de los salvadoreños a abandonar sus tierras y a convertirse en peones. Este latifundismo extremo, personificado en las "catorce familias", está en la raíz de varias revueltas de campesinos y de la guerra civil que asola el país desde 1980. Alrededor de un quinto de la población ha abandonado el país, la mayoría en dirección a Estados Unidos, Canadá y México. De los que han permanecido en el país, muy pocos pueden traspasar las barreras sociales, económicas y militares para ascender social y culturalmente, por lo que son los hablantes rurales e incultos los que definen el español salvadoreño.

Incluso en lo que atañe a las clases privilegiadas, un importante factor de la evolución sociolingüística de El Salvador ha sido el acceso limitado a la educación, privada o pública. Hasta fines del siglo XVIII no se crearon las primeras escuelas, y los que se matriculaban sumaban apenas unos pocos cientos de estudiantes, casi todos de la capital (White, 1973: 47). Durante el periodo colonial no hubo periódicos y la importación de libros era una actividad muy cara y no alentada desde los organismos oficiales. El Salvador entró en la Independencia con una elite social y económica visible, pero sin la elite intelectual correspondiente de las otras colonias. Incluso cuando se le compara con otros territorios centroamericanos, El Salvador, en la época de la Independencia, contaba solamente con un mínimo número de ciudadanos cultos. A efectos prácticos, esto significa que los decretos oficiales, los actos públicos del gobierno, y casi todos los usos públicos de la lengua, oficiales o religiosos, estaban en manos de hablantes cuyo uso del español difería mucho de las normas cultas de España y de los países más grandes de Hispanoamérica.

La historia colonial y postcolonial de El Salvador ha provocado un notable desequilibrio en la distribución de los recursos económicos y culturales. La gran mayoría de los salvadoreños no poseen tierras y trabajan como peones o *colonos* (arrendatarios). La educación sigue siendo el privilegio de una minoría, y la tasa de analfabetismo es muy alta. Como en Honduras, no ha habido apenas oportunidades para que se desarrolle una "Norma Culta", o estándar urbano culto, que ejerza su influencia en el resto de la población. El resultado es una discontinuidad lingüística entre el habla de los grupos marginados y el de la clase profesional y media urbana. Esta última se desplaza, cada vez más, a México, España y Estados Unidos para mejorar su educación, y en este proceso adquiere una lengua des-regionalizada, mientras los sectores marginados avanzan en su evolución lingüística a una velocidad cada vez mayor. En cuanto se escucha a un salvadoreño se puede advertir esta discrepancia, y se puede identificar el origen socioeconómico del hablante tras oír unas cuantas palabras de sus labios.

INFLUENCIAS EXTRAHISPÁNICAS

De todas las naciones de Centroamérica, El Salvador es la más homogénea desde el punto de vista racial y cultural. El *ladino* o mestizo, mezcla de caucasiano y amerindio, caracteriza al 85 %-95 % de la población. Mayor importancia que las características raciales posee el hecho de que en el territorio nacional entero, casi sin excepciones, los grupos indígenas pasaran a utilizar (por lo general casi exclusivamente) la lengua española. Esta situación contrasta de manera llamativa con la de Guatemala, e incluso con la de Honduras, donde existen poblaciones indígenas lingüística y culturalmente definidas. Aunque siguieron existiendo pequeñas bolsas de salvadoreños hablantes de pipil e incluso de lenca hasta bien entrado el siglo XX, su proporción fue insignificante en comparación con el total de la población. La asimilación cultural se vio impulsada por el hecho de que muriera casi la mitad de la población indígena tras la conquista española, bien debido a las enfermedades, bien a las consecuencias de los trabajos forzados o la resistencia armada. El estrecho contacto entre españoles e indios que se produjo como consecuencia del sistema de *encomienda,* combinado con la elevada proporción de *encomendados* con respecto al total de la población indígena, fue, sin lugar a dudas, fundamental, al igual que la bajísima proporción de mujeres españolas. El papel de la Iglesia Católica fue importante, dada la misión evangelizadora y la posición paternalista que adoptó con respecto a la población indígena. La ausencia de estructuras políticas centralizadas facilitó la penetración de la cultura española, junto con su sistema social y político centrípeto. La existencia, dentro de la población española, de pequeños propietarios que trabajaban sus propias tierras y mantenían un contacto estrecho con la población indígena unió a los grupos mucho más que el sistema jerárquico de la *hacienda* que prevaleció en colonias más ricas.

El Salvador poseía una numerosa población indígena cuando se establecieron las primeras colonias españolas. Tres eran los grupos principales. Los mayas, que ocupaban el extremo noroccidental, probablemente ya hablaban algo de nahua en la época de la conquista. Los lencas, en el este, se extendían por la frontera con Honduras. También vivían en las regiones orientales pequeños grupos de chorotegas, ulúas y pocomanes. Hoy en día quedan en El Salvador pocos hablantes de lenca (si es que queda alguno), aunque, como en Honduras, se conservan tradiciones culturales lencas en su antiguo territorio. Lo mismo se puede decir de los mayas, y de otros pequeños grupos que antaño vivieron en El Salvador.

Los pipiles eran el grupo dominante en El Salvador, desde el punto de vista cultural y numérico, y se concentraban en torno a la ciudad de Cuscatlán. Los pipiles hablaban una lengua descendiente del nahua; de hecho el término "pipil" en el nahua de México significa "niño", y procede de los primeros intérpretes mexicanos que acompañaron a los españoles en Centroamérica y que sintieron que el nahua hablado en ese territorio era una versión infantil o pidginizada del que se hablaba en el interior de México. Fue el pipil, y no el nahua

275

trasplantado directamente de México, el que hizo las contribuciones principales al español de Centroamérica. Aunque se podían encontrar algunos comerciantes mexicanos nahuas a lo largo de la costa del Pacífico de Centroamérica, su habla nunca suplantó a la variedad regional conocida como pipil (Fidias Jiménez, 1937). Por ejemplo, a los mexicanos *atole* "bebida hecha de maíz", o *guacamole* "ensalada de aguacate" corresponden los pipiles *atol* y *guacamol;* al mexicano *cuate* "mellizo", corresponde el pipil *guate,* etc. En el español salvadoreño entraron cientos de palabras y topónimos del pipil (Geoffroy Rivas, 1973; Membreño, 1908); algunas están confinadas en pequeñas regiones, pero la mayoría se conoce en toda Centroamérica. Actualmente, sólo queda un puñado de hablantes de pipil, que hablan una forma arcaica de esa lengua ancestral (Campbell, 1985; Geoffroy Rivas, 1969; Todd, 1953). Sin embargo, la contribución previa fue considerable y hay pruebas en la literatura y el folclore de que el pipil-nahua influyó en la sintaxis de los registros sociolingüísticos más bajos del español salvadoreño.

Fonética y fonología

Existen pocos estudios sobre la fonética del español de El Salvador, pero la temprana obra de Canfield (1953, 1960) es muy precisa. Geoffroy Rivas (1975, 1978) contiene algunas observaciones rudimentarias sobre la pronunciación. En fechas más recientes, Lipski (1985a, 1986g) ha estudiado aspectos cuantitativos de la pronunciación salvadoreña. Existe poca variación geográfica en la pronunciación; el factor diferenciador principal es el nivel de educación. Las principales características son:

(1) /b/, /d/ y /g/ suelen ser oclusivas tras consonantes no nasales.

(2) /y/ intervocálica es débil y cae con frecuencia en contacto con /e/ e /i/. La inserción ultracorrecta de [y] para destruir el hiato es bastante habitual en el habla salvadoreña, pero este fenómeno está en gran medida limitado al habla rural inculta.

(3) /n/ final de palabra se velariza en posición final de sintagma o ante una vocal.

(4) Muchos salvadoreños rurales dan a /s/ una pronunciación interdental [θ], acompañada a menudo de una fuerte nasalización. La pronunciación interdental no se correlaciona en forma alguna con la diferenciación de /s/ y /θ/ en parte de España, ni se aplica a todas las palabras, como en el ceceo

de la Andalucía rural. Más bien es variable tanto en el nivel léxico como en el nivel idiolectal, y un examen detenido del material recogido no ha puesto de relieve ningún patrón sistemático.

(5) /s/ preconsonántica y prevocálica final de sintagma y de palabra se reducen a [h], aunque con mucha variación sociolingüística.

(6) Como en Honduras, la /s/ postvocálica inicial de palabra se suele reducir a [h], en especial entre los estratos socioeconómicos más bajos. El español salvadoreño reduce incluso la /s/ postconsonántica inicial de palabra en combinaciones como *El Salvador* y *un centavo,* así como la reducción omnipresente de /s/ a [h] en *entonces.*

CARACTERÍSTICAS MORFOLÓGICAS

El español salvadoreño emplea los mismos esquemas del voseo que se utilizan en otras zonas de Hispanoamérica. En regiones rurales, aún es posible encontrar *[ha]bís* en vez de *has* en el pretérito perfecto, así como otras formaciones verbales arcaicas o analógicas. Muchos salvadoreños urbanos cultos también se sirven de *tú* con otros salvadoreños (aunque normalmente está reservado a las situaciones en que se habla con no centroamericanos), lo que indica la incipiente creación de una triple distinción. *Vos* sigue siendo el pronombre de la máxima solidaridad y familiaridad, mientras que *usted* expresa distancia y respeto. *Tú* corresponde a un nivel intermedio, y expresa familiaridad, pero no confianza (Lipski, 1986h). Las clases rural y obrera no hacen esta distinción, y usan *vos* y con más frecuencia *usted* en todas las circunstancias.

CARACTERÍSTICAS SINTÁCTICAS

(1) En el español salvadoreño existe una construcción que se encuentra esporádicamente en Guatemala: la combinación ARTÍCULO INDEFINIDO + ADJETIVO POSESIVO + NOMBRE; por ejemplo, *una mi amiga* (normal *mi amiga / una amiga mía).* Tales construcciones son siempre en singular, y los posesivos empleados con más frecuencia son *mi* y *su: una su pareja de cipotes* "sus dos hijos", *una mi bailadita.* A menudo encontramos una referencia partitiva (uno de muchos), pero en casos como *un mi pecadito, un su sueño,* etc., la implicación es

277

la de una acción o acontecimiento que ocurre sólo ocasionalmente (Rodríguez Ruiz, 1968: 210, 295). En algunos otros casos, no existe una razón aparente para la aparición del artículo pleonástico + posesivo, como muestran los siguientes ejemplos sacados de Salarrué (1970, vol. II):

> un su cipotío chelito "su hijo rubio" [pág. 22]
> tenía unos sus 2 años [pág. 32]
> hijo de un su papá [pág. 40]
> tenía un su hambre [pág. 71]
> un su palito de lata [pág. 105]
> una su herida [pág. 122]

Martin (1978, 1985) analiza una construcción similar en el español de Guatemala como calco sintáctico del maya. En El Salvador no hay pruebas de una transferencia directa del maya, aunque es posible que la difusión lingüística desde Guatemala haya llevado esa construcción hasta El Salvador.

(2) Otra construcción, empleada en El Salvador y en zonas vecinas de Guatemala, es el uso pleonástico de vos y usted para puntuar una conversación, como lo muestran las siguientes representaciones literarias del habla campesina:

> está rica esta babosada, vos (Argueta, 1981: 98)
> ¿vamos a trer las bestias, vos? (Peralta Lagos, 1961: 89)
> encendé la fogata, vos (Rodríguez Ruiz, 1961: 89)
> ¿nos habrá reconocido, vos? (Rivas Bonilla, 1958)
> qué friyo, vos (Salarrué, 1970, v. I: 291)
> de veras, vos qué bonito (Salarrué, 1970, vol I: 424)
> de juro ques el mar, vos (Salarrué, 1970, vol. I: 426)
> ¿por qué, vos? (Salarrué, 1970, vol. I: 337)
> amonós, vos (Salarrué, 1970, vol. I: 330)
> ¿te dolió, vos? (Salarrué, 1970, vol. I: 326)

(3) Se emplean construcciones con hasta para señalar el principio de un acontecimiento: ¿Hasta cuándo viene el jefe? "¿Cuándo vendrá el jefe?"

CARACTERÍSTICAS LÉXICAS

El estudio más completo del léxico salvadoreño es Geoffroy Rivas (1978). Otras fuentes son Geoffroy Rivas (1975), el pionero y normativo Salazar García (1910), y los estudios léxicos limitados de Schneider (1961, 1962, 1963) y Tovar (1945, 1946), el estudio de los elementos quichés/mayas de Barberena (1920), y los glosarios de varias obras literarias (González Rodas, 1963; Rodríguez Ruiz, 1960, 1968; Salarrué, 1970). Pocas palabras son específicas del léxico salvadoreño; las palabras siguientes son consideradas típicamente "salvadoreñas", aunque aparecen en otros países de Centroamérica:

andar "llevar encima"
barrilete "cometa"
bayunco "tosco, sin valor"
bolo "borracho"
chele "rubio"
chompipe "pavo"
chucho "perro"
cipote "niño pequeño"
guaro "licor"
pisto "dinero"

Entre las palabras que se asocian más con El Salvador que con los países vecinos se pueden citar:

andén "acera"
bicho "niño pequeño"
caite "sandalia rústica"
canche "pelirrojo, de complexión basta"
caneche "amigo"
chero "amigo"
chibola "bebida carbonatada"
chimbolo "renacuajo, pececillo"
chimpe "benjamín de una familia"
cotón "camiseta"
cuilio "soldado o policía"
cuto "lisiado, cojo"
majoncho "tipo de banana; la Guardia Nacional Salvadoreña"
muchá (< *muchachada*) "chicos, muchachos"
peche "delgado, niño huérfano"
piscucha "cometa"
pupusa "plato hecho con dos tortillas rellenas de queso o tiras de cerdo"
tiste "mezcla de coco, canela y azúcar utilizada para hacer una bebida"

Capítulo XV

El español de Guatemala

Perspectiva histórica

Dentro de Centroamérica, la presencia española se dejó sentir con fuerza en Guatemala, sede final de la Capitanía General de Guatemala. En teoría, esta colonia estaba subordinada al Virreinato de Nueva España, cuya capital era la Ciudad de México, pero en la práctica, las capitanías generales eran entidades independientes, que respondían directamente ante España y tenían poco contacto político con los distantes virreinatos. En el caso de la Capitanía General de Guatemala, la ubicación de la capital en un extremo geográfico del territorio dio como resultado la disminución de la influencia cultural, política y lingüística dada la distancia con respecto a la capital. Durante la mayor parte del periodo colonial, la única ciudad de importancia fue la Ciudad de Guatemala, que se benefició de la existencia de una Universidad y de otros contactos con los centros administrativos y culturales de España. Aunque España mantuvo su presencia administrativa en Guatemala, con lazos estrechos con México, el Caribe y España, la población indígena era numerosa y diversa, lo que impidió una hispanización a gran escala. La implantación de la lengua española en Guatemala fue menos efectiva que en cualquier otra zona de Centroamérica, y se limitó, durante el periodo colonial, a un puñado de núcleos urbanos. Incluso hoy, se calcula que al menos la mitad de la población de Guatemala no habla español o lo habla sólo como segunda lengua en recesión. En la ciudad de Guatemala, el visitante puede sacar la impresión de que Guatemala es un país fundamentalmente hispano-hablante, mientras que un observador de la vida de un pueblo pequeño, o de las remotas selvas del norte, encontrará que el español se usa muy poco.

Tras haber sido desplazada de Honduras, la sede originaria de la Capitanía General de Guatemala fue Santiago de los Caballeros, ciudad que sufría frecuentes terremotos. Tras uno especialmente devastador en 1773, la capital se estableció en su sede actual. La nueva ciudad llegó a ser conocida simplemente como Ciudad de Guatemala, y la anterior capital recibió el nombre de Antigua. La Capitanía General de Guatemala tuvo un papel importante en la empresa imperial española, aunque sus riquezas mineras fueron superadas por los tesoros que se extraían de México y Perú. El territorio correspondiente a la Guatemala actual contenía poca riqueza. La población indígena era numerosa, estaba bien organizada y era muy rebelde. Desde las expediciones de Pedro de Alvarado a principios del siglo XVI hasta el fin de la época colonial, Santiago de los Caballeros, sede del gobierno, fue un puesto español rodeado de población no hispanizada. En el lado caribeño, se estableció el comercio con España y con las Indias Occidentales a través de Puerto Caballos (actual Puerto Cortés) en Honduras. Había más contacto a través de rutas terrestres que nacían en México y recorrían las tierras bajas occidentales de Guatemala. No se construyeron puertos importantes en la costa del Pacífico, debido en parte a la ausencia de radas naturales (el puerto más cercano era Acajutla en El Salvador), y Guatemala fue olvidada por los piratas y por el Gobierno español. Todo ello creó una paradójica situación en la que la variedad lingüística que representaba una sede administrativa nominal se desarrolló en un aislamiento casi total, por lo que presenta muchos de los arcaísmos y signos de abandono y de cambio lingüísticos propios de territorios como Costa Rica, que estuvo marginada desde el principio.

España estableció en Guatemala el sistema de *encomienda* para la mano de obra y el tributo indígenas, pero no funcionó tan bien como en otras colonias. Se intentó el cultivo de productos para la exportación, tales como el añil y la zarzaparrilla, pero la Guatemala colonial nunca gozó de prosperidad económica. Tras la Independencia, el café se convirtió en la cosecha principal, seguida por las bananas, cultivadas a instancias de las compañías fruteras estadounidenses.

En Guatemala, las culturas y lenguas de raíz nahua no constituían la fuerza indígena más importante, aunque algunos grupos nahuas y pipiles ocupaban las regiones costeras del sudoeste. Los principales grupos indígenas pertenecían a la familia maya-quiché, y dada la ascendencia cultural de esos grupos, incluso tras el declive del imperio maya, las lenguas mayas nunca fueron desplazadas por el nahua, como ocurrió en El Salvador y Honduras. Entre las lenguas habladas todavía en Guatemala existen unos cuatro grupos del grupo quiché, seis miembros del grupo mameo, cuatro miembros del grupo pocomano, más un pequeño contingente de pipil (Barberena, 1920; Castañeda Paganini, 1959; Martin, 1978, 1985; Monteforte Toledo, 1959; Stoll, 1958; Taylor, 1951; Whetten, 1961: 55-7). Como grupo, las lenguas mayas no han hecho aportaciones al español de Guatemala en proporción a su número, pero algunos elementos léxicos de origen indígena son de uso habitual.

La presencia de esclavos africanos en Guatemala nunca fue grande en comparación con el total de la población, pero quizás hayan pervivido algunos rasgos lingüísticos. Se ha dicho que la *marimba* guatemalteca (el instrumento y la palabra) representa una transferencia musicológica africana, aunque las melodías gualtemaltecas sean hispánicas en su origen. La población guatemalteca de origen africano se concentra fundamentalmente en la pequeña costa caribeña, en la villa de Livingston y en Puerto Barrios. Muchos de estos guatemaltecos negros hablan el inglés criollo de las Indias Occidentales, similar a las variedades habladas en la cercana Belice. Su presencia en Guatemala es el resultado directo de la industria bananera estadounidense, que empezó por establecer una ruta marítima entre Nueva Orleans y Livingston, y después Puerto Barrios. También viven en esta región una pequeña cantidad de caribes negros o garífunas. Las regiones del este y del norte de Guatemala son hispano-hablantes en una proporción mínima, y se identifican más con las poblaciones de Belice y de las provincias mexicanas del Yucatán que con el gobierno de la Ciudad de Guatemala.

El español de Guatemala padece la ausencia de estudios regionales sobre sus dialectos y el hecho de que en gran parte del país el español no es la lengua familiar. Contamos con algunos estudios sobre la pronunciación del español guatemalteco: Alvar (1980), Canfield (1951b), Lentzner (1938) y Predmore (1945). Aún no se ha llevado a cabo una descripción fonética a escala nacional. Lo que se suele describir como "español de Guatemala" representa el habla española monolingüe de la clase media y alta de la Ciudad de Guatemala y de las tierras altas de los alrededores. El "español popular de Guatemala" suele representar a las regiones sudoccidentales cercanas a las fronteras con Honduras y El Salvador, donde predomina el uso monolingüe del español. Entre los guatemaltecos que hablan español como primera lengua o como segunda lengua con fluidez existe cierta variación regional en la pronunciación, pero no tan destacada como, por ejemplo, en México o en Honduras. La estratificación sociolingüística es mucho más significativa, y la correlación entre variación sociolingüística y etnicidad es muy elevada, pues buena parte del español "popular" de Guatemala refleja el influjo de las lenguas indígenas o un aprendizaje imperfecto del español. La variación regional más llamativa se produce en las zonas fronterizas, especialmente en la frontera con El Salvador y Honduras, donde se puede encontrar parte de la tendencia a la debilitación consonántica de esos dos países citados. En el noroeste, el español guatemalteco se funde suavemente con la variedad hablada en el estado mexicano de Chiapas, que originariamente formó parte de la Capitanía General de Guatemala. El remoto territorio de Petén, al norte, es fundamentalmente hablante de maya, pero el español de esa región es una continuación del de la zona mexicana del Yucatán. Entre los principales rasgos fonéticos del español de Guatemala podemos citar:

(1) La fricativa posterior /x/ es una [h] débil, que suele caer.

(2) /y/ intervocálica cae en contacto con /i/ o /e/, y la [y] para destruir hiatos está estigmatizada desde el punto de vista sociolingüístico.

(3) Las obstruyentes sonoras /b/, /d/ y /g/ reciben una pronunciación fricativa en posición postconsonántica (por ejemplo *algo, arde,* etc.) en mayor medida que en Honduras y El Salvador; sin embargo, la /d/ intervocálica resiste a la elisión.

(4) Es habitual en la zona central de Guatemala la pronunciación alveolar y africada de /tr/, en particular en posición postconsonántica, como en *entre*. Esta pronunciación no es tan frecuente como en Costa Rica, y parece estar en retroceso entre las generaciones más jóvenes.

(5) /r/ final de sílaba se asibila en gran parte de la zona central de Guatemala. Esta pronunciación es menos frecuente entre los hablantes urbanos más jóvenes.

(6) La vibrante /rr/ recibe una pronunciación fricativa, que varía desde una fricativa prepalatal [ž], similar a la realización de /y/ en Buenos Aires, hasta un sonido retroflejo.

(7) /n/ final de palabra se velariza en Guatemala, aunque la retención de [n] alveolar en posiciones prevocálicas es más frecuente que en otros dialectos centroamericanos (Lipski, 1986a).

(8) /s/ final de palabra y de sílaba puede ser algo retrofleja o apical, y resiste la erosión más que en cualquier otro dialecto de Centroamérica. Las tasas de retención de una [s] sibilante son comparables a las de la zona central de México (Lipski, 1985a), y sólo en la frontera con El Salvador, en la costa del Pacífico y cerca de la frontera con Belice se produce un leve debilitamiento de /s/ preconsonántica.

CARACTERÍSTICAS MORFOLÓGICAS

La norma en el español de Guatemala es el uso de *vos* y de las correspondientes formas verbales. Las formas verbales del voseo son idénticas a las empleadas en otras zonas de Centroamérica. Pinkerton (1986) sostiene que entre los *ladinos* guatemaltecos (que se identifican con la cultura y la lengua hispánicas más que con las indígenas) *tú* posee un valor social más alto, especialmente entre las mujeres. Baumel-Schreffler (1989), en un estudio comparativo, encuentra una complejidad considerable en la elección de los pronombres familiares en Guatemala.

CARACTERÍSTICAS SINTÁCTICAS

Pocas estructuras sintácticas son específicas de Guatemala. Combinaciones del tipo *una mi amiga,* que también aparecen en El Salvador, son frecuentes en el español vernáculo de Guatemala. Martin (1978, 1985) ha hablado de influjo maya, pero también puede ser un rasgo arcaico, pues construcciones similares eran usuales en el español antiguo.

Las principales fuentes del léxico guatemalteco son Armas (1971), Batres Jáuregui (1892), Bueno (1978), Morales Hidalgo (1978), Rubio (1982) y Sandoval (1941-2). El español de Guatemala posee pocos elementos del nahua en comparación con otros dialectos de América Central, pero tiene comparativamente más palabras de origen maya. Sin embargo, estas últimas son también sorprendentemente pocas en número, y nos dejan entrever el hecho de que la hispanizacion de la población indígena de Guatemala nunca fue sino parcial: sólo alcanzó a la periferia de los grandes asentamientos españoles. Entre los elementos léxicos limitados, total o mayoritariamente, a Guatemala podemos citar:

> *canche* "rubio, de piel clara"
> *chapín* "guatemalteco"
> *chirís* "niño pequeño"
> *chirmol* "salsa de tomate"
> *chojín* "tipo de ensalada"
> *mesho* "de cabello rubio"
> *patojo* "niño pequeño"
> *trobo* "borracho"
> *zafada* "excusa"

CAPÍTULO XVI

El español de Honduras

PERSPECTIVA HISTÓRICA

La pequeña nación centroamericana de Honduras contiene dentro de sus fronteras un complejo mosaico de variación etnolingüística, arcaísmos y resultados de la evolución lingüística. Situado en medio de Centroamérica, Honduras no contiene ninguna zona dialectal importante propiamente dicha; los rasgos regionales del español de Honduras se vierten en Guatemala, El Salvador y Nicaragua. El español de Honduras ha sido poco estudiado; Herranz (1990) proporciona una bibliografía exhaustiva. Herranz (ed. 1990) contiene una antología de estudios sobre el español de Honduras, junto con un repertorio bibliográfico hasta la fecha de su publicación.

Honduras es un país extremadamente montañoso, y en buena parte del interior la comunicación se limita a senderos y a caminos precarios que sólo pueden ser recorridos por vehículos robustos durante la estación seca. La geografía no fue el factor original que motivó el aislamiento de Honduras. Tras un primer periodo de notabilidad, su importancia fue declinando. Los gobiernos postcoloniales se encontraron con pocos recursos para su desarrollo, y Honduras cayó en la esfera de intereses de las compañías fruteras estadounidenses. Esos intereses extranjeros fueron muy activos en la costa norte, y ejercieron también una gran influencia sobre el gobierno nacional de Tegucigalpa.

Colón llegó en 1502 a Honduras, que se convirtió en una provincia de la recién creada Capitanía General de Guatemala. El primer nombre de la colonia fue Hibueras, nombre de un calabacín tropical que crecía en la costa caribeña. Otros nombres que recibió durante breves periodos fueron Guaymuras (nombre que la población indígena también aplicó a Colón) y Caxinas (por un árbol de frutas tropical). El origen del nombre Honduras nunca ha sido explicado de forma satisfactoria, pero existe una leyenda apócrifa que cuenta que a Colón, en su viaje por la costa, le desagradó tanto la enorme extensión de la pantanosa Costa de los Mosquitos que cuando por fin la costa se curvaba hacia el sur, en lo que hoy es la frontera norte de Nicaragua, exclamó: "Gracias a Dios que hemos salido de esas honduras." Entre las primeras ciudades que se fundaron está Gracias a Dios, en una región montañosa casi equidistante de los dos océanos, y cuya ubicación fue determinada por un decreto real. Durante un breve periodo de tiempo, esta ciudad fue la capital de la Audiencia de los Confines, entidad administrativa que finalmente se convirtió en la Capitanía General de Guatemala (Mariñas Otero, 1983). La sede gubernamental fue trasladada a Guatemala y Gracias a Dios languideció. Actualmente sólo llegan carreteras precarias a esa ciudad, que ni siquiera conocen muchos hondureños. Durante el periodo colonial, la capital fue Comayagua, localizada en un amplio valle del centro del país, mientras que los puertos caribeños de Trujillo y Puerto Caballos (actual Puerto Cortés) aseguraban el contacto con el Caribe y España (Mejía, 1983).

El gobierno español estableció el sistema de la *encomienda* en Honduras, lo que provocó la esclavitud de la población indígena. Sin embargo, el interés principal de los españoles en Honduras tenía como objetivo los yacimientos de plata cercanos a Tegucigalpa y Choluteca, y la posterior explotación de los yacimientos de aluvión de oro de la zona oriental de Olancho. Se importaron esclavos africanos para trabajar en las minas de plata (Leiva Vivas, 1982), y durante un breve espacio de tiempo, Honduras se convirtió en un productor importante de metales preciosos, rivalizando con México y Perú en la producción per cápita. Se exportaba tanto oro y tanta plata desde las Américas que cayeron los precios de los metales preciosos en Europa, momento en el cual Honduras dirigió su atención a la explotación agrícola. Se cultivó una variedad de productos: añil, zarzaparrilla, cochinilla, cacao, caña de azúcar, tabaco y frutas tropicales. También se intentó la cría de ganado, pero ninguna de esas actividades fue capaz de igualar la anterior importancia del oro y de la plata. A medida que Honduras iba quedando al margen del comercio principal con España y sus colonias, la aristocracia colonial se cerró sobre sí misma, desarrollando un rígido sistema de castas que, en un periodo de disminución de la riqueza, tuvo como resultado la progresiva marginalización de amplios sectores de la población.

Otros factores contribuyeron también al declive de la economía hondureña y al aislamiento cultural resultante. Honduras fue víctima de numerosos ataques de piratas; la construcción de un fuerte en Omoa y de otro en Trujillo hizo disminuir, aunque no desaparecer, el número de ataques en la costa caribeña, pero en la costa del Pacífico el puerto de Amapala seguía siendo objeto de frecuentes ataques. También sufrió la invasión británica, lanzada desde las islas Bahía, Belice y la Costa de los Mosquitos. Igualmente se vio desgarrada por las luchas internas entre los territorios centroamericanos, y por numerosas escaramuzas, incluso después de que hubiera sido sometida la rebelde población indígena. El resultado fue una clase urbana que se mantuvo alejada de España, y una amplísima población rural, compuesta por unos cuantos terratenientes y muchos pequeños granjeros, cuyo único interés eran sus tierras. Esta combinación de autosuficiencia e intereses propios define el carácter único del español de Honduras.

En la época postcolonial, el español de Honduras es, en gran parte, el resultado del aislamiento geográfico de las regiones del interior, y de una elevadísima tasa de analfabetismo: un 60-70 % a nivel nacional, pero un 90 % o más en muchas zonas rurales. La mayoría de los hondureños no está en contacto con influencias lingüísticas normativas, e incluso donde hay escuelas, el habla de los maestros suele reflejar las mismas tendencias rurales. Los periódicos circulan sólo en las ciudades más importantes, pero existe una extensa red de emisoras de radio privadas o de carácter público que abarcan todo el país. El uso lingüístico de los locutores, quienes, por lo general, no han hecho estudios superiores de periodismo, es, en potencia, el único factor centrípeto de importancia en el desarrollo del español de Honduras, pues, incluso en las regiones más remotas, se escucha con avidez la radio.

INFLUENCIAS LINGÜÍSTICAS EXTRAHISPÁNICAS

Cuando llegaron los primeros españoles, Honduras estaba habitado por un conjunto de civilizaciones indígenas en distintos estadios de desarrollo. En el sur estaban los matagalpas, la mayoría de los cuales vivían en Nicaragua. En la frontera con Guatemala vivían los mayas choltí, que ya se habían asimilado lingüísticamente a los grupos hablantes de nahua. En la frontera con El Salvador había pequeños grupos de hablantes de pipil. En las zonas del centro y nororientales vivían los sumus, los payas, los xicaques y los misquitos. En el oeste tenían su hogar los lencas, que se extendían por El Salvador. Por la zona occidental y central del país muchos grupos usaban el nahua, aunque el número de verdaderos *mexicanos* nunca fue grande. Todos estos grupos han aportado topónimos a Honduras (cfr. Menbreño, 1901). En el léxico hondureño de origen indígena predominan los elementos nahuas; algunas palabras lencas se emplean en los departamentos del sudoeste, y también hay un puñado de palabras de origen maya.

Durante el periodo colonial, los caribes negros o garífunas se establecieron en la costa norte de Honduras, cerca de Trujillo. Son los descendientes de los esclavos rebeldes expulsados de la isla británica de San Vicente, que se mezclaron con hablantes de las islas caribeñas. La mezcla de africanos y misquitos dio lugar a los zambos de la Costa de los Mosquitos, que étnicamente se agrupan con los misquitos. Las Islas Bahía, bajo control británico *de facto* durante la mayor parte del periodo colonial y postcolonial, estaban pobladas por hablantes negros del inglés criollo de las Indias Occidentales, de Belice, de las Islas Caimán y de otras zonas, así como por nativos blancos de Gran Bretaña. A principios del siglo XX, la industria bananera importó trabajadores negros hablantes de criollo para la costa norte: Puerto Cortés, Tela y La Ceiba.

La población actual de Honduras (más de tres millones) es casi en un 90 % mestiza e hispano-hablante. Otro 5 % es indígena tanto por raza como por cultura, y el resto de la población tiene ancestros africanos. El español lo hablan como única lengua todos los *ladinos* y la mayoría de los indígenas. El lenca ha desaparecido de Honduras, aunque algunos de los miembros más ancianos de la comunidad recuerdan algunas palabras (Herranz, 1987). Hay algunos hablantes de choltí cerca de la frontera con Guatemala en el departamento de Copán, y un puñado de hablantes pipil viven cerca de la frontera salvadoreña, pero representan un uso lingüístico arcaico. Los garífunas hablan todos español, pero la mayoría habla también la lengua garífuna (una variedad de la Isla Caribe), conocida localmente como *moreno* (Bertilson, 1989; Suazo, 1991). En la costa norte se usan libremente variedades del criollo inglés de las Indias Occidentales, y en las Islas Bahía el inglés es la lengua predominante: el español sólo se emplea en las escuelas, aunque también lo usan los inmigrantes del continente. El inglés de las Islas Bahía no es un criollo, pero también se utilizan en las Islas variedades criollizadas del inglés, llevadas por los inmigrantes de las Islas Occidentales (Ryan, 1973; Warantz, 1983). En la Costa de los Mosquitos, el inglés criollo y el misquito son las lenguas principales, aunque el español es muy conocido. También se habla sumu en unas cuantas regiones, y se pueden encontrar hablantes de paya. La lengua xicaque está desapareciendo rápidamente, pero aún existen hablantes (Tojeira, 1982). Casi todos los hablantes de sumu, paya y xicaque también hablan español, con diversos grados de fluidez.

FONÉTICA Y FONOLOGÍA

Hasta fechas recientes no ha habido casi estudios sobre la pronunciación del español de Honduras. Canfield (1981: 58-9) presenta las impresiones personales de una visita a Tegucigalpa. Posteriormente más investigadores se han sentido atraídos por el estudio del español hondureño: Amastae (1989), Herranz (1990), Lipski (1983b, 1986b, 1987b), López Scott (1983) y Medina-Rivero (1990). Los principales rasgos de la pronunciación hondureña son los siguientes:

(1) /b/, /d/ y /g/ postconsonánticas suelen recibir una pronunciación oclusiva, incluso tras semivocales, como en *Ceiba* (Amastae, 1989).

(2) /y/ intervocálica es débil, y cae en contacto con /i/ y /e/, como en otras zonas de Hispanoamérica, pero la tendencia a insertar una [y] ultracorrecta para destruir los hiatos está limitada a variedades rurales marginales.

(3) La fricativa posterior /x/ se pronuncia como una [h] débil y desaparece con frecuencia en posición intervocálica.

(4) Para la mayoría de los hondureños, /f/ es bilabial, más que labiodental.

(5) En unas cuantas regiones del interior, se oye a veces el intercambio de /r/ y /l/ final de sílaba, y [r] es el resultado preferido.

(6) /n/ final de palabra se suele velarizar, con poca estratificación social o variación regional (Lipski, 1986a).

(7) /s/ preconsonántica se debilita en [h] excepto en unas cuantas regiones de la frontera con Guatemala. La /s/ final de sintagma y final de palabra prevocálica también se reduce a [h], pero con una mayor variabilidad geográfica y sociolingüística. La costa norte, así como los departamentos sudorientales cercanos a Nicaragua (en particular Choluteca y Paraíso) reducen /s/ en mayor proporción, con tasas similares a las de Nicaragua. Los departamentos interiores del país presentan mucha variación. Los departamentos de La Paz, Intibucá y Lempira, de dominio lenca, aislados y totalmente rurales, muestran una /s/ relativamente fuerte (Lipski, 1983, 1986b).

(8) En muchas zonas de Honduras la /s/ inicial de palabra se reduce a [h], cuando aparece en posición intervocálica en el ha-

bla continua: *la semana* [lahemana]. En menor medida, también se debilita la /s/ intervocálica interior de palabra, en palabras como *presidente* [prehiẟente] y *licenciado* [lihensiaẟo] "abogado". Es un fenómeno propio del habla informal, ausente por completo del habla autoconsciente o cuidada, de la lectura o del habla en público. Se correlaciona en gran medida con la clase socioeconómica, y predomina entre las clases trabajadoras y los habitantes rurales, y es inusual incluso en el nivel más coloquial del habla de los hondureños cultos. Existe una cierta variación regional, pero la reducción de /s/-inicial parece que refleja de manera más directa la marginación sociolingüística. Este proceso es una extensión especular de la reducción de /s/ prevocálica final de palabra, pues sólo los hablantes que reducen /s/ en esta última posición (por ejemplo en *los amigos)* reducen también /s/ inicial de palabra (Lipski, 1985). El contexto condicionante *Vs#V* (/s/ prevocálica final de palabra) se complementa con el contexto simétrico *V#sV* (/s/ postvocálica inicial de palabra). El resultado es que la posición del límite de palabra no necesita ser especificado con precisión. Entre las palabras más habituales cuya /s/ inicial se realiza como [h] en contexto postvocálico podemos citar: *centavo[s], semana,* el pronombre clítico *se* (por ejemplo *no se puede),* y los números *seis, cincuenta, sesenta,* etc. Para muchos hablantes, estas palabras se han lexicalizado con una [h] inicial, de modo que *un centavo* puede pronunciarse con [h] inicial de palabra.

(9) Algunos hablantes hondureños reemplazan /s/ por una fricativa dental o interdental cercana a [θ]; Herranz (1990: 26) encuentra una distribución regional en esta tendencia.

(10) Algunos hablantes cultos de Tegucigalpa dan a /rr/ una pronunciación fricativa rehilada y pronuncian /tr/ como una alveolar cuasi africada (Herranz, 1990); este fenómeno nunca alcanza los niveles de Costa Rica.

Características morfológicas

El español de Honduras emplea exclusivamente *vos* en vez de *tú,* con la misma morfología verbal de otros países centroamericanos. Es posible encontrar formas del futuro que terminan en *-és* y no en *-ás,* aunque este uso está desapareciendo. Entre las clases trabajadoras y los habitantes rurales, predominan el uso de *usted.* A los niños de esos grupos se les trata de *usted* cuando son pequeños, por lo que la forma respetuosa de tratamiento se aprende primero. Van Wijk (1969) hace otras observaciones, aunque están basadas por entero en ejemplos literarios.

CARACTERÍSTICAS SINTÁCTICAS

(1) El español hondureño emplea *hasta* para referirse al principio de un acontecimiento *(el bus viene hasta las cinco* "el bus llegará a las cinco").

(2) En algunas zonas rurales, se observa el uso pleonástico del clítico *lo: te* lo *fuiste de mí, se* lo *fue de viaje, me* lo *pegastes*, etc. (Van Wijk, 1969).

(3) Los hablantes incultos suelen emplear ocasionalmente posesivos dobles: *mi casa mía*.

(4) A veces se pueden oír combinaciones con artículo pleonástico + posesivo, pero no con tanta frecuencia como en El Salvador y Guatemala, pese a las afirmaciones en contra de Van Wijk (1969).

CARACTERÍSTICAS LÉXICAS

No hay muchos estudios léxicos fiables del español de Honduras. Membreño (1895) sigue siendo la fuente publicada principal; otras aportaciones recientes son el Gran Diccionario Académico (1984), Nieto (1986) y Walz (1964). Aguilar Paz (1981) constituye una muestra representativa de dichos populares, muchos de los cuales incorporan regionalismos. El léxico del español hondureño contiene una gran proporción de elementos de origen nahua que comparte con el resto de Centroamérica (cfr. Aguilar Paz, 1970; Membreño, 1901, 1907). Se usan muy pocas palabras mayas. La contribución lenca es sustancial, pero se limita, en su mayor parte, a los departamentos donde se hablaba lenca; la mayoría de las palabras lencas no se usan en toda Honduras. Los préstamos léxicos de otras lenguas indígenas son, prácticamente, inexistentes, mientras que los préstamos del inglés se concentran en la costa caribeña, donde las compañías bananeras estadounidenses han ejercido una poderosa influencia cultural y económica. Pocos elementos léxicos son específicos de Honduras; la mayoría de las palabras consideradas "honduranismos" aparecen en los países vecinos o en toda Centroamérica. Entre las más usuales que se asocian más directamente con Honduras podemos citar:

andar "llevar encima" (empleada también en países vecinos)
búfalo "moneda de 0,10 lempiras"
catracho término coloquial para "hondureño"
chafa "militar"
chele "rubio, de piel clara" (también usada en El Salvador y Nicaragua)
chompipe "pavo" [también usada en países vecinos; puede tener origen maya (Du Bois, 1979)]
cipote "niño pequeño" (también usada en El Salvador y partes de Nicaragua)
daime "moneda de 0,20 lempiras"
guaro "ron barato"
papada "cosa sin valor"
pisto "dinero" (usada en países vecinos)
suelto "cambio, moneda suelta"
tinguro "renacuajo"

CAPÍTULO XVII

El español de México

PERSPECTIVA HISTÓRICA

El español está sometido a una considerable variación en México por motivos regionales, sociales y étnicos, lo que concuerda con la compleja historia de esta nación. El Virreinato de Nueva España fue uno de los focos de la colonización española del Nuevo Mundo, y los contactos entre el español y las lenguas indígenas alcanzaron allí su proporción más alta y dieron lugar a las relaciones simbióticas más duraderas. El territorio del México actual no tiene la misma extensión que el español "mexicano". El Yucatán español pertenece, desde el punto de vista lingüístico, a Centroamérica, al igual que el estado de Chiapas y las zonas vecinas (Chiapas formó parte de la Capitanía General de Guatemala, y se unió a México tras las guerras de la indepencia colonial). En el norte, México perdió casi la mitad de su territorio original en favor de los Estados Unidos, en guerras de expansión territorial y en ventas. El español no desapareció de las tierras mexicanas que pasaron a los Estados Unidos; en muchas regiones pervive intacto en su forma original, mientras que la migración posterior desde México a los Estados Unidos ha mantenido el español de México como la variedad de español más hablada en ese país.

No existe ninguna división de México en zonas dialectales universalmente aceptada. Casi todos los mexicanos consideran el habla *chilanga* de Ciudad de México como única. Qué parte del sur y centro de México ha de ser tratada junto con Ciudad de México es un asunto sujeto a debate, aunque la división norte-sur de México está fuera de discusión. El habla mexicana *norteña*, caracterizada por su entonación musical, popularizada en las *rancheras* y en las películas

294

mexicanas de vaqueros, comienza en algún punto del estado de Durango y se extiende hasta bien dentro de los Estados Unidos. Los mexicanos también distinguen sin problemas la pronunciación *yucateca,* que, sin embargo, es sólo típica de los hablantes bilingües maya-español de la zona del Yucatán. Las zonas costeras caribeñas de Veracruz y Tabasco son también inconfundibles, y comparten más rasgos fonéticos caribeños que el resto de México. Acapulco y las zonas vecinas de la costa del Pacífico también coinciden en lo sustancial con los dialectos de las tierras bajas/caribeños en lo que atañe a la pronunciación. Algunos han defendido un estatuto especial para el habla de Oaxaca, y los dialectos rurales del noroeste son también diferentes de los dialectos del interior de México. Los propios mexicanos basan las divisiones dialectales intuitivas sobre todo en la entonación, pero los dialectólogos han recurrido, en primer lugar, a los rasgos fonéticos segmentales, y sólo, en segundo lugar a las variables léxicas.

La base bibliográfica para el estudio del español de México está compuesta por un conjunto de obras monográficas, así como por innumerables artículos. Entre las primeras hay que citar a Ávila (1990), Boyd-Bowman (1960), Cárdenas (1967), Cortichs de Mora (1951), Marden (1896), Matluck (1951), Perissinotto (1975) y Young (1975) para la región central; García Fajardo (1984), Suárez (1980) y Barrera Vásquez (1980) para el Yucatán; Williamson (1986) para Tabasco; Garza Cuarón (1987) para Oaxaca; Ibarra Rivera (1989) para la Baja California; Villarello Vélez (1970) para Coahuila; Hidalgo (1983) para Ciudad Juárez (Chihuahua), y un buen número de tesis y trabajos universitarios no publicados.

Pese a ser una de las naciones más grandes de Hispanoamérica, con muchas zonas de difícil acceso y regiones a las que sólo llegan precariamente la educación pública y los servicios sociales, México se ha beneficiado de estudios dialectológicos completos. La lengua de Ciudad de México ha sido documentada no sólo en el nivel de la *Norma Culta* (cfr. las transcripciones publicadas de Lope Blanch, 1971), sino también en el de la clase trabajadora (cfr. Lope Blanch, 1976), y el resultado de este corpus se puede observar en numerosos estudios. El primer volumen del *Atlas Lingüístico de México* ha aparecido recientemente (Lope Blanch, 1990) basado en grabaciones realizadas en 193 puntos repartidos por todo el país. En los Estados Unidos, el español mexicano-americano ha sido objeto de una intensa investigación, dentro del contexto de la dialectología del español y en conjunción con el contacto de lenguas e intercambio de códigos. Quedan muchas lagunas, en particular en lo que respecta a la interlengua bilingüe hablada por las poblaciones indígenas marginadas de México, a los vestigios de habla afro-hispánica de enclaves aislados donde la presencia africana fue importante, y a aspectos específicos de la variación fonológica y léxica de muchas regiones rurales.

Junto con Perú, México fue uno de los pilares del imperio español en América. México proporcionó metales preciosos, una mano de obra indígena abundante, tierras fértiles para la agricultura y un territorio casi ilimitado para los asentamientos. La historia de las expediciones de Hernán Cortés es bien conocida, gracias a los testimonios de Bernal Díaz del Castillo. Cortés llegó al Yucatán en 1519, y tras vencer la resistencia indígena, sus tropas se desplazaron gradualmente siguiendo la línea costera hasta fundar la ciudad de Veracruz. Al oír las historias sobre el riquísimo imperio azteca que vivía en un valle central, Cortés y sus fuerzas se dirigieron a la poderosa ciudad de Tenochtitlán, donde los españoles fueron recibidos como los dioses descritos en una profecía indígena. Los españoles tuvieron que recurrir finalmente a la fuerza para conseguir la total conquista de México, volviendo a unos grupos indígenas contra otros y empleando todo el poder de sus armas.

Nueva España, como fue bautizada la colonia, fue elevada a Virreinato en 1535, y dominaba un territorio que se extendía desde la mitad de los actuales Estados Unidos a Panamá, y que también abarcaba las Filipinas. Los indígenas fueron forzados a la esclavitud mediante el sistema de la *encomienda,* con lo que prosperaron las colonias europeas. Cortés se deslumbró con las promesas de inmensos yacimientos de oro y plata, pero los españoles nunca descubrieron esa riqueza fácil. Por supuesto que Nueva España contenía ricas minas de plata, pero como en Potosí, Bolivia, en México la minería siguió un ciclo de eclosión y de declive según la fluctuación mundial del precio de la plata y conforme el mercurio necesario para su amalgama empezó a disminuir. La agricultura constituía una base económica más estable, y en el México colonial se desarrolló una clase terrateniente rica que ha dominado el territorio durante toda su historia.

Después de la Independencia de España, México rompió con la breve Unión Centroamericana; Chiapas, que en su origen perteneció a Guatemala, se anexionó a México. Las fronteras mexicanas se mantuvieron estables hasta que la Guerra tejana de la Independencia en 1836, alentada por los habitantes estadounidenses de esa región, provocó la pérdida de ese territorio. Unos años después, la Guerra Mexicano-Americana, en 1848, dio lugar a la pérdida de casi la mitad del resto del territorio de México: los actuales estados de California, Arizona, Colorado, Nuevo México y parte de Wyoming y Utah. Este es el origen del español mexicano hablado en los Estados Unidos.

Durante el siglo XIX, México ha sido víctima de guerras civiles, golpes de estado e invasiones extranjeras, y tras la larga dictadura de

Porfirio Díaz, los problemas llegaron a su culmen con la Revolución Mexicana. Este prolongado conflicto civil, que duró de 1910 a 1920, forzó a miles de mexicanos a buscar refugio en Estados Unidos, lo que reforzó a la población mexicano-americana en la línea fronteriza. Desde los años veinte, el gobierno de Estados Unidos reclutó trabajadores agrícolas mexicanos de los estados pobres del sur de México: Guerrero, Michoacán, Guanajuato y Morelos. Como los estados del Medio Oeste y del Norte eran los que necesitaban mucha de la mano de obra agrícola emigrada, se ha creado una situación en la que el español del sur de México se habla en el norte de los Estados Unidos, mientras que el español del norte de México predomina en el sudoeste americano. Muchas familias se han establecido lejos de México, y el español mexicano-americano se habla en ciudades como Chicago, Detroit, Milwaukee y Cleveland.

INFLUENCIAS LINGÜÍSTICAS EXTRAHISPÁNICAS

A lo largo de la historia de México, el español ha estado en contacto con las lenguas indígenas, y las influencias lingüísticas han sido bilaterales. En la Península del Yucatán, la población indígena habla lenguas mayas. Lejos de los centros urbanos como Mérida, *la maya* sigue siendo la lengua principal, aunque la mejora de la educación rural está provocando el crecimiento del número de yucatecos con fluidez en español (cfr. Farriss, 1984). En el sudeste de México entraron en contacto con el español una variedad de lenguas indígenas: el zapoteco, el mixteco, el totonaco y el huasteca. En buena parte del norte de México se habla el otomí; el tarrascano se puede oír al oeste de Ciudad de México, y el yaqui en el noroeste de México. Sin embargo, la lengua indígena que más ha contribuido al desarrollo del español de México es el nahua o *mexicano*. El nahua era la lengua de los mexicanos o aztecas que recibieron a Cortés, y aunque el imperio azteca sólo abarcaba parte del México central, la lengua nahua se extendía siguiendo la costa del Pacífico por Centroamérica hasta Costa Rica. Cortés y otros exploradores descubrieron que el nahua era la lengua indígena más útil para los encuentros plurilingües, y fomentaron el uso del nahua entre otros grupos indígenas, lo que hizo disminuir la necesidad de intérpretes. El clero español adoptó el nahua como lengua franca a efectos religiosos y administrativos, lo que contribuyó a la institucionalización de su uso. También influyó en el predominio del uso del nahua la existencia de una floreciente tradición escrita anterior a la conquista española, y durante el periodo colonial se publicaron en nahua muchos libros y documentos (cfr. Lock-

297

hart, 1992). No se sabe cuántos españoles aprendieron nahua, pero en las zonas rurales donde se concentraba la población rural, el español nunca desplazó por completo al nahua, lo que dio lugar a un bilingüismo duradero, cuyas posibles consecuencias sobre el español de México siguen siendo objeto de debate.

Durante los primeros siglos del periodo colonial, miles de africanos fueron embarcados rumbo hacia Nueva España, sobre todo para trabajar en las minas (Aguirre Beltrán, 1972; Brady, 1965; Valdés, 1989). La mayoría llegó vía Veracruz, que era el único puerto autorizado de toda Mesoamérica para la trata de esclavos. Puebla se convirtió en un punto fundamental de distribución, y Ciudad de México también contó con una numerosa población africana. Cuando se consolidó el comercio con las Filipinas con la ruta de galeones Acapulco-Manila, los comerciantes españoles de Manila empezaron a comprar esclavos africanos llevados desde el África oriental por negreros portugueses y holandeses. Estos esclavos entraban en México por Acapulco, y se unieron a la población negra de la costa sur. La asimilación racial, así como las altas tasas de mortalidad, difuminaron las huellas de estos afro-mexicanos, pero no antes de que fueran recordados en un conjunto de poemas o *villancicos* (cfr. Capítulo V). Las representaciones más famosas del habla de los africanos de México son las de la poetisa Sor Juana Inés de la Cruz, quien a finales del siglo XVII escribió varios villancicos imitando el español pidgin que hablaban los bozales —esclavos nacidos en África. Se han descubierto más poemas y canciones del siglo XVII y de principios del siglo XVIII, procedentes de Ciudad de México, Puebla, Oaxaca, Veracruz y Morelia (Megenney, 1985a; Mendoza, 1956; Stevenson, 1974, 1975).

Esos textos afro-mexicanos ponen al descubierto una faceta poco conocida de la historia etnográfica de México, pero, dada la rápida absorción de los africanos en el interior, esa lengua de contacto no tuvo impacto alguno en el español de México en conjunto. En las regiones costeras, sin embargo, la población afro-hispánica se estableció por más tiempo, y aún perviven algunos vestigios lingüísticos. El puerto de Acapulco, por ejemplo, contó antiguamente con una amplia población africana, y aunque permanecen en esta zona pocos afro-mexicanos identificables, algunas tradiciones musicales y culturales sugieren una presencia africana anterior. Veracruz fue el principal puerto esclavista de toda la América española del Norte; la población negra como tal ha desaparecido hace mucho (cfr. Carroll, 1991; Naveda Chávez-Hita, 1987), pero gran parte de la música y del folclore veracruzanos y algunos elementos léxicos conservan la huella africana. A lo largo de la Costa Chica, al este de Acapulco, se pueden encontrar todavía pueblos con habitantes afro-mexicanos, y a principios del siglo XX se podían encontrar restos del folclore y de la lengua afro-hispánica (Aguirre Beltrán, 1958). Actualmente, sólo quedan ligeros indicios (cfr. Gutiérrez Ávila, 1988; Pérez Fernández, 1990), pero la revitalización del interés regional por rastrear la presencia cultural africana puede sacar a la luz más ejemplos.

FONÉTICA Y FONOLOGÍA

Las monografías citadas al comienzo del capítulo permiten construir una visión global de la pronunciación mexicana. Aunque es considerable la variación regional, hay un conjunto de rasgos que definen casi todo México y las zonas de Estados Unidos donde se hablan dialectos del español mexicano. Esos rasgos son los siguientes:

(1) Todo México es yeísta; no existe un fonema /ʎ/ independiente, pese a las primeras afirmaciones en contra (por ejemplo Revilla, 1910), ni existen pruebas convincentes de que /ʎ/ haya existido en México durante más de dos siglos (Boyd-Bowman, 1952a).

(2) A veces se ha dicho que en Oaxaca, Puebla y algunas ciudades interiores del estado de Veracruz hay una pronunciación fricativa rehilada o žeísta (por ejemplo Alvar, 1966, 1966-7; Lope Blanch, 1966-7; Marden, 1986; Nykl, 1938; Young, 1975: 44-5). Lope Blanch (1966-7) descubrió una variación considerable: el uso más sistemático de esa fricativa se localizaba en Oaxaca, mientras que en otras zonas la fricativa rehilada aparecía con más frecuencia tras /s/, como en *las yeguas*. Garza Cuarón (1987: 44-7) afirma que en Oaxaca la variante fricativa rehilada está sociolingüísticamente estigmatizada, y apunta que esta pronunciación está en retroceso.

(3) La /rr/ es una vibrante alveolar en la mayor parte de México, aunque para los hablantes bilingües de muchas regiones (por ejemplo Yucatán) se neutralicen /r/ y /rr/ en favor de la primera. La pronunciación fricativa rehilada no es característica de una región o clase social, pero entre las hablantes de clase media y alta de Ciudad de México el uso de [ž] para /rr/ se considera como variante de prestigio (cfr. Perissinotto, 1972, 1975). Lo mismo se puede decir de la realización africada de /tr/, que se considera afectada, pero no es inhabitual en los mismos estratos. Entre los estratos sociolingüísticos más bajos del estado de Chiapas son más habituales la pronunciación cuasi africada de /tr/ y la /rr/ sibilante (Francis, 1960: 72).

(4) Existe una tendencia a relajar /e/, en especial en sílabas cerradas finales, como en *después* (Matluck, 1963).

(5) /n/ final de palabra es alveolar en la mayor parte del interior, y velar en el Yucatán y en las zonas costeras del Caribe (por ejemplo Williamson, 1986: 113-4) y del Pacífico (por ejemplo Garza Cuarón, 1987: 50-2).

México central

(1) /y/ posee una cierta fricación palatal y se resiste a la desaparición.

(2) Gran parte del México central presenta altas tasas de reducción y elisión de las vocales átonas. Como en la zona andina, este proceso es más frecuente en contacto con /s/, y afecta a /e/ con más regularidad. Estudios detallados de Lope Blanch (1966), Canellada y Zamora Vicente (1960), Boyd-Bowman (1952b), Garza Cuarón (1987) y otros han demostrado los efectos condicionantes de varias consonantes en esas vocales.

(3) /r/ final de sílaba se suele pronunciar como una sibilante sorda en el sur y centro de México. En los Estados del Norte predomina la pronunciación como vibrante.

(4) La fricativa posterior /x/ recibe una pronunciación velar o postpalatal audible, en especial ante vocales anteriores, como por ejemplo en *México.*

(5) En Oaxaca, /s/ ante oclusivas sordas se pronuncia a veces como [š], o como una fricativa parcialmente interdentalizada (Garza Cuarón, 1987: 42).

(6) En todo el interior de México, rara vez cae o se aspira la /s/ final de sílaba; este hecho, combinado con la frecuente reducción de las vocales átonas, da a la [s] sibilante una prominencia especial. Algunos han postulado la teoría de que la extraordinaria resistencia de la /s/ en el México central refleja la herencia nahua, pues esta lengua carecía originariamente de /s/ sibilante, pero poseía /ts/ africada, cuya desafricación dio como resultado la [s] mexicana actual (por ejemplo Henríquez Ureña, 1938: 336 y ss., con observaciones de Amado Alonso). Esta teoría es díficil de comprobar, y ha sido muy discutida, por ejemplo por Lope Blanch (1967b). Los primeros préstamos nahuas solían tratar la /s/ española como /s/, más que convertirla en /ts/ (Canfield, 1934), pero no parece que esta reinterpretación haya dado lugar a un influjo duradero sobre la /s/ española.

Noroeste de México

(1) En buena parte del noreste rural de México, incluidos el estado de Sonora *(vid.* Brown, 1989), parte de Sinaloa y el sur de la Baja California (Hidalgo, 1990b; López Chávez, 1977), se reduce /s/ en tasas comparables a ciertas zonas de Centroamérica, por ejemplo Honduras y El Salvador. Como en estos dos últimos países citados, se oye a menudo una [θ] interdentalizada o una fricativa nasal indistinta entre los habitantes rurales del noroeste de México, y también se produce con regularidad la aspiración de /s/ inicial de palabra. Esta pronunciación está estigmatizada, y la evitan los habitantes urbanos, cuya pronunciación apenas difiere de la del México central.

(2) Se ha distinguido la lengua de Jalisco por la pronunciación parcialmente nasalizada de /s/ final de sintagma (Wright y Robe, 1939). Algunos investigadores han transcrito el sonido resultante como *-sn* o *-sm,* pero en ningún caso se produce una articulación secuencial. Esta pronunciación nunca ha sido sistemática en Jalisco, y parece estar en retroceso.

(3) Entre los dialectos del español de Estados Unidos de origen mexicano, /s/ no suele reducirse, pues esas variedades proceden de dialectos del centro y del norte de México. En Arizona, limítrofe con Sonora, y en algunas partes de Nuevo México, se observa una /s/ más débil. En el norte de Nuevo México y en el sur de Colorado aún perviven algunos enclaves de español arcaico que Canfield (1981) y Espinosa (1930) han analizado y han datado como español de Andalucía (Canfield) o de Castilla (Espinosa) de finales del siglo XVI. Estos hablantes aspiran /s/ preconsonántica, final de sintagma e incluso inicial de palabra, y su habla contrasta violentamente con los dialectos "mexicano-americanos" más modernos.

Yucatán

(1) Muchos hablantes del Yucatán pronuncian /n/ final como [m], como ocurre con la palabra *yucatán* (cfr. Alvar, 1969; García Fajardo, 1984: 75-6; Lope Blanch, 1980, 1981; Yager, 1982, 1989). Aunque algunos han especulado que esta pronunciación puede ser atribuible al sustrato maya, Yager (1989) ha demostrado que no existe ninguna correlación entre el grado

de bilingüismo en maya y la labialización de /n/ final. Este mismo investigador sostiene que el cambio es bastante reciente: es más común entre las generaciones más jóvenes y se propaga desde la clase media. En todas las zonas costeras, la velarización es variable, como lo es también la elisión; en ninguna región es tan sistemática la velarización como, por ejemplo, en el Caribe o en Centroamérica.

(2) El fonema /y/ es débil y está sujeto a elisión en el norte y en la región del Yucatán/Chiapas.

(3) En el Yucatán, /s/ es, por lo general, resistente, pero a veces se aspira, o simplemente cae. Los hablantes bilingües con poco dominio del español en particular a veces fallan en asignar correctamente la /s/ de plural. Alvar (1969) ha señalado la ausencia de resilabificación de /s/ final de palabra ante palabra iniciada por vocal, debido a la oclusión glotal que suele separar palabras en el español de Yucatán.

(4) En el Yucatán, /s/ se hace más débil a lo largo de la frontera con Belice y en la zona de Campeche. Esta última zona fue antaño un puerto caribeño de cierta importancia y el constante contacto con otros puertos del Caribe puede tener algo que ver con el fenómeno.

(5) Se produce una tendencia a alargar extremadamente las vocales acentuadas. Las átonas no suelen reducirse en el español del Yucatán.

(6) En lo que respecta a /b/, /d/ y /g/, la regla es la pronunciación oclusiva, incluso entre los hablantes fluidos de español (Alvar, 1969; Barrera Vásquez, 1980; García Fajardo, 1984; Lope Blanch, 1980, 1981). También se produce, aunque con una frecuencia mucho menor, la glotalización de las oclusivas sordas (cfr. Alvar, 1969; Coupal y Plante, 1977; García Fajardo, 1984; Lope Blanch, 1983, 1984). Este efecto se produce principalmente ante vocales acentuadas. Los hablantes bilingües del Yucatán son reconocidos en otras partes de México por la constricción glotal que aparece entre las palabras, en lugar de la suave juntura y resilabificación que caracteriza el español de los hablantes monolingües.

(7) También se produce frecuentemente la aspiración de /p/, /t/ y /k/, que algunos investigadores han confundido con la glotalización, rasgo regular del maya, pero raro en el español del Yucatán.

(8) Las oclusivas sordas se suelen sonorizar ante nasales, como en *finca* [fiŋga], etc.

(9) La fricativa posterior /x/ es una [h] aspirada débil.

(10) Entre los hablantes bilingües del Yucatán, a veces se oye un sonido retroflejo similar a la /r/ del inglés americano, sonido que es incluso más común en el español de Belice (Hagerty, 1979).

Dialectos costeros: Veracruz/Tabasco y Acapulco

(1) /n/ final de palabra es velar en la mayor parte de esta región.

(2) /s/ final de sílaba está debilitada en ambas regiones costeras, pero con manifestaciones regionales y sociolingüísticas variadas. Se suele afirmar, por ejemplo, que en Veracruz se reduce /s/ en tasas comparables a las del Caribe. Aunque esto fuera verdad en épocas anteriores, la atracción sociolingüística del español del centro de México, y en particular el prestigio del dialecto de Ciudad de México, ejerce una poderosa influencia en el habla de Veracruz, y los veracruzanos cultos mantienen, con frecuencia, una [s] sibilante, en especial en final de sintagma. Entre los estratos socioeconómicos más bajos de Veracruz, la reducción de /s/ es mucho más habitual, pero se combina con la reducción y el ensordecimiento de las vocales átonas, lo que crea una configuración diferente de los patrones típicos caribeños. En cuanto nos adentramos en el estado de Veracruz, desaparece rápidamente el debilitamiento de /s/ (cfr. Young, 1975: 41). También en Tabasco se producen altas tasas de reducción de /s/, pero aquí también es evidente una considerable variación (Gutiérres Eskildsen, 1934: 268, 1978; Moreno de Alba y López Chávez, 1987; Williamson, 1986: 104-8). Más hacia el norte siguiendo la costa del Golfo de México, se suele mantener la /s/, aunque, al norte, en Tampico, /s/ final de sílaba es más débil que en el interior. En la costa del Pacífico, /s/ se reducía antaño en proporciones comparables a las de la misma costa en Sudamérica. Este fenómeno se puede explicar recordando las rutas comerciales que hacían las flotas españolas, que viajaban hacia el norte desde Panamá hasta Acapulco, y posteriormente hasta Manila. Como en Veracruz, la distribución actual de /s/ en Acapulco está condicionada sociolingüísticamente. La reducción es frecuente sólo en los sociolectos más bajos, y se acerca a los niveles del Caribe. Entre los hablantes de clase media, /s/ final de palabra es [s], aunque en algunos casos se aspira la /s/ preconsonántica. Más hacia el este, a lo largo de la Costa Chica de los estados de Guerrero y de Oaxaca, la aspiración y

la pérdida de /s/ es más frecuente, en especial en los grupos más marginados y en las regiones rurales, pero también en centros urbanos como Ometepec (Heredia, 1953).

(3) La fricativa posterior /x/ es una [h] débil en la mayor parte de las zonas costeras.

(4) En los estratos sociolingüísticos más bajos de las zonas rurales se produce alguna neutralización de /l/ y /r/ finales de sílaba, así como la pérdida de /r/ final en los infinitivos. Las tasas de reducción nunca alcanzan las del Caribe o las del sur de España.

CARACTERÍSTICAS MORFOLÓGICAS

(1) El español de México utiliza *tú* como pronombre familiar; no obstante, se emplea *vos* en ciertas zonas del estado de Chiapas, que formó parte de la Capitanía General de Guatemala y cuyos rasgos lingüísticos son una extensión de los del noroeste de Guatemala. En Chiapas, las formas verbales correspondientes al voseo son las mismas de Guatemala, es decir, con desinencias en *-ás, -és* e *-ís,* junto con el acento final de las formas del subjuntivo (Francis, 1960: 87-90). Entre la población afro-mestiza de la Costa Chica de Guerrero, Aguirre Beltrán (1958) registró restos de las formas verbales del voseo, aunque casi nunca se produce el uso del pronombre *vos.* Actualmente, algunos habitantes ancianos de esas zonas recuerdan las formas verbales en cuestión, que a veces se manifiestan en la conversación espontánea, en la poesía popular y en los corridos improvisados, la forma de expresión musical más popular de la región.

(2) El español de México destaca por el frecuente uso de *no más* con el valor de "sólo", como en *no más quería platicar contigo. Mero* se emplea con el sentido de "el mismo", como en *está en el mero centro. Ya mero* significa "casi", como en *ya mero me caigo.* El uso de *hasta* para referirse al inicio de un evento, y no a su final, también se da en México, aunque no de forma tan sistemática como en Centroamérica.

(3) En gran parte de México, el sufijo diminutivo *-ito* es el más habitual. En algunas regiones del sudeste, especialmente en Chiapas, es más frecuente *-illo* (pronunciado [ío]).

CARACTERÍSTICAS SINTÁCTICAS

El español de México presenta pocas peculiaridades sintácticas, a excepción de los hablantes bilingües con poco dominio del español o de unas cuantas regiones rurales aisladas donde la influencia sintáctica de las lenguas indígenas fue importante en el pasado. Algunos de esos casos son los siguientes:

(1) A veces se encuentra en las zonas bilingües, en especial en el Yucatán (cfr. Barrera Vásquez, 1980: 115; Suárez, 1979: 179) y en Chiapas (Francis, 1960: 94), el uso de artículos posesivos redundantes:

> *su* papá de Pedro
> me dieron un golpe en *mi* cabeza
> te cortaste *tu* dedo
> ponételo *tu* vestido

(2) A veces se observa, en el Yucatán y en Chiapas, la combinación ARTÍCULO INDEFINIDO + POSESIVO, que es más habitual en Guatemala y El Salvador (Francis, 1960: 94; Suárez, 1979: 179):

> tiene que darse *uno su* gusto
> le da *una su* pena decírtelo
> *esa tu* criatura
> ¿No me empresta usté *un su* lugarcito?

(3) En varias zonas de México, los hablantes bilingües con poco dominio del español suelen usar un *lo* pleonástico, que no se corresponde con ningún papel de objeto, o que a veces duplica un nombre objeto explícito (que no tiene por qué ser masculino singular). Del Yucatán proceden los siguientes ejemplos (Suárez 1979: 180):

> ya me *lo* cayó el diablo
> ¿no te *lo* da vergüenza?
> No te *lo* invito a sentarte porque ya es tarde
> ¿Ya *lo* anunciaste el boda?

Hill (1987) constituye un estudio extenso del español con influjo nahua del centro de México (cfr. también Hill y Hill, 1986). Este dialecto también presenta la duplicación de clíticos con objetos directos inanimados, la utilización de *lo* como clítico de objeto directo universal no marcado, de artículos posesivos pleonásticos, etc. He aquí algunos ejemplos representativos:

> *lo* trae un chiquihuite "trae una cesta"
> *lo* compramos la harina
> *lo* ponen abajo los plátanos "ponen los plátanos debajo"
> ya *lo* lleva la novia "ahora él toma a la novia"
> comida *lo* vamos a dar

En Chiapas es posible escuchar ejemplos como (Francis, 1960: 94):

> *Lo* arreglé la casita
> *Sacalo* las botellas

Ninguna de estas construcciones es típica de las restantes variedades del español "mexicano", sino que caracterizan un estado de transición del aprendizaje lingüístico en regiones donde el español no es la lengua dominante. El nahua ya no es una lengua prominente en México desde el punto de vista sociolingüístico, a diferencia de lo que ocurre con el maya en Yucatán, y la interlengua de los hablantes bilingües nahua-español no se extiende al resto del español de México.

(4) Los dialectos en que se produce con frecuencia la duplicación de clítico con *lo* permiten que se responda a una pregunta con la repetición del verbo principal, por lo general sin un objeto directo explícito (cfr. Francis, 1960: 95):

> —¿Tenés hambre?
> —Tengo.
> —¿Son baratas estas tus manzanías, vos?
> —Son

CARACTERÍSTICAS LÉXICAS

El léxico del español de México ha sido ampliamente estudiado; las obras principales son: Cabrera (1980), Carreño (1925), Castillo Nájera (1936), García Icazbalceta (1899), Islas Escárcega (1961), Lope Blanch (1979), Mejía Prieto (1985), Mendoza (1922), Ramos y Duarte (1895), Robelo (1904, 1906), Santamaría (1983), Velasco Valdés (1967).

Como glosarios regionales podemos citar Ibarra Rivera (1989) para la Baja California Sur, Corzo Espinosa (1978) y Francis Soriano (1960) para Chiapas, Chihuahua (1987) para Chihuahua, Massieu (1984) para Guerrero, Brambila Pelayo (1957) para Jalisco, Esqueda (1989) para Sinaloa, Hoy (1988) y Sobarzo (1991) para Sonora, Carrera (1981) y Santamaría (1921) para Tabasco, Bolio Ontiveros (1931) y Patrón Peniche (1932) para Yucatán.

El español de México conserva un conjunto de arcaísmos que antaño fueron de uso común en España (cfr. Lope Blanchi, 1964). Muy pocos son exclusivos de México, aunque algunos alcanzan mayor importancia en ese país. Al pedir la repetición de algo que no se ha entendido, la respuesta mexicana más común es *¿mande?* en lugar de *¿cómo?*, *¿qué dice?*, más habituales en otros dialectos. El español de México prefiere *qué tanto* a *cuánto* y usa *qué tan* + ADJETIVO para expresar grado: *¿qué tan grande es?* El superlativo coloquial de los adjetivos se forma con *mucho muy* (por ejemplo *es mucho muy importante*). Otros mexicanismos muy oídos son:

ándale "vamos", "de acuerdo" [en respuesta a una sugerencia], "de nada" [cuando a uno le dan las gracias]
bolillo "extranjero caucasiano"
chamaco "niño pequeño"
charola "bandeja"
chinadera "objeto inespecificado" (vulg.)
chinar "tener relaciones sexuales, estropear"
escuincle "niño pequeño, mocoso"
gavacho "americano" (desp.)
güero "rubio, de tez clara"
híjole/jíjole "expresión de sorpresa o de dolor"
huerco "niño pequeño" (sobre todo en el norte de México)
naco "chillón, de mal gusto, pretencioso"
órale "vamos, venga"
padre "muy bueno, estupendo"
pinche "maldito" (la palabra deriva del *pinche* ayudante de cocina, pero se suele usar en México como adjetivo despectivo: *No entiendo este pinche capítulo* [este maldito capítulo])
popote "pajita para sorber una bebida"
úpale (se dice al levantar objetos muy pesados)

CAPÍTULO XVIII

El español de Nicaragua

PERSPECTIVA HISTÓRICA

Se han publicado pocos estudios lingüísticos sobre el español de Nicaragua; Arellano (1980) contiene una bibliografía parcial, así como varios trabajos breves de varios autores. Mántica (1989) es la única monografía importante, mientras que Ycaza Tigerino (1980) es una compilación más breve. Valle (1976) contiene muchas observaciones útiles.

La Nicaragua colonial, la zona en la que se sigue hablando el español "nicaragüense", abarcaba la Península Nicoya y la provincia de Guanacaste, en la Costa Rica actual. La mayor parte de la zona caribeña nunca fue colonizada de hecho por los españoles, y se incorporó lentamente al sistema político y social nicaragüense bien entrado el periodo postcolonial. Incluso hoy, esta región cae fuera del ámbito del "español de Nicaragua", sin contar con el que hablan los habitantes procedentes del oeste del país.

Nicaragua nunca compartió el brillo de las colonias más grandes y más ricas, y la infraestructura social y cultural permaneció en un estado embrionario. El territorio contenía pocos yacimientos minerales (aunque se explotaron yacimientos de aluvión de oro durante algún tiempo en el norte), y la tierra no era tampoco adecuada al tipo de agricultura de plantaciones que se desarrolló en las Antillas. La zona del Pacífico está dominada por llanuras fértiles, ideales para la cría de ganado y la agricultura, por lo que los pequeños campesinos procedentes de España fueron los colonos peninsulares más numerosos. Durante las primeras décadas de la colonia, la exportación de esclavos indios, que se enviaban sobre todo a Perú y Panamá, fue una actividad importante: según algunos cálculos, sólo entre 1526 y 1542 fueron embarcados de 300.000 a 500.000 indios de Nicaragua y de zonas vecinas (Newson, 1987: 105). En el primer siglo de la colonización española, la población indígena se redujo en casi un 90 %; desde esas fechas fue creciendo gradualmente hasta mediados del siglo XIX para comenzar a declinar de nuevo. Cuando la población indígena de la región occidental se volvió demasiado escasa, y los grupos que quedaban demasiado belicosos, languideció la actividad colonial. La economía se desplazó gradualmente a la agricultura, y aunque algunos productos conocieron periodos de eclosión (por ejemplo el añil, la resina de pino, la cochinilla y el cacao) la colonia nunca fue rica. Algunos nicaragüenses alcanzaron una cierta prosperidad económica con la cría de ganado.

Dos ciudades del interior rivalizaron por la primacía: Granada y León; y fue la segunda la que se convirtió en la capital colonial. Managua fue elegida como capital en la época postcolonial como solución de compromiso. El puerto de Realejo, en la costa del Pacífico, carecía de defensas naturales, y fue objeto de frecuentes ataques piratas, lo que impidió el tipo de desarrollo urbano que se produjo en otros puertos coloniales. Realejo nunca se recuperó de su casi completa destrucción durante el ataque pirata de 1685; durante cierta época fue un centro regional de construcción de navíos importante, pero esta actividad económica no fue suficiente para estimular su crecimiento (Radell y Parsons, 1971).

La esclavitud africana no fue nunca significativa en Nicaragua, aunque se importaron algunos esclavos, sobre todo en la costa del Pacífico. La población de origen africano que vive en la región costera atlántica tiene unos orígenes más diversos. Unos cuantos descienden de los esclavos. Otros llegaron de los barcos esclavistas que naufragaron en los siglos XVII y XVIII. Muchos de los africanos alcanzaban la costa y se casaban con indígenas, suceso que casi repite la historia de los caribes negros o garífunas de Honduras. La conexión con este último grupo es incluso más estrecha, pues muchos de los esclavos rebeldes de Saint Vicent, que engrosaron las filas de los caribes negros gracias a los naufragios que se producían frente a las costas de Honduras, fueron también enviados a la Costa de los Mosquitos nicaragüense. Durante casi dos siglos, los británicos ejercieron, desde Jamaica, el control *de facto* de la costa caribeña de Nicaragua, y llevaron esclavos británicos a esa región (Holm, 1977).

En las tierras altas del centro y del occidente de Nicaragua, las lenguas indígenas estuvieron en contacto con el español desde principios del siglo XVI. Hoy, ningún grupo indígena importante habla su lengua, pero su contribución al español de Nicaragua es considerable. En la Nicaragua occidental, las designaciones históricas de los grupos indígenas están llenas de imprecisiones que tienen su origen en las observaciones de los primeros conquistadores españoles. En muchos textos coloniales, todos los indios del oeste de Nicaragua recibieron el nombre de *chantales,* que es meramente un término nahua para la gente ruda o rústica. También se usó indiscriminadamente el término *mexicano,* no sólo para designar a los hablantes de nahua, recién llegados a Nicaragua, sino también a los miembros de los grupos que habían emigrado desde México muchos siglos antes. Muchos grupos indígenas del oeste de Nicaragua procedían de México, de donde salieron en oleadas migratorias sucesivas durante varios siglos. Entre los primeros que llegaron, estaban los chorotegas, de la región mexicana de Chiapas, quienes se establecieron en la costa nicaragüense del Pacífico. Los maribios (también llamados subtiabas) llegaron desde el oeste de México, pero fueron eclipsados por los nicarao, de la misma zona, cuyo nombre dio lugar al de *Nicaragua. Pipil* "niño" o "noble", empleado despectivamente por los hablantes nahuas de México para referirse a los dialectos nahuas que se habían desarrollado en Centroamérica, se aplicó a veces a todos los grupos que hablaban lenguas "mexicanas", por lo que no está claro si las referencias a la lengua "pipil" de Nicaragua hacen referencia a una lengua distinta del nicarao, por ejemplo, (Newson, 1987: 30-31; Fowler, 1989). Finalmente, tenemos a los nahuas de México, que vivían en colonias comerciales a lo largo de toda la costa centroamericana del Pacífico, y que pusieron el habla auténticamente "mexicana" en contacto con las variantes mesoamericanas y, en último término, con el español. Además del numeroso vocabulario empleado en toda Centroamérica (por ejemplo *chile* "pimienta verde", *zacate* "hierba", *zopilote* "buitre", *atol* "bebida hecha de maíz"), las lenguas "mexicanas" en su conjunto son responsables de un vasto número de topónimos nicaragüenses: Managua, Masaya, Masatepe, Omotepe, Poneloya, Mombotombo, Monimbó y Subtiaba.

La única lengua de Sudamérica que se implantó en el oeste de Nicaragua fue el matagalpa o "popoloca", que antaño podía encontrarse en el noroeste de Nicaragua y en el sur de Honduras. Esa lengua, como el misquito, sumu-ulua y el rama, pertenece a la familia macro-chibcha. Se piensa que topónimos como Matagalpa, Juigalpa y Estelí son de origen matagalpa, pero la lengua no aportó palabras de uso común.

A lo largo de la costa caribeña el grupo predominante es el de los misquitos, que hablan su propia lengua, junto con el inglés criollo del Caribe y algo de español. También se puede encontrar un pequeño grupo de sumus en la costa norte, que penetra en Honduras, y la lengua sumu se usa aún en asentamientos más aislados. Los ramas existen aún como grupo étnico cerca de Bluefields, pero su lengua ha desaparecido. En toda la historia de Nicaragua, esos grupos han usado más el inglés que el español. Las alianzas entre los misquitos y los zambos (raza mestiza de africanos e indígenas) y los bucaneros ingleses reforzó el uso de variedades arcaizantes y criollizadas de inglés en esa región (Brautigam-Beer, 1983; Holm, 1978). Más hacia el interior podemos encontrar algunas contribuciones de los misquitos y los sumus, especialmente topónimos (Incer, 1985; Mántica, 1989; Valle, 1972, 1976). En la costa atlántica, el español es hoy una lengua minoritaria, y se concentra en poblaciones como Bluefields y Puerto Cabezas. Ha recibido un estímulo con la llegada de nicaragüenses hispano-hablantes tras la Revolución Sandinista de 1979.

FONÉTICA Y FONOLOGÍA

No se han publicado muchos estudios que describan la pronunciación del español de Nicaragua: Lacayo (1954, 1962), Lipski (1989a), Ycaza Tigerino (1980). Existe poca variación sociolingüística en la pronunciación, e incluso la variación fonética regional es mínima. Los rasgos fonéticos generales son los siguientes:

(1) /d/ intervocálica desaparece en una amplia variedad de contextos.

(2) La fricativa posterior /x/ se suele pronunciar como una [h] aspirada débil, y este sonido desaparece con frecuencia en posición intervocálica, en especial entre vocales no anteriores: *trabajo* > [traβao].

(3) /y/ intervocálica se pronuncia con muy poca fricación o sin ella y suele caer cuando una de las vocales es /i/ o /e/, siempre que la primera vocal no sea ni /o/ ni /u/ (cfr. Lipski, 1990a): *gallina* > *gaína, sello* > *seo, calle* > *cae*. Los nicaragüenses suelen insertar una [y] ultracorrecta en los hiatos que empiezan con /i/, con lo que convierten *María* en *Mariya* y

Darío en *Dariyo*. Los hablantes rurales también insertan [y] en los hiatos que empiezan con [e] (Lacayo, 1962: 10) como en *vea > veya*.

(4) Las primeras descripciones del español de Nicaragua (Lacayo, 1954, 1962: 10; Canfield, 1981: 65-66) hablaban de una pronunciación oclusiva de /b/, /d/ y /g/ tras consonantes no nasales, como en *algo, alba* o *arde*. Esta pronunciación no prevalece tanto en el español actual de Nicaragua. En 1951-52, Lacayo dirigió una serie de encuestas realizadas exclusivamente a miembros de la clase trabajadora nacidos a principios de siglo. La población de Nicaragua, que se ha ido urbanizando progresivamente y que demográficamente es joven, se ha ido apartando mayoritariamente de la pronunciación oclusiva de /b/, /d/ y /g/, aunque esa pronunciación todavía se oye en las regiones rurales y en la costa caribeña.

(5) Se velariza de forma uniforme /n/ final de palabra, tanto en final de sintagma *(muy bien)*, como cuando va seguida de una palabra que comience por vocal *(bien hecho)*. Una solución alternativa habitual en posición final de sintagma es la nasalización de la vocal precedente combinada con la elisión de la consonante nasal (Lipski, 1986a). La velarización de /n/ no está muy estigmatizada; sin embargo, los datos extraídos de las emisoras de radio hacen pensar en una cierta reluctancia a velarizar la /n/ ante una amplia audiencia (Lipski, 1983a).

(6) La reducción de /s/ final de sílaba y final de palabra se produce en Nicaragua en una medida mucho mayor que en cualquier otra variedad centroamericana, con frecuencias comparables a las de los dialectos del Caribe. Esta "pérdida" de /s/ final ha dado lugar al apodo *muco*, término que designaba originariamente a una vaca que hubiera perdido uno o los dos cuernos, y que aplican a los nicaragüenses sus vecinos de Honduras. La /s/ final de sílaba primero se debilita en una [h] aspirada, y puede llegar a desaparecer, en particular en posición final de sintagma. En el español de Nicaragua, la conservación de [h] final de sintagma es más frecuente que en el español del Caribe, y la /s/ preconsonántica rara vez suele desaparecer, lo que da al español de Nicaragua un sonido más "susurrado" que a los dialectos caribeños en los que es norma la pérdida de /s/ preconsonántica y final de sintagma. La /s/ final de sílaba se pronuncia [s] sólo esporádicamente, en el habla cuidada. La reducción de /s/ resulta bloqueada cuando la /s/ aparece en determinantes como *los, las* o *mis,* y la pala-

bra siguiente empieza por vocal tónica: así *las once* es [la-sonse], pero *los animales* da como resultado [lohanimale(h)]; la variación regional en la pronunciación de la /s/ es mínima (Lipski, 1989a), y tampoco existe una estratificación sociolingüística significativa, salvo en los discursos públicos ante una audiencia internacional, como ocurre en las Naciones Unidas o en la Organización de Estados Americanos.

(7) Los rasgos fonéticos descritos hasta aquí son válidos no sólo para la mayoría del territorio nicaragüense, sino también para la región de Nicoya/Guanacaste de Costa Rica. La descripción precedente no sirve, en su totalidad, para la variedad que hablan los habitantes de la costa caribeña que no tienen el español como primera lengua. Entre las discrepancias fonéticas más comunes observadas en esa zona caribeña, se suelen señalar la pronunciación de /rr/ como vibrante simple [r], o la pronunciación de ambas vibrantes como un glide retroflejo, como ocurre en inglés. Es también usual la pronunciación oclusiva de /d/ intervocálica, y en el habla rápida el resultado se acerca a [r].

CARACTERÍSTICAS MORFOLÓGICAS

El español de Nicaragua emplea sólo *vos* como pronombre familiar. Las formas verbales están exclusivamente acentuadas en la sílaba final tanto en indicativo como en subjuntivo, así como en los imperativos: *decí, hablá, tenés, tengás.* La forma correspondiente del verbo *haber* es *has* y nunca el arcaico *habís,* y la desinencia de futuro es siempre *-ás,* nunca *-és.* Los nicaragüenses utilizan con toda libertad *vos* con los conocidos, lo que les da fama de *confianzudos.*

CARACTERÍSTICAS SINTÁCTICAS

(1) El español de Nicaragua comparte con el resto de Centroamérica el uso de *hasta* para indicar el principio de un evento: *El jefe viene hasta las nueve* "El jefe viene a las nueve".

(2) Muchos hablantes rurales emplean un clítico pleonástico *lo,* tanto como existencial *(Lo hay una mata de lirios),* como en otros contextos donde no se exige un objeto directo *(Lo temo que se muera, Por cierto que lo sois rico;* Ycaza Tigerino, 1980: 6).

El léxico del español nicaragüense está compuesto, en su mayoría, de elementos españoles o de palabras derivadas del nahua empleadas en toda Centroamérica y México. Sólo se puede llamar "nicaragüenses" a un puñado de palabras. De las palabras regionales, la mayoría proceden de las lenguas indígenas que se hablaron en Nicaragua se refieren a la flora, la fauna y las actividades domésticas, y sólo las conocen los habitantes rurales más ancianos. Muchas palabras empleadas en Nicaragua se usan en otras partes de Hispanoamérica, pero con significados total o parcialmente diferentes. El léxico nicaragüense ha sido estudiado por Barreto (1983), Berendt (1987), Buitrago Morales (1940), Castellón (1939), Castrillo Gámez (1966), Mántica (1989), Matus Lazo (1982), Ramírez Fajardo (1975), y Valle (1972, 1976). He aquí una breve selección de palabras que los mismos nicaragüenses consideran como propiamente *nicas:*

> *bajo/baho* "plato de carne"
> *chachaguas* "gemelos"
> *chavalo* "niño"
> *chele* "rubio, de piel clara" (también en Honduras y El Salvador)
> *chigüin* "niño pequeño"
> *chimar* "magullar, arañar"
> *chunche* "objeto no especificado, cosa sin valor" (también en países vecinos)
> *cipote* "niño pequeño" (también en Honduras y El Salvador)
> *cuaches* "gemelos"
> *cumiche* "benjamín de una familia"
> *gallo pinto* "plato de arroz y judías pintas" (también en Costa Rica)
> *idiay* "saludo, expresión de sorpresa"
> *maje* "tipo, individuo"
> *pinol* "bebida de maíz tostado"
> *pinolillo* "bebida hecha de maíz tostado y cacao"
> *pipante* "canoa nativa"
> *reales* "dinero"
> *vigorón* "comida hecha de yuca y de tiras de cerdo *(chicharrones)"*

CAPÍTULO XIX

El español de Panamá

Aunque desde el punto de vista geográfico Panamá pertenece a Centroamérica, su perfil lingüístico está ligado al Caribe y a Sudamérica. Panamá fue una zona clave en el imperio ultramarino hispano, y aunque durante un tiempo fue una provincia de Colombia, mantuvo su independencia en materia cultural y lingüística.

Hay cierta diferenciación regional en el español panameño, aunque los principales criterios de diferenciación son más sociales que geográficos. La zona metropolitana de Ciudad de Panamá es un microcosmos sociolingüístico, cuyos rasgos ejercen influjo a escala nacional. La región rural del oeste presenta algunas diferencias en el vocabulario, la morfología verbal y la sintaxis. Se puede defender que el español africanizado de la costa nordeste constituye una zona dialectal separada, aunque las diferencias más importantes se limitan al léxico y a la entonación. En Colón, el español utilizado por hablantes nativos de inglés antillano es a veces distinguible de otras variedades del español panameño. El habla de la remota Darién muestra signos del influjo de otras lenguas sobre el español, aunque los hablantes fluidos de español de esta región hablan de una manera que no difiere de forma significativa de la del centro de Panamá. Se han publicado pocas descripciones del español de Panamá. De los libros existentes, Robe (1960) se ocupa de la región rural occidental, Cedeño Cenci (1960) se concentra en Bocas del Toro, Alvarado de Ricord (1971) describe la pronunciación de Ciudad de Panamá, Cedergren (1973) y Robert Brown (1976) analizan la variación sociolingüística en la Ciudad de Panamá, Lipski (1990a) incluye datos sobre la costa cari-

315

beña y Revilla (1982) y Tejeira (1964) ofrecen una visión global de varias regiones.

Con el descubrimiento de Balboa del angosto paso al océano Pacífico en 1513, el estrecho istmo de Panamá adquirió importancia en la empresa colonial española. Para llegar a la rica colonia del Perú, era mejor atracar en la orilla caribeña de Panamá y transportar las mercancías por tierra a la costa del Pacífico que dar la vuelta por el extremo sur de Sudamérica. En el viaje de regreso, los barcos cargados con el oro y la plata peruanas partían rumbo al puerto de Ciudad de Panamá. El tesoro era allí descargado y transportado por una recua de mulas por tierra y luego por el río Chagres hasta la costa caribeña; allí era reembarcado en los navíos españoles, y llevado a España. El primer puerto español de la parte caribeña fue Nombre de Dios, pero esta ciudad carecía de un buen puerto natural y los frecuentes ataques piratas obligaron a trasladar el transporte de los tesoros a otra zona. El siguiente puerto se estableció en Portobelo, en una bahía profunda que proporcionaba una excelente defensa natural. Se levantaron fortificaciones de piedra, y se construyeron almacenes para guardar el tesoro procedente de Perú. Una vez al año, los navíos españoles atracaban en Portobelo para cargar el tesoro y para vender mercancías de España y de otras colonias hispanoamericanas. Este acontecimiento atraía a los ciudadanos de todo Panamá, por lo que llegó a convertirse en una feria, cuya memoria se conserva en las tradiciones populares locales (por ejemplo las de los *negros congos;* cfr. Drolet, 1980; Joly, 1981; Lipski, 1990e). La población normal, unos 500-600 habitantes, aumentaba hasta llegar a varios miles cuando afluían a Portobelo los mercaderes y los artesanos de Ciudad de Panamá. Los mercados constituyeron una fértil fuente de intercambio lingüístico y cultural en una colonia que de otra forma hubiera quedado marginada (Alba, 1971; Núñez y Molo, 1987).

Durante mucho tiempo, la ruta Portobelo-Panamá fue la única causa del asentamiento español en Panamá; en ella se emplearon grandes cantidades de esclavos africanos. Con la disminución de los cargamentos de riquezas de Perú, Portobelo vio desaparecer su importancia, aunque Ciudad de Panamá siguió siendo un puerto fundamental para la llegada de mercancías a las colonias del Pacífico, desde Acapulco a Lima. Las ferias disminuyeron, ensombrecidas por el floreciente contrabando intercolonial, por la incorporación de Panamá a la estructura administrativa de Colombia y por la caída de las riquezas que llegaban de los Andes. A finales del siglo XVIII, Portobelo había perdido casi toda su anterior importancia. Su papel estratégico creció por un breve periodo de tiempo a principios del siglo XX, cuando compañías marítimas americanas establecieron una ruta Nueva Orleans-Portobelo ligada a la construcción del canal interoceánico y a la industria bananera, pero, finalmente, Colón y Bocas del Toro fueron designados puertos oficiales para el comercio y el resto de la *costa arriba* volvió a languidecer.

Cuando se estabilizó la presencia española en Panamá, se empezaron a cultivar las fértiles llanuras de la región occidental, lo que provocó el nacimiento del pequeño campesinado panameño, columna vertebral de la economía nacional. Apenas si existieron grandes posesiones en el Panamá colonial, y el sistema de encomiendas no se utilizó a gran escala, debido a la escasez y al carácter indomable de la mano de obra indígena. El oeste rural de Panamá se desarrolló de una forma que recuerda mucho a Costa Rica, y durante el periodo colonial existió un considerable comercio local entre las dos colonias, centrado en el ganado y la agricultura.

Al este de la Ciudad de Panamá se extendían las densas junglas del Darién, región en la que nunca penetró la colonización española (salvo unos pequeños asentamientos en la costa del Caribe). Actualmente, el Darién contiene una población de origen indígena y africano, la mayor parte de la cual sólo habla el español esporádicamente. La región no tiene muchas carreteras y apenas si es visitada por otros panameños.

Con la independencia de Colombia, Panamá fue prácticamente abandonada por el gobierno de Bogotá. Por esta época, estaba creciendo el interés de los Estados Unidos y de varias naciones europeas por la construcción de un canal interoceánico. El empresario francés Lesseps ya había empezado la construcción de un canal, proyecto que fue abandonado cuando se acabó su financiación. Los intereses estadounidenses dudaban entre Nicaragua y Panamá como sedes del canal, pero al final se decidieron por la última. Utilizando como intermediario al francés Philippe Bunau-Varilla, el gobierno de los Estados Unidos intentó llegar a un acuerdo con la compañía francesa que había trabajado ya en ello y el gobierno colombiano, pero éste se negó a ratificar el tratado y se frustraron las conversaciones. Los panameños, que se dieron cuenta de las ventajas de una alianza con los Estados Unidos, recibieron ayuda del gobierno de este país, presidido por Theodore Roosevelt, para levantarse contra el régimen de Bogotá; esa revuelta dio lugar al nacimiento de la nación de Panamá en 1903. Bunau-Varilla negoció con el gobierno panameño un nuevo tratado (que, irónicamente, no fue firmado por ningún panameño), que concedía a los Estados Unidos no sólo el derecho a construir un canal en Panamá, sino derechos soberanos "a perpetuidad" sobre la franja de tierra en la que se iba a construir. La construcción del Canal de Panamá empezó poco después, y se abrió a la navegación en 1914. De ahí en adelante, los estadounidenses han mantenido la Zona del Canal como territorio americano *de facto,* en el que ha dominado la lengua inglesa. La mayoría de los residentes de la Zona son miembros de las Fuerzas Armadas de los Estados Unidos o del equipo de mantenimiento técnico del canal. Muchos de ellos no han aprendido el español, incluso los nacidos en la Zona del Canal, y el contacto lingüístico con el resto de Panamá ha sido mínimo.

La terminología del tratado original, sin validez en el derecho internacional moderno, ha sido fuente de continuas disputas entre Panamá y los Estados Unidos, pues chocan las reclamaciones sobre la soberanía de la Zona por parte de las dos naciones. Este problema se resolvió, en parte, con la ratificación del tratado Carter-Torrijos, que abolió la Zona del Canal en 1979, y que devolverá el Canal a Panamá en el año 2000. Los efectos lingüísticos del Canal y de la presencia estadounidense en Panamá rara vez han sido discutidos con objetividad, pero la presencia de numerosos anglicismos en el vocabulario del español panameño es la consecuencia más evidente.

INFLUENCIAS LINGÜÍSTICAS EXTRAHISPÁNICAS

La población indígena del oeste de Panamá era muy escasa en la época de la llegada de los españoles, y no se produjo mucha interacción lingüística. Los primeros exploradores y colonos se encontraron con una gran variedad de lenguas, muchas de las cuales desaparecieron sin haber sido bien descritas (Robe, 1953). Se empleó el término *cueva* para designar a los grupos indígenas del nordeste de la costa caribeña, donde se establecieron los primeros asentamientos. Todas las lenguas panameñas conocidas pertenecen al grupo macro-chibcha, lo que supone tempranas emigraciones desde Colombia; esas lenguas han aportado topónimos y unas cuantas palabras regionales. En el este de Panamá, la población indígena era más abundante, pero la colonización española nunca avanzó más allá de unas cuantas villas costeras. El número de indígenas disminuyó rápidamente a raíz del asentamiento de los españoles, y los que entraron en contacto con éstos aprendieron rápidamente el español.

Actualmente viven en el oeste de Panamá un pequeño grupo de guaymíes, que mantienen su lengua y sus costumbres. En el Darién, la población indígena pertenece, principalmente, al grupo chocó, pero también existen otras comunidades lingüísticas más pequeñas. En las islas San Blas, en la costa nororiental, viven los cunas. Tradicionalmente, este grupo se ha mantenido al margen de la cultura hispanófona panameña, pero en las últimas décadas muchos cunas han emigrado a Ciudad de Panamá en busca de empleo, mientras que los turistas visitan las islas para comprar los multicolores *molas,* adornos de tela que han alcanzado fama mundial.

Como resultado de su historia colonial y postcolonial, Panamá tiene una abundante población de origen africano. Los afro-panameños se establecieron en Panamá a raíz de dos procesos históricos diferentes. Los afro-panameños hispano-hablantes, llamados en los documentos antropológicos con el nombre de *afrocoloniales,* descienden de los esclavos del periodo colonial (Castillero Calvo, 1969; Guardia, 1977). Aunque se reparten por todo Panamá, las mayores concentraciones se encuentran en la costa caribeña, en particular en las ciudades de Portobelo y Nombre de Dios. Estos panameños hablan únicamente español, en la variedad rural, con una proporción de palabras africanas sólo ligeramente superior a la del resto del país. Parte de la cultura regional afro-panameña son los *negros congos,* miembros de una comunidad que participan en rituales tradicionales durante la estación del carnaval, en una reproducción parcial de la vida de los esclavos en el Portobelo colonial durante la feria anual. Como parte del ritual congo existe una forma especial de hablar, el *hablar congo,* que los habitantes locales dicen que deriva del antiguo pidgin afro-hispánico o habla *bozal.* La investigación llevada a cabo por Lipski (1990e) indica que esta afirmación tiene una base histórica, aunque el habla *conga* haya degenerado hace tiempo en una lengua teatral inventada donde las distorsiones deliberadas predominan sobre las reminiscencias históricamente exactas del habla afro-colonial (cfr. Drolet, 1980; Joly, 1981).

Durante la construcción del Canal de Panamá, fueron reclutados miles de trabajadores negros de las Indias Occidentales, la mayoría de los cuales hablaban inglés criollo (Conniff, 1985; Davis, 1980; Díez Castillo, 1968; Lewis, 1986; Westerman, 1980). Posteriormente, muchos obtuvieron trabajo en la Zona del Canal, debido a su capacidad para comunicarse en inglés y a la idea de que, como "extranjeros", su lealtad no podría ser puesta a prueba por el nacionalismo panameño. Esto, a su vez, provocó el resentimiento entre la restante población de Panamá, que ya había sufrido la discriminación racial estadounidense, y dio lugar a una reacción contra los *chombos,* término despectivo que se aplicaba a los afro-antillanos. Éstos se encastillaron en el inglés, aprendieron el español sólo de forma imperfecta y siguieron identificándose más con los habitantes de las Indias Occidentales que con los panameños. Con el paso del tiempo, las fricciones han ido desapareciendo, se les ha concedido la ciudadanía panameña, y muchos han ocupado puestos importantes tanto en la Zona del Canal como en el gobierno o los sectores privados panameños. Muchos afro-antillanos jóvenes hablan el español como lengua nativa, aunque el inglés se sigue utilizando habitualmente entre los miembros de la comunidad. La población afro-antillana más numerosa se concentra en el puerto caribeño de Colón. Otro grupo, parcialmente distinto al primero, habita en la región de Bocas del Toro, en el noroeste de la costa caribeña cerca de la frontera con Costa Rica. Este último grupo desciende en su mayoría de los trabajadores de las plantaciones bananeras de la Chiriquí Land Corporation, brazo local de la United Fruit Company. También en esta región el inglés criollo está cediendo terreno paulatinamente en favor del español, pero el inglés sigue siendo una fuerza lingüística importante (Cohen, 1971, 1976; Fuentes de Ho, 1976; Jones, 1976).

Fonética y fonología

El español de Panamá es una variedad caribeña, caracterizada por la reducción de las consonantes finales de sílaba y poca modificación vocálica. Alvarado de Ricord (1971, 1972), Robert Brown (1976), Cedergren (1973, 1978, 1979), Cohen (1971), Graell Stanziola y Quilis (1991), Lipski (1990e) y Robe (1948, 1953, 1960) constituyen las principales descripciones publicadas de la pronunciación panameña. Los rasgos fonéticos generales son los siguientes:

(1) En la Ciudad de Panamá, la /č/ africada recibe una pronunciación fricativa (Cedergren, 1973). La reducción es más común en posición intervocálica interior de palabra que en posición inicial de palabra. Las mujeres realizan la desafricación con más frecuencia que los hombres; el cambio es de origen reciente y se está extendiendo entre los habitantes más jóvenes de la Ciudad de Panamá. La variante fricativa la utilizan con más frecuencia los hablantes de clase media, mientras que la frecuencia de desafricación desciende entre los hablantes de la clase alta y las clases bajas.

(2) /d/ intervocálica se debilita y cae con frecuencia (Cedergren, 1979). La /d/ final de sintagma se realiza a veces como oclusiva sorda [t] en el habla enfática, en vez de sufrir la solución más habitual de la elisión (Alvarado de Ricord, 1971).

(3) /n/ se velariza en los contextos de final de sintagma y final de palabra prevocálico. Cedergren (1973) y Lipski (1986a, 1986e, 1990e) presentan algunos datos cuantitativos. Existe poca diferenciación sociolingüística o regional en la velarización, aunque en los estilos formales de las emisiones radio-

fónicas las tasas de velarización son más bajas (Lipski, 1983a).
(4) Entre los estratos sociolingüísticos más bajos, y en el habla
rural, /l/ y /r/ finales de sílaba están sujetas a la reducción y a
la neutralización parcial. La pérdida de /r/ final es especialmente habitual en los infinitivos. En posición preconsonántica, la aspiración es la alternativa más común a la vibrante
simple [r]. La elisión de /r/ es menos frecuente en la Ciudad
de Panamá, ya que es un fenómeno típicamente de provincias (Cedergren, 1973; Lipski, 1990e). /l/ final de sílaba resulta mucho menos afectada que /r/, rara vez desaparece en
posición final de sintagma y sólo se reduce ocasionalmente
en contextos preconsonánticos. En los aislados dialectos afro-
hispánicos de la Costa Arriba, así como en algunas regiones
rurales del oeste, es mucho más frecuente la reducción de /l/
y /r/ (Robe, 1960; Lipski, 1990e).
(5) /s/ final de sílaba y de palabra queda reducida a [h] o se
elide, como en todo el Caribe. En Panamá, la realización de
/s/ está sujeta a una considerable variación sociolingüística
(Cedergren, 1973, 1978). Las tasas de aspiración/elisión de /s/
son comparables a las de otros dialectos caribeños; en el nivel vernáculo, la reducción de /s/ es sistemática, mientras
que en el habla cuidada de las clases profesiones se pueden
encontrar casos de [s] sibilante en posición final de sílaba.
(6) El habla de los afro-antillanos a veces revela los efectos del
inglés criollo de las Indias Occidentales. Con frecuencia, las
obstruyentes sonoras se mantienen oclusivas incluso en posición intervocálica, y la /d/ intervocálica puede manifestarse
como [r] (Tejeira, 1964: 17).
(7) Tejeira (1964: 13) afirma que el sistema vocálico del español
afro-antillano está también influido por el inglés del Caribe,
que se pronuncia "con la boca muy abierta". En realidad, la
tendencia a alargar y abrir las vocales es típica no sólo del
afro-antillano, sino del afro-colonial; es un rasgo que aparece
en otros grupos afro-hispánicos de toda Hispanoamérica.

CARACTERÍSTICAS MORFOLÓGICAS

(1) El oeste rural de Panamá, fronterizo con Costa Rica, sigue utilizando *vos,* pero las formas verbales suelen conservar los
diptongos característicos de las formas de *vosotros: hablái(s),
coméi(s),* etc. El uso de *vos* en Panamá se considera rústico y
obsoleto, y está en declive. Más frecuente en los sectores ru-

rales es el uso tenaz de *usted* incluso entre amigos íntimos y miembros de la familia.
(2) Habitual en el habla vernácula es la sufijación de *vé* a los imperativos familiares: *oyevé, andavé,* etc. (Aguilera Patiño, s.f.: 305; Robe, 1960: 132).

CARACTERÍSTICAS SINTÁCTICAS

(1) En Ciudad de Panamá se oyen a veces preguntas parciales sin inversión del tipo *¿Qué tú quieres?,* pero son bastante menos habituales que en las Antillas. Esta puede ser una innovación reciente, posiblemente impulsada por la llegada de un número significativo de refugiados cubanos a la Ciudad de Panamá tras la Revolución Cubana.
(2) Es común que aparezca un pronombre de sujeto ante el infinitivo, en especial cuando va precedido de preposición: *antes de yo venir aquí, para tú entender eso,* etc.
(3) Una construcción que se está extendiendo rápidamente en la Ciudad de Panamá y en algunas otras zonas es el uso "pleonástico" de *ser* en combinaciones como:

> Lo conocí *fue* en la fiesta
> Trabajo *es* en la Universidad
> Me fijaba *era* en la luz

Esta construcción no es nueva en Hispanoamérica; Kany (1951: 256) ofrece ejemplos de Colombia, Panamá, Venezuela y Ecuador. Sedano (1988, 1989, 1990) describe su rápida expansión en Caracas, Venezuela. Parece que esta construcción, cuyo análisis más plausible es el de la reducción de una cláusula relativa (pérdida de *donde, lo que,* etc.) tuvo sus orígenes en algún punto de Colombia, y se ha difundido a zonas periféricas. En las primeras décadas del siglo XX, cuando Kany recogió sus ejemplos, pocos panameños utilizaban la construcción en cuestión. Robe (1960), que llevó a cabo su trabajo de campo en los años cuarenta, no habla de esta construcción. Actualmente, sin embargo, se puede observar en todo Panamá, donde pasa tan desapercibida que puede aparecer en cartas personales, noticiarios y a veces incluso en obras que no pertenecen al campo de la ficción.

Los estudios del vocabulario panameño son Aguilera Patiño (1947, 1951), Alfaro (1968), Amado (1945, 1949), Isaza Calderón (1986), Pereira de Padilla (1974), Revilla (1978, 1982), Reyes Testa (1969) y Tejeira (1964). Es una creencia muy extendida el pensar que el español de Panamá está muy influido por el inglés, pero en realidad la influencia está limitada a Ciudad de Panamá y a las zonas limítrofes con la antigua Zona del Canal. Muchos de los anglicismos documentados en Panamá se emplean también en otras partes de Hispanoamérica: *guachimán* "vigilante" (< *watchman), sanwiche,* y muchos términos relacionados con los deportes, los automóviles, las presencia militar estadounidense, la actividad marítima internacional, etc. La palabra *boay/guay,* "tipo, hombre", del inglés *boy* se oye todavía ocasionalmente, y refleja el desprecio estadounidense hacia los panameños. Otras palabras típicamente panameñas son:

> *buchí* "persona del campo, palurdo"
> *chicha* "zumo de frutas [no alcohólico]"
> *chichipate* "persona u objeto sin importancia"
> *chingongo* "goma de mascar"
> *chiva* "autobús pequeño"
> *chombo* "afro-antillano" [término despectivo]
> *corotos* "pertenencias personales"
> *fulo* "rubio, de tez clara"
> *pelado/peladito* "niño [pequeño]"
> *pipa* "coco verde cuya leche se utiliza como bebida"

Capítulo XX

El español de Paraguay

Perspectiva histórica

Se suele hablar de Paraguay como de una nación bilingüe, como del único país de Hispanoamérica donde una lengua indígena ha alcanzado un cierto grado de ascendencia sobre el español. El perfil lingüístico paraguayo ha atraído más la atención de la sociología del lenguaje que de la lingüística descriptiva: se ha llevado a cabo una cantidad considerable de investigaciones sobre la elección de código y las actitudes lingüísticas (por ejemplo Corvalán, 1977, 1983; Rubin, 1968). Desde Rubin (1968), la sociolingüística del bilingüismo paraguayo ha producido también una rica bibliografía, y muchos de esos estudios están recogidos en Corvalán y Granda (1982). Las descripciones existentes del español de Paraguay son muy divergentes, y pueden provocar la perplejidad del lector. Entre ellas podemos citar Canese y Corvalán (1986), Corvalán (1977), Krivoshein de Canese y Corvalán (1987), Malmberg (1947), Meliá (1974), Usher de Herreros (1976), Welti (1979), y los estudios recogidos en Corvalán y Granda (1982) y Granda (1988). Algunos dan la impresión de que todos los paraguayos hablan un español entrecortado, salpicado de palabras guaraníes y lleno de calcos sintácticos, mientras que otros estudios describen una lengua que apenas si difiere de la que se puede escuchar en Argentina o Chile. La realidad es mucho más compleja; el español de Paraguay presenta muchas características y construcciones exclusivas que dan la impresión de un rompecabezas dialectológico. La historia de Paraguay es una maraña de equivocaciones, malentendidos y compromisos. A la parte oriental del actual Paraguay llegaron por primera vez exploradores españoles que ascendieron por el río Paraná desde Buenos Aires. Además de toparse con una tierra de vegetación prodigiosa y de fauna inimaginable, los españoles se encontraron con el pueblo guaraní, que disfrutaba entonces de un periodo de considerable hegemonía sobre las tribus vecinas. Los guaraníes se habían desplazado hacia el oeste cruzando el Chaco y habían entrado en contacto con las civilizaciones aimaras e incas en lo que hoy es Bolivia. Como en otras partes de Hispanoamérica, el interés primordial de los españoles eran los metales preciosos, y en Paraguay persiguieron El Dorado, la legendaria ciudad de oro. En 1535, una expedición dirigida por Pedro de Mendoza comenzó la exploración sistemática del alto Paraná, y en 1537 fue fundada la ciudad de Asunción. El pequeño asentamiento vio aumentar su tamaño temporalmente unos años más tarde, cuando los ataques indios contra Buenos Aires provocaron la evacuación de los habitantes de esa colonia. Los españoles formaron una alianza con los guaraníes que, aunque no tan idílica como quisieran algunos apologistas, fue duradera y estable. El contacto entre españoles y guaraníes se caracterizó, entre otras cosas, por una inmediata y profunda mezcla racial, pues las mujeres guaraníes tuvieron hijos con los hombres españoles. El resultado fueron hogares donde los niños aprendían el guaraní de sus madres, y según algunos estudiosos, este hecho explica el bilingüismo del Paraguay actual y la preferencia por el guaraní como "lengua del corazón". La alianza mediante el matrimonio aseguró el apoyo de los guaraníes contra las hostiles tribus del Chaco al oeste y los bandoleros brasileños (*bandeirantes* y *mamelucos*) al este. Los guaraníes aceptaron incluso a los españoles como jefes, circunstancia afortunada dada la poca atracción que la colonia ejercía para los colonos que salían de España. El reducido número de europeos que decidieron permanecer en Paraguay se acomodaron al rudo estilo de vida que les exigía y se mantuvieron aislados del modelo de vida metropolitano de colonias más prósperas como Buenos Aires.

También los jesuitas tuvieron un papel destacado en la historia del Paraguay. Llegados al Paraguay y a las zonas vecinas de Brasil y de Argentina poco después de la fundación de las colonias, la Compañía de Jesús inmediatamente se dispuso a concentrar a los desperdigados guaraníes en pueblos organizados llamados *reducciones*. Los jesuitas organizaron a los guaraníes en industrias agrícolas, que incluían el tejido y la producción de yerba mate, té verde indígena que sigue siendo el principal producto agrícola del Paraguay. La controvertida empresa de los jesuitas unió a más de 100.000 indios en lo que ha constituido el mayor experimento de cooperativas indígenas de la historia de Hispanoamérica. Con la expulsión de los jesuitas en 1767, las cooperativas indígenas fueron disueltas, pero las consecuencias lingüísticas del esquema organizativo de los jesuitas siguen siendo objeto de debate. Los jesuitas impulsaron el uso del guaraní como lengua de las misiones e imprimieron tratados religiosos en ella, hecho que, con toda probabilidad, contribuyó a la amplia aceptación del guaraní en el Paraguay colonial y postcolonial.

Durante un periodo relativamente breve, Asunción gozó de los favores del gobierno español, que consideraba la ciudad como estación de paso importante en la ruta que conducía a los metales preciosos que se estaban descubriendo en la región andina. La ciudad boliviana de Santa Cruz de la Sierra fue fundada por expedicionarios llegados del Paraguay, que tenían la esperanza de conquistar los tesoros incas por sí mismos. Sin embargo, la ruta por el Chaco era ardua, y las intrigas y las sospechas políticas perturbaron la vida de la colonia española. En 1617, Asunción fue formalmente separada de la refundada Buenos Aires, y esta última se convirtió en el centro de la atención. Paraguay languideció: era un puesto distante del Virreinato del Perú (subordinado desde el punto de vista judicial a la Audiencia de Charcas), sin contacto con Lima y olvidada por el tráfico marítimo que llegaba a Buenos Aires. Los productos europeos eran escasos y de un precio prohibitivo, pues, según las leyes, todas las mercancías procedentes de España tenían que desembarcar en Portobelo, Panamá, cruzar por tierra hasta Ciudad de Panamá, ser reembarcadas en El Callao, cruzar toda Sudamérica hasta Buenos Aires y allí viajar río arriba hasta Asunción. Los nuevos colonos al principio tenían que seguir la misma ruta, aunque el tráfico de contrabando por Buenos Aires se convertiría pronto en una realidad provechosa. En 1776 Paraguay fue devuelta al Virreinato de La Plata, pero cuando Argentina declaró su independencia en 1810, Paraguay rehusó unirse a su vecino, y esta renuencia inicial determinó la larga alienación paraguaya del eje económico y cultural de Buenos Aires.

Poco después de obtener la independencia, Paraguay soportó la dictadura aislacionista de José Gaspar de Francia, que dirigió el país de forma absolutista desde la proclamación de la Independencia en 1817 hasta su muerte en 1840. Durante este periodo, las fronteras de Paraguay permanecieron cerradas, los extranjeros fueron expulsados u obligados a permanecer contra su voluntad y se cortó cualquier contacto con ideas extranjeras. La consecuencia inmediata de este aislamiento fue que alimentó un sentimiento incluso mayor de independencia y autosuficiencia, en el que se incluía el rechazo tácito a las innovaciones lingüísticas que venían del exterior, en particular de Buenos Aires. Hasta la fecha, los paraguayos se han negado rotundamente a adoptar los modelos del habla porteña. La rehilación o pronunciación žeísta de /ʎ/ e /y/ nunca ha existido en Paraguay, ni tampoco la contagiosa entonación de Buenos Aires. Aunque los paraguayos emplean *che* casi con tanta frecuencia como los argentinos, lo consideran parte de su propio patrimonio lingüístico.

A finales de los años sesenta del siglo XIX, Paraguay, en una disputa territorial con Brasil, entró en la Guerra de la Triple Alianza, en la que se enfrentó contra las fuerzas combinadas de Brasil, Argentina y Uruguay. Pese a su inferioridad de condiciones, Paraguay resistió la derrota durante casi cuatro años, pero el resultado final fue devastador: además de perder algo de territorio, Paraguay perdió casi la mitad de sus habitantes y el 90 % de la población masculina, y sufrió la ocupación militar y el caos económico durante un largo periodo. En la década de los años treinta del siglo XX, Paraguay entró de nuevo en guerra, esta vez contra Bolivia, por el control del desolado Chaco. Tras varios años de encarnizada lucha, Paraguay ganó la guerra, y con ello aumentó su territorio, pero de nuevo los efectos económicos, demográficos y políticos fueron negativos. Desde la guerra del Chaco, Paraguay ha vivido casi ininterrumpidamente bajo dictaduras militares, lo que ha provocado el exilio de miles de intelectuales y, colateralmente, ha impedido el tipo de investigación seria e imparcial que habría podido colocar su fascinante situación lingüística a la par con la de otros países hispanoamericanos.

INFLUENCIAS LINGÜÍSTICAS EXTRAHISPÁNICAS

En la época de la llegada de los españoles al alto Paraná habitaban en la región numerosos grupos indígenas, pero fue el guaraní la lengua que haría la mayor contribución lingüística. Dado el estrecho contacto entre el español y el guaraní en Paraguay, es una tentación atribuir a influjo guaraní cualquier rasgo del español del Paraguay que se aleje de los modelos predominantes en Hispanoamérica. En muchos casos, el fenómeno en cuestión puede ser debido al aislamiento prolongado, o a mera casualidad, pero la discusión continúa. Que el guaraní ha influido profundamente en el léxico paraguayo está fuera de toda duda, y un bilingüismo duradero ha modelado sutilmente el perfil lingüístico paraguayo durante varios siglos.

Se suele afirmar que aunque muchos paraguayos hablan una lengua indígena, la mezcla racial ha eliminado las distinciones étnicas entre los distintos grupos. Esta generalización es cierta en lo que atañe a la mayoría de la población, pero aún existen comunidades indígenas que mantienen su lengua y su cultura. El guaraní no es la única lengua indígena del Paraguay, ni es una lengua homogénea en todo el territorio. No se ha prestado mucha atención a las lenguas y dialectos regionales, muchos de los cuales no cuentan con más de unos pocos cientos de hablantes. Granda (1982) y Klein y Stark (1985) constituyen buenas visiones globales de otros grupos indígenas.

Los esclavos africanos también aparecen en el Paraguay colonial, aunque nunca en las proporciones del Río de la Plata (Pla, 1972). A principios del siglo XVIII, los africanos representaban casi el 10 % de la población paraguaya total, pero se importaron pocos en el siglo XIX, y la proporción disminuyó rápidamente. Durante las guerras de la independencia colonial, varios miles de soldados negros llegaron con el líder uruguayo Artigas, y muchos afro-brasileños se establecieron en Paraguay a lo largo del siglo XIX. Las consecuencias lingüísticas del contacto afro-hispánico en el Paraguay no han sido documentadas, y el folclore paraguayo apenas si muestra la presencia africana, pero a veces aparecen ejemplos de lengua afro-hispánica (cfr. Carvalho Neto, 1961: 36; 1971: 113-4), que no pueden ser desechadas en su totalidad como préstamos brasileños recientes.

Desde finales del siglo XIX y durante las primeras décadas del XX, la inmigración europea a Paraguay fue significativa, aunque no en la proporción de Argentina y Uruguay. Los inmigrantes alemanes fueron los más numerosos, aunque también llegaron en cantidades notables italianos, franceses y libaneses. En el español de Paraguay han entrado algunos italianismos, pero bien podrían haber llegado río arriba desde Buenos Aires. A lo largo de varios siglos, los inmigrantes llegados a Paraguay han adquirido rápidamente las dos lenguas del país, sin dejar huellas lingüísticas de las suyas. En varias regiones, ciertos grupos étnicos han conservado su lengua y sus costumbres, por haber mantenido un contacto mínimo con los demás paraguayos. Entre ellos podemos citar a la colonia menonita germanófona del Chaco, las comunidades brasileñas de la frontera con Brasil, una colonia japonesa en La Colmena, y otros grupos pequeños.

FONÉTICA Y FONOLOGÍA

La pronunciación del español del Paraguay ha sido descrita por Malmberg (1947), Granda (1980, 1982a), Krivoshein de Canese y Corvalán (1987), y muchos artículos más breves. Los principales rasgos fonéticos son:

(1) Se conserva el fonema /ʎ/ como lateral palatal. Este sonido no da signos de desaparición en Paraguay, aunque en el habla rápida urbana se produce la reducción ocasional a [y] como fenómeno de actuación (pero cfr. Tessen, 1974, quien

afirma que /ʎ/ rara vez se pronuncia como lateral). Las razones de la conservación de este fonema no han sido explicadas aún de un modo totalmente satisfactorio. Malmberg (1947) lanzó la hipótesis de que, puesto que el español no fue nunca la lengua familiar de la mayoría de los paraguayos, su sistema fonológico no se vio sometido a las transformaciones que ha sufrido en otras partes de Hispanoamérica. Esta línea de razonamiento fue llevada más lejos aún por Cotton y Sharp (1988: 273-4), quienes afirmaron que "cuando el guaraní dominó el difícil sonido extranjero, hicieron cuestión de honor distinguirlo de /y/". Esta afirmación es idéntica a una similar de Amado Alonso (en un prólogo a Morínigo, 1931: 4), quien creía que como /ʎ/ había sido adquirida recientemente en Paraguay (esto es, por los guaraníes), era más resistente al cambio que en las zonas donde /ʎ/ había formado parte del repertorio español durante más tiempo. Tales hipótesis no se basan en ninguna teoría aceptada del cambio fonético, y se contradicen con el hecho de que los primeros préstamos hispánicos al guaraní reemplazan /ʎ/ por /y/, o por vocales en hiato (Morínigo, 1931). Granda (1979a) documentó un alto porcentaje de colonos de la zona vasca del norte de España, famosos por su conservación de /ʎ/, durante el periodo de formación del español del Paraguay; ese sesgo demográfico podría ayudar a explicar también la frecuente africación del grupo /tr/. Otro factor importante fue, sin duda, el prolongado aislamiento geográfico, social y político sufrido por Paraguay a lo largo de su historia. Por último, el hecho de que los paraguayos estén orgullosos de conservar /ʎ/ no carece de importancia.

(2) En el español de Paraguay, /y/ intervocálica se realiza con frecuencia como africada. Esta pronunciación muestra indicios de disminución en el Paraguay contemporáneo (Granda, 1982: 161), pero muchos paraguayos la usan conscientemente como símbolo de su origen regional. Malmberg (1947) atribuye esta pronunciación al influjo guaraní, hipótesis que sigue sin ser comprobada (Cassano, 1971a, 1973a). A veces también se produce el ensordecimiento en [č] en la variante coloquial (Krivoshein de Canese y Corvalán, 1987: 25).

(3) El español del Paraguay a veces alveolariza el grupo /tr/, dándole una pronunciación cuasi africada similar a la de la región andina.

(4) /rr/ suele ser una vibrante múltiple alveolar, y rara vez recibe la pronunciación fricativa rehilada típica de las altiplanicies andinas.

(5) /r/ final de sílaba suele ser normalmente una fricativa débil, y a veces casi desaparece, pero no es habitual ni siquiera en posición final de sintagma la variante asibilada. En el nivel vernáculo es habitual que desaparezcan completamente la mayoría de las consonantes finales de palabra.

(6) Malmberg (1947) afirmó que normalmente las consonantes dentales /t/ y /d/ recibían una pronunciación alveolar, incluso en posición inicial de palabra e intervocálica. Esta afirmación ha sido incorporada a descripciones posteriores, por ejemplo Canfield (1981). Sin embargo, los estudios actuales (por ejemplo Cassano, 1972a y Granda, 1982: 153-4) muestran que /t/ y /d/ rara vez son alveolares, excepto ante /r/.

(7) /d/ final de sintagma puede ser articulada como [t], y no siempre por énfasis. Granda (1982: 155) también ha encontrado [r] en esa posición.

(8) /d/ y /b/ intervocálicas son débiles y caen en el habla natural.

(9) La obstruyente sonora /b/ suele recibir una articulación labiodental [v], incluso en posición inicial de sintagma. Cassano (1972b) ofrece una hipótesis sustratística en parte, según la cual el guaraní tomó prestado del español el sonido fricativo bilabial [β], que entonces entró en oposición con el oclusivo prenasalizado [ᵐb] en posición inicial de palabra, pues el guaraní no posee una [b] simple en posición inicial de palabra. Entonces, el español de Paraguay tomó prestado a su vez la [β] en posición inicial de sintagma. Esta hipótesis, bastante interesante, está a la espera de verificación independiente.

(10) La fricativa posterior /x/ es una fricativa velar o palato-velar.

(11) /s/ final de sílaba y de palabra se aspira en casi todos los casos, pero la pérdida total es rara, excepto en final de sintagma. Entre los hablantes rurales (muchos de los cuales son analfabetos en español) y los habitantes urbanos de clase baja, es más habitual la desaparición completa (Granda, 1981: 167). Las tasas de debilitamiento de /s/ son muy altas, comparables a las de Chile, las tierras bajas de Bolivia y el Caribe, aunque en el habla formal el mantenimiento de [s] sibilante es habitual entre los paraguayos cultos. Vidal de Battini (1954: 66-7) ha sugerido un posible influjo guaraní en la pérdida de /s/ en Paraguay y en el noroeste de Argentina, afirmación discutida por Cassano (1972c).

(12) /n/ final de palabra suele ser alveolar; la velarización sólo se produce de forma esporádica. Granda (1982), Krivoshein, Canese y Corvalán (1987) y Tessen (1974) observan una [m] bi-

labial a veces. También se produce la pérdida de la consonante nasal, normalmente acompañada por la nasalización de la vocal precedente.

(13) Una de las características más llamativas del español de Paraguay es la oclusión glotal que aparece entre palabras, en particular entre una consonante final y una vocal inicial, que impide la resilabificación efectiva. Esa oclusión glotal puede aparecer incluso entre dos vocales interiores de palabra en hiato. Es tentador atribuir este fenómeno al influjo guaraní, pero Cassano (1971b) y Granda (1982: 152) se muestran escépticos. Granda (1982: 159) apunta que la oclusión se debió originariamente a factores externos, pero fue reforzada por la existencia de patrones similares en guaraní, incluido el uso de una oclusión glotal como fonema consonántico. La existencia de una oclusión glotal en zonas de Argentina con influencia guaraní (Thon, 1989) constituye un apoyo indirecto para pensar al menos en una contribución del guaraní a la pronunciación paraguaya.

(14) Las vocales átonas pueden sufrir una leve nasalización (Malmberg, 1947; Cassano, 1971c, 1972d), pero no llega a ser un rasgo definido. Granda (1980) ha detectado una cierta deslabialización de /u/ entre los hablantes bilingües con poco dominio del español; este fenómeno puede estar influido por la presencia de una vocal central/posterior no redondeada /ɨ/ (escrita *y*) en el guaraní.

(15) Los hablantes bilingües en los que domina el guaraní a veces prenasalizan las obstruyentes sonoras iniciales de palabra, en particular /b/, reflejo del hecho de que el guaraní carece de oclusivas sonoras simples: sólo posee obstruyentes sonoras prenasalizadas.

CARACTERÍSTICAS MORFOLÓGICAS

(1) El español de Paraguay hace uso del voseo, y emplea las mismas formas verbales que la región del Río de la Plata (Granda, 1978a). Entre los hablantes cultos se produce algún uso de *tú*, pero en contra de lo afirmado por Rona (1978), no existen islas delimitadas geográficamente de tuteo en Paraguay.

(2) Los paraguayos comparten con los ecuatorianos el uso de *le* y *les* como clíticos de objeto directo (masculino), en lugar de *lo/los*, que aparecen en otras zonas de Hispanoamérica. En el nivel vernáculo, *le* y *les* se utilizan incluso con referentes femeninos.

El español culto de Paraguay apenas si difiere del habla del resto del Cono Sur. Sin embargo, cuando se estudian modelos de habla influidos por el bilingüismo, se pueden observar esquemas sintácticos distintivos. Hay que proceder con mucha precaución cuando se interpretan los estudios publicados sobre el español de Paraguay, pues muchos incluyen discrepancias morfológicas y sintácticas recogidas entre una sección muy amplia de hablantes bilingües, y no representan el habla típica de ningún individuo o grupo. El grado de influencia guaraní o de dominio del español está en correlación directa con el nivel educativo, que, a su vez, está en función del estatus socioeconómico. Los profesionales paraguayos expatriados rara vez, por no decir nunca, presentan los rasgos descritos en los estudios sobre el español de Paraguay, e incluso pueden negar su existencia. La clase obrera urbana y los habitantes rurales con poca cultura pueden producir estructuras que se diferencian de la gramática normativa del español. Este español con influjo guaraní a veces recibe el nombre humorístico de *guarañol,* y ha llevado a algunos a plantearse la cuestión de si existe una "tercera lengua" en Paraguay (Meliá, 1974). De hecho, en Paraguay existen al menos tres formas de fenómenos de contacto. El primero es el cambio de códigos, es decir, la alternancia de piezas léxicas españolas y guaraníes en los marcos sintácticos adecuados a cada lengua. Este tipo de habla es típica de las conversaciones coloquiales entre hablantes bilingües fluidos, en particular en las zonas urbanas, y sigue los modelos y las restricciones generales del cambio de código observables en cualquier sociedad bilingüe. Los paraguayos bilingües también hablan un guaraní muy influido por el español, no sólo desde el punto de vista léxico, sino también sintáctico. El término *jopará* se suele aplicar al continuo de guaraní hispanizado, que supone un elevado nivel de fluidez en cada lengua y la penetración española en el guaraní (Domínguez, 1978). En cualquier nivel, el jopará es más que la mera introducción de palabras guaraníes en el español, lo que hacen todos los paraguayos. Por último, muchos hablantes bilingües con poco dominio del español producen lo que son, desde el punto de vista técnico, errores gramaticales al hablar español, incluso si los comparamos con las normas de los paraguayos cultos. Tal habla, que se acerca más a la idea popular del guarañol, contiene interferencias sintácticas y morfológicas demostrables del guaraní, así como errores basados en una adquisición imperfecta del español.

La variedad de modalidades lingüísticas puede ser apreciada si se tiene en cuenta la demografía del bilingüismo paraguayo. Se han hecho afirmaciones contrarias sobre el nivel de fluidez en español y guaraní de paraguayos de distintas regiones y clases sociales, con datos notoriamente inexactos. Las siguientes cifras constituyen una aproximación razonable a la situación actual (Meliá, 1974; Welti, 1979): en Asunción y otras zonas urbanas grandes, aproximadamente un 30 % de los habitantes prefieren habitualmente el español como lengua familiar, un 20 % prefiere el guaraní, y un 50 % emplean libremente ambas lenguas. Las cifras se inclinan aún más en favor del español (más del 40 %) cuando se considera sólo Asunción. En las regiones rurales, sólo un 2 % de los habitantes prefiere el español, un 75 % prefiere el guaraní, y sólo el 25 % emplea libremente ambas lenguas. Estas cifras ponen de manifiesto el agudo contraste rural-urbano en la elección de código, y por extrapolación, en la fluidez en español, y ofrecen una explicación para las discrepancias que existen entre las descripciones del español del Paraguay basada en la forma en que se recogieron las muestras.

Una muestra de las construcciones sintácticas aparentemente extra-hispánicas que aparecen a veces en el español semifluido de Paraguay puede incluir las siguientes (Granda, 1979b, 1988; Krivoshein de Canese y Corvalán, 1987; Usher de Herreros, 1976; Welti, 1979):

(1) Se emplea a veces la combinación de ARTÍCULO INDEFINIDO + POSESIVO: *un mi amigo, otro mi hermano* (Granda, 1988; Canese y Corvalán, 1986: 42).

(2) Construcciones similares a la pasiva con la forma *ser* + PARTICIPIO PASADO aparecen en circunstancias en las que otras variedades del español usarían una forma activa. Parece que este fenómeno representa la asignación del estatuto de auxiliar a *ser,* que Granda (1988) considera un resto arcaico: *si él fuera venido ayer.*

(3) El uso de *qué tan* y *qué tanto* como cuantificadores adverbiales aparece en algunas zonas rurales, y es un rasgo que comparte con México y Centroamérica, aunque es raro en el resto del Cono Sur.

(4) *Todo (ya)* refiere a un evento perfectivo o recientemente completado (Granda, 1979b):

Ya trabajé *todo ya* "Ya he terminado de trabajar"
Mañana compraré *todo* para tu ropa "Mañana terminaré de comprar tu ropa"

El segundo ejemplo también ilustra el uso de *para* para indicar posesión.

(5) Algunas veces se encuentra en Paraguay el uso de *de* + PRO-NOMBRE en contextos donde otros dialectos españoles utilizarían un dativo de interés:

Se murió *de mí* mi perrito [= se me murió...]
Se perdió *de mí* mi chequera [= se me perdió...]
La madre cuida a su hijo para que no se ahogue *de ella* [= para que no se le ahogue]

(6) Los bilingües con poco dominio del español suelen omitir *tan* en las comparativas de igualdad:

Mi hermano es *[tan]* alto como el de Juan

(7) Los errores de concordancia gramatical no son raros en las zonas donde el español es *de facto* una segunda lengua (Usher de Herreros, 1976); esto es consecuencia no de una interferencia directa del guaraní, sino más bien de la adquisición imperfecta del sistema morfológico del español, y de errores en la actuación por falta de práctica.

(8) Los artículos definidos se pueden omitir en circunstancias donde la gramática normativa del español los exige, por ejemplo:

El día de hoy es más caluroso que [*el*] de ayer
Los de[*l*] tercer grado son más cabezudo[*s*] que [*los*] de[*l*] segundo

(9) Los paraguayos con más dominio del guaraní no siempre dominan las diferencias entre *tú* y *usted,* pues el guaraní posee un solo pronombre de segunda persona, *ndé*. No sólo puede darse el caso de que se empleen los pronombres de forma inadecuada según los esquemas españoles monolingües, sino que una determinada oración contenga marcadores morfológicos correspondientes a ambos: *Traiga* tu *[= su] poncho, entonces* (Usher de Herreros, 1976: 49).

(10) La cópula *ser* puede desaparecer en construcciones como *Eso [es] lo que yo te pregunté.*

(11) En el nivel vernáculo, la duplicación de clíticos de objeto directo es frecuente; no obstante, se utilizan los clíticos de objeto indirecto *le* y *les* en vez de los de objeto directo:

Les visité a mis tías
Le quiero a mi hija

Como en muchos otros dialectos del español que permiten habitualmente el doblado de clíticos de objeto directo, también son posibles los objetos directos nulos:

¿Viste mi reloj? No, no vi

CARACTERÍSTICAS LÉXICAS

En gran medida, las palabras españolas del léxico paraguayo son las mismas que las de todo el Cono Sur, en particular las de la región del Río de la Plata. El vocativo *che* ilustra esta relación. La contribución del guaraní otorga el carácter distintivo al español de Paraguay. Algunas de esas palabras guaraníes se conocen fuera del país: *ñandutí*, el exquisito encaje paraguayo; *ñandú*, un ave parecida al avestruz; *urubú*, "buitre"; *yopará* "parra". Muchas palabras las emplean sólo los hablantes bilingües, para designar la flora y la fauna, la comida, el vestido, los fenómenos meteorológicos, etc. Así, por ejemplo, se utiliza *mitaí* en vez de *niño/niña*, y *karaí* equivale a *señor*. Es una cuestión dudosa si hay que considerar estos términos guaraníes como préstamos léxicos o como muestras del cambio de códigos ubicuos en todo Paraguay. Una conversación "en español" entre paraguayos que no hagan ningún esfuerzo por incluir forasteros sin conocimientos del guaraní puede ser muy difícil de entender.

Capítulo XXI

El español de Perú

Perspectiva histórica

Desde los primeros momentos de la presencia española en las Américas, Perú ocupó una posición privilegiada debido a sus fabulosos tesoros, que superaron las expectativas españolas. Los mejores recursos técnicos y humanos españoles fueron enviados a Perú, se construyeron fortificaciones y se desarrollaron estrategias militares adecuadas a las necesidades de las rutas comerciales peruanas; los colonos españoles de colonias menos favorecidas hacían todo lo posible por emigrar a Perú. Como sede de una de las principales civilizaciones indígenas, Perú fue también el escenario de un intenso contacto de lenguas, que se prolongó en el tiempo y el espacio más que en cualquier otra parte de la América española. Los contactos lingüísticos con el español quedaban contrapesados con la vigorosa presencia de las lenguas y culturas indígenas. Por último, Perú constituye una pieza fundamental para la reconstrucción histórica del español de América, pues Lima, sede del Virreinato más rico, era también una ciudad costera (el puerto de El Callao está a unos pocos kilómetros de Lima). Las teorías que equiparan el habla de "las tierras altas" con las capitales administrativas y el habla de "las tierras bajas" con el contacto marítimo y los dialectos andaluces convergen en el caso de Lima-El Callao.

Pese a la importancia histórica de Perú dentro de la empresa colonial española, el estudio del español de Perú va a la zaga del de muchas otras regiones hispanoamericanas. El atlas dialectal de Perú está en proceso de maduración (Caravedo, 1987), y sólo se ha descrito con cierto detalle el habla de Lima y de Cuzco; los elaborados modelos de variación etnolingüística se han utilizado para estudiar la interferencia lingüística, y no para construir un cuadro global del español de Perú como fenómeno nacional. Muchos "hechos" que se le atribuyen al español del Perú en las presentaciones panorámicas son inexactos: sólo se pueden aplicar a una parte del país, mientras que se ignoran otros legítimamente peruanos.

Antes de la llegada de los españoles, Perú era el centro del imperio inca, que era administrado desde Cuzco y se extendía desde el sur de Colombia hasta el centro de Chile y el noroeste de Argentina. A principios del siglo XVI, la nación inca se desgarraba en luchas internas por la sucesión al trono del emperador. El hijo legítimo del emperador, Huáscar, estaba apoyado por la nobleza inca de Cuzco, mientras que Atahualpa, cuya madre era una de las concubinas reales, era el líder de Quito. Atahualpa, apoyado en un ejército poderoso, reclamó todo el imperio inca y consiguió vencer a Huáscar, pero en 1532, justo cuando los incas estaban recuperando el equilibrio tras la guerra civil, llegaron a Cajamarca Pizarro y sus compañeros. Los hombres de Pizarro apenas si eran más de cien, pero contaban con cañones, caballos, espadas de metal y perros adiestrados, y vencieron a las fuerzas incas, que sumaban varios miles. Atahualpa fue capturado, y aunque accedió a las exigencias de los españoles a cambio de su libertad, fue asesinado a traición, lo que acabó con la resistencia inca. Hernando de Soto tomó Cuzco al año siguiente, y Pizarro fundó Lima en 1535. España aplicó inmediatamente el sistema de la encomienda, y cuando se descubrieron los metales y piedras preciosas, miles de indios fueron esclavizados para llenar los galeones españoles con el oro y la plata. Lo que empezó siendo un territorio remoto, ascendió rápidamente a Virreinato, de más importancia que el de México. Durante más de un siglo, la empresa colonial y militar española en Sudamérica giró en torno a los cargamentos de oro y plata de Perú. Esta situación produjo un desequilibrio socioeconómico y lingüístico. Lima se convirtió en el centro de toda la actividad cultural y económica del Virreinato. Los administradores españoles raramente abandonaban la ciudad, y, en vez de ello, prefirieron trasplantar allí el opulento estilo de vida europeo. El resto de Perú quedó en el estancamiento social y económico. La agricultura fue abandonada al cuidado de la población indígena, mientras que las fincas españolas se desarrollaron sólo muy lentamente. En las regiones costeras se estableció una agricultura tropical, que utilizaba sobre todo mano de obra africana, pero incluso estas zonas tenían poco contacto con Lima. Como consecuencia, grandes zonas de Perú quedaron marginadas desde el punto de vista lingüístico desde el principio, lo que convirtió el habla (de la clase alta) de Lima en un enclave moderno en medio de una zona dialectal arcaizante y aislada.

En Perú, las consideraciones etnolingüísticas son tan importantes como la ubicación regional a la hora de determinar el uso lingüístico. La lengua indígena y el grado de bilingüismo son diferenciadores importantes en las tierras altas y en la región amazónica, y dentro de una misma comunidad las diferencias entre los hablantes monolingües y bilingües pueden ser llamativas. En la costa, donde el bilingüismo no es tan importante como variable lingüística, el grado de integración o de marginación sociocultural aumenta proporcionalmente su importancia como diferenciador dialectal. En términos generales, y combinando las variables etnolingüísticas y geográficas, Perú puede ser dividido en dialectos costeros, dialectos de las tierras altas y de la cuenca amazónica. La costa puede ser subdividida en norte (hacia la frontera con Ecuador), central (zona de Lima/Callao) y extremo sur (cerca de la frontera chilena). Las tierras altas y la cuenca amazónica no se pueden dividir siguiendo criterios regionales. Benvenutto Murrieta (1936) dividió Perú en cuatro regiones: costa norte, costa central/sur, tierras altas/zona costera del extremo sur, tierras altas montañosas. Escobar (1978a:40): divide el español de Perú en los Andes (subdivididos a su vez en región andina propiamente dicha, el Altiplano, y la región costera del suroeste), y español de las tierras bajas o no andino, subdividido, a su vez, en costa norte/central y Amazonas. Todas estas clasificaciones se basan, por lo general, en criterios fonológicos. Una división a partir de criterios sintácticos probablemente sólo distinguiría entre español andino (es decir, bilingüe) y español no andino, mientras que una división basada en el léxico daría como resultado una fragmentación mucho mayor.

INFLUENCIAS LINGÜÍSTICAS EXTRAHISPÁNICAS

Debido a la naturaleza de la presencia española en Perú, esta región se caracterizó por un contacto intenso y prolongado entre el español y las lenguas indígenas, principalmente el quechua (cf. Mannheim, 1991). En las orillas del lago Titicaca, se pueden encontrar hablantes de aimara, cuya historia lingüística es paralela a la de los quechuas. Existen pequeños grupos indígenas en la Amazonia peruana, pero muchos sólo poseen una competencia parcial en español (cfr. Wise, 1985).

Los herederos del imperio inca comenzaron su hispanización casi de inmediato, pero fuera de ciudades como Cuzco, la mayoría de la población conservó sus lenguas indígenas. El conocimiento del español varía mucho, y el que hablan los peruanos bilingües suele diferir de forma notable de las normas monolingües. Más de cuatro siglos de contacto entre el español y el quechua han aportado numerosas palabras al español del Perú y de América, y es posible que algunos rasgos de la pronunciación peruana de las tierras altas (por ejemplo la asibilación de /r/ y la reducción de las vocales átonas) hayan recibido el influjo de las lenguas indígenas del Perú. En el terreno de la morfosintaxis, los hablantes bilingües con poco dominio del español emplean muchas construcciones que están basadas en el quechua o en otras lenguas indígenas. Sigue siendo objeto de estudio el grado de influencia de las lenguas indígenas en el español monolingüe que hablan los descendientes de los colonos europeos. Entre los hablantes bilingües se ha desarrollado una interlengua estable, y aunque algunas construcciones no son hispánicas de origen, las usan de forma sistemática una cantidad significativa de peruanos y deben ser consideradas como una faceta legítima del español peruano.

La esclavitud africana fue un componente clave de la empresa colonial española en Perú (cfr. Bowser, 1974; Cuche, 1981; Harth-Terré, 1971; Millones Santagadea, 1973). Los primeros esclavos fueron empleados en las minas de las tierras altas, desde Cuzco a Potosí en el Alto Perú (actual Bolivia). Se conservan pocas huellas lingüísticas de estos primeros africanos, con la excepción de unas cuantas canciones que se supone que representan un pidgin afro-hispánico de principios del siglo XVII (cfr. Stevenson, 1969). Las generaciones sucesivas de africanos trabajaron en las ciudades, y en Lima surgió una población negra numerosa y estable. Esta comunidad mantuvo su identidad étnica, sus costumbres y sus hábitos culturales hasta finales del siglo XIX. Los negros nacidos en Perú hablaban un español sin características peculiares, mientras que el habla de los bozales nacidos en África era una titubeante aproximación al español. Esta última variedad ha aparecido en imitaciones literarias desde el siglo XVI hasta el XX, y a principios del siglo XX los bozales peruanos más ancianos empleaban esa lengua. Muchos africanos, en particular después de la abolición de la esclavitud, trabajaron como vendedores callejeros, y la lengua de los *pregones,* en los que anunciaban sus mercancías y sus servicios, pasó a formar parte de la herencia cultural de Lima. En el resto de la costa peruana, los esclavos y los trabajadores libres africanos se dedicaron a la agricultura, sobre todo a las plantaciones de azúcar. Actualmente la costa está salpicada de comunidades afroperuanas, y se conservan restos culturales de una presencia afro-hispánica anterior.

Romero (1987, 1988) es uno de los pocos investigadores que han estudiado la lengua afro-hispánica antigua. Se sabe aun menos de la lengua afro-hispánica contemporánea en Perú, aunque la existencia de vestigios de una lengua afro-peruana está bien documentada. En muchos casos, los afro-peruanos únicamente extendieron tendencias como la reducción fonética del español vernáculo. Hay alguna indicación de que la pronunciación característicamente afro-hispánica podría conservarse en zonas marginales tales como la comunidad chincha descrita por Gálvez Ronceros (1975). Entre los rasgos articulatorios de esta comunidad con posible influencia afro-hispánica podemos citar la reducción de los grupos consonánticos en inicio de sílaba (por ejemplo *trabajo > tabajo, hombre > hombe)*, el cambio de /r/ intervocálica a [d] (por ejemplo *quiero > quiedo)* y el cambio opuesto de /d/ intervocálica a [r] (por ejemplo *adentro > arento)*, y el cambio ocasional de /r/ intervocálica a [l] *(ahora > ahola)*.

Tras la abolición de la esclavitud africana, Perú experimentó con la mano de obra china (cfr. Rodríguez Pastor, 1989; Stewart, 1951). Se calcula que unos 100.000 chinos entraron en Perú en el periodo de 1854-1874. Estos *coolies* eran contratados por un periodo de cinco o seis años, pero solían quedar atrapados por las deudas y pasaban a trabajar en condiciones similares a las de la esclavitud. La mayoría trabajaba en las plantaciones azucareras y algodoneras de la costa, y tenían contacto con los negros y rara vez con otros peruanos. Un número más pequeño de chinos gravitaba hacia las ciudades, donde se dedicaban al pequeño comercio y a las tiendas (cfr. Rodríguez Pastor, 1989: 234-245), pero no dejaron ninguna huella lingüística. No se han determinado aún los posibles resultados del contacto chino-africano.

FONÉTICA Y FONOLOGÍA

Existen pocos estudios globales sobre la pronunciación peruana. Benvenutto Murrieta (1936), Escobar (1978a) y Mendoza (1976) repasan la variación regional. Caravedo (1983, 1900) y Hundley (1983, 1986) recogen aspectos de la pronunciación en Lima y Cuzco, mientras que Godenzzi (1991) trata la variación sociolingüística en Puno. Los siguientes rasgos son representativos de la pronunciación peruana, dividida según el criterio de tierras altas/costa, el principal diferenciador dialectal (Boynton, 1981; Gordon, 1980; Sanabria, 1975):

Tierras altas andinas

(1) La mayoría de los dialectos andinos del Perú conservan la lateral palatal /ʎ/ en oposición a /y/. /ʎ/ se suele pronunciar como lateral e /y/ como una fricativa débil, pero a veces se

puede encontrar entre los hablantes bilingües de quechua una pronunciación fricativa rehilada de /ʎ/. La conservación de /ʎ/ es casi sistemática en las tierras altas del sur (Cuzco y Puno), mientras que la fusión con /y/ es habitual en las tierras altas del norte, en especial entre los hablantes urbanos más cultos (De la Puente-Schubek, 1989).

(2) La velarización de /n/ es general en toda la zona alta, y la elisión completa también se produce con regularidad.

(3) La /č/ africada a veces se realiza como fricativa (Escobar 1978: 46).

(4) /r/ final de sílaba, sobre todo ante pausa, se convierte con mucha frecuencia en una sibilante sorda.

(5) La /r̃/ múltiple suele ser más fricativa que vibrante, con una articulación que se aproxima a [ž]. La tendencia hacia la pronunciación fricativa es más intensa en el sur, desde Cuzco a Puno, donde pasa a las zonas vecinas de Bolivia. En la región andina del norte de Perú, la pronunciación como vibrante múltiple es más habitual, lo que supone la continuación de la pronunciación propia del extremo sur de Ecuador.

(6) La pronunciación de los grupos /tr/, /pr/ y /kr/ está determinada en parte por el origen etnolingüístico. Entre los hablantes bilingües, la /r/ de esos grupos es una fricativa o una aproximante retrofleja, y en el caso de /tr/ puede fundirse con la consonante precedente para producir una cuasi-africada. Los hablantes monolingües de español suelen pronunciar la /r/ como una vibrante simple.

(7) Se conserva /s/ final de sílaba y de palabra como [s] (cfr. Hundley, 1983, 1986). Esto se combina con la frecuente sonorización de /s/ prevocálica final de palabra, aunque no en la medida en que se produce en el centro de Ecuador (Lipski, 1989b). En algunas regiones altas, en particular en Cuzco y Puno, la /s/ puede estar apicalizada. En el nivel vernáculo, aunque casi nunca se aspira /s/, se produce la completa elisión de /s/ final en algunos casos. Está en parte lexicalizada, como en la usual pronunciación de *entonces* como *entonce* (Mendoza, 1976), pero, en principio, puede ocurrir en cualquier palabra. En Cuzco, muchos hablantes introducen una [θ] interdental para /s/ en un puñado de palabras, en concreto los números *once, doce, trece* (Benvenutto Murrieta, 1936: 119). Aunque esta pronunciacion no se está difundiendo a otras palabras, los hablantes son conscientes de esta pronunciación y la consideran un rasgo típico cuzqueño. Aunque esos casos de [θ] corresponden etimológicamente al uso de

341

[θ] en el norte de España, no hay pruebas de que el uso sistemático de /θ/ como fonema haya formado parte alguna vez del español de Cuzco.

(8) Las obstruyentes sonoras se resisten, en general, a la desaparición en las tierras altas peruanas. Entre los hablantes bilingües, en especial entre aquellos para los que el español es la lengua menos conocida, /b/, /d/ y /g/ conservan la pronunciación oclusiva en los contextos intervocálicos (Escobar 1978: 35-6; Mendoza, 1976: 71-81).

(9) La fricativa posterior /x/ recibe una fricación audible, y es destacadamente palatal ante las vocales anteriores.

(10) La reducción de las vocales átonas en los Andes peruanos es extrema, en especial en las provincias del sur (Hundley, 1983, 1986). Las vocales se reducen hasta llegar a la elisión en contacto con /s/, en las posiciones más débiles de la estructura métrica (Lipski, 1990b).

(11) Los hablantes bilingües dan a /f/ una pronunciación aspirada [h]. También se produce el redondeamiento [hʷ], incluso ante vocales no redondeadas, por ejemplo *enfermo* [enhʷermo] (Mendoza, 1976: 83).

(12) Los hablantes bilingües con más dominio del quechua a veces desplazan el acento de las palabras españolas a la penúltima sílaba: *corazón > corázon, plátano > platáno* (E. Escobar, 1976).

(13) Los bilingües con poco dominio del español tienden a reducir el sistema español de cinco vocales a tres oposiciones funcionales, fusionando las oposiciones /e/-/i/ y /o/-/u/ bajo el influjo del quechua (y en el Altiplano, del aimara). Como en Bolivia, esta pronunciación se conoce con el nombre de *motosidad,* y sufre un fuerte estigma sociolingüístico (Cerrón-Palomino, 1988).

Lima/costa central

La zona Lima/Callao tiene un estatus dual como antigua capital del Virreinato y como principal puerto comercial durante la época colonial, y su fonética refleja esta dualidad en forma de estratificación sociolingüística. En décadas recientes, la inmigración a Lima desde las regiones interiores ha sido tan intensa como para poner en duda la existencia del "español de Lima" (Escobar, 1977).

(1) Lima, así como el resto de la costa peruana, es yeísta: no conserva el fonema lateral palatal /ʎ/. La /y/ es débil y, por lo ge-

neral, carece de una fricación audible, y puede debilitarse hasta la elisión en contacto con /i/ y /e/, en especial en el nivel vernáculo (Escobar, 1978: 55).

(2) La fricativa posterior /x/ es una aspiración débil, que rara vez posee una fricación velar o postpalatal.

(3) Se pierde /d/ intervocálica, incluso en los estilos de habla formales (Caravedo, 1986), y la /b/ intervocálica también cae con frecuencia.

(4) La /č/ africada no suele perder su elemento oclusivo (Escobar, 1978: 46).

(5) En Lima, /r/ final de sílaba es o una vibración simple o una fricativa alveolar; no se produce la fricativa rehilada o la pronunciación sibilante de las tierras altas. Entre los estratos socioculturales más bajos /r/ puede caer en posición final de sintagma, en especial en los infinitivos.

(6) La pronunciación de /s/ final de sílaba y final de palabra es una de las principales variables sociolingüísticas de Lima, como corresponde a una ciudad que comparte los antecedentes históricos y lingüísticos de las "tierras bajas" y "tierras altas". En el español de las clases medias de Lima /s/ se convierte en una aspiración [h] en posición preconsonántica, mientras que se conserva [s] sibilante ante pausa y vocales en posición inicial de palabra (Caravedo, 1983, 1987b; Hundley, 1983). Entre los hablantes más jóvenes, es más habitual la difusión de la reducción de /s/ a contextos prevocálicos en final de palabra (Caravedo, 1983: 135). En los estratos socioeconómicos más bajos, las tasas de aspiración y de elisión de /s/ se elevan radicalmente (Escobar, 1978: 55).

(7) En Lima, y en la mayor parte de la costa peruana, con la excepción del extremo sur, se velariza /n/ final de palabra.

Costa norte

Los patrones fonéticos generales son los de la zona de Lima/Callao; la reducción de las consonantes finales es más pronunciada, debida en parte a la marginación sociocultural de gran parte de la región costera. Esta zona manifiesta una fuerte presencia afro-hispánica, hecho que ha sido aducido (aunque sin una demostración satisfactoria) para explicar las elevadas tasas de reducción consonántica (Mendoza, 1978; Romero, 1987). En esta región, /y/ es especialmente débil, en comparación con Lima. A menudo, se pierden /b/, /d/ y /g/ intervocálicas (Mendoza, 1976, 1978).

Costa sur/sudoeste de la región andina

Benvenutto Murrieta (1936: 121) observó que las provincias costeras del extremo sur todavía conservan la lateral palatal /ʎ/ como fonema independiente. Escobar (1978: 41) señaló que la neutralización de /y/ y /ʎ/ era frecuente en esta zona, y que sólo los hablantes nacidos antes de 1925 mantenían la diferencia. Las observaciones hechas por el autor de este libro confirman la rápida desaparición de /ʎ/ en esta región. La /y/ resultante, por el contrario, es más fuerte que en las regiones costeras del norte, y rara vez se elide. La velarización de /n/ es progresivamente menos frecuente en la costa sur (Escobar, 1978: 47).

Tierras bajas amazónicas

La región amazónica contiene una elevada proporción de individuos para quienes el español no es una lengua nativa, y es también el escenario de la migración desde otras regiones de Perú. Algunos rasgos recurrentes de esta región son los siguientes:

(1) /y/ intervocálica es sistemáticamente una africada (Escobar, 1978: 42), a veces desonorizada, especialmente entre hablantes de lenguas indígenas (Benvenutto Murrieta, 1936: 128).

(2) La fricativa posterior /x/ es una [h] faríngea débil, y muchos hablantes de la Amazonia dan esa misma pronunciación a /f/ (Escobar, 1978: 48).

(3) La /č/ africada se suele pronunciar fricativa.

(4) /s/ final de sílaba y de palabra está debilitada y se suele elidir, a veces sin pasar por el paso intermedio de la aspiración.

(5) No existe asibilación de /r/ ni de /rr/.

(6) /b/, /d/ y /g/ intervocálicas suelen ser más oclusivas que fricativas (Mendoza, 1976: 79).

(7) /f/ suele ser [h] o a veces [hʷ], incluso ante vocales no redondeadas (Erickson, 1986; Mendoza, 1976: 87).

CARACTERÍSTICAS MORFOLÓGICAS

(1) Una cuestión importante en la dialectología peruana es la existencia y extensión del voseo. Los peruanos cultos de las zonas urbanas pueden no haber oído nunca *vos,* y a menudo niegan su existencia. Sin embargo, se conservan bolsas de

vos, en especial entre los hablantes indígenas (Páez Urdaneta, 1981: 98-9). Benvenutto Murrieta (1936) describió varias zonas de Perú donde el *vos* era de uso habitual, incluso entre hablantes monolingües de español, pero hoy el voseo está confinado a las tierras altas del sur y a la zona del Altiplano (Puno), a partes de Arequipa y a zonas de la costa norte, siempre en los niveles sociolingüísticos más bajos. Entre la población indígena, prevalece la forma en -*ís* para la segunda conjugación *(comís)*, mientras que en la costa, las formas en -*és* representan la segunda conjugación.

(2) Entre los hablantes bilingües con un dominio limitado del español, la selección de los pronombres clíticos no siempre está en consonancia con las normas del español monolingüe (cfr. Klee, 1989, 1990). Es habitual que los clíticos de objeto directo *lo* y *la* se utilicen en contextos que exigen un clítico de objeto indirecto (Escobar, 1978: 106):

> Él los [*les*] dio algunas instrucciones

Asimismo, es común en el español andino bilingüe la falta de concordancia entre los clíticos y los objetos directos e indirectos (Escobar, 1978: 106; Minaya Portella, 1976; Pozzi-Escot, 1972: 130). En general, *lo* se emplea genéricamente para objetos directos e indirectos, pero se observa una considerable variación:

> No lo [*los*] vi a sus hermanitos
> A María nosotros *lo* [*la*] adoramos

En los mismos niveles de bilingüismo con poco dominio de español, se puede observar también la ausencia de concordancia sujeto-verbo, en especial el uso genérico de la tercera persona del singular:

> Los informes fueron excelente [*excelentes*]
> Las otras chacras no tiene [*tienen*] riego

(3) A veces en las tierras altas andinas aparece la combinación de un adverbio intensificador *muy* y el sufijo adjetival superlativo -*ísimo:* (Pozzi-Escot, 1972: 131): *El niño juega muy poquísimo.*

(1) En el español de Perú, incluso en los estilos más formales, un verbo principal en pasado puede ir seguido por un subjuntivo en presente: *Él quería que lo hagamos.*

(2) Entre los hablantes bilingües de la región andina aparecen combinaciones sintácticas que difieren enormemente de los esquemas panhispánicos. Algunas sólo son propias de los hablantes con menor fluidez, y se pueden considerar con más propiedad fenómenos de interlengua (Ana María Escobar, 1988; Minaya Portella, 1976). Otras construcciones se repiten con la frecuencia suficiente como para poseer un valor de diagnóstico para grandes subconjuntos de la región andina. Muchos fenómenos sintácticos andinos que aparecen entre los hablantes con menos dominio del español tienen su origen en el quechua o, en el Altiplano, en el aimara. Esto es así en lo que atañe al orden de palabras Objeto + Verbo (por ejemplo *comida tengo)*, y al uso no estándar del gerundio y de otras formas no finitas del verbo. Algunos ejemplos son (Cerrón-Palomino, 1972, 1976; A. Escobar, 1978; A. M. Escobar, 1988, 1990; Godenzzi, 1991; Lozano, 1975; Luján *et. al.,* 1981; Minaya Portella, 1976, 1978; Miranda Esquerre, 1978; Pozzi-Escot, 1972; Soto, 1978):

De mi mamá en su casa estoy yendo
¿Qué diciendo nomás te has venido? "¿Por qué has venido?"
A tu chiquito oveja véndeme
Después encima con las hierbas todo tapa bien bonito
A cortar alfalfa mi mamá está yendo
La puerta sin cerrar nomás me había dormido
Mi santo de mí lo han celebrado
En Ayacucho ya estábamos

La forma no española extrema de algunas de estas construcciones, calcadas del orden de palabras quechua y con traducciones de partículas quechuas, ha sido utilizada con frecuencia en los estereotipos populares y literarios de todo el español andino de Perú, pero en realidad esas construcciones sólo son propias de los niveles más bajos de fluidez en español.

(3) En el español andino de Perú, el comportamiento de los clíticos de objeto encaja en los patrones generales del español

andino vernáculo, con resultados que varían según el nivel de dominio del español. La característica más frecuente del uso de los clíticos es la duplicación del clítico de objeto directo incluso cuando el objeto es un sintagma nominal animado o inanimado. En los niveles más bajos de fluidez, se utiliza *lo* para todos los objetos directos, independientemente de su género o número gramatical, mientras que los hablantes más fluidos observan con más regularidad la concordancia. Ejemplos típicos son:

> No *lo* encontró a su hijo (Klee MS)
> *La* ves una señora (Klee MS)
> Yo *la* veía a mi mamá solamente a mitad de año y a fin de año (A. M. Escobar, 1988: 19)
> Le pedí que *lo* calentara la plancha (Pozzi-Escot, 1972: 130)
> Este es el perro que *lo* mordió a mi hermano (Escobar, 1978: 111)
> Se *lo* llevó una caja (Luján, 1987: 115)

Esta duplicación del clítico suele dar lugar a construcciones en que hay más de un clítico, normalmente flanqueando al verbo principal:

> *Me* está castigándo*me* (Luján, 1987: 117)
> *La* voy a consultar*la* con mi prima (A. M. Escobar, 1988: 20)
> ... como no *me* quería aumentar*me*... (Klee, 1989: 406)

(4) La duplicación de clítico no suele producirse cuando el objeto directo ha sido desplazado a la primera posición, proceso exigido, por lo general, en otros dialectos del español:

> Mi letra [*la*] conoce (Minaya Portella, 1978: 467)
> [a] Los dos haciendados [*los*] conocí. (Klee, 1989: 406)
> A mi señora [*la*] dejé allá casualmente para venir acá (A. M. Escobar, 1988: 19)
> Su bebito también [*lo*] tenía. (Minaya Portella, 1978: 474)
> A la chica [*la*] he visto en misa (Escobar, 1978: 109)

(5) Son muy frecuentes los objetos directos nulos en las tierras altas del Perú, pero no en los dialectos costeros:

> ... Porque siempre nos ø traía. A vez nos traía carne, así. Nos ø traía siempre para vendernos así. O, a veces, de regalo, así, siempre nos traía (Klee MS)
>
> A veces en la noche dejo su quacker ya preparado en la mañana ø caliento y ø toman (A. M. Escobar, 1988: 19)

(6) En el nivel vernáculo, el español peruano de la región de los Andes emplea dobles posesivos: combina el adjetivo posesivo con un sintagma preposicional encabezado por *de*. Entre los hablantes con más dominio del quechua, el sintagma preposicional aparece colocado en primer lugar:

> Lava *su* pantalón *del* niño (Escobar, 1978: 108)
> *De* mi perro *su* hocico (Escobar, 1978: 108)
> *De* mi mamá en *su* casa estoy yendo (Cerrón-Palomino, 1972: 155)
> *De* alguna señora *sus* perros (Stark, 1970: 6)

Construcciones similares aparecen en la Amazonia peruana, posiblemente llevadas por los inmigrantes hablantes de quechua (Pozzi-Escot 1973: 2).

(7) Una construcción habitual entre los bilingües con menos fluidez es el uso de *diciendo,* o en ocasiones de *dice,* en particular en las narrativas orales, quizás como traducción del quechua *nispa:*

> Entonces sale una señora. Qué cosa, *diciendo...* hazme descansar *diciendo...* (Stark, 1970: 8)
> No sé dónde está mi marido, *diciendo* (Escobar, 1978: 109)

(8) La interlengua quechua-español omite también regularmente el artículo en circunstancias donde lo exige el español monolingüe (Minaya Portella, 1976):

> Y cuando tocan [*la*] campana, se entran a su clase
> Trabajaba en [*un*] hospital

(9) Los hablantes bilingües quechua-español suelen anteponer *en* a los adverbios locativos: *Vivo en acá. En arriba sale agua.*
(10) Es habitual en el español peruano utilizar el pretérito perfecto en vez del pretérito indefinido, incluso en la referencia a eventos claramente terminados en el pasado (por ejemplo *he nacido en 1950).*
(11) Entre los hablantes bilingües con poco dominio del español, el pluscuamperfecto de indicativo se utiliza para expresar eventos no conocidos por el hablante por propia experiencia (por ejemplo, *Habías llegado anoche* "Parece que llegaste anoche"), pero no con tanta frecuencia como en el español de Bolivia.

CARACTERÍSTICAS LÉXICAS

El español de Perú tiene un léxico muy regionalizado, lo que refleja circunstancias etnolingüísticas. La principal fuente no hispánica de elementos léxicos es el quechua, y debido a la importancia de Perú en el sistema colonial español, muchos de esos elementos son de uso general en toda Hispanoamérica. Otros están confinados a la región andina quechua-hablante de Sudamérica, pero pocos son exclusivos del Perú. El léxico peruano está recogido en obras como Álvarez Vita (1990), Arona (1975), Bendezú Neyra (1975), Castonguay (1987), Foley Gambetta (1983), Hildebrandt (1969), Pino (1968), Tovar (1966) y Vargas Ugarte (1963). Entre los peruanismos más comúnmente citados:

ajiaco "plato hecho con ajo y patatas"
ancheta "una buena ganga"
anticucho "tipo de kebab"
cancha [blanca] "palomita de maíz"
chupe "tipo de guisado"
chacra "granja pequeña"
choclo "mazorca"
chompa "jersey"
concho "sedimento del café o vino, etc."
dormilonas "tipo de pendientes"
escobilla "cepillo, cepillo de dientes"
jebe "goma"
jora "maíz fermentado para hacer *chicha*"
pisco "brandy destilado de uvas"

CAPÍTULO XXII

El español de Puerto Rico

PERSPECTIVA HISTÓRICA

El territorio hispano-hablante más pequeño de Hispanoamérica contiene uno de los dialectos más estudiados. El español de Puerto Rico pertenece a la zona del Caribe y las Antillas, y guarda un gran parecido con el español de la República Dominicana. Aunque Puerto Rico está dominado políticamente por Estados Unidos, el español portorriqueño no ha sufrido una anglicización o "transculturación" masiva, como se suele creer en otros países (v. Granda, 1972; Lloréns 1971; Pérez Salas, 1973). En la época del primer tratado importante sobre el español de Puerto Rico (Navarro Tomás, 1948, el trabajo de campo fue llevado a cabo en 1928), en la isla había aún muchas zonas aisladas desde el punto de vista social y geográfico, y era notable la distribución regional de variantes fonéticas y léxicas. Con la urbanización progresiva de Puerto Rico, la inmigración desde las zonas rurales a las ciudades, y la mejora de las carreteras, las escuelas y los sistemas de comunicación, la variación estrictamente regional casi ha desaparecido, y el diferenciador más importante ha pasado a ser la estratificación sociolingüística vertical. López Morales (1979c, 1983a) y Vaquero (1991) constituyen estudios modernos del español de Puerto Rico contemporáneo, mientras que Morales (1986a) ofrece análisis muy útiles. Morales y Vaquero (1990) contienen las transcripciones de las entrevistas realizadas para el proyecto de la Norma Culta realizadas en San Juan.

Colón llegó a Puerto Rico en su segundo viaje. En sus descripciones, Colón utilizó el nombre empleado por los habitantes indígenas,

Boriquén. En la época de la llegada de los españoles al Caribe, los taínos constituían casi la totalidad de la población indígena de Puerto Rico. Aunque se había producido alguna mezcla con los caribes invasores, la lengua arahuaca de los taínos era de uso general, y esta lengua, con la que se encontraron los españoles en Puerto Rico, La Española y Cuba, fue la que aportó los primeros americanismos al léxico español. Los españoles descubrieron prometedores yacimientos de oro en Puerto Rico, y durante un breve espacio de tiempo, esta colonia recibió una considerable atención. El oro se agotó en sólo unas décadas, y la población taína murió casi con la misma rapidez. La adopción de las rutas para la flotilla entre España e Hispanoamérica dio como resultado la completa marginación de Puerto Rico, que estaba situada lejos del trayecto establecido. Algunos barcos españoles siguieron visitando la isla, tras recibir permiso para separarse de la flota al entrar en el Caribe, pero esto era peligroso y poco provechoso. Los españoles que permanecieron en Puerto Rico se dedicaron a la agricultura; la producción de azúcar fue sobrepasada pronto por el café, el jengibre, el tabaco y la cría de ganado.

Los primeros asentamientos españoles se concentraron en torno a San Germán, en la parte sudoeste de la isla, pero el buen puerto natural de San Juan impulsó la construcción de una fortificación, que permitió a las fuerzas españolas defender con éxito Puerto Rico de los ataques de los corsarios ingleses y holandeses. La economía portorriqueña se estancó durante un largo periodo, en el que se sostuvo, sobre todo, gracias al comercio semi-autorizado con las Islas Canarias, al contrabando con los otros territorios caribeños, y a los pocos barcos españoles que visitaban la isla. La producción de azúcar empezó a aumentar a finales del siglo XVIII, y se hizo necesaria la importación de grandes cantidades de esclavos africanos (Díaz Soler, 1970; Morales Carrión, 1978). Tras la Revolución haitiana, el *boom* azucarero llegó a Puerto Rico con todas sus fuerzas. Continuó hasta bien entrada la segunda mitad del siglo XIX, por lo que toda la tierra disponible fue dedicada a la producción de azúcar, y la enorme demanda de trabajadores, en particular tras la abolición de la esclavitud, provocó la llegada de esclavos adquiridos de forma clandestina y de negros libres de todas partes del Caribe, incluidos algunos que hablaban francés criollo y otros cuya lengua era el papiamento (Álvarez Nazario, 1970, 1972b; Granda, 1973). Durante gran parte del periodo colonial, los africanos y sus descendientes constituyeron la mayoría de la población de Puerto Rico.

Como Cuba, Puerto Rico recibió a muchos leales españoles tras las guerras coloniales de la Independencia. La presencia de españoles nunca fue tan numerosa en el Puerto Rico del XIX como en Cuba. Tras la Guerra Americano-Española, la atención de los Estados Unidos se dirigió a Cuba y a Filipinas, mientras que Puerto Rico permaneció en el olvido. A sus habitantes no se les otorgó un estatus oficial como ciudadanos estadounidenses o como súbditos coloniales durante más de una década. Bajo la primera administración estadounidense, toda la educación se daba en inglés, lo que provocó el rápido colapso del sistema escolar. Con el tiempo, el español fue reconocido como la lengua de la isla, pero los efectos de la administración estadounidense inevitablemente introdujeron más anglicismos en el léxico de Puerto Rico, al tiempo que desplazaron al español fuera de las aulas durante varias décadas. Este último hecho retrasó el establecimiento de un estándar culto para el español de Puerto Rico, pues todas las variedades de español fueron tratadas durante cierto tiempo como marginales desde el punto de vista social. Actualmente, las consecuencias de los primeros intentos de implantar el inglés en Puerto Rico palidecen al lado de las consecuencias de la publicidad comercial, la televisión y el cine, y los portorriqueños con un mínimo conocimiento del inglés utilizan un gran número de anglicismos. Pese a ello, Puerto Rico como nación no es bilingüe, aunque una parte considerable de las clases medias y profesionales dominan alguna variedad del inglés. Se ha exagerado mucho sobre la penetración del inglés en la morfología y la sintaxis del español de Puerto Rico (excepto quizás en lo tocante al lenguaje periodístico) (v. Granda, 1972; Pérez Sala, 1973; para una visión más equilibrada, cf. López Morales, 1971, 1974; Morales, 1986a; también Lipski, 1975). Independientemente de consideraciones lingüísticas objetivas, el miedo de que triunfe un español cada vez más anglicizado es una fuerza política y social importante en Puerto Rico, como lo refleja la reciente decisión de la legislatura portorriqueña de declarar al español única lengua oficial del territorio.

La inmigración portorriqueña a Estados Unidos ha llevado a la formación de grandes comunidades portorriqueñas en las ciudades industrializadas del nordeste. El regreso de los inmigrados pone a los "nuyorriqueños" en contacto con los isleños. Las relaciones mutuas no son siempre fáciles, pero la consecuencia final es un contacto cultural y lingüístico mucho más estrecho entre Puerto Rico y los Estados Unidos continentales que lo que haría pensar su situación geográfica.

Dado la lentitud del asentamiento español en Puerto Rico, la población taína no desapareció tan rápidamente como en otras zonas del Caribe, y pudo aportar muchas palabras al léxico del español portorriqueño. Muchas de esas palabras se utilizan en otras zonas de Hispanoamérica, pues fueron difundidas por los primeros exploradores españoles: *batey, caoba, ceiba, maguey, guayaba,* etc. Muchos topónimos portorriqueños reflejan también los orígenes taínos de la isla. Álvarez Nazario (1977) constituye el estudio más exhaustivo de la contribución indígena al español de Puerto Rico.

La numerosa población africana alcanzó proporciones significativas hacia finales del siglo XVIII. Como en Cuba, hay ciertos indicios de que entre la última oleada de trabajadores negros llegaron algunos hablantes de francés criollo, así como de hablantes de papiamento procedentes de Curaçao, cuya lengua se refleja en unos cuantos textos afro-portorriqueños conservados (Álvarez Nazario, 1959, 1970, 1972b, 1974; Granda, 1973a; Lipski, 1987d). En el español de Puerto Rico ha penetrado también un cierto número de africanismos, aunque actualmente se emplean relativamente pocos. Entre los más comunes están *calalú* "tipo de comida", *baquiné* "velatorio de un niño entre las comunidades afro-hispánicas", *mamplé* "licor hecho en casa", *guineo, congo, mafafo, fotoco* "tipos de bananas", *ñame, gandul < guandul* "tipo de guisante verde", *matungo* "caballo viejo", *ñoco* "lisiado, cojo", y quizás la palabra caribeña por excelencia *chévere* "fantástico" (Álvarez Nazario, 1974: 267). Álvarez Nazario (1974) ofrece un análisis soberbio de la contribución africana al español de Puerto Rico.

Desde 1898, la principal influencia lingüística en el español de Puerto Rico ha sido la del inglés de los Estados Unidos. Los anglicismos han penetrado en todos los aspectos del léxico portorriqueño, aunque se mantiene una división clara entre el muy americanizado lenguaje de los negocios, de los productos de consumo, la publicidad y el comercio, y el español arcaico de las regiones rurales y de las actividades domésticas. El influjo documentado del inglés raramente va más allá del mero préstamo léxico. Algunos investigadores, que se han basado para sus conclusiones en la lengua, normalmente muy pobre en construcciones, de los titulares de periódico y de la publicidad, han denunciado una penetración más profunda de las construcciones gramaticales inglesas (por ejemplo Lloréns, 1971; Pérez Sala, 1973), pero la mayoría de los portorriqueños emplean las mismas construcciones gramaticales que sus vecinos de los demás países caribeños, y el examen imparcial no revela ninguna construcción "no hispánica".

Navarro Tomás (1948) sigue siendo el estudio más completo sobre el español de Puerto Rico. Matluck (1961) proporciona información fonética muy útil. López Morales (1983a, 1983b) ofrece datos sociolingüísticos sobre la pronunciación, mientras que Álvarez Nazario (1957, 1972a, 1981, 1982, 1990, 1991) se ocupa del desarrollo histórico, además de ofrecer una bibliografía exhaustiva. Los principales rasgos fonéticos son:

(1) /y/ recibe con frecuencia una pronunciación africada en posición inicial de palabra/sintagma, y no se debilita en posición intervocálica (Saciuk, 1977, 1980).

(2) /d/ intervocálica es débil y suele desaparecer. López Morales (1983a: 123-135) proporciona datos precisos sobre la distribución sociolingüística de /d/ en el habla de San Juan. Como en otros dialectos hispánicos, la elisión de /d/ intervocálica es más frecuente en la desinencia verbal -ado, alcanza unas frecuencias más elevadas en las clases sociales más bajas, especialmente en las regiones rurales, es más común entre los hablantes mayores y manifiesta un retroceso parcial entre las generaciones más jóvenes. En San Juan, al menos, la reducción de /d/ es algo más frecuente entre las mujeres.

(3) /n/ final de sintagma y final de palabra prevocálica se suele velarizar (Lipski, 1986a; López Morales, 1980, 1981, 1983a: 165-172). La conservación de [n] alveolar, en particular en el contexto de final de palabra prevocálico, es más alta en Puerto Rico que en la mayor parte de los demás dialectos caribeños. Poplack (1979), al estudiar a la comunidad portorriqueña de Filadelfia, demostró que la elisión de /n/ final se producía con más frecuencia cuando la /n/ representaba una flexión verbal que cuando formaba parte de una palabra monomorfémica como *también;* la información gramatical perdida por la erosión de la flexión verbal se señalaba en otras partes de la oración, por ejemplo en la pluralidad de nombres y adjetivos. Estas conclusiones son algo diferentes de las de Ma y Heramsimchuk (1974) sobre el español de Puerto Rico de la Ciudad de Jersey, Nueva Jersey. Uber (1984) ha anali-

zado la velarización de /n/ en el español de Puerto Rico en función de su perceptibilidad fonológica global.

(4) La africada /č/ en el español de Puerto Rico (en especial en la parte oriental de la isla) fue descrita por Navarro Tomás como *adherente,* lo que significaba que su fase inicial oclusiva predominaba sobre la continuación fricativa. Quilis y Vaquero (1973) y Vaquero (1978) descubrieron pocos ejemplos de este tipo de pronunciación, y una progresiva tendencia hacia la realización fricativa de /č/ intervocálica. López Morales (1983a: 147-156) afirma que la pronunciación fricativa es bastante reciente en San Juan, la prefieren las mujeres y está en retroceso entre las generaciones más jóvenes. La pronunciación fricativa es más frecuente en las clases sociales más bajas, pero sólo en un contexto urbano.

(5) El español de Puerto Rico es conocido por la frecuente neutralización de las líquidas final de sílaba, en particular la lateralización de /r/ en [l]. Navarro Tomás (1948) observó una considerable variación regional en este fenómeno, pero actualmente es más importante la diferenciación social. Aunque en Puerto Rico se pueden escuchar muchas realizaciones de la neutralización de las líquidas ([l], [r], [i̯], [h], geminación de la consonante siguiente, elisión y varios sonidos líquidos o fricativos "intermedios"), [r], [l] y [o] son, con mucho, los más habituales. De las dos líquidas, /l/ es bastante resistente a la neutralización, salvo en zonas rurales de las tierras altas. Los testimonios del folclore del siglo XIX hacen pensar que el cambio /l/ > [r], así como la vocalización de /l/ y /r/ a [i̯] fue antaño más habitual en el interior de la isla (Álvarez Nazario, 1990). Alonso y Lida (1945) también defienden un estadio anterior en el que /l/ resultaba afectada en mayor medida. López Morales (1983a: 77-103; 1983b, 1984) describe detenidamente el comportamiento de /r/ en San Juan. Aunque se produce ocasionalmente la pérdida de /r/, la lateralización es, con mucho, el resultado más usual de /r/ preconsonántica y previa a pausa, y llega alcanzar a veces el 50 %. Aunque es muy frecuente en todo Puerto Rico, la lateralización de /r/ está estigmatizada desde el punto de vista sociolingüístico, es más habitual entre las clases sociales más bajas y entre los hablantes de más edad (aunque la diferencia de frecuencia asociada a la edad no es sustancial), y dentro de cada grupo social es más frecuente entre los hablantes varones.

(6) El español de Puerto Rico a veces presenta una /rr/ "velarizada", en la práctica una fricativa posterior (sorda o sonora),

que varía desde una [x] velar a una vibrante uvular [R] (Vaquero y Quilis, 1989). La articulación posterior alterna con una vibrante alveolar y su variante "preaspirada" (parcialmente desonorizada). Aunque los portorriqueños a veces bromean diciendo que *Ramón* y *jamón* se han convertido en homófonos, esto sucede raramente (pero cfr. Dillard, 1962). La motivación para la modificación de /rr/ es tema de continua discusión. Beardsley (1975) sostiene que la /r/ francesa puede haber influido en la pronunciación de /rr/ en Puerto Rico, como consecuencia de la llegada de grandes cantidades de plantadores franceses a principios del siglo XIX tras la Revolución haitiana. Rosario (1962) apunta a un influjo africano. Sin embargo, la /rr/ velarizada es desconocida entre las lenguas del oeste de África que han estado presentes en el Caribe español, y, lo que es aun más importante, la /rr/ velarizada está ausente de las zonas más africanizadas de Puerto Rico, como en Loíza Aldea (Mauleón Benítez, 1974), mientras que se encuentra muy a menudo entre los jíbaros de la montaña de ascendencia hispánica pura (Navarro Tomás, 1948; Granda, 1966). Navarro Tomás (1948) se inclinaba por un influjo del sustrato taíno, perspectiva apoyada por Megenney (1978). Granda (1966) y Zlotchew (1974) señalaron la velarización espontánea de /rr/ en muchas lenguas románicas y germánicas, y adoptaron la teoría de la evolución fonológica interna, que empieza con la "preaspiración" de [rr], tan frecuente en el Caribe. Sea cual sea el origen de esta pronunciación (que no es usual en otros dialectos caribeños), es, sin lugar a dudas, de fecha reciente, probablemente de mediados del siglo XIX (Granda, 1966). Hoy en día, la /rr/ velarizada aparece en todo Puerto Rico, pero es algo más frecuente en las tierras altas del interior y en la parte occidental de la isla (Figueroa 1971; Hammond, 1986; Vaquero, 1972). Aunque muchos portorriqueños creen que el sonido es incorrecto y debería ser evitado, otros lo han adoptado como el "más portorriqueño" de todos los sonidos, y es el único que emplean, incluso en los estilos más formales. La distribución sociolingüística se caracteriza por la ambivalencia y la bipolaridad, en lo que se opone a los demás marcadores sociolingüísticos del español de Puerto Rico, que presentan una variación más constante entre las clases sociales. López Morales (1979b, 1983a: 137-146) documenta actitudes muy negativas hacia la /rr/ velarizada en San Juan. Sin embargo, casi un tercio de los sujetos entrevistados expresaron una actitud claramente positiva hacia este sonido, y la razón más citada para la aprobación era el origen "portorriqueño" de esta pronunciación. Existe una preferencia por la /rr/ velarizada entre las clases sociales más bajas, entre hablantes de origen rural y entre hablantes varones.

(7) La /s/ final de sílaba y de palabra en el español de Puerto Rico está debilitada en forma de [h] aspirada o se elide. Terrell (1977) ofrece el primer análisis cuantitativo para Puerto Rico. Poplack (1980a, 1980b, 1981) y Flores *et al.* (1983) estudian el comportamiento de /s/ en la variedad de Filadelfia, mientras que Ma *et al.* (1971) describen el comportamiento de /s/ en la ciudad de Jersey. Uber (1984) y Hochberg (1986) han analizado la interacción entre el estatuto gramatical de /s/ y el proceso de reducción. López Morales (1983a: 37-75) describe la situación en San Juan. Aunque la aspiración se produce en todas las clases sociales y edades, parece que la elisión de /s/ tiene su origen en la capital y se está difundiendo desde ella. Del entretejido de variables sociolingüísticas en San Juan se ocupan varios trabajos de López Morales (1979c), mientras que Hammond (1982, 1991) proporciona datos de algunas regiones rurales.

FENÓMENOS MORFOLÓGICOS

El español de Puerto Rico no presenta desviaciones morfológicas significativas de los patrones panhispánicos. Entre los pronombres de tratamiento, sólo *tú* representa la forma familiar; no se encuentra *vos* en Puerto Rico, y no hay testimonios de que haya sido utilizado nunca.

CARACTERÍSTICAS SINTÁCTICAS

(1) El español de Puerto Rico conserva los pronombres de sujeto, en especial *yo, tú* y *usted,* en casos donde sería redundante en otros dialectos del español. Esto se debe, en parte, a la erosión de las consonantes finales que señalan la morfología verbal (Hochberg, 1986; López Morales, 1983a: 63-66; Morales, 1980, 1986a: 89-100, 1986b).

(2) Habituales en Puerto Rico son las preguntas sin inversión cuando el sujeto es un pronombre:

Lantolf (1978a) ha defendido una evolución espontánea, basada en estrategias de adquisición del lenguaje por los niños. En una comunidad portorriqueña de Estados Unidos al menos, la ausencia de inversión de los sujetos en las preguntas se ha extendido a los sustantivos plenos (Lantolf, 1980), como innovación entre los hablantes más jóvenes.

(3) Los pronombres personales aparecen libremente como sujetos léxicos antepuestos de los infinitivos *(para yo hacer eso);* como en otros dialectos del español, *para* es el inductor más habitual de esta construcción (Morales, 1988, 1989).

(4) El uso del subjuntivo en Puerto Rico y en el español portorriqueño de los Estados Unidos ha sido estudiado por Granda (1972), Lantolf (1978a) y Vázquez (1986). Hay algunos indicios de que el uso del subjuntivo está inmerso en una cierta evolución, pero no en favor de la desaparición de la distinción indicativo-subjuntivo, como algunos han afirmado.

(5) Debido a la penetración del inglés en Puerto Rico, varios investigadores han defendido calcos sintácticos a gran escala o traducciones directas. Páez Sala (1972) y Lloréns (1971) han señalado construcciones como:

> ¿Cómo te gustó la playa?
> El problema está siendo considerado
> Te llamo para atrás
> Él sabe cómo hablar inglés

Lipski (1975) reanaliza los supuestos anglicismos sintácticos de Puerto Rico, muchos de los cuales no aparecen en el habla cotidiana, sino sólo en la lengua periodística y publicitaria fruto de traducciones. En algunos casos, se refleja el uso legítimo del español de otras regiones, mientras que en otras, se puede tratar de arcaísmos. Un cierto conjunto de construcciones, incluido el omnipresente *para atrás (patrás)* son, probablemente, el resultado de la penetración del inglés (Lipski, 1985b, 1987a). Sin embargo, en todos los casos, sólo se trata de traducciones directas, dentro de los límites gramaticales de construcciones españolas ya existentes. No se violan reglas de la gramática del español, y no hay lugar, tomando como criterio las traducciones directas, para la "convergencia" (Pousada y Poplack, 1982) o la "criollización" (Lawton, 1971).

Los principales estudios del léxico de Puerto Rico son Alteri de Barreto (1973), Gallo (1980), Hernández Aquino (1977), Malaret (1955) y Rosario (1965). Entre los elementos léxicos considerados típicamente portorriqueños, al menos con los significados citados, podemos señalar:

aguinaldo "canción de navidad"
ay bendito "oh, dios mío"
chavos < *ochavos* "dinero" *(chavo* = "centavo")
china "naranja dulce"
chiringa "cometa"
coquí "tipo de sapo pequeño"
escrachao "roto, estropeado"
habichuela "judía pinta"
mahones "pantalones vaqueros"
matrimonio "plato de judías pintas y arroz"
pastel "pastel de carne con plátanos machacados"
petiyanqui "admirador exagerado de las formas de vida estadounidenses"
zafacón "cubo de basura"

Capítulo XXIII

El español de la República Dominicana

Perspectiva histórica

El español dominicano se parece al de sus vecinos antillanos, sobre todo al de Puerto Rico. La evolución lingüística de la República Dominicana esta ligada a la historia de Santo Domingo, que de ser la puerta de entrada de España en el Nuevo Mundo pasó rápidamente a ser una colonia olvidada. Henríquez Ureña (1940) y Jiménez Sabater (1975) son los estudios más completos del español dominicano; existen otras monografías que se ocupan de la pronunciación y del vocabulario. Alba (1990a), Benavides (1985) y Megenney (199a) también tratan algunos aspectos generales de la dialectología dominicana. Granda (1986) es una revisión de buena parte de la bibliografía existente.

Colón visitó la isla de La Española en su primer viaje y dejó un pequeño asentamiento en la costa norte. Cuando volvió a La Navidad en su segundo viaje, habían perecido todos los habitantes. Colón había llevado consigo casi un centenar de colonos en este segundo viaje, y con ellos fundó la villa de Isabela más hacia el este; dejó a su hermano Bartolomeo al mando. Los ataques hostiles de los taínos y las disensiones internas destruyeron la colonia, y Bartolomeo se vio obligado a fundar Nueva Isabela, más tarde rebautizada como Santo Domingo, en la costa sur de la isla. Esta ciudad se convirtió en el principal asentamiento español en el Caribe bajo el gobierno de Nicolás de Ovando, que intentó reclutar mano de obra nativa para las pequeñas minas de oro que habían sido descubiertas. El gobierno español intentó implantar el sistema de *encomienda,* pero los taínos se rebelaron y el plan no tuvo éxito. Como en Puerto Rico, pronto se agotaron los yacimientos de oro dominicanos, y el descubrimiento de riquezas fabulosas en México y Perú indujo a los colonos a abandonar las Antillas. Los colonos que permanecieron en ellas eran, en su mayor parte, campesinos dedicados a la cría de ganado y al cultivo de azúcar; pese a ello, la situación estratégica del puerto de Santo Domingo le permitió seguir creciendo.

Conforme desapareció el interés de los españoles por La Española, fue declinando la economía de la colonia, y la competencia de los franceses e ingleses de la parte occidental de la isla creó dificultades adicionales. A lo largo del siglo XVIII, España envió grandes cantidades de colonos de las Islas Canarias para mantener su territorio contra las incursiones francesas. La alta proporción de canarios existente en las regiones rurales occidentales y también en la capital podría explicar algunos rasgos del español dominicano, en especial el uso de las preguntas sin inversión. Los franceses, finalmente, se quedaron con el extremo occidental de la isla, donde crearon la próspera colonia de Saint Domingue, cuya economía se basaba de forma casi exclusiva en el cultivo de azúcar, y donde los esclavos africanos representaban el 90 % de la población total.

La esclavitud africana fue también importante en el Santo Domingo español, aunque en menor medida que en la colonia francesa. La eclosión de las plantaciones de azúcar que afectó a Cuba y a Puerto Rico a principios del siglo XIX tuvo menor importancia en Santo Domingo, porque las consecuencias de la revuelta de Haití estaban muy cercanas, y hubo una reluctancia natural a imitar un sistema que acababa de ser destruido en la colonia vecina. Estos miedos no eran infundados, pues sólo unos años después de la revolución de Haití, el general haitiano Toussain L'Overture invadió y conquistó la colonia española. Más tarde, Napoleón envió a su propia armada, dirigida por Leclerc, para someter a los haitianos, pero Santo Domingo siguió bajo control francés hasta 1809, año en que fueron expulsados los franceses con la ayuda británica. Con la declaración dominicana de independencia en 1821 llegó la ayuda del presidente haitiano Jean-Pierre Boyer, pero Haití terminó por ocupar y controlar la futura República Dominicana de 1822 a 1844. Los dominicanos españoles se cansaron del gobierno de Haití, sobre todo cuando les subió los impuestos para financiar las elevadas indemnizaciones que Haití se vio obligada a pagar a los antiguos terratenientes franceses a cambio del reconocimiento francés de Haití. Las fuerzas dominicanas se rebelaron en 1844, y tras una fiera lucha nació la República Dominicana. Desde entonces, Haití y la República Dominicana han compartido una historia de invasiones, contrainvasiones y hostilidades mutuas.

Con los años, los líderes dominicanos intentaron anexionar su nación a España y a los Estados Unidos. En 1861 se consiguió una vuelta *de facto* al control español, y durante cuatro años la República Dominicana fue un protectorado español, invadido por colonos españoles y sujeto a las exigencias económicas del anterior poder colonial. Con todo, fue necesaria otra guerra para terminar con la segunda dominación española, pero ni siquiera esto acabó con los problemas. La República Dominicana sufrió a un rosario de dictadores, que culminó con el régimen de Trujillo, que gobernó de forma absoluta de 1930 a 1961. La República Dominicana estuvo bajo el control virtual de los Estados Unidos de 1899 a 1916, como resultado de una situación de desintegración política y financiera, y estuvo ocupada por las fuerzas militares estadounidenses desde 1916 a 1924. Desde entonces, la economía dominicana ha girado en torno a la agricultura, con el azúcar como principal producto. El turismo es también un factor importante en el desarrollo económico, lo que ha provocado el reconocimiento internacional no sólo de la capital, sino también de la costa norte, antiguamente aislada.

INFLUENCIAS LINGÜÍSTICAS EXTRAHISPÁNICAS

Como en las otras Antillas, el español de la República Dominicana absorbió muchos elementos léxicos de los grupos indígenas taínos/arahuacos. Con la excepción de algunos topónimos, todos esos elementos se usan en todo el Caribe, y muchos en toda Hispanoamérica.

La contribución africana a la cultura dominicana constituye el influjo extrahispánico más significativo. A diferencia de lo que ocurrió en Cuba y en menor medida en Puerto Rico, en la República Dominicana no se produjo un crecimiento en la importación de esclavos africanos a principios del siglo XIX. Las raíces culturales y lingüísticas de muchos afro-dominicanos son bastante más antiguas, y esos grupos han hablado español durante tanto tiempo que sólo han pervivido unos pocos africanismos. Entre los afro-dominicanismos más destacados, algunos de los cuales se emplean en otros dialectos caribeños, podemos citar *changa* y *congo* "tipos de bailes", *fucú* "espíritu maligno, mala suerte", *guandú(l)* "judía verde pequeña", *mandinga* "espíritu, mala suerte", *busú* "mala suerte", *baquiní* "ceremonia funeraria para un niño muerto", *mangulina* "tipo de música popular", *quimbamba* "lejos", y topónimos como Mandinga, Lemba, Samangola y Zape (Megenney, 1982, 1990a; Deive, 1978: 119-149).

El impacto del criollo haitiano sobre el español dominicano está confinado a la región fronteriza rural, y a la vida en las plantaciones azucareras o *bateyes,* donde se recluta de Haití la mayoría de la mano de obra. En la Península Samaná, muchos habitantes también hablan criollo o *patois,* como se le conoce, y se ha introducido en el habla local algún que otro término para la comida o las plantas. También hay hablantes de inglés, descendientes de antiguos esclavos de los Estados Unidos, que se establecieron en la Península Samaná debido a los esfuerzos de colonización durante la ocupación haitiana de la República Dominicana (cfr. DeBose, 1983; Poplack y Sankoff, 1987). En apariencia, también llegaron a Samaná hablantes de las variedades de inglés de las Indias Occidentales, y todas esas formas de inglés han influido en el dialecto local del español, que sigue siendo una segunda lengua para muchos de los habitantes de más edad.

FONÉTICA Y FONOLOGÍA

La República Dominicana puede ser dividida al menos en tres zonas dialectales, basadas, en gran medida, en la pronunciación de las consonantes finales de palabra (Canfield, 1981: 47 defiende cuatro zonas). La primera es la región del Cibao, en el norte, cuya habla se ha convertido en un estereotipo en la literatura y el folclore dominicanos. La segunda es la región que rodea a la capital, Santo Domingo. La tercera es el extremo occidental de la isla. Una categoría adicional podría incluir enclaves afro-hispánicos como Villa Mella, justo al norte de Santo Domingo, y algunas regiones interiores (Megenney, 1990a). Los hablantes bilingües español-inglés de la Península Samaná también poseen unos patrones fonológicos algo diferentes, al igual que los hablantes del criollo francés, que viven en Samaná y en gran parte del interior. Se pueden encontrar descripciones minuciosas de la pronunciación dominicana en Alba (1990b), Benavides (1985), Henríquez Ureña (1940), Jiménez Sabater (1975), Jorge Morel (1974) y Núñez Cedeño (1980). Las principales características son:

(1) La /x/ fricativa posterior es una [h] aspirada débil.
(2) /y/ es fuerte y a veces se africa en inicial tras pausa (Jiménez Sabater, 1974: 109; Jorge Morel, 1974: 81).
(3) El punto de articulación de la /č/ africada varía de mediopalatal a prepalatal, pero el elemento oclusivo suele conservarse (Jiménez Sabater, 1975: 106-8).
(4) /d/ intervocálica suele caer en todos los sociolectos y en todas las regiones. Tenemos una excepción en un grupo de dialectos aislados que poseen un componente afro-hispánico considerable, donde es más frecuente el cambio /d/ > [r]. Esta

pronunciación es típica del habla de Villa Mella (Jiménez Sabater, 1975: 72; Núñez Cedeño, 1982, 1987a), y de otras comunidades afro-hispánicas (Megenney, 1990a). La pronunciación de /d/ como [r] existe al menos desde hace siglo y medio (Granda 1987).

(5) La /n/ final de sintagma y final de palabra prevocálica se velariza o elide. La velarización de /n/ es también habitual ante consonantes no velares (Jiménez Sabater, 1975: 116-119; Jorge Morel, 1974: 82-3; Hache de Yunén, 1982; Núñez Cedeño, 1980: 47-69).

(6) /rr/ múltiple se desonoriza total o parcialmente o se convierte en "preaspirada". No se produce sino muy raramente la velarización típica de Puerto Rico (Henríquez Ureña, 1940: 139; Jiménez Sabater, 1975: 85-88; Jorge Morel, 1974: 80; Navarro Tomás, 1956: 424-5).

(7) En el español dominicano se aspira o, con más frecuencia, se pierde la /s/ final de palabra y de sílaba. Incluso entre los hablantes cultos, las tasas de pérdida de -/s/ son tan altas que se convierten en casi sistemáticas (Alba, 1982; Núñez Cedeño, 1980). Esto ha dado lugar a una incipiente reestructuración fonológica y a un elevadísimo nivel de ultracorrecciones, ejemplificadas en la jocosa expresión *hablar fisno [< fino]*, con la inserción de una [s] ultracorrecta (Núñez Cedeño, 1986, 1988; Terrell, 1982, 1986).

(8) La pronunciación de /l/ y /r/ final de sílaba está también sujeta a diferenciación sociolingüística y a variación regional. En el nivel vernáculo, suele producirse algún tipo de neutralización, pero los resultados fonéticos varían enormemente (cfr. Jiménez Sabater, 1986). La /r/ es la más afectada, pero /l/ también se debilita en muchos contextos. En la capital, la neutralización de /l/ y /r/ preconsonánticas en favor de [l] es la manifestación más común, pero sólo entre los estratos socioeconómicos más bajos (Núñez Cedeño, 1980: 25-45; Jorge Morel, 1974: 78-81). González (1989) afirma que entre las generaciones más jóvenes de la capital, la pérdida de /r/ y /l/ está sobrepasando a la lateralización. En el extremo este de la República Dominicana es habitual la geminación de la consonante siguiente, mientras que en posición final absoluta se produce la pérdida. Otras variantes, documentadas en la República Dominicana, comprenden una aspiración [h], una aspiración nasalizada, transcrita a veces como una nasal velar, especialmente en la palabra *virgen* [viŋheŋ], y una variedad de sonidos retroflejos que son el resultado de la amalgama

con una consonante siguiente (Jiménez Sabater, 1975: 88-105). En la región del Cibao, al noroeste, las líquidas final de sílaba se "vocalizan" en una [i̯] semiconsonante: *algo* [ai̯go], *mujer* [muhei̯]. En el nivel vernáculo, el fenómeno se encuentra en casi toda la mitad norte de la República Dominicana (Jiménez Sabater, 1975: 90-1). El origen de este fenómeno está aún por determinar. Golibart (1976) cree que la vocalización de líquidas es de origen canario, aunque esta pronunciación es muy rara en el español actual de las Canarias. Megenney (1990a: 80 y ss.) apunta a un origen africano. En muy pocas zonas de Hispanoamérica se ha manifestado alguna vez este fenómeno. El habla *jíbara* de Puerto Rico del siglo XIX aparentemente poseía este rasgo, ahora ausente de todos los dialectos portorriqueños (Álvarez Nazario, 1990: 80 y ss.). La vocalización de líquidas era también notable entre los *negros curros* de la Cuba del siglo XIX, que eran los negros libres que vivían en La Habana y que adoptaron una forma de hablar peculiar (Bachiller y Morales, 1883; Ortiz, 1986), más relacionados con patrones andaluces que afro-hispánicos. Por tanto, es posible que la vocalización de las líquidas fuera antaño más habitual en muchas regiones hispano-hablantes, y que ahora esté reducida a unas cuantas zonas. Granda (1991) cree que la vocalización de líquidas en el Caribe se debe fundamentalmente a la marginación sociolingüística, más que a influencias del sustrato.

En la República Dominicana actual, la vocalización de líquidas del Cibao está en retroceso, debido a la estigmatización sociolingüística, y se concentra en las regiones rurales (Alba, 1988; Coupal *et al.*, 1988; Jiménez Sabater, 1986; cfr. Pérez Guerra, 1991 para una perspectiva diferente). La vocalización está siendo reemplazada por otras manifestaciones de la neutralización de líquidas, en especial [l] y las consonantes geminadas. La vocalización cibaeña se produce en todos los contextos preconsonánticos, y ante pausa cuando sigue a una vocal tónica: *mujer* [muhéi̯]. Cuando la vocal final es átona, la líquida se borra en posición final absoluta: *árbol* [ái̯βo]. Cuando una líquida final de palabra va seguida por una vocal inicial de palabra, la vocalización se produce cuando la líquida pertenece a un constituyente sintáctico independiente, tal como un pronombre sujeto (por ejemplo *él habla* [ei̯ aβla], pero no cuando la líquida forma parte de un clítico *el habla* [el aβla] (Alba, 1979; Guitart, 1981; Harris, 1983: 47-50; Rojas, 1982).

(1) En el habla popular de muchos dialectos hispanoamericanos, para formar el plural de las palabras que terminan en vocal tónica (patrón que no es propio de las palabras españolas patrimoniales) es frecuente añadir *-ses* en vez de *-es* o *-s,* que son los exponentes normativos: *cafeses (cafés), manises (maníes), papases (papás),* etc. En algunas partes de la República Dominica, este patrón se extiende a palabras que terminan en vocales átonas o en consonantes: *casa-cásase, mujer-mujérese,* etc. (Jiménez Sabater, 1975: 150-1). La erosión fonológica del singular a veces da como resultado una forma plural sustancialmente diferente de su precursor etimológico: *barbudos > barbuse* (Harris, 1980).

(2) En los dialectos rurales del interior se produce la sustitución de las formas verbales de indicativo por las de subjuntivo en las cláusulas principales. Este uso es variable y ocasional, incluso en el nivel idiolectal. Henríquez Ureña (1940: 177) afirmaba que el cambio sólo afectaba a los verbos irregulares que añadían una /g/ en la forma de primera persona de singular del presente, y sólo se producía en las formas de primera persona del plural: *tenemos > tengamos, venimos > vengamos,* etc. De hecho, el proceso se limita a la región del norte del país, pero afecta a una amplia variedad de verbos; en principio, todo verbo puede verse modificado, pero el cambio se limita a las formas de primera persona del plural (Jiménez Sabater, 1975: 166; Megenney, 1990a).

(3) Para muchos dominicanos, la /s/ que señala las formas de segunda persona del singular se pierde, incluso en el habla cuidada. Jiménez Sabater (1977, 1978) señala que *fuera(s)* se suele reducir a *fua.*

CARACTERÍSTICAS SINTÁCTICAS

(1) El español dominicano se sirve con frecuencia de pronombres de sujeto redundantes (Benavides, 1985; Jiménez Sabater, 1975: 164-5; 1977, 1978):

Cuando *tú* acabe *tú* me avisa

Este pronombre aparece incluso cuando la forma verbal correspondiente está morfológicamente diferenciada de las formas de primera o tercera persona, por ejemplo en el pretérito. En el nivel vernáculo, el español dominicano emplea incluso los pronombres sujeto para nombres <u>inanimados</u>, lo que no se produce en otros dialectos españoles:

Cómpre*la*... que *ella* son bonita [= *las piñas*] (Jiménez Sabater, 1978)

(2) Jiménez Sabater (1977, 1978) afirma que la extensión de los pronombres sujeto explícitos a los casos inanimados está en la base del uso, exclusivamente dominicano, de *ello* en lugar del expletivo nulo en las oraciones existenciales o extrapuestas (Henríquez Ureña, 1939):

> *Ello* hay maíz
> *Ello* hay que parar con eso
> *Ello* es fácil llegar

En respuesta a preguntas, es normal responder *ello sí/no,* combinación no desconocida en otros dialectos del español. Exclusivamente dominicano, en cambio, es el *ello* aislado como respuesta a preguntas, para indicar un grado de probabilidad (Henríquez Ureña, 1939: 225). En la actualidad, este uso de *ello* en lugar de un sujeto pleonástico está limitado a la región norte de la República Dominicana (Jiménez Sabater 1975: 165-6).

(3) Henríquez Ureña (1940: 228-9) observó el uso de pronombres enclíticos con verbos finitos en el estilo narrativo (por ejemplo *llega y dícele),* pero este uso ha desaparecido casi del todo, y sólo se encuentra en historias contadas por hablantes de edad avanzada.

(4) El español dominicano presenta un orden sin inversión en las preguntas que contienen pronombres sujetos, como *¿qué tú quieres?* (Jiménez Sabater, 1975: 168-9; Núñez Cedeño, 1977).

(5) Son habituales en el español dominicano los sujetos explícitos antepuestos de los infinitivos (Henríquez Ureña, 1940: 230; Jiménez Sabater, 1975: 169), en el caso incluso de sintagmas nominales extensos, no simplemente de pronombres. A veces este uso se extiende a los gerundios y a los participios pasados (Henríquez Ureña, 1940: 230):

> Después de *tú ido*
> en *yo llegando*

(6) Es frecuente en el español dominicano vernáculo la reduplicación de *no* en posición postpuesta (por ejemplo *nosotros no vamos no)*, aunque a veces se encuentra también en otras zonas de Hispanoamérica (Benavides, 1985; Jiménez Sabater, 1975: 170); podríamos estar ante una posible contribución africana, como ocurre en el portugués de Brasil (Megenney, 1990a, Schwegler en prensa b).

(7) En muchas regiones rurales, en especial en los *bateyes* o plantaciones de azúcar, se emplea aún el arcaico *su merced* como forma de tratamiento. Este uso no se limita a la conversación formal con individuos de nivel social superior, sino que puede indicar también una combinación de respeto y afecto entre *compadres* (Pérez Guerra, 1988, 1989).

CARACTERÍSTICAS LÉXICAS

Entre los principales estudios del léxico dominicano hay que citar a Brito (1930), Deive (1986), González Grullón *et al.* (1981), Olivier (1967), Patín Maceo (1947), y Rodríguez Demorizi (1975, 1983). El español dominicano comparte el léxico taíno/arahuaco de las demás Antillas; Tejera (1951) repasa los elementos indígenas del léxico dominicano, incluidos cientos de topónimos. Los dominicanos comparten con los portorriqueños los términos *china* "naranja dulce" y *habichuela* "judía pinta". Otras palabras típicamente dominicanas son:

> *busú* "mala suerte"
> *cocoro/cocolo* "persona negra, nativo (anglófono) de las Antillas orientales" (cfr. Camaño de Fernández, 1976:146- 7)
> *fucú* "espíritu maligno, mala suerte"
> *guandú(l)* "judía verde pequeña"
> *mangú* "plato hecho de plátanos machacados"
> *mangulina* "tipo de música popular"
> *mañé* "haitiano" (desp.)
> *mofongo* "plato hecho de carne y plátano"
> *tutumpote* "individuo rico y poderoso", término usado por Trujillo en su primer régimen (cfr. Díaz Díaz, 1987: 41-51)

CAPÍTULO XXIV

El español de Uruguay

PERSPECTIVA HISTÓRICA

Si nos encontramos a un habitante de Buenos Aires y a un habitante de Montevideo de condición socioeconómica similar, quizás no nos sea posible distinguir desde el punto de vista lingüístico al argentino del uruguayo. Incluso los hablantes mismos no son capaces de ello, pese a las frecuentes afirmaciones en contra. Más de las dos terceras partes de los uruguayos viven en Montevideo, y en un cierto sentido, el español de Uruguay es una mera extensión del habla porteña de Buenos Aires, hecho que refleja la historia de la República Oriental de Uruguay. Sin embargo, cuando se tiene en cuenta todo Uruguay, la perspectiva lingüística es más variada. Aunque el léxico uruguayo ha recibido una considerable atención, todavía no se ha publicado una descripción exhaustiva del español de Uruguay. Hay información general en Guarnieri (1969), Marsilio (1969), Mezzera (1968), Pedretti de Boloña (1987), Rosell (1987) y los ensayos de Elizaincín (ed. 1981).

Pese a su reducido tamaño, se puede dividir Uruguay en varias zonas lingüísticas basadas, en parte, en la geografía, pero sobre todo en el eje urbano-rural, y en el bilingüismo con el portugués. El dialecto de Montevideo es el más representativo del habla uruguaya. Los hablantes rurales del interior, escasamente poblado, poseen esquemas lingüísticos que no aparecen en otras zonas, mientras que la franja bilingüe de la frontera brasileña se caracteriza por un fluido bilingüismo español/portugués conocido como *fronterizo*.

Al territorio de Uruguay llegaron los españoles por vez primera en 1516, durante la expedición de Juan Díaz de Solís. Los españoles tardaron en colonizar el territorio que hoy es Uruguay, y gran parte de esa colonización se debió más al azar que a la planificación. La próspera colonia de Buenos Aires no necesitaba expandirse a las tierras bajas conocidas como Banda Oriental o Banco Este del río Uruguay, donde los hostiles indios charrúas rechazaban a los forasteros, como ponía de manifiesto el hecho de que hubieran matado a Solís junto con sus compañeros y atacado a todos los exploradores posteriores. A principios del siglo XVII se dejó que vagaran por la Banda Oriental varios cientos de cabezas de ganado vacuno y caballar, y gracias a sus fértiles pastos se convirtieron en importantes manadas. Los gauchos argentinos se desplazaron a la Banda Oriental, donde establecieron un comercio floreciente de pieles, y algunos mercaderes argentinos abrieron sus comercios en Uruguay. En esta época, el avance de Portugal por el territorio de la América española era ya serio, y en 1680 Portugal estableció su primera cabeza de playa permanente en la costa uruguaya. Durante los casi cien años siguientes se produjeron disputas por el territorio, y Montevideo nació de un fuerte español construido en 1762 para repeler los avances portugueses.

A finales del siglo XVIII, España entró en guerra con Inglaterra y las tropas británicas invadieron Buenos Aires. Aunque la primera invasión fue rechazada, los refuerzos se establecieron en Uruguay, y Montevideo fue ocupada durante varios meses de 1807. Cuando en 1810 empezó en Buenos Aires la guerra por la independencia, los habitantes de la Banda Oriental lucharon al lado de los argentinos. El uruguayo José Artigas adquirió fama como héroe militar en la guerra, y su intervención fue crucial para que Uruguay se convirtiera en una nación independiente, en vez de en una provincia de la Argentina postcolonial. Sin embargo, surgieron hostilidades entre Uruguay y Brasil, y durante algún tiempo, Uruguay fue anexionada a Brasil como provincia "cisplatina". Este acontecimiento tuvo importancia en la posterior solidificación del portugués en la parte norte de Uruguay. Unos años más tarde, las tropas argentinas fueron al rescate de Uruguay, pero sólo con la intención de anexionarse la banda oriental de Argentina. Brasil y Argentina entraron en una guerra cuyo final se produjo gracias a la mediación del gobierno británico en 1828. La nación de Uruguay fue creada oficialmente como zona intermedia entre dos naciones más grandes. No hubo paz, pues Uruguay se desgarró en guerras civiles e insurrecciones, y por las invasiones argentinas dirigidas por el dictador Juan Manuel de Rosas. Hasta finales del siglo XIX Uruguay no alcanzó una cierta estabilidad política y social.

La economía uruguaya ha estado siempre basada en la agricultura, en especial en la cría de ganado vacuno para aprovechar las pieles y la carne, y la cría de ovejas para la lana. En Montevideo se desarrolló algo de industria en el siglo XX, especialmente el empaquetado de carne, y los astilleros, y las playas de Punta del Este y algunas otras se han convertido en centros importantes del turismo internacional.

INFLUENCIAS LINGÜÍSTICAS EXTRAHISPÁNICAS

La población indígena de Uruguay era muy escasa en la época de la llegada española, y desapareció con rapidez (Barrios Pintos, 1975; Cordero, 1960). El grupo más conocido en la historia de Uruguay son los charrúas, que resistieron la conquista española durante varios siglos, y permanecieron como comunidad indígena hasta bien entrado el siglo XIX. Debido a estas relaciones de hostilidad, no es probable que se pueda adscribir a este grupo ninguna influencia lingüística importante en el español de Uruguay, salvo quizás unos cuantos topónimos (por ejemplo el enigmático nombre del río Yi), y las *boleadoras* utilizadas por los gauchos uruguayos y argentinos para trabar las patas del ganado. De hecho, conocemos más sobre la historia prehispánica de los charrúas, a través del estudio de sus instrumentos, de las primeras descripciones y de las excavaciones. Poco se sabe de su lengua (cfr. Rona, 1964b): sólo se han identificado un puñado de palabras; los últimos charrúas étnicamente puros murieron a principios del siglo XIX.

Los españoles encontraron otros grupos más pequeños, sobre los que se sabe muy poco. A diferencia de los charrúas, esos indígenas eran pacíficos y a veces solitarios, y muchos habían sufrido ya los ataques de los charrúas en el sur, y de los tupi-guaraníes en el norte. El grupo más citado, que desapareció inmediatamente con la conquista española del Uruguay, son los chanás; otros son los yaros, los bohanes y los guenoas. También había guaraníes en los primeros tiempos del Uruguay colonial; algunos habían llegado allí antes que los españoles, mientras que otros se desplazaron a finales del siglo XVIII tras la expulsión de los jesuitas de Sudamérica y la desaparición de las misiones jesuitas de Paraguay. Topónimos uruguayos como Paysandú y Yaguarí atestiguan la presencia guaraní, y en las guerras del siglo XIX participaron soldados guaraníes.

Desde mediados del siglo XVIII, llegaron grandes cantidades de esclavos negros a Río de la Plata. La mayoría fueron a Buenos Aires y al interior de Argentina, pero un número importante terminó en Montevideo, así como en el interior, en las zonas dedicadas a la cría de ganado. En 1791, una orden real convirtió a Montevideo en el único puerto esclavista autorizado para las colonias del sur, incluidas Argentina y Perú. La población negra de Montevideo se elevaba a más del 20 % del total, y alcanzó su cima a mediados del siglo XIX. Las tradiciones religiosas y culturales afro-uruguayas, que se celebraban en el carnaval anual, siguieron vivas en Montevideo hasta bien entrado el siglo XIX, y los soldados y los gauchos uruguayos negros fueron fundamentales en los numerosos conflictos militares que afectaron al Uruguay colonial y postcolonial (Carvalho Neto, 1955, 1965; Graceras, 1980; Isola, 1975; Merino, 1982; Moro y Ramírez, 1981; Pedemonte, 1943; Pereda Valdés, 1964, 1965; Rama, 1967). Los textos antiguos indican que los uruguayos nacidos en África y quizás sus descendientes inmediatos conservaron un pidgin de base española hasta después de la mitad del siglo XIX. Las contribuciones lingüísticas de los afro-uruguayos no se pueden separar de los de Buenos Aires, mucho más numerosos. Entre los posibles elementos léxicos de origen africano podemos citar *mucama* "criada doméstica", *candombe* "danza y ritual carnavalesco afro-hispánicos", *calenda* "danza africana".

Los primeros asentamientos españoles en Montevideo se produjeron en un territorio hostil, por lo que el gobierno español ofreció grandes incentivos en forma de tierras y títulos de nobleza para motivar a los españoles y los habitantes de las colonias españolas a emigrar a la Banda Oriental. Entre los primeros inmigrantes organizados había un grupo de canarios y de gallegos, que llegaron a mediados del siglo XVIII. La inmigración desde las Islas Canarias iba a ser más importante en los últimos años del siglo XIX (Guerrero Balfagón, 1960; Hernández García, 1981; Laguarda Trías, 1982); la llegada de colonos de Galicia y Asturias también modeló la evolución del dialecto uruguayo. A principios del siglo XX, la fuerte inmigración europea, especialmente desde Italia, fue la responsable de la creación de la imagen "europea blanca" de una nación que hasta entonces había tenido una elevada proporción de habitantes negros, mulatos y mestizos. La inmigración suiza también se estableció en el occidente de Uruguay, pero han dejado poco legado lingüístico. Como en Buenos aires, la población italiana de Montevideo aportó cientos de palabras al vocabulario, muchas de ellas relacionadas con la jerga urbana del lunfardo. En ambas naciones del Río de la Plata, los inmigrantes italianos y sus descendientes hablaron una lengua de contacto español-italiano conocida como *cocoliche,* bien representada en la literatura y en la cultura popular.

No se ha publicado un estudio global de la pronunciación uruguaya; entre las descripciones parciales se pueden citar Calvis de Bon (1987), Ricci (1963), y Vásquez (1953). Los principales rasgos fonéticos de los uruguayos hispano-hablantes monolingües son:

(1) Los fonemas /ʎ/ e /y/ se han fusionado, dando lugar a una pronunciación fricativa rehilada [ž]. La desonorización en [š] no está tan generalizada en Montevideo como en Buenos Aires, pero está ganando terreno con rapidez.

(2) La /s/ preconsonántica se aspira en [h]; el sonido sibilante sólo aparece en el habla cuidada y artificiosa, y la pérdida total en los niveles sociolingüísticos más bajos. La [s] sibilante en posición final de sintagma predomina en el habla culta, aunque entre las clases sociales más bajas es muy usual la pérdida de /s/. La /s/ final de palabra prevocálica (como en *los amigos)* se suele realizar como [s] en el habla de más prestigio, mientras que la aspiración soporta cierta estigmatización.

(3) /n/ final de palabra es alveolar de manera uniforme.

(4) /d/ intervocálica se elide con frecuencia en todos los registros.

(5) La fricativa posterior /x/ recibe una articulación velar, y se palataliza ante /i/.

Características morfológicas

Uruguay, como el resto de la región del Río de la Plata, es un país que emplea el voseo, según las descripciones habituales. Sin embargo, el uso de *tú* no está, en absoluto, ausente de Uruguay. Rona (1967) propuso un mapa del uso pronominal uruguayo según el cual el *tú* predomina en varias zonas del norte y el rincón sudoriental, mientras que *vos* y *tú* compiten en gran parte de la zona intermedia. En Montevideo, la estratificación y las actitudes sociolingüísticas adquieren la mayor importancia. Muchos uruguayos consideran plebeyo *vos* y creen que *tú* debería ser el pronombre elegido por los hablantes cultos. Esta actitud se refuerza en las escuelas. Ricci y Malán de Ricci (1962-3), aunque afirman que todo Uruguay es esencialmente voseante, reconocen el frecuente uso de *tú* como reflejo del dogma escolar y de las aspiraciones sociales de la población. Citan la combinación habitual de *tú* con formas verbales correspondientes a *vos*, esto es *tú volvés*, que tiene su origen en un conflicto entre el prestigio asociado al pronombre *tú* y la fuerte internalización de los paradigmas verbales asociados al voseo. La combinación opuesta, *vos* + formas verbales del TUTEO (esto es *vos tienes*), tan común en la región andina, es casi inexistente en Montevideo (Behares, 1981; Elinzaincín y Díaz, 1981). Como parte del paradigma del voseo en Uruguay, se suele añadir una /-s/ final analógica a las formas del indefinido: *dijistes, hablastes*, etc. Este fenómeno se produce en el español popular de todos los países hispano-hablantes, pero en las zonas donde predomina el voseo se suele aceptar más (quizás como reflejo del origen de las formas de *vosotros* en *-eis*). En Montevideo, sin embargo, esta /-s/ analógica está sujeta a una considerable ambivalencia; Elizaincín y Díaz (1979) presentan datos que demuestran que la aceptación de esta pronunciación predomina entre las clases más bajas, y disminuye entre los estratos sociolingüísticos más altos. En el presente de subjuntivo, las formas verbales correspondientes al voseo alternan con las que pertenecen a tú (Behares, 1981).

CARACTERÍSTICAS SINTÁCTICAS

Con la excepción del dialecto *fronterizo* empleado en la frontera entre Uruguay y Brasil (véase *infra)*, el español de Uruguay no presenta divergencias señaladas respecto de los esquemas sintácticos empleados en otros países hispano-hablantes.

CARACTERÍSTICAS LÉXICAS

El español de Uruguay comparte casi por completo su vocabulario con Buenos Aires, incluido gran parte de la jerga lunfarda. La jerga de los jóvenes, las profesiones y los deportes evoluciona siguiendo dimensiones propias, pero, en general, el español de Montevideo apenas si se puede distinguir del habla de Buenos Aires.

EL DIALECTO "FRONTERIZO" URUGUAYO/BRASILEÑO

En una ancha franja del norte de Uruguay, a lo largo de la frontera con Brasil, existe una situación de bilingüismo fluido, que ha dado lugar a una forma peculiar de *tercera lengua* conocida (por los lingüistas al menos) como *fronterizo*. Este tipo de habla no se limita a la línea fronteriza, sino que penetra profundamente en Uruguay (cfr. Rona, 1969 para los mapas). Las razones de las incursiones léxicas, sintácticas y fonológicas del portugués en el habla uruguaya son muchas (cfr. Academia Nacional de Letras, 1982; Elizaincín, 1973, 1976, 1979, 1987; Hensey, 1972, 1975, 1982a, 1982b2; Obaldía, 1988; Rona, 1960, 1969), pero entre ellas está el hecho de que tradicionalmente muchos uruguayos de estas regiones han encontrado mejor escolarización y mejores oportunidades económicas en Brasil. En el pasado, esta región fue objeto de disputas entre las recién independizadas naciones de Brasil y de Uruguay, y fue ocupada por los brasileños durante un periodo de tiempo considerable. Incluso en la época colonial, la presencia portuguesa en lo que hoy es el norte de Uruguay fue siempre significativa. Las razones para la formación de un dialecto *fronterizo,* y no únicamente de un simple bilingüismo con cambio de códigos y una leve capa de préstamos (como ocurre en el sudoeste de Estados Unidos) tienen sus raíces en un complejo conjunto de circunstancias sociohistóricas, debido a las cuales los habitantes rurales de una zona aislada y marginada se vieron atraídos en dos direcciones lingüísticas distintas, pero esa atracción no fue lo bastante fuerte para fundirse completamente en una lengua con una única base.

Rona (1960, 1969) intentó diferenciar las gradaciones desde un portugués esencialmente puro, hablado en la frontera brasileña, hasta un *fronterizo* con base portuguesa, y, más hacia el interior de Uruguay, un fronterizo de base española. Los criterios empleados conjugan hechos fonológicos, léxicos y morfosintácticos, hechos que por sí solos no permiten la formación de isoglosas netas, pues hay mucha variación en el nivel idiolectal.

La fonología del fronterizo

(1) El portugués tiene, además de las cinco vocales del español, dos vocales laxas medias, una vocal centralizada no redondeada, similar a un schwa (que aparece sólo en contextos átonos y es derivable fonológicamente de /a/), y cinco vocales nasales distintivas. En contextos átonos, especialmente en posición final de palabra, /e/ se suele cerrar en [i], y /o/ en [u]. Para calibrar la naturaleza "española" o "portuguesa" de una muestra específica de fronterizo se puede tomar como referencia el grado de aproximación al sistema vocálico del portugués. Es más habitual que emerja un sistema de cinco vocales entre las vocales orales (incluso muchos brasileños mono-

lingües se están moviendo en esta dirección), mientras que se conservan las vocales nasales distintivas. El cierre de las vocales átonas es variable en el fronterizo.

(2) La frecuente palatalización brasileña de /t/ y /d/ en [č]/[ŷ] ante [i] (por ejemplo *dente* [dɛ̃ⁿ či]) es rara en el fronterizo, y tampoco es sistemática en los dialectos regionales del sur de Brasil.

(3) El portugués distingue los pares /s/-/z/ y /š/-/ž/; en el fronterizo esta distinción es también variable, en especial debido a que /y/ del español de Uruguay tiene la misma realización rehilada que /ž/ portuguesa.

LA MORFOLOGÍA DEL FRONTERIZO

(1) Existen conjuntos de términos cognados, como las palabras que terminan en español en *-ón* y en portugués en *-ão* o en español en *-ero* y en portugués en *-eiro,* que fluctúan en fronterizo; en estos casos específicos, suele predominar una vocal nasal no diptongada en el primer ejemplo, mientras que en el segundo triunfa un *-ero* reducido (también en gran parte de Brasil).

(2) El fronterizo prefiere *tú* a *vos.* Entre los hablantes actuales, es también frecuente *vos* (pronunciado [vo] o [bo]). El dialecto brasileño vecino, el dialecto *gaucho* de Río Grande do Sul a veces emplea también *tú,* lo que convierte a esta zona en una de las pocas del Brasil actual donde *tú* tiene cierta vigencia, en lugar de *você.*

(3) En fronterizo se produce la mezcla de los artículos portugueses y españoles, en especial a la vista de las diferencias mínimas existentes entre los españoles *los, la* y *las* y los portugueses *os, a* y *as.* A veces esto da lugar a la combinación de una palabra española con un artículo portugués o viceversa; en otras ocasiones, pueden aparecer un artículo español y otro portugués en la misma oración (Elizaincín *et al.,* 1987: 41):

> *u* [= *o]* material que se utiliza en *el* taier
> *tudus lus* [= *todos los]* días
> *la* importasão de automóviles
> *Tan* querendu fasé alí *un* prediu

(4) Las conjugaciones de los verbos españoles y portugueses son casi idénticas, una vez que se acomodan las pronunciaciones

respectivas. Sin embargo, el portugués brasileño vernáculo suele neutralizar todas las terminaciones verbales en favor de la tercera persona del singular, algo que no sucede en ninguna variedad de español (monolingüe). Entre los hablantes de fronterizo, se pueden oír combinaciones como *nós tinha* [ptg. estándar *nós tinhamos]* en vez de *nosotros teníamos* (Rona, 1969: 12; Elizaincín *et al.,* 1987).

(5) El portugués brasileño vernáculo suspende la marcación de plural en los sintagmas nominales, y suele marcar tan sólo el primer elemento, especialmente si es un artículo. Este rasgo es también frecuente en fronterizo, incluso cuando afecta a los artículos españoles (Elizaincín *et al.,* 1987: 41 y ss.):

> Aparte tengo unas hermanas, unos *tío*
> Tein umas *vaca* para tirá leite
> Saí cum trinta y sei *gol*

EL LÉXICO FRONTERIZO

La mezcla léxica es omnipresente en fronterizo, debido, sobre todo, a la elevada cantidad de vocabulario cognado que comparten el español y el portugués. No es raro oír *fechar* por *cerrar* (también en zonas de las Islas Canarias), *janela* por *ventana,* etc. Es posible que el adjetivo *brasilero,* utilizado en la mayor parte del Cono Sur en vez del general *brasileño,* haya sido adoptado del portugués *brasileiro.* El habla fronteriza ha ejercido cierto influjo en la literatura gaucha uruguaya (López, 1967), y ha constituido el medio por el cual ha entrado un conjunto de brasileñismos en el léxico uruguayo. Por definición, el fronterizo como forma de habla es propio de las clases socioeconómicas más bajas, con poca educación formal en español o portugués, mientras que el bilingüismo fluido es característico de hablantes más cultos. Dado que el norte de Uruguay disfruta ahora de comunicaciones mucho mejores con Montevideo, el fronterizo como forma de habla distinta puede empezar a desaparecer.

Capítulo XXV

El español de Venezuela

Perspectiva histórica

El español de Venezuela pertenece a la zona dialectal del Caribe, aunque una pequeña parte de los estados andinos presenta características similares a las de las tierras altas de Colombia. Pese a los numerosos estudios a pequeña escala del español venezolano, no existe ningún atlas dialectal ni ningún otro esfuerzo para delinear las características regionales (Navarro Correa, 1974). En consecuencia, grandes zonas del país carecen de descripciones lingüísticas. No se ha publicado ningún estudio global del español de Venezuela, aunque contamos con varias descripciones regionales (Macano Rosas, 1978; Márquez Carrero 1973, 1985). Los venezolanos reconocen el dialecto andino o *gocho* (aunque está sufriendo una rápida transformación), y lo distinguen de las variedades de las tierras bajas. El resto de Venezuela está dominado por el habla de Caracas, que constituye la norma de prestigio para todo el país. El dialecto *maracucho* de Maracaibo, capital del petróleo, difiere del de Caracas principalmente por la entonación, el vocabulario y la elección de los pronombres de tratamiento. El resto de la nación supuestamente sigue los modelos lingüísticos de una de las dos zonas mencionadas, pero, en realidad, la situación está más diversificada.

Colón llegó a Trinidad y a la costa de Venezuela en su tercer viaje, aunque no estaba seguro de si había alcanzado tierra firme. Durante algún tiempo, Colón creyó sinceramente que había descubierto el Jardín del Edén, pues lo que veía se correspondía con (su interpretación de) el relato bíblico. En 1510, se fundaron las primeras colonias españolas en las islas de Cubagua y Margarita; esas colonias se dedicaron a exportar las perlas que recogía la población indígena. Se esclavizó a los indios para que recogieran perlas en cantidades lo suficientemente grandes para satisfacer la codicia de los españoles, pero el valor total nunca fue comparable al del oro y la plata que llegaba de México y de Perú. Tras descubrir pocos yacimientos de metales preciosos en Venezuela, la dirección de la conquista española se desvió más hacia el sur, pero sus fértiles tierras atrajeron a colonos interesados en la agricultura. El primer asentamiento en tierra firme, el puerto de Cumaná, se creó en 1523, y pasó a centralizar la mayor parte del tráfico comercial y administrativo del este de Venezuela. Unos años después se fundó Coro en la costa occidental, y, hacia mediados de siglo, se crearon varias ciudades en la región andina y en las tierras altas del centro del país. Maracaibo nació en 1567. Los exploradores españoles se toparon con las poblaciones de quiriquires que vivían en casas construidas sobre las aguas del río Maracaibo, lo que les recordó los canales de Venecia y dio lugar al nombre *Venezuela* ("la pequeña Venecia"), que aplicaron al territorio antes llamado Tierra Firme. También en 1567 se fundó Caracas; el puerto caribeño de La Guaira, que permitió que Caracas se convirtiera en la metrópoli más importante, no se fundó hasta 1589. Al principio, el comercio (sobre todo vía Santo Domingo) se realizaba a través de los puertos de Cumaná, La Guaira y Maracaibo. Con el rápido declive de la industria de las perlas, el este de Venezuela perdió importancia, y la actividad colonial se concentró en la región occidental. Maracaibo fue la primera capital colonial, pero Caracas fue progresivamente dominando la vida colonial, pues disfrutaba de un clima mejor, una situación más céntrica y una relativa seguridad contra los ataques de los piratas y de los indígenas hostiles. Un siglo después de su creación, Caracas se convirtió en la capital de toda la colonia, y creció hasta convertirse en la metrópoli de toda Venezuela.

Durante casi el primer siglo de la ocupación española, Venezuela fue administrada desde Santo Domingo. Esto significaba la autonomía *de facto,* situación que a menudo provocaba el caos entre las poblaciones indígenas a medida que los aventureros españoles se adentraban en el oeste de Venezuela en busca de esclavos. Tras la explotación de las perlas, la exportación de esclavos indios a otras colonias del Caribe se convirtió en la base económica principal de las colonias españolas de Venezuela. La población indígena se redujo drásticamente; muchos murieron resistiéndose a ser capturados o víctimas de enfermedades, mientras que otros huyeron al interior. Los españoles empezaron a llevar esclavos a Venezuela, y la población negra, con el paso del tiempo, llegó a superar en número a la blanca, aunque no en la proporción alcanzada en las Antillas (Acosta Saignes, 1967;

Brito Figueroa, 1961). Si contamos también a la población indígena hispanizada, los europeos blancos constituyeron una minoría durante todo el periodo colonial.

Casi desde el principio, Venezuela se dedicó a la agricultura. Se crió ganado en los llanos para aprovechar la carne y las pieles, y se produjo trigo y cacao en abundancia. España garantizó a Venezuela el monopolio para la exportación de sus productos, especialmente el cacao, a México. Había tanta demanda de cacao venezolano que se convirtió en la principal fuente de ingresos, hasta la eclosión petrolífera del siglo XX. También se cultivó café y tabaco a escala comercial, y se explotaron los yacimientos de sal para exportarlos a otras colonias. Aunque la colonia nunca fue rica, siempre disfrutó de una economía saludable basada en la agricultura y el comercio.

Desde fines del siglo XIX hasta bien entrada la segunda mitad del siglo XX, una numerosa inmigración procedente de las Islas Canarias difundió palabras y costumbres canarias en Venezuela. La contribución lingüística canaria al español de Venezuela está aún por evaluar, pese a los fuertes lazos culturales que ligan a ambas sociedades aún hoy.

En el siglo XX, los yacimientos de petróleo, de mineral de hierro y de otros minerales han alterado profundamente la economía venezolana: han provocado la creación de ciudades en lugares remotos y el abandono de extensas regiones agrícolas, pues los pequeños propietarios y los peones han buscado trabajo en la industria. Muchos norteamericanos se han establecido en Maracaibo y en las zonas mineras del interior, y la recién conseguida prosperidad ha inducido a los profesionales venezolanos a estudiar en Estados Unidos, lo que ha llevado a la introducción de cientos de anglicismos en el vocabulario técnico venezolano. Miles de inmigrantes colombianos han entrado en el oeste de Venezuela, casi todos ilegalmente, y se han establecido como obreros y peones. Todos estos cambios demográficos han tenido profundas repercusiones lingüísticas en el perfil del español actual de Venezuela.

INFLUENCIAS LINGÜÍSTICAS EXTRAHISPÁNICAS

Los grupos indígenas que se encontraron los exploradores españoles pertenecían, principalmente, a los grupos arahuaco y caribe. Había muchas comunidades indígenas en la costa, en las tierras altas andinas, en las riberas del río Orinoco y en el interior, pero ninguna poseía una organización centralizada comparable a las sociedades mexicanas, peruanas o mesoamericanas. Muchos de los grupos opusieron una tenaz resistencia a los intrusos españoles, pero al final fueron exterminados o tuvieron que huir, con lo que el contacto con la lengua española fue escaso. Otros fueron convertidos en esclavos y embarcados, y otros murieron cuando se zambullían en busca de perlas. En consecuencia, la rica variedad de lenguas indígenas tuvo poca repercusión en el español de Venezuela, y se limitó a aportar algunas palabras que se utilizan en todo el Caribe, como *casabe* "torta de harina de mandioca", *conuco* "pequeña granja" y *arepa* "tipo de comida hecha de tortitas de maíz frito y con distintos rellenos", además de algunos topónimos.

Actualmente viven en Venezuela varias comunidades indígenas que conservan sus lenguas y al menos parte de su cultura ancestral. En la Península Guajira, que comparte con Colombia, están los guajiros, que se dedican a la cría de ganado. En la cuenca Chaké de Maracaibo, y en la región andina viven aún los descendientes de los antiguos timotes, pero ahora hablan todos español. En las junglas del sur, bañadas por el río Orinoco viven las comunidades indígenas más grandes, muchas de las cuales tienen poco contacto con la Venezuela urbana hispanizada (cfr. Migliazza, 1985).

Debido a la abundante población africana de gran parte de la costa de Venezuela, en especial en el siglo XVIII, el español de Venezuela absorbió algunas palabras africanas, así como costumbres culturales y musicales (Álvarez, 1987; Megenney, 1979, 1980, 1985c, 1988, 1990c; Pollak-Eltz, 1971; Ramón y Rivera, 1971; Sojo, 1943). Hay una riquísima tradición lingüística, literaria y folclórica afro-venezolana, que no se conoce fuera de la zona inmediata. Por ejemplo, los festivales de San Juan y San Pedro, que se celebran en junio en la región costera del este de Caracas, ejemplifican el sincretismo afro-hispánico propio de gran parte de la cultura venezolana. En el extremo sur del lago Maracaibo, en el festival de San Benito, que se celebra en diciembre, participan los *chimbángueles,* palabra que designa a los grupos musicales que actúan durante las fiestas y los tambores que tocan. El culto religioso a María Lionza, importantísimo entre las clases trabajadoras de toda Venezuela, representa el sincretismo procedente de los contactos entre españoles, africanos e indios.

Durante gran parte del siglo XVIII y hasta bien entrado el siglo XIX, el comercio exterior venezolano estuvo dominado por la Compañía Guipuzcoana o Compañía de Caracas, cuyos dueños eran vascos. No hay pruebas de que este grupo ejerciera algún influjo lingüístico destacado, pues las características del español de Venezuela difieren de forma notable de las del País Vasco, pero la cuestión sigue abierta a futuras investigaciones.

No se ha publicado ningún estudio global de la pronunciación venezolana. Descripciones parciales son Castelli y Mosonyi (1986), D'Introno *et al.* (1979), D'Introno y Sosa (1986, 1988), Huaser (1947), Longmire (1976) y Megenney (1988). Calcaño (1950) ofrece algunos hechos muy generales. Los principales rasgos son los siguientes:

(1) /d/ intervocálica es débil y se elide con frecuencia en el habla rápida o coloquial.

(2) En la región andina existe la tendencia a que /b/, /d/ y /g/ mantengan su pronunciación oclusiva tras consonantes no nasales.

(3) La consonante /y/ es fuerte en casi todo el país (aunque es un poco más débil en la región andina), y se pronuncia como africada en posición inicial de sintagma.

(4) El fonema lateral palatal /ʎ/ no aparece en la mayor parte de Venezuela, excepto algunos restos en la región andina (v. Ocampo Marín, 1968: 16).

(5) La africada /č/ rara vez pierde su elemento oclusivo.

(6) /rr/ múltiple suele ser una vibrante alveolar, con frecuente desonorización parcial, pero sin distribución geográfica.

(7) Las líquidas en posición final de sílaba están sujetas a un complejo conjunto de fenómenos de neutralización, condicionados todos sociolingüísticamente. La elisión de /r/ es relativamente habitual en Caracas, en particular cuando forma parte del infinitivo y en unos cuantos elementos léxicos (D'Introno *et al.*, 1979; Hauser, 1947). En Caracas, la lateralización de /r/ es rara y sólo aparece de forma esporádica entre los estratos socioculturales más bajos; el rotacismo de /l/ es también poco común (Calles y Bentivoglio, 1986). En el oriente rural, la lateralización de /r/ es más frecuente, mientras que también se produce el cambio /l/ > [r], aunque de forma más esporádica.

(8) /n/ final de palabra y de sintagma se velariza; a veces continúa el proceso hasta la total elisión acompañada de la nasalización de la vocal precedente (D'Introno y Sosa, 1988). Esta velarización, que se produce en la mayor parte de la costa caribeña de Venezuela, no es característica de las provincias andinas de Táchira, Mérida y Trujillo, donde predominan las realizaciones alveolares (Geckeler y Ocampo Marín, 1973).

En el extremo sur de Venezuela, compiten /n/ alveolar y velar. (9) En casi toda Venezuela, se debilita o se pierde la /s/ final de sílaba y de palabra. En algunas regiones, la elisión de /s/ alcanza proporciones comparables a las de Andalucía y la República Dominicana (cfr. Navarro, 1989); la aspiración sigue siendo la solución preferida en las clases sociales más altas, mientras que la elisión predomina en niveles más bajos (Calles y Bentivoglio, 1986). En la región andina, /s/ ha resistido tradicionalmente el debilitamiento (Geckeler y Ocampo Marín, 1973: 80), como sucede en el interior de Colombia. A veces se encuentra una /ś/ "apical" o cóncava como la utilizada en Castilla. Ocampo Marín (1968), que describió la pronunciación de la provincia de Mérida en los años sesenta, señala poco debilitamiento de /s/, excepto la sustitución ocasional por [r], por ejemplo *muslo* > *murlo,* cambio que se produce en muchos dialectos del español. Sin embargo, Longmire (1976) encontró tasas más altas de aspiración y de elisión de /s/ preconsonántica y ante pausa. De hecho, la elisión (más que la aspiración) de /s/ en Mérida es bastante más frecuente que en Cuba o Panamá. El prestigio del habla de Caracas, en la que se debilita /s/ normalmente, se ha hecho sentir en la Venezuela andina. Este es uno de los pocos casos en Hispanoamérica en que un dialecto con debilitamiento de /s/ constituye la norma de prestigio en un nivel de igualdad con los dialectos que la mantienen, y contrasta agudamente con los modelos de la vecina Colombia, donde el dialecto de Bogotá, que conserva /s/ ejerce su influjo incluso en las zonas costeras donde prevalece la reducción consonántica.

CARACTERÍSTICAS MORFOLÓGICAS

Venezuela tiene dos zonas de uso del voseo que se superponen parcialmente. La primera es la región andina, que abarca la mayor parte de los estados de Táchira y Mérida, y algunas de Lara, Falcón o Trujillo. En esta región, *vos* se combina con las desinencias verbales *-ás, -és* e *-ís*. Los hablantes andinos, sin embargo, reservan el *vos* para sus inferiores desde el punto de vista social y para los niños; la regla es el uso de *usted* incluso entre miembros de la familia y amigos íntimos. La segunda zona de voseo gira en torno a Maracaibo, y abarca gran parte del estado de Zulia y partes de los estados vecinos. En este dialecto, las desinencias verbales son *-ái(s), -éi(s),* etc. El uso de *vos* está a veces estigmatizado como poco culto o vulgar en Maracaibo,

383

pero no presenta signos de retroceso. En los estados orientales, *vos* se utiliza de forma esporádica en el nivel vernáculo.

CARACTERÍSTICAS SINTÁCTICAS

(1) En el español de Venezuela se emplean pronombres de sujeto explícitos redundantes con una frecuencia relativamente elevada (Bentivoglio, 1987).

(2) El uso de sujetos explícitos de infinitivos es habitual en Venezuela: *antes de yo venir a Caracas* (Suñer, 1986).

(3) Las preguntas sin inversión del tipo *¿qué tú quieres?* aparecen con una frecuencia que no se puede achacar a mera casualidad, pero no tanto como en las Antillas (Bentivoglio, 1988, 1989).

(4) Un cambio que se está produciendo en Caracas y se está difundiendo por toda Venezuela es la construcción con *ser* enfático (Sedano, 1988, 1989, 1990):

> Yo vivo *es* en Caracas
> Él cumplía años *era* en febrero
> Yo vengo a tener problemas *es* ahora

Este cambio es relativamente reciente, y, aparentemente, se está difundiendo entre los grupos socioeconómicos más bajos; ha sido adoptado por la juventud de la clase media y alta, en concreto por las mujeres, lo que está dando al cambio un impulso adicional. Los orígenes de este cambio en Venezuela no se han determinado con precisión, pero la misma construcción existe en Colombia y en Ecuador desde hace un siglo al menos (Kany, 1951: 256), y la reciente inmigración de miles de trabajadores colombianos a Venezuela puede haber sido fundamental para la implantación de este cambio en las principales ciudades de Venezuela. La misma combinación existe desde hace mucho tiempo en la región andina del país, pero este dialecto ha tenido muy poca influencia sobre el habla de Caracas.

CARACTERÍSTICAS LÉXICAS

El léxico de Venezuela ha absorbido grandes cantidades de indigenismos y unos cuantos africanismos, y posee, igualmente, una gran variación regional. Los principales estudios del léxico venezolano son Academia Venezolana (1983), Alvarado (1921), Calcaño (1950), Gómez de Ivashevsky (1969), Rosenblat (1978), Tamayo (1977), Tejera (1983), además de glosarios regionales como Barreto Peña (1980), Chiossone (1972), Ocampo Marín (1969), Meléndez Badell (1974) y Rivas Torres (1980). Las palabras venezolanas habitualmente observadas por los visitantes son:

arepa "plato hecho con un pastel de maíz redondo"
bojote "objeto inespecificado, alboroto"
bolo "*bolívar,* la moneda nacional"
budare "plancha para hacer arepas"
cachapa "tortita de trigo"
cambalache "cambio, trueque"
cambur "banana"
caraotas "judías"
catire "rubio, de tez clara"
cepillado "cucurucho de helado hecho con raspaduras de hielo y jarabe de frutas"
coroto "objeto inespecificado"
gafo "estúpido, torpe"
guachafa "broma pesada, burla"
guarandinga "objeto inespecificado"
guaricha "niña" (a veces, despectivo)
guasacaca "condimento picante"
jojoto "mazorca"
joropo "danza folclórica de Venezuela"
mabita "maldición, hechizo"
macundales "posesiones personales"
miche "bebida alcohólica"
musiú "forastero de apariencia nórdica"
piche "agrio, estropeado"
vale "hola, amigo"
zamuro "buitre"
zaperoco "disturbio, conmoción"

LIBRARY. UNIVERSITY OF CHESTER

Bibliografía

ABAD DE SANTILLÁN, Diego (1976), *Diccionario de argentinismos de ayer y de hoy,* Buenos Aires, Tip. Editora Argentina.

ABADÍA DE QUANT, Inés (1988), «Procesos de cambio en el área palatal de los nativos de la capital de Corrientes, Argentina», *Anuario de Lingüística Hispánica (Valladolid),* 4, 9-25.

ACADEMIA CHILENA (1978), *Diccionario del habla chilena,* Santiago, Editorial Universitaria.

ACADEMIA COLOMBIANA (1975), *Breve diccionario de colombianismos,* Bogotá, La Comisión de Lexicografía, Academia Colombiana.

ACADEMIA NACIONAL DE LETRAS (1982), *Estudio sobre el problema idiomático fronterizo,* Montevideo, Comisión para el Estudio del Español en la Zona Fronteriza, Academia Nacional de Letras.

ACADEMIA VENEZOLANA DE LA LENGUA (1983), *Diccionario de venezolanismos,* Caracas, Universidad Central de Venezuela.

ACOSTA SAIGNES, Miguel (1967), *Vida de los esclavos negros en Venezuela,* Caracas, Hespérides.

ACUÑA, Luis Alberto (1983), *Diccionario de bogotanismos,* Bogotá, Instituto Colombiano de Cultura Hispánica.

AGÜERO CHAVES, Arturo (1960), *El español en Costa Rica,* San José, Universidad de Costa Rica.

— (1962), *El español de América y Costa Rica,* San José, A. Lehmann.

— (1964), «El español de Costa Rica y su atlas lingüístico», *Presente y futuro de la lengua española,* t. I, págs. 135-152, Madrid: Cultura Hispánica.

AGUILAR, Antonio (1986), *Voces de San Juan,* San Juan, Argentina, Editorial Sanjuanina.

AGUILAR PAZ, Jesús (1970), *Topónimos y regionalismos indígenas,* Tegucigalpa, n. p.

— (1981), *El refranero hondureño,* Tegucigalpa, Guaymuras.

AGUILERA PATIÑO, Luisita (1947), *El panameño visto a través de su lenguaje,* Panamá, Ferguson y Ferguson.

— (1951), «Diccionario de panameñismos», *Boletín de la Academia Argentina de la Lengua,* 20, 405-506.

Aguirre Beltrán, Gonzalo (1958), *Cujilla: esbozo etnográfico de un pueblo negro*, México, Fondo de Cultura Económica.

— (1972), *La población negra de México*, México, Fondo de Cultura Económica, 2.ª ed.

Alario di Filippo, Mario (1974), *Lexicón de colombianismos*, Cartagena, Editora Bolívar.

Alba, M. M. (1971), *Portobelo: relicario de piedra*, Panamá, Impresora Panamá.

Alba, Orlando (1979), «Análisis fonológico de /r/ y /l/ implosivas en un dialecto rural dominicano», *Boletín de la Academia Puertorriqueña de la Lengua Española*, 7, 1-18.

— (1982), *Función del acento en el proceso de elisión de la /s/ en la República Dominicana*, en Alba, O. (ed.), págs. 15-26.

— (1988), «Estudio sociolingüístico de la variación de las líquidas finales de palabra en el español cibaeño», en Hammond, R. y Resnick, M. (eds.), *Studies in Caribbean Spanish dialectology*, págs. 1-12, Washington, Georgetown University.

— (1990a), *Estudios sobre el español dominicano*, Santiago de los Caballeros, Universidad Católica Madre y Maestra.

— (1990b), *Variación fonética y diversidad social en el español dominicano de Santiago*, Santiago de los Caballeros, Universidad Católica Madre y Maestra.

— (ed.) (1982), *El español del Caribe*, Santiago de los Caballeros, Universidad Católica Madre y Maestra.

Albor, Hugo (1971), «Observaciones sobre la fonología del español hablado en Nariño», *Thesaurus*, 26, 515-33.

— (1973), «"Da" + gerundio, ¿un quechuismo?, y otras maneras de atenuar los imperativos», *Hispania*, 56, 316-18.

— (1984), «Observaciones sobre la fonología del español hablado en Nariño», *El castellano en Nariño*, págs. 33-52, Pasto, Tipografía y Fotograbado «Javier».

Alfaro, Ricardo (1968) «Panameñismos», *Boletín de la Academia Panameña (3.ª época)*, 3, 73-94.

Alfonso, Luis (1964), «Tendencias actuales del español en la Argentina», *Presente y futuro de la lengua española*, t. I, 161-82, Madrid, Cultura Hispánica.

Almeida, Manuel (1989a), *El habla rural en Gran Canaria*, La Laguna, Universidad de La Laguna.

— (1989b), *Diferencias sociales en el habla de Santa Cruz de Tenerife*, La Laguna, Instituto de Estudios Canarios.

— (1990), *El habla de Las Palmas de Gran Canaria*, Las Palmas, Cabildo Insular de Gran Canaria.

Almendros, Néstor (1958), «Estudio fonético del español en Cuba, región occidental», *Boletín de la Academia Cubana de la Lengua*, 7, 138-76.

Alonso, Amado (1961), *Estudios Lingüísticos: temas hispanoamericanos*, Madrid, Gredos.

Alonso, Amado, y Lida, Ramón (1945), «Geografía fonética: -l y -r implosivas en español», *Revista de Filología Hispánica*, 7, 313-45.

ALONSO, Gladys, y FERNÁNDEZ, Ángel Luis (eds.) (1977), *Antología de lingüística cubana,* La Habana, Editorial de Ciencias Sociales.

ALTIERI DE BARRETO, Carmen (1973), *El léxico de la delincuencia en Puerto Rico,* Río Piedras, Editorial Universitaria.

ALVAR, Manuel (1959), *El español hablado en Tenerife,* Madrid, Consejo Superior de Investigaciones Científicas.

— (1966), «Polimorfismo y otros aspectos fonéticos en el habla de Santo Tomás Ajusco», *Anuario de Letras,* 6, 11-42.

— (1966-7), «Algunas cuestiones fonéticas del español hablado en Oaxaca (México)», *Nueva Revista de Filología Hispánica,* 18, 353-77.

— (1969), «Nuevas notas sobre el español de Yucatán», *Iberoromania,* 1, 159-89.

— (1972), *Niveles socioculturales en el habla de Las Palmas de Gran Canaria,* Las Palmas, Excmo. Cabildo Insular de Gran Canaria.

— (1977), *Leticia: estudios lingüísticos sobre la Amazonia colombiana,* Bogotá, Instituto Caro y Cuervo.

— (1980), «Encuestas fonéticas en el suroccidente de Guatemala», *Lingüística Española Actual,* 2, 245-87.

— (ed.) (1981), *I simposio internacional de lengua española (1978),* Las Palmas, Excmo. Cabildo Insular.

ALVAR, Manuel; LLORENTE, Antonio; BUESA, Tomás, y ALVAR, Elena (1979-1983), *Atlas lingüístico y etnográfico de Aragón, Navarra y Rioja,* Zaragoza, Diputación Provincial de Zaragoza.

ALVARADO, Lisandro (1921), *Glosario de voces indígenas de Venezuela,* Caracas, Ediciones Victoria.

ALVARADO DE RICORD, Elsie (1971), *El español de Panamá,* Panamá, Universidad de Panamá.

— (1972), «-m y -n implosivas en el español de Panamá», *Románica (La Plata),* 5, 59-64.

ÁLVAREZ, Alexandra (1987), *Lamabí maticulambí, estudios afrocaribeños,* Montevideo, Monte Sexto.

ÁLVAREZ, Jaime (1984), «Diccionario nariñense», *El castellano en Nariño,* página 53f, Pasto, Tipografía y fotograbado «Javier».

ÁLVAREZ NAZARIO, Manuel (1957), *El arcaísmo vulgar en el español de Puerto Rico,* Mayagüez, ed. del autor.

— (1959), «Notas sobre el habla del negro en Puerto Rico durante el siglo XIX», *Revista del Instituto de Cultura Puertorriqueña,* 2, 43-8.

— (1970), «Un texto literario del papiamento documentado en Puerto Rico en 1830», *Revista del Instituto de Cultura Puertorriqueña,* 47, 9-20.

— (1972a), *La herencia lingüística de Canarias en Puerto Rico.* San Juan: Instituto de Cultura Puertorriqueña.

— (1972b), «El papiamento: ojeada a su pasado histórico y visión de su problemática del presente», *Atenea (Mayagüez),* 9, 9-20.

— (1974), *El elemento afronegroide en el español de Puerto Rico,* San Juan, Instituto de Cultura Puertorriqueña.

— (1977), *El influjo indígena en el español de Puerto Rico,* San Juan, Instituto de la Cultura Puertorriqueña.

— (1981), «Relaciones histórico-dialectales entre Puerto Rico y Canarias», Alvar, M. (ed.) (1981: págs. 289-310).

— (1982), *Orígenes y desarrollo del español en Puerto Rico (siglos XVI y XVII)*, Río Piedras, Editorial Universitaria.

— (1990), *El habla campesina del país*, Río Piedras, Editorial de la Universidad de Puerto Rico.

— (1991), *Historia de la lengua española en Puerto Rico*, San Juan, Academia Puertorriqueña de la Lengua Española.

ÁLVAREZ PAZOS, Carlos (1985), *El quichua en los compuestos del español popular de Cuenca*, Cuenca, Universidad de Cuenca.

ÁLVAREZ SOTOMAYOR, Agustín (1949), *Vocablos y modismos del lenguaje de Chiloé*, Santiago, Editorial Universitaria.

ÁLVAREZ VITA, Juan (1990), *Diccionario de peruanismos*, Lima, Ediciones Studium.

ALZOLA, Concepción Teresa (1965), «Hablar popular cubana», *Revista de Dialectología y Tradiciones Populares*, 23, 358-69.

AMABLE, Hugo (1975), *Las figuras del habla misionera*, Santa Fe, Librería y Editorial Colmegna.

AMADO, Miguel (1945), «El lenguaje en Panamá», *Boletín de la Academia Argentina de la Lengua*, 14, 640-66.

— (1949), «El lenguaje en Panamá», *Boletín de la Academia Argentina de la Lengua*, 18, 339-88.

AMAJTAE, Jon (1989), «The intersection of s- aspiration/deletion and spirantization in Honduran Spanish», *Language Variation and Change*, 1, 169-83.

AMASTAE, Jon (1986), «A syllable-based analysis of Spanish spirantization», en Jaeggli, O., y Silva-Corvalán, C. (eds.), *Studies in Romance linguistics*, págs. 3-21, Dordrecht, Foris.

AMUNÁTEGUI, Miguel (1907), *Apuntaciones lexicográficas*, Santiago, Imprenta Barcelona.

ANDREWS, George Reid (1980), *The Afro-Argentines of Buenos Aires, 1800-1900*, Madison, University of Wisconsin Press.

ANDRES, J. Richard (1975), *Introduction to Classical Nahuatl*, Austin, University of Texas Press.

ANONYMOUS (1938), *Vocabulario de palabras, modismos y refranes ticos, por un salesiano*, Cartago, Costa Rica, Escuela Tipográfica Salesiana.

ARAMBURU, Julio (1944), *Voces de supervivencia indígena*, Buenos Aires, Emecé.

ARAYA, GUILLERMO (1968), *Atlas lingüístico-etnográfico del sur de Chile (Alesuch) (preliminares y cuestionario)*, Valdivia, Universidad Austral de Chile.

ARELLANO, Jorge Eduardo (1980), *El español en Nicaragua: bibliografía fundamental y analítica (1837-1980)*, Managua, Universidad Nacional Autónoma de Nicaragua, Departamento de Español.

— (1984), «El Güegüence o la esencia mestiza de Nicaragua», Arellano, J. E. (ed.), *El güegüense o macho ratón*, págs. 7-75. Managua: Ediciones Americanas.

ARETZ DE RAMÓN, Isabel, y RAMÓN Y RIVERA, Luis Felipe (1955), «Resumen de un estudio sobre las expresiones negras en el folklore musical y coreográfico de Venezuela», *Archivos Venezolanos de Folklore*, 3-4, 65-73.

ARGÜELLO, Fanny (1978), *El dialecto žeista de español en el Ecuador: un estu-*

dio fonético y fonológico, Ph. D. disertación Pennsylvania State University.

— (1980), «El rehilamiento en el español hablado en la región andina del Ecuador», *Lexis,* 4, 151-55.

— (1984), «Arcaísmos fonéticos en el español y el quechua hablados en la región andina del Ecuador», *Orbis,* 33, 161-70.

— (1987), «Variación y cambio lingüístico en el español del Ecuador, en López Morales, H., y Vaquero, M. (eds.), *Actas del I Congreso Internacional sobre el Español de América,* págs. 655-64, San Juan, Academia Puertorriqueña de la Lengua Española.

ARMAS, Daniel (1971), *Diccionario de la expresión popular guatemalteca,* Guatemala City, Tipografía Nacional, 1982, Editorial Piedra Santa, Guatemala.

ARMENGOL VALENZUELA, Pedro (1918), *Glosario etimológico de nombres de hombres, animales, plantas, ríos y lugares,* Santiago, Imprenta Universitaria.

ARMISTEAD, Samuel (1978), «Romances tradicionales entre los hispanohablantes del estado de Luisiana», *Nueva Revista de Filogía Hispánica,* 17, 39-56.

— (1983), «Más romances de Luisiana», *Nueva Revista de Filología Hispánica,* 32, 41-54.

— (1985), Adivinanzas española de Luisiana, en Alonso, D.; García, D., y Lapesa, R. (eds.), *Homenaje a Álvaro Galmés de Fuentes,* t. II, 251-62, Madrid, Gredos.

— (1991), «Tres dialectos españoles de Luisiana», *Lingüística Española Actual,* 13, 279-301.

— (1992), *The Spanish tradition in Louisiana: isleño foklore,* Newark, Delaware, Juan de la Cuesta.

ARONA, Juan de (1975), *Diccionario de peruanismos,* Lima, Ediciones Pesa.

ARROYO SOTO, Víctor Manuel (1966), *Lenguas indígenas costarricenses,* San José, Editorial Costa Rica.

— (1971), *El habla popular en la literatura costarricense,* San José, Universidad de Costa Rica.

ASCASUBI, Hilario (1900), *Paulino Lucero o los gauchos del Río de la Plata,* Buenos Aires, Casa Editora de Jacobo Peuser, 2.ª ed.

ÁVILA, Elvio (1980), *Santiago del Estero, indo-hispania lingüística,* s. l., s. n.

ÁVILA, Raúl (1990), *El habla de Tamazunchale,* México, El Colegio de México.

AYALA GAUNA, Velmiro (1964), «El español de Corrientes» *Boletín de Filología (Montevideo),* 10, 115-26.

BACHILLER Y MORALES, Antonio (1883), «Desfiguración a que está expuesto el idioma castellano al contacto y mezcla de razas», *Revista de Cuba,* 14, 97-104.

BAHAMONDE SILVA, Mario (1978), *Diccionario de voces del norte de Chile,* Santiago, Editorial Nascimento.

BALLAGAS, Emilio (1946), *Mapa de la poesía negra americana,* Buenos Aires, Editorial Pleamar.

BARRATTA, María de (1951-2), *Cuzcatlán típico: ensayo sobre etnofonía de El Salvador,* San Salvador, Ministerio de Cultura, 2 vols.

Barberena, Santiago (1920), *Quicheísmos,* San Salvador, Tipografía «La Luz».

Barcia, José (1973), *El lunfardo de Buenos Aires,* Buenos Aires, Editorial Paidós.

Barneville Vásquez, Roger de (1988), *Modismos, refranes, proverbios, frases hechas y otras expresiones empleadas en el oriente de Bolivia,* Santa Cruz de la Sierra, el autor.

Barrenechea, María, y Orecchia, Teresa (1977), «La duplicación de objetos directos e indirectos en el español hablado de Buenos Aires», en Lope Blanch, J. (ed.), *Estudios sobre el español hablado en las principales ciudades de América,* págs. 353-81, México, Universidad Nacional Autónoma de México.

Barrera Vásquez, Alfredo (1980), *Estudios Lingüísticos,* Mérida, Fondo Editorial de Yucatán.

Barreto, Mariano (1893), *Vicios de nuestro lenguaje,* León, Nicaragua, Tipografía «J. Hernández».

Barreto Peña, Samuel (1980), *Modismos y barbarismos trujillanos,* Caracas, Santino Distribuidora Escolar.

Barrios Pintos, Aníbal (1975), *Aborígenes e indígenas del Uruguay,* Montevideo, Ediciones de la Banda Oriental.

Batres Jáuregui, Antonio (1892), *Vicios del lenguaje provincialismos de Guatemala,* Guatemala, Encuadernación y Tipografía Nacional.

Baumel-Scheffler, Sandra (1989), *Una perspectiva del voseo: una comparación de dos naciones voseantes, Guatemala y El Salvador,* M. A. tesis University of Houston.

Bayo, Ciro (1931), *Manual del lenguaje criollo de Centro y Sudamérica,* Madrid, Rafael Scaro Raggio, Editor.

Beardsley, Theodore (1975), «French /R/ in Caribbean Spanish?» *Revista/Review Interamericana,* 5, 101-9.

Becco, Horacio Jorge (1953), *Negros y morenos en el cancionero rioplatense,* Buenos Aires, Sociedad Argentina de Americanistas.

Becerra, Servio (1985), *Fonología de las consonantes implosivas en el español urbano de Cartagena de Indias (Colombia),* Bogotá, Instituto Caro y Cuervo.

Bedia, Ana María P. de (1989), *Apuntaciones sobre el español hablado en Jujuy,* Jujuy, Universidad Nacional de Jujuy.

Behares, Luis Ernesto (1981), «Estudio sociodialectológico de las formas verbales de segunda persona en el español de Montevideo», en Elizaincín, A. (ed.), págs. 27-49.

Belgeri, Francisco (1959), *Habla gaucha,* Buenos Aires, Ediciones «Nativa».

Bello, Andrés (1940), «Advertencias sobre el uso de la lengua castellana», en Lenz (1940), págs. 49-76.

Benavente, Sonia (1988), «Algunos rasgos sintácticos del castellano en alumnos universitarios puneños», en López, Enrique (ed.), págs. 237-52.

Benavides, Celso (1973), «Orígenes históricos del habla de Samaná (aproximación sociolingüística)», *Español Actual,* 25, 14-18.

— (1985), «El dialecto español de Samaná», *Anuario de la Academia de Ciencias de la República Dominicana,* 9, 297-342.

Bendezu Neyra, Guillermo (1975), *Vocabulario hampesco,* Ayacucho, Imprenta «Gráfica Popular».

BENÍTEZ DEL CRISTO, Ignacio (1930), *«Los novios catedráticos»*, *Archivos de Folklore Cubano*, 5, 2.119-46.

BENTIVOGLIO, Paola (ed.) (1979), *El habla culta de Caracas, materiales para su estudio*, Caracas, Universidad Central de Venezuela.

— (1987), *Los sujetos pronominales de primera persona en el habla de Caracas*, Caracas, Universidad Central de Venezuela.

— (1988), *«La posición del sujeto en el español de Caracas: un análisis de los factores lingüísticos y extralingüísticos»*, en HAMMOND, R., y RESNICK, M., *Studies in Caribbean Spanish dialectology*, págs. 13-23, Washington, Georgetown University Press.

— (1989), *«La posición del sujeto en las cláusulas copulativas en el español de Caracas»*, *Actas del VII Congreso de la ALFAL*, t. II, 173-1963, Santo Domingo, Asociación de Lingüística y Filología de América Latina.

BENVENUTTO MURRIETA, Pedro (1936), *El lenguaje peruano*, t. I., Lima, n. p.

BERENDT, Karl (1874), *Palabras y modismos de la lengua castellana según se habla en Nicaragua*, Managua, n. p.

BERK-SELIGSON, Susan (1978), *Phonological variation in a synchronic/diachronic sociolinguistic context: the case of Costa Rican Spanish*, Ph. D. disertación, University of Arizona.

— (1984), *«Subjetive reactions to phonological variation in Costa Rican Spanish»*, *Journal of Psycholinguistic Research*, 13, 415-42.

BERK-SELIGSON, S., y SELIGSON, M. (1978), *«The phonological correlates of social stratification in the Spanish of Costa Rica»*, *Lingua*, 46,1-28.

BERNALES, Mario (1986), *«La palatal africada en el español del sur de Chile»*, *Actas del V Congreso Internacional de la Asociación de Lingüística y Filología de la América Latina (ALFAL)*, págs. 225-32, Caracas, Universidad Central de Venezuela, Instituto de Filología Andrés Bello.

BERTILSON, Kathryn (1989), *Introducción al idioma garífuna*, Tegucigalpa, Cuerpo de Paz de Honduras.

BETHENCOURT MASSIEU, Antonio (1981), *Prólogo a* HERNÁNDEZ GARCÍA (1981).

BIAZZI, Glaucia (1985), *Ensayos sobre un área dialectal argentina de lenguas en contacto*, Posadas, Universidad Nacional de Misiones.

BICKERTON, Derec, y ESCALANTE, Aquiles (1970), *«Palenquero: a Spanish based creole of northern Colombia»*, *Lingua*, 32, 254-67.

BIOY CASARES, Adolfo (1978), *Breve diccionario del argentino exquisito*, Buenos Aires, Emecé.

BIRMINGHAM, John (1970), *The Papiamentu language of Curaçao*, Ph. D. disertación, University of Virginia.

BJARKMAN, Peter (1989), *«Abstract and concrete approaches to phonological strength and weakening chains: implications for Spanish syllable structure»*, en Bjarkman,, P., y Hammond, R. (eds.), *American Spanish pronunciation, theoretical and applied perspectives*, págs. 106-36, Washington, Georgetown University Press.

BOLIO ONTIVEROS, Edmundo (1931), *Barbarismos y provincialismos yucatecos*, Mérida, Imprenta «El Porvenir».

BORDELOIS, Ivonne (1984), *«Fonosintaxis de la /s/: lo universal caribeño»*, en Schwartz Lerner, L. y Lerner, I (eds.), *Homenaje a Ana María Barrenechea*, págs. 41-9, Madrid, Editorial Castalia.

Boretti de Macchia, Susana (1977), *El español hablado en el litoral argentino*, Rosario, Universidad Nacional de Rosario.

Borges, Jorge Luis (1953), *El idioma de los argentinos*, Buenos Aires, Del Giudice.

Bowser, Frederick (1974), *The African slave in colonial Peru 1524-1650*, Stanford, Stanford University Press.

Boyd-Bowman, Peter (1925a), «Sobre restos de lleísmo en México», *Nueva Revista de Filología Hispánica*, 6, 69-74.

— (1952b), «La pérdida de vocales átonas en la planicie mexicana», *Nueva Revista de Filología Hispánica*, 6, 138-40.

— (1953), «Sobre la pronunciación del español en el Ecuador», *Nueva Revista de Filología Hispánica*, 7, 221-33.

— (1956), «Regional origins of the earliest Spanish colonists of America», *PMLA*, 71, 1152-72.

— (1960), *El habla de Guanajauto*, México, Universidad Nacional Autónoma de México.

— (1963), «La emigración peninsular a América 1520-1539», *Historia Mexicana*, 13, 165-92.

— (1964), *Índice geobiográfico de 40.000 pobladores españoles de América en el siglo XVI, 1493-1519, vol. I*, Bogotá, Instituto Caro y Cuervo.

— (1968a), *Índice geobiográfico de 40.000 pobladores españoles de América en el siglo XVI, 1493-1519, vol. 2*, México, Editorial Jus.

— (1968b), «Regional origins of Spanish colonist of America: 1540-1559», *Buffalo Studies*, 4, 3-26.

— (1971), *Léxico hispanoamericano del siglo XVI*, Londres, Támesis.

— (1972), «La emigración española a América: 1540-1579», *Studia hispanica in honorem R. Lapesca, vol. 2, 123-147*, Madrid, Gredos.

— (1975), «A sample of sixteenth century "Caribbean" Spanish phonology», en Milan, W.; Staczek, J., y Zamora, J. (eds.), *1974 Colloquium on Spanish and Portuguese linguistics,* págs. I-II, Washington, Georgetown University Press.

— (1982), *Léxico hispanoamericano del siglo XVIII*, Madison, Hispanic Seminary of Medieval Studies.

— (1983), *Léxico hispanoamericano del siglo XVII*, Madison, Hispanic Seminary of Medieval Studies.

— (1984), *Léxico hispanoamericano del siglo XIX*, Madison, Hispanic Seminary of Medieval Studies.

— (1987), *Léxico hispanoamericano del siglo XVI*, Madison, Hispanic Seminary of Medieval Studies.

Boynton, Sylvia (1981), «A phonemic analysis of monolingual Andean (Bolivian) Spanish», en Hardman, M. J. (ed.), págs. 199-204.

Brady, Robert (1965), *The emergence of a Negro class in Mexico, 1535-1640*, Ph. D. disertación, University of Iowa.

Brambila Pelayo, Alberto (1957), *Lenguaje popular en Jalisco, aportación lexicográfica,* Guadalajara, s. n.

Brau, Salvador (1894), *Puerto Rico y su historia,* Valencia, Imprenta de Francisco Vives Mora.

Brautigan-Beer, Donovan (1983), «La influencia de las lenguas africanas en

Nicaragua», *Boletín Nicaragüense de Bibliografía y Documentación,* 51, 15-16.

BRINTON, Daniel (ed.) (1884), *The Güegüence, a comedy ballet in the Nahuatl-Spanish dialect of Nicaragua,* Brinton's Library of Aboriginal American Literature Number III, Nueva York, AMS Press.

BRITO, Rafael (1930), *Diccionario de criollismos,* San Francisco de Macoris, Imprenta «ABC».

BRITO FIGUEROA, Federico (1961), *Las insurrecciones de los esclavos en la sociedad colonial venezolana,* Caracas, Cantaclaro.

BROWN, Dolores (1989), «El habla juvenil de Sonora, México: la fonética de 32 jóvenes», *Nueva Revista de Filología Hispánica,* 37, 43-82.

BROWN, Robert (1976), *A sociolinguistic description of the Spanish of Panama City,* Ph. D. disertación, Georgetown University.

BUENO, Rolando (1978), *Cambios semánticos en la expresión guatemalteca,* Guatemala, Universidad de San Carlos, Facultad de Humanidades.

BUESA OLIVER, Tomas (1965), *Indoamericanismos léxicos en español,* Madrid, Consejo Superior de Investigaciones Científicas.

BUITRAGO MORALES, Fernando (1940), «Vocabulario de pinolerismos», *Lo que he visto al pasar,* págs. 383-486, León, Impr. Hospicio.

CAAMAÑO DE FERNÁNDEZ, Vicenta (1976), *La lengua campesina en la narrativa costumbrista dominicana,* Santo Domingo, Ed. Centurión.

CABRERA, Luis (1980), *Diccionario de aztequismos,* México, Ediciones Oasis.

CABRERA, Lydia (1969), *Refranes de negros viejos,* Miami, Editorial C. R.

— (1970), *La sociedad secreta Abakuá, narrada por viejos adeptos,* Miami, Ediciones CR.

— (1971), *Ayapá, cuentos de jicotea,* Miami, Ediciones Universal.

— (1972), *Por qué, cuentos negros de Cuba,* Miami, Ediciones CR.

— (1975), *El monte,* Miami, Ediciones Universal, 4.ª ed.

— (1976), *Francisco y Francisca (chascarrillos de negros viejos),* Miami, Colección del Chichereku.

— (1979), *Reglas de congo: palo monte mayombé,* Miami, Ediciones CR.

— (1980), *Yemayá y Ochón,* Nueva York, CR (Eliseo Torres).

— (1989), *Cuentos negros de Cuba,* Barcelona, ICARIA Editorial.

CÁCERES FREYRE, Julián (1961), *Diccionario de regionalismos de la provincia de La Rioja,* Buenos Aires, Talleres Gráficos de D. E. Taladriz.

CACOPARDO, María Cristina, y MORENO, José Luis (1985), «Características regionales, demográficas y ocupacionales de la inmigración italiana a la Argentina (1880-1930)», en Devoto, F., y Rosoli, G. (eds.), *La inmigración italiana en La Argentina,* págs. 63-85, Buenos Aires, Editorial Biblos.

CAHUZAC, Philippe (1980), «La división del español de América en zonas dialectales: solución etnolingüística o semántico-dialectal», *Lingüística Española Actual,* 2, 385-461.

CALCANO, Julio (1950), *El castellano en Venezuela,* Caracas, Ministerio de Educación Nacional.

CALLES, Ricardo, y BENTIVOGLIO, Paola (1986), «Hacia un perfil sociolingüístico del habla de Caracas», en Moreno de Alba, José (ed.), *Actas del II Congreso Internacional sobre el Español de América,* págs. 111-114, México, Universidad Nacional Autónoma de México.

CALVIS DE BON, Elena (1987), «Aproximaciones al habla de Montevideo», en López Morales, H, y Vaquero, M. (eds.), *Actas del I Congreso Internacional sobre el Español de América*, págs. 619-32, San Juan, Academia Puertorriqueña de la Lengua Española.

CAMPBELL, Lyle (1985), *The Pipil language of El Salvador*, Berlín, Mouton,

CANDAU DE CEVALLOS, María del Carmen (1987), «Algunos aspectos del español hablado en Azuay, Ecuador», en López Morales, H., y Vaquero, M. (eds.), *Actas del I Congreso Internacional sobre el Español de América*, páginas 633-39, San Juan, Academia Puertorriqueña de la Lengua Española.

CANELLADA, María, y ALONSO ZAMORA, Vicente (1960), «Vocales caducas en el español mexicano», *Nueva Revista de Filología Hispánica*, 14, 221-4.

CANFIELD, D. Lincoln (1934), *Spanish literature in Mexican languages as a source for the study of Spanish pronunciation*, Nueva York, Instituto de las Españas en los Estados Unidos.

— (1951), «Guatemalan *rr* and *s:* a recapitulation of Old Spanish siblant gradation, *Florida State University Studies in Modern Languages and Literatures*, 3, 49-51.

— (1953), «Andalucismos en la pronunciación salvadoreña», *Hispania*, 36, 32-3.

— (1960a), «Observaciones sobre el español salvadoreño», *Filología*, 6, 29-76.

— (1960b), «Lima Castilian: the pronunciation of Spanish in the City of the Kings», *Romance Notes*, 2, 1-4.

— (1962), *La pronunciación del español en América*, Bogotá, Instituto Caro y Cuervo.

— (1979), «La identificación de dialectos del español americano a base de rasgos distintivos», *Homenaje a Fernando Antonio Martínez*, 168-74, Bogotá, Instituto Caro y Cuervo.

— (1981), *Spanish pronunciation in the Americas*, Chicago, University of Chicago Press.

CAPPARELLI, Vincente (1980), *Recopilación de voces del lunfardo*, Buenos Aires, Corregidor.

CARAVEDO, Rocío (1983), *Estudios sobre el español de Lima I: variación contextual de la sibilante*, Lima, Pontificia Universidad Católica del Perú.

— (1986), «La variabilidad del segmento "d" en el español de Lima», en Moreno de Alba, J. (ed.), *Actas del II Congreso Internacional sobre el Español de América*, 281-87, México, Universidad Nacional Autónoma de México.

— (1987a), «El Perú en el Atlas Lingüístico Hispanoamericano», *Lexis*, 11, 165-82.

— (1987b), «Constricciones contextuales del español hablado en Lima. El caso de /s/, en López Morales, H., y Vaquero, M., (eds.), *Actas del I Congreso Internacional sobre el Español de América*, págs. 665-74, San Juan, Academia Puertorriqueña de la Lengua Española.

— (1990), *Sociolingüística del español de Lima*, Lima, Pontificia Universidad Católica del Perú.

— (1989), *El español de Lima, materiales para el estudio del habla culta*, Lima, Pontificia Universidad Católica del Perú.

CÁRDENAS, Daniel (1967), *El español de Jalisco*, Madrid, Consejo Superior de Investigaciones Científicas.

CÁRDENAS, Renato (1978), *Apuntes para un diccionario de Chiloé,* Castro, Ediciones Aumen.

CÁRDENAS REYES, María Cristina (1984), *Cuenca: comunidad y lenguaje,* Cuenca, Universidad de Cuenca.

— (1986), *Variedad y registros de las formaciones discursivas en Cuenca,* Cuenca, Universidad de Cuenca.

CARRASCO, Leónidas (1974), «Análisis acústico de la secuencia [r] más vocal en el español de Concepción (Chile)», *Revista de Lingüística Aplicada,* 12, 5-13.

CARREÑO, Alberto (1925), *La lengua castellana en México,* México, Imprenta Victoria.

CARRERA, Óscar (1981), *Así hablan en mi tierra,* México, Consejo Editorial del Estado de Tabasco.

CARROLL, Patrick (1991), *Blacks in colonial Veracruz,* Austin, University of Texas Press.

CARVALHO NETO, Paulo de (1955), *La obra afro-uruguaya de Ildefonso Pereda Valdés.* Montevideo, Centro de Estudios Folklóricos del Uruguay.

— (1961), *Folklore del Paraguay,* Quito, Editorial Universitaria.

— (1965), *El negro uruguayo (hasta la abolición),* Quito, Editorial Universitaria.

— (1971), *Estudios afros-Brazil-Paraguay-Uruguay-Ecuador,* Caracas, Universidad Central de Venezuela.

CASEY GASPAR, Jeffrey (1979), *Limón: 1880-1940,* San José, Universidad de Costa Rica.

CASSANO, Paul (1971a), «Substratum hypothesis concerning the Spanish of Paraguay», *Neophilologus,* 55, 41-4.

— (1971b), «Retention of certain hiatuses in Paraguayan Spanish», *Linguistics,* 109, 12-16.

— (1971c), «The attribution of vocalic nasalization in Paraguayan Spanish to Guaraní influence», *Romance Notes,* 13, 1-3.

— (1972a), «The alveolarization of the /n/, /t/, /d/, and /tr/ in the Spanish of Paraguay», *Linguistics,* 93, 22-6.

— (1972b), «La [b] del español del Paraguay, en posición inicial», *Revue Romane,* 7, 186-8.

— (1972c), «The fall of syllable- and word-final /s/ in Argentina and Paraguay», *Revue des Langues Vivantes/Tijdschrift voor Levende Talen,* 38, 282-3.

— (1972d), «The influence of Guaraní on the phonology or the Spanish of Paraguay», *Studia Linguistica,* 26, 106-112.

— (1973a), «A critique of Bertil Malmberg, "Tradición hispánica e influencia indígena en la fonética hispanoamericana"», *Canadian Journal of Linguistics,* 18, 31-45.

CASTELLANO, Juan (1961), «El negro esclavo en el entremés del Siglo de Oro», *Hispania,* 44, 55-65.

CASTELLANOS, Isabel (1983), *Eleguá quiere tambó: cosmovisión religiosa afrocubana en las canciones populares,* Cali, Universidad del Valle.

CASTELLI, Michele, y MOSONYIN, Esteban (1986), *Curso de fonética del español de Venezuela,* Caracas, Universidad Central de Venezuela.

Castelló, H. A. (1939), *Diccionario de nicaraguanismos,* Managua, Talleres Nacionales.

Castillero Calvo, Alfredo (1969), *Los negros y los mulatos libres en la historia social panameña,* Panamá City, n. p.

Castillo Nájera, Francisco (1936), *Breves consideraciones sobre el español que se habla en México,* Nueva York, instituto de las Españas en los Estados Unidos.

Castonguay, Luis (1987), *Vocabulario regional del oriente peruano,* Iquitos, Centro de Estudios Teológicos de la Amazonia.

Castrillo Gámez, Manuel (1966), *Vocabulario de voces nicaragüenses y artículos históricos,* Managua, Imprenta Nacional.

Casullo, Fernando (1964a), *Voces indígenas en el idioma español,* Buenos Aires, Compañía Argentina de Editores.

— (1964b), *Diccionario de voces lunfardas y vulgares,* Buenos Aires, Editorial Freeland.

Catalán, Diego (1956-7), «El çeçeo-zezeo al comenzar la expansión atlántica de Castilla», *Boletim de Filología,* 16, 306-334.

— (1957), «The end of the phoneme /z/ in Spanish», *Word,* 13, 283-322.

— (1958), «Génesis del español atlántico (ondas varias a través del océano)», *Revista de Historia Canaria,* 24, 233-42.

— (1960), «El español canario: entre Europa y América», *Boletim de Filologia,* 19, 317-37.

— (1964), «El español en Canarias», *Presente y futuro de la lengua española,* 1, págs. 239-80, Madrid, Cultura Hispánica.

Catinelli, Antonio (1985), *El habla de la provincia de Córdoba,* Córdoba, Argentina, Centro de Estudios de la Lengua.

Catta, Javier (1985), *Gramática del quichua ecuatoriano,* Quito, Ediciones Abya-Yala.

Cavada, Francisco (1910), *Apuntes para un vocabulario de provincialismos de Chiloé,* Punta Arenas, n. p.

— (1914), *Chiloé y los chilotes,* Santiago, Imprenta Universitaria.

Cayol, Rafael (1985), *Vocabulario picunche-gauchesco del Neuquén,* Buenos Aires, s. n.

Cedeño Cenci, Diógenes (1960), *El idioma nacional y las causas de su degeneración en la provincia de Bocas del Toro,* Panamá, Imprenta de la Academia.

Cedergren, Henrietta (1973), *The interplay of social and linguistic factors in Panamanian Spanish,* Ph. D. disertación, Cornell University.

— (1978), «En torno a la variación de la S final de sílaba en Panamá», en López Morales, H. (ed.), *Corrientes actuales en la dialectología del Caribe hispánico,* págs. 35-50, Río Piedras, Editorial Universitaria.

— (1979), «La elisión de /d/: un ensayo de comparación dialectal», *Boletín de la Academia Puertorriqueña de la Lengua Española,* 7(2), 19-29.

Cepeda, Gladys (1990), «La alofonía de /s/ en Valdivia (Chile)», *Estudios Filológicos,* 25, 5-16.

Cerrón-Palomino, Rodolfo (1972), «La enseñanza del castellano: deslindes y perspectivas, en Escobar, A. (ed.), págs. 147-66.

— (1976), «Calcos sintácticos en el castellano andino», *San Marcos,* 14, 93-101.

— (1988), «Aspectos sociolingüísticos y pedagógicos de la motosidad en el Perú», *Pueblos Indígenas y Educación,* 5 (marzo), 55-83.

CHASCA, Edmund de (1946), «The phonology of the speech of the negroes in early Spanish drama», *Hispanic Review,* 14, 322-39.

CHAVARRÍA-AGUILAR, O. (1951), «The phonemes of Costa Rican Spanish», *Language,* 27, 248-53.

CHELA FLORES, Godsuno (1986), «Las teorías fonológicas y los dialectos del Caribe hispánico, en Núñez Cedeño, R; Páez Urdaneta, I, y Guitart, J. (eds.), *Estudios sobre el español del Caribe,* págs. 21-30, Caracas, Casa de Bello.

CHIHUAHUA (1987), *Diccionario de sinónimos, antónimos y voces de Chihuahua,* Chihuahua, Centro Librero La Prensa.

CHOMSKY, Noam (1981), *Lectures on Government and Binding,* Dordrecht, Foris.

CIOSSONE, Tulio (1972), *El lenguaje erudito, popular y folklórico de los Andes venezolanos,* Caracas, Ministerio de Educación.

CLAIRIS, Christos (1985), «Indigenous languages of Tierra del Fuego», Klein, H., y Stark, L. (eds.), págs. 753-83.

CLARO, Samuel (1974), *Antología de la música colonial en América del Sur,* Santiago, Ediciones de la Universidad de Chile.

CLEGG, Halvor (1967), *Análisis espectrográfico de los fonemas /a e o/ en un idiolecto de La Habana,* M. A. tesis, University of Texas.

COBA ANDRADE, Carlos (1980), *Literatura popular afroecuatoriana,* Otavalo, Instituto Otavaleño de Antropología.

COHEN, Pedro (1971), *Estudios de lingüística descriptiva: temas panameños,* Panamá, Universidad de Panamá.

— (1976), «Pronunciación del inglés criollo de Panamá», en Cohen, P. (ed.) (1976: 21-32).

— (ed.) (1976), *Primeras jornadas lingüísticas: el inglés criollo de Panamá,* Panamá, Editorial Universitaria.

COHEN DE CHERVONAGURA, Elisa (1981), *Variaciones sobre el lenguaje, lengua y habla,* Tucumán, Universidad Nacional de Tucumán.

COLE, Peter (1985), *Imbabura Quechua,* Londres, Croom Helm.

COLUCCIO, Félix (1979), *Diccionario de voces y expresiones argentinas,* Buenos Aires, Plus Ultra, 2.ª ed.

COMITÉ DE INVESTIGACIONES DEL FOLKLORE NACIONAL Y ARTE TÍPICO SALVADOREÑO (1944), *Recopilación de materiales folklóricos salvadoreños,* San Salvador, Ministerio de Instrucción Pública.

COMMAROTA, Federico (1970), *Vocabulario familiar y del lunfardo,* Buenos Aires, A. Peña Lillo, 2.ª ed.

CONNIFF, Michael (1965), *Black workers on a white canal,* Pittsburgh, University of Pittsburgh Press.

CONSEJO SUPERIOR DE INVESTIGACIONES CIENTÍFICAS (1962), *Atlas lingüístico de la Península Ibérica,* Madrid, Consejo Superior de Investigaciones Científicas.

CORDERO, Serafín (1960), *Los charrúas,* Montevideo, Editorial Mentor.

CORDERO PALACIOS, Alfonso (1985), *Léxico de vulgarismos azuayos,* Cuenca, Casa de la Cultura Ecuatoriana, Núcleo del Azuay, 2.ª ed.

CÓRDOVA, Carlos (1975), *El canto cuencano,* Cuenca, Casa de la Cultura Ecuatoriana, Núcleo del Azuay.

CORNEJO, Justino (1967), *El quichua en el castellano del Ecuador,* Quito, Editorial Ecuatoriana.

CORREA, Gustavo (1953), «La pronunciación del español en Bogotá» (analizado por Flórez, 1951a), *Thesaurus,* 9, 286-93.

CORTÉS ALONSO, Vicenta (1964), *La esclavitud en Valencia durante el reinado de los Reyes Católicos,* Valencia, Excmo. Ayuntamiento.

CORTICHS DE MORA, Estrella (1951), *El habla de Tepotzotlán,* México, Universidad Nacional Autónoma de México.

CORVALÁN, Grazziella (1977), *Paraguay: nación bilingüe,* Asunción, Centro Paraguayo de Estudios Sociológicos.

— (1983), *¿Qué es el bilingüismo en el Paraguay?,* Asunción, Centro Paraguayo de Estudios Sociológicos.

— ; y DE GRANDA, Germán (eds.) (1982), *Sociedad y lengua: bilingüismo en el Paraguay,* Asunción, Centro Paraguayo de Estudios Sociológicos, 2 vols.

CORZO ESPINOSA, César (1978), *Palabras de origen indígena en el español de Chiapas,* México, Costa-Amic.

COSSÍO, José María de (1950), *Rodrigo de Reinosa,* Santander, Antología de Escritores y Artistas Montañeses.

COSTA ÁLVAREZ, Arturo (1928), *El castellano en la Argentina,* La Plata, Talleres de la Escuela San Vicente de Paúl.

COSTA SÁNCHEZ, Manuel (1976-77), «Descripción de particularidades acústico-articulatorias de algunos sonidos consonánticos del español hablado en Cuba», *Islas,* 55-56, 3-42.

— (1977), «Análisis acústico-articulatorio de las cinco vocales del español hablado en Cuba», *Islas,* 57, 112-127.

COSTA SÁNCHEZ, Manuel, y CARRERA GÓMEZ, Susana (1980a), «La vibrante simple. La vocal anaptíctica», *Islas,* 65, 15-42.

— (1980b), «Algunas características acústico-articulatorias de la vibrante múltiple en el español de Cuba», *Islas,* 65, 99-114.

COSTALES SAMANIEGO, Alfredo (1962), *Diccionario de modismos y regionalismos centroamericanos,* San José, Universidad de Costa Rica.

— (1963), «Modismos y regionalismos centroamericanos», *América Latina (Río de Janeiro),* 6(4), 131-68.

COSTENLA, Adolfo (1983), «Desarrollo del estudio diacrónico de las lenguas chibchas (1988-1980)», *Estudios de Lingüística chibcha [Universidad de Costa Rica], Serie A,* t. II, 15-58.

— (1984), «El huétar», *Revista de Filología y Lingüística de la Universidad de Costa Rica,* 10(2), 3-18.

COTARELO Y MORI, Emilio (1911), «Colección de entremeses, loas, bailes, jácaras y mojigangas desde finales del siglo XVI a mediados del XVIII», t. I, volúmenes 1 y 2, *Nueva Biblioteca de Autores Españoles,* vols. 17, 18, Madrid, Casa Editorial Bailly Baillière.

COTTON, Eleanor, y SHARP, John (1988), *Spanish in the Americas,* Washington, Georgetown University Press.

COUPAL, Lysanne; GERMOSEN, Paula Isabel, y JIMÉNEZ SABATER, Max (1988), «La /-r/ y la /-l/ en la costa norte dominicana: nuevos aportes para la delimitación del subdialecto cibaeño», *Anuario de Lingüística Hispánica (Valladolid),* 4, 43-79.

COUPAL, Lysanne, y PLANTE, Claire (1977), «Las oclusivas sordas yucatecas /p t k ː fuertes, aspiradas, glotalizadas?», *Langues et Linguistique*, 3, 129-76.

COWIN, Suzanne (1978), *A descriptive Phonological study of the Spanish of Liberia, in the province of Guanacaste, Costa Rica,* Tesis de Licenciatura, Florida Atlantic University.

CRESPO, Alberto (1977), *Esclavos negros en Bolivia,* La Paz, Academia Nacional de Ciencias de Bolivia.

CRETO GANGA (BARTOLOMÉ JOSÉ CRESPO Y BORBÓN) (1975), «Un ajiaco o la boda de Pancha Jutía y Canuto Raspadura», en Leal, R. (ed.), *Teatro bufo siglo XIX,* antología, t. I, 47-93, La Habana, Editorial Arte y Literatura.

CRUZ, Mary (1974), *Creto Ganga,* La Habana, Instituto Cubano del Libro «Contemporáneo».

CRUZ, Sor Juana Inés de la (1952), *Obras completas,* t. II, ed. de Méndez Placarte, Alfonso, México, Fondo de Cultura Económica.

CUCHE, Denys (1981), *Perou nègre,* París, L'Harmattan.

CUÉLLAR [VARELA], Beatriz (1971), «Observaciones sobre la "rr" velar y la "y" africada en Cuba», *Español Actual,* 20, 18-20.

CUERVO, Rufino José (1885), *Apuntaciones críticas sobre el lenguaje bogotano,* Chartres, Imprenta de Durand, 4.ª ed.

— (1901), «El castellano en América», *Bulletin Hispanique,* 3, 35-62.

CURTIN, Philip (1969), *The Atlantic slave trade: a census,* Madison, University of Wisconsin Press.

CUSIHUAMAN, Antonio (1976), *Gramática quechua: Cuzco-Collao,* Lima, Instituto de Estudios Peruanos.

DAVIS, Raymond (1980), *West Indian workers on the Panama Canal,* Ph. D. disertación, Stanford University.

DEBOSE, Charles (1975), *Papiamentu: a Spanish-based creole,* Ph. D. disertación, University of Michigan.

— (1983), «Samana English: a dialect that time forgot», *Berkeley Linguistics Society, Proceedings,* 9, 47-53.

DEIVE, Carlos Esteban (1978), *El indio, el negro y la vida tradicional dominicana,* Santo Domingo, Museo del Hombre Dominicano.

— (1986), *Diccionario de dominicanismos,* Santo Domingo, Politecnia, 2.ª ed.

DE LA PUENTE, Elsa (1989), «Debilitamiento del lleísmo en la región andina del Perú», *Lexis,* 13, 251-262.

DEL CASTILLO MATHIEU, Nicolás (1982), *Esclavos negros en Cartagena y sus aportes léxicos,* Bogotá, Instituto Caro y Cuervo.

DEODANES, Sabino [ONIBAS SENADOED] (1972), *Panchimalco y sus barriletes de luz,* San Salvador, n. p.

DEPESTRE CATONY, Leonard (1985), *Consideraciones acerca del vocabulario cubano,* La Habana, Editorial de Ciencias Sociales.

DÍAZ CAMPOS, Elia (1986), «Perfil fónico diferenciado del castellano santiaguino, 1985», en Moreno de Alba, J. (ed.), *Actas del II Congreso Internacional sobre el Español de América,* págs. 296-301, México, Universidad Nacional Autónoma de México.

DÍAZ DÍAZ, Belarmino (1987), *Latinismo y español dominicano,* Santo Domingo, Editora Universitaria.

Díaz Salazar, Diego (1911), *Vocabulario argentino,* Buenos Aires, Editorial Hispano-Argentina.

Díaz Soler, Luis (1970), *Historia de la esclavitud negra en Puerto Rico,* Río Piedras, Editorial Universitaria, 3.ª ed.

Díez Castillo, Luis (1968), *Los cimarrones y los negros antillanos en Panamá,* Panamá City, Editorial Litográfica.

Dihigo, Juan (1928), *Léxico cubano,* La Habana, Imprenta «El Siglo XX».

Dillard, J. L. (1962), «Sobre algunos fonemas puertorriqueños», *Nueva Revista de Filología Hispánica,* 16, 422-4.

D'Introno, Francesco (1985), «Clitics and binding», en King, L., y Maley, C. (eds.), *Selected papers from the XIIIth linguistic symposium on Romance languages,* págs. 31-49, Amsterdam, John Benjamins.

D'Introno, Francesco; Ortiz, Judith, y Sosa, Juan (1989), «On resyllabification in Spanish, en Kirschner, C., y Decesaris, J., *Studies in Romance linguistics,* págs. 97-114, Amsterdam, John Benjamins.

D'Introno, Francesco; Rojas, Nelson, y Sosa, Juan (1979), «Estudio de las líquidas en posición final de sílaba y final de palabras en el español de Caracas», *Boletín de la Academia Puertorriqueña de la Lengua Española,* 7, 59-100.

D'Introno, Francesco, y Sosa, Juan (1986), «Elisión de la /d/ en el español de Caracas: aspectos sociolingüísticos e implicaciones teóricas, en Núñez Cedeño, R.; Paez Urdaneta, I., y Guitart, J. (eds.), *Estudios sobre el español del Caribe,* págs. 135-61, Caracas, Casa de Bello.

— (1988), «Elisió de nasal o nasalisació de vocal en caraqueño», en Hammond, R., y Resnick, M. (eds.) *Studies in Caribbean Spanish dialectology,* págs. 24-34.

Dis, Emilio (1975), *Código lunfardo,* Buenos Aires, Editorial Caburé.

Discepolo, Armando (1958), *Mateo,* Buenos Aires, Ediciones Losange.

— (1990), *Obra dramática teatro, vol. II,* Buenos Aires, Eudeba/Galerna.

Dittman de Espinal, Marcia, y Forbes Oakley (1989), «Análisis etnolingüístico de la realidad sanandresana», *Estudios sobre español de América y lingüística afroamericana,* págs. 186-226, Bogotá, Instituto Caro y Cuervo.

Domínguez, Ramiro (1978), «Glosario del yopará», *Suplemento Antropológico de la Universidad Católica,* 13, 261-74.

Donghi de Halperin, Renata (1925), *Contribución al estudio del italianismo en la República Argentina,* Buenos Aires, Imprenta de la Universidad de Buenos Aires.

Donni de Mirande, Nélida (1968), *El español hablado en Rosario,* Rosario, Instituto de Lingüística y Filología.

— (1972), «Diferencias internas en el español del sur del litoral argentino», *Revista Española de Lingüística,* 2, 273-83.

— (1977), *El español hablado en el litoral argentino,* Rosario, Universidad Nacional de Rosario.

— (1980), «Aspectos del español hablado en la Argentina», *Lingüística Española Actual,* 2, 299-346.

— (1987), «Aspiración y elisión de la /s/ en el español de Rosario (Argentina)», en López Morales, H., y Vaquero, M. (eds.), *Actas del I Congreso In-*

ternacional sobre el Español de América, 675-88, San Juan, Academia Puertorriqueña de la Lengua Española.

— (1991), «Variación sincrónica e historia del español en la Argentina, en Hernández C. *et al* (eds.), t. I, 43-63.

DROLET, Patricia (1980), *The Congo ritual of northeastern Panama: an Afro-American expressive structure of cultural adaptation*, Ph. D. disertación, University of Illinois.

DUBSKY, Josef (1977), *Observaciones sobre el léxico santiaguero*, Praga, Univerzita Karlova.

DUNZO, Annette Ivory (1974), *Blacks of sub-Saharan African origin in Spain*, Ph. D. disertación, University of California Los Ángeles.

ECHALAR-AFCHA, Virginia (1981), *La Paz Spanish: variations in the speech of Spanish and Aymara-Spanish speakers*, M. A. tesis, Cornell University.

ECHEVERRÍA Y REYES, Aníbal (1990), *Voces usadas en Chile*, Santiago, Imprenta Elzeviriana.

EGUILUZ, Luisa (1962), «Fórmulas de tratamiento en el español de Chile», *Boletín de Filología*, 14, 69-233.

ELIZAINCIN, Adolfo (1973), *Algunos aspectos de la sociolingüística del dialecto fronterizo*, Montevideo, Universidad de la República.

— (1976), «The emergence of bilingual dialects on the Brazilian-Uruguayan border», *International Journal of the Sociology of Language*, 9, 123-34.

— (1979), *Algunas precisiones sobre los dialectos portugueses en el Uruguay*, Montevideo, Universidad de la República.

— (1987), *Nos falemo brasilero*, Montevideo, Editorial Amesur.

— (ed.) (1981), *Estudios sobre el español del Uruguay*, Montevideo, Universidad de la República, Dirección General de Extensión Universitaria.

— (1981), «Sobre tuteo/voseo en el español montevideano», en Elizaincín, A. (ed.), págs. 81-6.

ELIZAINCIN, Adolfo, y DÍAZ, Olga (1979), «Aceptación social y conciencia de hablantes montevideanos ante -s en la segunda persona singular del pretérito», *Revista de la Facultad de Humanidades y Ciencias*, 1, 1.21-36.

ELLIOT, Marshall (1984), «The Nahuatl-Spanish dialect of Nicaragua, *American Journal of Philology*, 5.

ENCALADA VÁSQUEZ, Oswaldo (1990), *Modismos cuencanos*, Cuenca, Banco Central del Ecuador.

ENTRALGO, Elías (1941), *Apuntes caracteriológicos sobre el léxico cubano*, La Habana, Molina y Compañía.

ERICKSON, Curtis (1986), «La "f" y la "j" en el español del oriente peruano», en Moreno de Alba, J. (ed.), *Actas del II Congreso Internacional sobre el Español en América*, págs. 301-6, México, Universidad Nacional Autónoma de México.

ESCALANTE, Aquiles (1954), «Notas sobre el Palenque de San Basilio, una comunidad negra en Colombia», *Divulgaciones Etnológicas (Barranquilla)*, 3, 207-359.

ESCOBAR, Alberto (1976), «Bilingualism and dialectology in Peru», *International Journal of the Sociology of Language*, 9, 85-96.

— (1977), «¿Existe el castellano limeño?», *Lexis*, 1, 39-49.

— (1978a), *Variaciones sociolingüísticas del castellano en el Perú*, Lima, Instituto de Estudios Peruanos.

— (1978b), «Una hipótesis sobre la dialectología de Arequipa», *Lingüística y educación: Actas del IV Congreso Internacional de la ALFAL,* págs. 311-319, Lima, ALFAL/Universidad Nacional Mayor de San Marcos.

— (ed.) (1972), *El reto de multilingüismo en el Perú,* Lima, Instituto de Estudios Peruanos.

ESCOBAR, Anna María (1988), *Hacia una tipología del bilingüismo en el Perú,* Lima, Instituto de Estudios Peruanos.

— (1990), *Los bilingües y el castellano en el Perú,* Lima, Instituto de Estudios Peruanos.

ESCOBAR, Raúl (1986), *Diccionario del hampa y del delito,* Buenos Aires, Editorial Universidad.

ESPINA PÉREZ, Darío (1972), *Diccionario de cubanismos,* Barcelona, Imp. M. Pareja.

ESPINOSA, Aurelio (1909), «Studies in New Mexico Spanish, part I: phonology», *Bulletin of the University of New Mexico,* 1, 47-162. Traducida y editada como «Estudios sobre el español de Nuevo Méjico» en la *Biblioteca de Dialectología Hispanoamericana,* 1 (1930), págs. 19-313.

ESPINOSA, Ciro (1935), *La evolución fonética de la lengua castellana en Cuba,* La Habana, Imp. Oscar Echeverría.

ESQUEDA, Carlos (1989), *Lexicon de Sinaloa,* Culiacán, Editorial Culiacán, 2.ª ed.

ESQUEVA, M., y CANTARERO, M. (1981), *El habla de la ciudad de Madrid, material para su estudio,* Madrid, Consejo Superior de Investigaciones Científicas.

ESTRADA Y ZENEA, Ildefonso (1980), *El quitrín,* La Habana, Editorial Letras Cubanas [1.ª ed., 1880].

ESTUPIÑÁN TELLO, Julio (1967), *El negro en Esmeraldas,* Quito, Casa de la Cultura Ecuatoriana.

FARRISS, Nancy (1984), *Maya society under colonial rule,* Princeton, Princeton University Press.

FERGUSON, Charles (1975), «Towards a characterization of English Foreigner Talk», *Anthropological Linguistics,* 17, 1-14.

FERNÁNDEZ, Joseph (1982), «The allophones of /b,d,g/ in Costa Rican Spanish», *Orbis,* 31, 121-46.

FERNÁNDEZ DE LA VEGA, Óscar, y PAMÍES, Alberto (eds.) (1973), *Iniciación a la poesía afro-americana,* Miami, Ediciones Universal.

FERNÁNDEZ FERRAZ, Juan (1892), *Nahuatlismos de Costa Rica,* San José, Tipografía Nacional.

FERNÁNDEZ GUARDIA, Ricardo (1918), *Reseña histórica de Talamanca,* San José, Universidad de Costa Rica.

FERNÁNDEZ MARRERO, Jorge (1987), «Ein historiographisches Dokument zur "Lengua Bozal" in Kuba: el Catecismo de los Negros bozales (1795)», en Perl, M. (ed.), *Beiträge zur Afrolusitanistik und Kreolistik,* págs. 37-45, Berlín, Akademie der Wisechaften der DDR, Zentralinstitut für Sprachwissenschaft, linguistische Studien 172.

FERNÁNDEZ NARANJO, Nicolás (1975), *Diccionario de bolivianismos,* La Paz, Editorial «Los Amigos del Libro», 3.ª ed.

FERNÁNDEZ NARANJO, Nicolás, y GÓMEZ DE FERNÁNDEZ, Dora (1967), *Diccionario de bolivianismos,* La Paz, Editorial «Los Amigos del Libro».

Ferrol, Orlando (1982), *La cuestión del origen y de la formación del papiamento,* La Haya, Smits Drukkers-Uitgevers BV.

Fidalgo, Andrés (1965), *Breves toponimia y vocabulario jujeños,* Buenos Aires, Ediciones La Rosa Blindada.

Fidias Jiménez, Tomás (1937), *Idioma pipil o nahuat de Cuzcatlán y Tunalán hoy República de El Salvador en la América Central,* San Salvador, Tipografía «La Unión».

Figueroa, E. (1971), «Habla y folklore en Ponce», *Revista de Estudios Hispánicos,* 1, 53-74.

Flores, Luis; Myhill, John, y Tarllo, Fernando (1983), «Competing plural markers in Puerto Rican Spanish», *Linguistics,* 21, 897-907.

Flores, Luis Alberto (1961), *Contribución al conocimiento de los regionalismos de Córdoba,* Buenos Aires, Academia Argentina de Letras.

Flórez, Luis (1946), «Reseña de American Spanish Syntax», *Boletín del Instituto Caro y Cuervo,* 2, 372-85.

— (1949), «El español hablado en Montería y Sincelejo», *Thesaurus,* 5, 124-62.

— (1951a), *La pronunciación del español en Bogotá,* Bogotá, Instituto Caro y Cuervo.

— (1951b), «El español hablado en Segovia y Remedios», *Thesaurus,* 7, 18-110.

— (1953), «*Vos* y la segunda persona verbal en Antioquia», *Thesaurus,* 9, 280-6.

— (1957), *Habla y cultura popular en Antioquia,* Bogotá, Instituto Caro y Cuervo.

— (1964), El español hablado en Colombia y su atlas lingüístico», *Presente y futuro de la lengua española,* t. 1, 5-77, Madrid, OFINES.

— (1965), *El español hablado en Santander,* Bogotá, Instituto Caro y Cuervo.

— (1969), *El español hablado en el Departamento del Norte de Santander,* Bogotá, Instituto Caro y Cuervo.

— (1973), *Las «Apuntaciones críticas» de Cuervo y el español bogotano cien años después: pronunciación y fonética,* Bogotá, Instituto Caro y Cuervo.

— (1978), «Sobre algunas formas de pronunciar muchos colombianos el español», *Thesaurus,* 33, 197-246.

Foley Gambetta, Enrique (1983), *Léxico del Perú,* Lima, Talleres de Jahnos.

Fonseca, Elizabeth (1983), *Costa Rica colonial: la tierra y el hombre,* San José, EDUCA.

Fontanella de Weinberg, María Beatriz (1962), «Algunas observaciones sobre el diminutivo en Bogotá», *Thesaurus,* 17, 556-73.

— (1966), «Comparación de dos entonaciones regionales argentinas», *Thesaurus,* 21, 17-29.

— (1967), «La *s* postapical en la región bonaerense», *Thesaurus,* 22, 394-400.

— (1971), «La entonación del español de Córdoba (Argentina)», *Thesaurus,* 26, 11-21.

— (1973), «El rehilamiento bonaerense a fines del siglo xviii», *Thesaurus,* 28, 338-43.

— (1974a), «Aspectos sociolingüísticos del uso de -s en el español bonaerense», *Orbis,* 23, 85-98.

— (1974b), «Comportamiento antes de hablantes femeninos y masculinos del español bonaerense», *Romance Philology,* 28, 50-8.

— (1976), *La lengua española fuera de España,* Buenos Aires, Paidós.

405

— (1979a) *Dinámica social de un cambio lingüístico*, México, Universidad Nacional Autónoma de México.

— (1979b), «La oposición "cantes/cantés" en el español de Buenos Aires», *Thesaurus*, 34, 72-83.

— (1980), «Three intonational systems of Argentinian Spanish», en Waugh, L., y Schooneveld, C. H. van (ed.), *The melody of language*, págs. 115-26, Baltimore, University Park Press.

— (1982), «Spanish outside Spain», en Posner, R., y Green, J. (ed.), *Trends in Romance linguistics and philology, vol. 3. Language and philology in Romance*, págs. 319-411, La Haya, Mouton.

— (1987a), *El español bonaerense: cuatro siglos de evolución lingüística (1580-1980)*, Buenos Aires, Hachette.

— (1987b), «Variedades lingüísticas usadas por la población negra rioplatense», *Anuario de Lingüística Hispánica (Valladolid)*, 3, 55-56.

— (1992), «Nuevas perspectivas en el estudio de la conformación del español americano», *Hispanic Linguistics*, 4, 275-99.

FOLBES, Oakley (1989), «Aproximaciones sociolingüísticas en torno a la realidad de las lenguas en contacto en las islas de San Andrés y Providencia: bilingüismo y diglosia», en Clemente, I. (ed.), *San Andrés y Providencia: tradiciones culturales y coyuntura política*, págs. 161-79, Bogotá, Ediciones Uniandes.

FORTÚN DE PONCE, Julia Elena (1957), *La navidad en Bolivia*, La Paz, Ministerio de Educación.

FOWLER, William (1989), *The cultural evolution of ancient Nahua civilizations: the Pipil-Nicarao of Central America*, Norman University of Oklahoma Press.

FRANCO SILVA, Alfonso (1980), *Los esclavos de Sevilla*, Sevilla, Excma. Diputación Provincial de Sevilla.

FRANCIS SORIANO, Susana (1960), *Habla y literatura popular en la antigua capital chiapaneca*, México, Instituto Nacional Indigenista.

FRIEDEMANN, Nina S. de, y PATINO ROSELLI, Carlos (1983), *Lengua y sociedad en el Palenque de San Basilio*, Bogotá, Instituto Caro y Cuervo.

FUENTES DE HO, Gloria (1976), «El bilingüismo y sus facetas, en Cohen, P. (ed.) (1976: 99-108).

GAGINI, Carlos (1893), *Diccionario de barbarismos y provincialismos de Costa Rica*, San José, Tipografía Nacional.

GALLO, Cristino (1980), *Language of the Puerto Rican street*, Santurce, Book Service of Puerto Rico.

GÁLVEZ ASTORAYME, Isabel (1990), *Quechua ayacuchano, primer curso*, Lima, Editorial Extramuros.

GÁLVEZ RONCEROS, Antonio (1975), *Monólogo desde las tinieblas*, Lima, Inti-Sol Editores.

GARASA, Delfín (1952), «Voces náuticas en tierra firme», *Filología*, 4, 169-209.

GARCÍA, Erica, y OTHEGUY, Ricardo (1983), «Being polite in Ecuador: strategy reversal under language contact», *Lingua*, 61, 103-32.

GARCÍA, Juan (1982), *La poesía negrista en el Ecuador*, Esmeraldas, Colección PAMBIL, Banco Central del Ecuador.

GARCÍA FAJARDO, Josefina (1984), *Fonética del español de Valladolid, Yucatán*, México, Universidad Nacional Autónoma de México.

406

García González, José (1973), «Remanentes lingüísticos musundis: un estudio descriptivo», *Islas,* 44, 193-246.

— (1980), «Acerca de la pronunciación de R y L implosivas en el español de Cuba: variantes e influencias», *Islas,* 65, 115-27.

García González, José, y Valdés Acosta, Gema (1978), «Restos de lenguas bantúes en la región central de Cuba». *Islas,* 59, 3-49.

García Icazbalceta, Joaquín (1989), *Vocabulario de mexicanismos,* México, Tipografía y Litografía «La Europea» de J. Aguilar.

García Riverón, Raquel (1991), «El Atlas Lingüístico de Cuba», *Lingüística Español Actual,* 13, 199-221.

Garza Cuarón, Beatriz (1987), *El español hablado en la ciudad de Oaxaca, México,* México, El Colegio de México.

Geckeler, Horst, y Ocampo Marín, Jaime (1973), «La posición del habla andina de Venezuela en el marco de la dialectología hispanoamericana», *Vox Romantica,* 32, 66-94.

Geoffroy Rivas, Pedro (1969), *El nawat de Cuscatlán: apuntes para una gramática tentativa,* San Salvador, Ministerio de Educación.

— (1973), *Toponimia nahuat de Cuscatlán,* San Salvador, Ministerio de Educación.

— (1975), *El español que hablamos en El Salvador,* San Salvador, Ministerio de Educación.

— (1978), *La lengua salvadoreña,* San Salvador, Ministerio de Educación.

Giese, Wilhelm, (1932), «Nota sobre a fala dos negros em Lisboa no principio do século XVI», *Revista Lusitana,* 30, 251-7.

Gili Gaya, Samuel (1960), *Funciones gramaticales en el habla infantil,* Río Piedras, Universidad de Puerto Rico, Publicaciones pedagógicas, serie II, núm. 24.

— (1972), *Estudios sobre lenguaje infantil,* Barcelona, Bibliograf.

Giuria, Carlos (1965), *Indagación del porteño a través de su lenguaje,* Buenos Aires, A. Peña Lillo.

Gobello, José (1961), *Primera antología lunfarda,* Buenos Aires, Editorial Las Orillas.

— (1963), *Vieja y nueva Lunfardia,* Buenos Aires, Editorial Freeland.

— (1975), *Diccionario lunfardo y de otros términos antiguos y modernos usuales en Buenos Aires,* Buenos Aires, A. Peña Lillo.

— (1990), *El lunfardo en la novela,* Buenos Aires, Academia Porteña del Lunfardo.

Godenzzi, Juan Carlos (1988), «Lengua y variación sociolectal: el castellano en Puno», en López, E. (ed.), págs. 201-36.

— (1991), «Variantes sociolectales del español en el espacio andino de Puno, Perú», en Klee, C., y Ramos-García, L. (ed.), *Sociolinguistics of the Spanish-speaking world,* págs. 182-206, Tempe, Bilingual Review Press.

Goldsmith, John (1981), «Subsegmentals in Spanish phonology, an autosegmental approach», en Cressey, W., y Napoli, D. J. (ed.), *Linguistic symposium on Romance languages 9,* págs. 1-16, Washington, Georgetown University Press.

— (1990), *Autosegmental and metrical phonology,* Londres, Basil Blackwell.

GOLIBART, Pablo (1976), «Orígenes de la vocalización en el habla cibaeña», *Eme Eme*, 22, 127-43.

GÓMEZ BACARREZA, Donato, y ARÉVALO SOTO, Fabiana, (1988), *Morfología del idioma quechua*, La Paz, Icthus.

GÓMEZ DE IVASHEVSKY, Aura (1969), *Lenguaje coloquial venezolano*, Caracas, Universidad Central de Venezuela.

GÓMEZ LÓPEZ DE TERÁN, Noemi, y ESTELA ASSIS, Mirta (1977), «Uso del pronombre personal átono "lo", *Primeras jornadas nacionales de dialectología*, págs. 299-302, Tucumán, Universidad Nacional de Tucumán, Facultad de Filosofía y Letras.

GONZÁLEZ, Carlisle (1989), «Neutralización de los fonemas /r/ y /l/ implosivas en el dialecto hablado en Santo Domingo», *Actas del VII Congreso de la ALFAL*, v. II, 19-33, Santo Domingo, Asociación de Lingüística y Filología de América Latina.

GONZÁLEZ, Carlisle, y BENAVIDES, Celso (1982), «¿Existen rasgos criollos en el habla de Samaná?», en Alba, O. (ed.), págs. 105-32.

GONZÁLEZ, Euclides (1959), *Contribución al vocabulario de colombianismos*, Bogotá, n. p.

GONZÁLEZ DE LA CALLE, Pedro (1963), *Contribución al estudio del bogotano*, Bogotá, Instituto Caro y Cuervo.

GONZÁLEZ ECHEGARAY, Carlos (1959), *Estudios guineos vol. I: Filología*, Madrid, Instituto de Estudios Africanos, Consejo Superior de Investigaciones Científicas.

GONZÁLEZ GRULLÓN, Antonio; CABANES VICEDO, Santiago, y GARCÍA BETHENCOURT, Francisco (1982), *Léxico básico de la lengua escrita en la República Dominicana*, Santo Domingo, Universidad Nacional Pedro Henríquez Ureña.

GONZÁLEZ HUGUET, Lydia, y RENÉ BAUDRY, Jean (1967), «Voces "bantú" en el vocabulario "palero"», *Etnología y Folklore*, 3, 31-65.

GONZÁLEZ RODAS, Publio (1963), *«Jaraguá», una novela salvadoreña: estudio fonológico*, San Salvador, Editorial Universitaria.

GOODGALL DE PRUNA, Ruth (1970), «La pronunciación del idioma español en el centro de Cuba», *Islas*, 37, 155-60.

GOODMAN, Morris (1987), «The Portuguese element in the American creoles», en Gilbert, G. (ed.), *Pidgin and creole languages, essays in memory of John E. Reinecke*, págs. 361-405, Honolulu, University of Hawaii Press.

GORDON, Alan (1980), «Notas sobre la fonética del castellano en Bolivia», en Gordon, A., y Rugg, E. (eds.), *Actas del Sexto Congreso Internacional de Hispanistas*, págs. 349-52, Toronto, University or Toronto, Departament of Spanish and Portuguese.

— (1987), «Distribución demográfica de los alófonos de /rr/ en Bolivia», en López Morales, H., y Vaquero, M. (eds.), *Actas del I Congreso Internacional sobre el Español de América*, págs. 715-23, San Juan, Academia Puertorriqueña de la Lengua Española.

GRACERAS, Ulises (1980), *Informe preliminar sobre la situación de la comunidad negra en el Uruguay*, Montevideo, Dirección General de Extensión Universitaria.

GRAELL STANIZOLA, Matilde, y QUILIS, Antonio (1991), «Datos sobre la lengua española en Panamá», en Hernández, C. *et al.* (eds.), t. II, 997-1005.

GRAN DICCIONARIO ACADÉMICO HONDURAS (1984), Santo Domingo, Editorial Alfa y Omega.

GRANDA, Germán de (1966), «La velarización de rr en el español de Puerto Rico», *Revista de Filología Española,* 49, 181-222.

— (1968), «La tipología "criolla" de dos hablas de área lingüística hispánica», *Thesaurus,* 23, 193-205.

— (1969), «Posibles vías directas de introducción de africanismos en el "habla de negro" literaria castellana», *Thesaurus,* 24, 459-69.

— (1970), «Un temprano testimonio sobre las hablas "criollas" en África y América», *Thesaurus,* 25, 1-11.

— (1971), «Algunos datos sobre la pervivencia del criollo en Cuba», *Boletín de la Real Academia Española,* 51, 481-91.

— (1972a), *Transculturación e interferencia lingüística en el Puerto Rico contemporáneo,* Río Piedras, Editorial Edil.

— (1972b), «Estructuras lingüísticas y relación genética en un habla "criolla" de Hispanoamérica», *Filología,* 16, 119-33.

— (1973a), «Papiamento en Hispanoamérica (siglos XVII-XIX)», *Thesaurus,* 28, 1-13.

— (1973b), «Materiales léxicos para la determinación de la matriz africana de la "lengua congo" de Cuba», *Revista Española de Lingüística,* 3, 55-79.

— (1973c), «Dialectología, historia social y sociología lingüística en Escuandé (Departamento de Nariño, Colombia)», *Thesaurus,* 28, 445-70.

— (1976), «Algunos rasgos morfosintácticos de posible origen criollo en el habla de áreas hispanoamericanas de población negra», *Anuario de Letras,* 14, 5-22.

— (1977), *Estudios sobre un área dialectal hispanoamericana de población negra: las tierras bajas occidentales de Colombia,* Bogotá, Instituto Caro y Cuervo.

— (1978a), «Observaciones sobre el voseo en el español del Paraguay», *Anuario de Letras,* 16, 265-73.

— (1979a), «Factores determinantes de la preservación del fonema /ll/ en el español del Paraguay», *Lingüística Española Actual,* 1: 403-12.

— (1979b), «Calcos sintácticos del Guaraní en el español del Paraguay», *Nueva Revista de Filología Hispánica,* 28, 267-86.

— (1980), «Algunos rasgos fonéticos del español paraguayo atribuibles a interferencia guaraní», *Revista Española de Lingüística,* 10, 339-49.

— (1982a), «Observaciones sobre la fonética del español en el Paraguay», *Anuario de Letras,* 20, 145-94.

— (1982b), «Algunas precisiones sobre el bilingüismo del Paraguay», en Corvalán, G., y Granda, G. de (eds.) (1982), 347-95.

— (1986), «Sobre dialectología e historia lingüística dominicana», *Anuario de Lingüística Hispánica (Valladolid),* 2, 57-76.

— (1987), «Dos rasgos dialectales del español dominicano en el siglo XVIII», *Lingüística Española Actual,* 9, 235-241.

— (1988a), «Notas sobre retenciones sintácticas en el español del Paraguay», Lexis, 12, 43-67.

— (1988b), *Sociedad, historia y lengua en el Paraguay,* Bogotá, Instituto Caro y Cuervo.

— (1991), «Reexamen de un problema de la dialectología del Caribe hispánico: el origen de la "vocalización cibaeña" en su contexto antillano», *Nueva Revista de Filología Hispánica,* 39, 771-89.

GRASS, Jacobo (1987), *Diccionario de chilenismos,* Santiago, Editora e Imprenta El Acuario.

GRAULLERA SANZ, Vicente (1978), *La esclavitud en Valencia en los siglos XVI y XVII,* Valencia, Instituto Valenciano de Estudios Históricos.

GREGORIO DE MAC, María Isabel de (1967), *El voseo en la literatura argentina,* Santa Fe, Argentina, Universidad Nacional del Litoral.

GRUBER, Vivián (1951), «Peninsular origins of Spain's first American colonists», *Florida State University Studies,* 3, 1-7.

GUARDIA, Roberto de la (1977), *Los negros del istmo de Panamá,* Panamá City, Instituto Nacional de Cultura (INAC).

GUARNIERI, Juan Carlos (1969), *El lenguaje popular que hablamos y escribimos,* Montevideo, s. n.

— (1971), *Sabiduría y folklore en el lenguaje campesino rioplatense,* Montevideo, Editorial LIDELA.

— (1978), *El lenguaje rioplatense,* Montevideo, Ediciones de la Banda Oriental.

GUERRA, Pancho (1977), *Obras completas III: léxico de Gran Canaria,* Las Palmas, Excma. Mancomunidad de Cabildos.

GUERRERO BALFAGÓN, Enrique (1960), «La emigración de los naturales de las Islas Canarias a las repúblicas del Río de la Plata en la primera mitad del siglo XIX», *Anuario de Estudios Atlánticos,* 6, 493-517.

GUERVA, Darío (1968), *Lenguaje vernácula de la poesía popular ecuatoriana,* Quito, Editorial Universitaria.

GUILLÉN TATO, J. (1948), «Algunos americanismos de origen marinero», *Anuario de Estudios Americanos,* 5, 615-34.

GUIRAO, Ramón (1938), *Órbita de la poesía afrocubana 1928-37,* La Habana, Ucar, García y Cía.

GUITART, Jorge (1976), *Markedness and a Cuban dialect of Spanish,* Washington, Georgetown University Press.

— (1978), «Aspectos del consonantismo habanero: reexamen descriptivo», *Boletín de la Academia Puertorriqueña de la Lengua Española,* 6, 95-114.

— (1980), «Aspectos del consonantismo habanero: reexamen descriptivo», en Scavnicky, G. (ed.), *Dialectología hispanoamericana, estudios actuales,* págs. 32-47, Washington, Georgetown University Press.

— (1981a), «Some theoretical implications of liquid gliding in Cibaeño Dominican Spanish», en Contreras, H., y Klausenburger, J. (eds.), *Proceedings of the Tenth Anniversary Symposium on Romance Linguistics,* págs. 223-8, Seattle, University of Washington.

— (1981b), «On the true environment for weakening and deletion in consonant-weak Spanish dialects», en Danesi, M. (ed.), *Issues in Language, Studies in Honor of Robert J. di Pietro,* págs. 17-25, Columbia, Jupiter Press.

— (1982), «En torno a la sílaba como entidad fonemática», *Thesaurus,* 36, 457-63.

GUITARTE, Guillermo (1958), «Cuervo, Henríquez Ureña y la polémica sobre el andalucismo de América», *Vox Romántica,* 7, 363-446.

— (1967), «La constitución de una norma del español general: el seseo», *El Simposio de Bloomington, Agosto de 1964. Actas, informes y comunicaciones*, págs. 166-175, Bogotá, Instituto Caro y Cuervo.

— (1973), «Seseo y distinción *s-z* en América durante el siglo XIX», *Romantica*, 6, 59-76.

— (1980), «Para una periodización de la historia del español de América», en Lope Blanch, J. (ed.), *Perspectivas de la investigación lingüística hispanoamericana*, págs. 119-37, México, Universidad Nacional Autónoma de México.

GUTIÉRREZ ARAUS, María Luz (1991), «Algunos rasgos gramaticales comunes al español actual de Canarias y de las Antillas», *Lingüística Española Actual*, 13, 61-70.

GUTIÉRREZ ÁVILA, Miguel Ángel (1988), *Corrido y violencia entre los afromestizos de la Costa Chica de Guerrero y Oaxaca*, Chilpancingo, Universidad Autónoma de Guerrero.

GUTIÉRREZ DE ITURRI, Layda (1984), *Expresiones populares cambas*, La Paz, Librería/Editorial Popular.

GUTIÉRREZ ESKILDSEN, Rosario (1934), «Cómo hablamos en Tabasco», *Investigaciones Lingüísticas*, 1, 265, 312.

— (1937), «El lenguaje popular en Jalisco», *Investigaciones Lingüísticas*, 4, 191-211.

— (1978), *Prosodia y fonética tabasqueñas*, México, Consejo Editorial del Estado de Tabasco.

GUTIÉRREZ MARRONE, Nila (1980), «Estudio preliminar de la influencia del quechua en el español estándar de Cochabamba, Bolivia», en Scavnicky, G. (ed.), *Dialectología hispanoamericana: estudios actuales*, págs. 58-93, Washington, Georgetown University Press.

— (1984), «Influencia sintáctica del quechua y aymara en el español boliviano, en Sola, D. (ed.), *Language in the Americas, proceedings of the Ninth PILEI Symposium*, págs. 92-105, Ithaca, Cornell University.

HACHE DE YUNEN, Ana (1982), «La /n/ final de sílaba en el español de Santiago de los Caballeros, en Alba, O. (ed.), págs. 143-54.

HADEN, Ernest, y MATLUCK, Joseph (1973), «El habla culta de La Habana: análisis fonológico preliminar», *Anuario de Letras*, 11, 5-33.

HAMMOND, Robert (1976), *Some theoretical implications from rapid speech phenomena in Miami-Cuban Spanish*, Ph. D. disertación, University of Florida.

— (1978), «An experimental verification of the phonemic status of open and close vowels in Caribbean Spanish», en López Morales, H. (ed.), *Corrientes actuales en la dialectología del Caribe hispánico*, págs. 93-143, Río Piedras, Editorial Universitaria.

— (1979a), «Restricciones sintácticas y/o semánticas en la elisión de /s/ en el español cubano». *Boletín de la Academia Puertorriqueña de la Lengua Española*, 7, 41-57.

— (1979b), «The velar nasal in rapid Cuban Spanish, en Lantolf, J.; Frank, F., y Guitart, J. (eds.) *Colloquium on Spanish and Luso-brazilian Linguistics*, págs. 19-36, Washington, Georgetown University.

— (1980), «Las realizaciones fonéticas del fonema /s/ en el español cubano rápido de Miami», en Scavnicky, G. (ed.), *Dialectología hispanoamericana, estudios actuales,* págs. 8-15, Washington, Georgetown University Press.

— (1982), «El fonema /s/ en el español jíbaro. Cuestiones teóricas», en Alba O. (ed.), págs. 155-69.

— (1986a), «La estratificación social de la R múltiple en Puerto Rico», en Moreno de Alba, J. (ed.), *Actas del II Congreso internacional sobre el Español de América,* págs. 307-315, México, Universidad Nacional Autónoma de México.

— (1986b), «En torno a una regla global en la fonología del español de Cuba, en Núñez Cedeño, R.; Páez Urdaneta, I., y Guitart, J. (eds.), *Estudios sobre la fonología del español del Caribe,* págs. 31-9, Caracas, La Casa de Bello.

— (1989), «American Spanish dialectology and phonology from current theoretical perspectives», en Bjarkman, P., y Hammond, R. (eds.), *American Spanish pronunciation, theoretical and applied perspectives,* págs. 137-50, Washington, Georgetown University Press.

— (1991), «La /s/ posnuclear en el español jíbaro de Puerto Rico», en Hernández, C. *et al.* (eds.), t. II, 1007-17.

HARDMAN, M. J. (ed.) (1981), *The Aymara language in its social and cultural context,* Gainesville, University Presses of Florida.

HARDMAN DE BAUTISTA, Martha (1982), «The mutual influence of Spanish and the Andean languages», *Word,* 33, 143-57.

HARRIS, James (1980), «Nonconcatenative morphology and Spanish plurals», *Journal of Linguistic Research,* 1, 15-31.

— (1983), *Syllable structure and stress in Spanish: a nonlinear analysis,* Cambridge, MIT press.

— (1985), «Autosegmental phonology and liquid assimilation in Havana Spanish», en King, L., y Maley, C. (eds.), *Selected papers from the XIIIth Linguistic Symposium on Romance Languages,* págs. 127-48, Amsterdam, John Benjamins.

HARTH-TERRÉ, Emilio (1971), *Presencia del negro en el virreinato del Perú,* Lima, Editorial Universitaria.

HAUSER, Guido (1947), «La pronunciación del castellano en Venezuela», *Educación (Caracas),* 9-9, 95-104.

HEATH, Shirley Brice (1972), *Telling tongues: language policy in Mexico,* Nueva York, Teachers College Press.

HENRÍQUEZ UREÑA, Pedro (1921), «Observaciones sobre el español de América», *Revista de Filología Española,* 8, 357-90.

— (1932), *Sobre el problema del andalucismo dialectal de América,* Buenos Aires, Hernando.

— (1938a), «Mutaciones articulatorias en el habla popular», *El español en México, los Estados Unidos y la América Central,* IV, págs. 329-79, Buenos Aires, Universidad de Buenos Aires, Biblioteca de Dialectología Hispanoamericana, IV.

— (1938b), «El hispano-náhuatl del *Güegüense», El español en Méjico, los Estados Unidos y la América Central,* págs. 325-27, Buenos Aires, Universidad de Buenos Aires, Biblioteca de Dialectología Hispanoamericana IV.

— (1939), «Ello», *Revista de Filología Hispánica,* I, 209-29.

— (1940), *El español en Santo Domingo,* Buenos Aires, Biblioteca de Dialectología Hispanoamericana, vol. 5.

HENSEY, Fritz (1972), *The sociolinguistics of the Brazilian-Uruguayan border,* La Haya, Mouton.

— (1975), «*Fronterizo:* a case of phonological restructuring», en Ornstein, J. (ed.), *Three essays on linguistic diversity in the Spanish-speaking world,* págs. 47-59.

— (1982a), «Uruguayan *fronterizo:* a linguistic sampler», *Word, 33,* 193-98.

— (1982b), «Spanish, Portuguese and Fronteriço: languages in contact in northern Uruguay», *International Journal of the Sociology of Language, 34,* 9-23.

HEREDIA, Carmen (1935), «Dialectología del español de México: lenguaje de Ometepec, Gro», *Investigaciones Lingüísticas, 3,* 182-9.

HERNÁNDEZ, C.; GRANDA, G., de; HOYOS, C.; FERNÁNDEZ, V.; DIETRICK, D., y CARBELLERA, Y. (eds.), (1991), *El español de América, actas del III Congreso International de El Español de América,* Salamanca, Junta de Castilla y León.

HERNÁNDEZ AQUINO, Luis (1977), *Diccionario de voces indígenas de Puerto Rico,* Río Piedras, Editorial Cultural, 2.ª ed.

HERNÁNDEZ GARCÍA, Julio (1981), *La emigración de las Islas Canarias en el siglo XIX,* Las Palmas, Excmo. Cabildo Insular de Gran Canaria.

HERNÁNDEZ PIÑA, Fuensanta (1984), *Teorías psico-sociolingüísticas y su aplicación a la adquisición del español como lengua materna,* Madrid, Siglo XXI de España.

HERRANZ, Atanasio (1987), «El lenca de Honduras: una lengua moribunda», *Mesoamérica,* 14, 429-66.

— (1990), «El español de Honduras a través de su bibliografía», *Nueva Revista de Filología Hispánica,* 38, 15-61.

HERRERO, Joaquín (1969), «Apuntes del castellano hablado en Bolivia», *Boletín de Filología Española,* 9, 37-43.

HERZFELD, Anita (1983a), «Limon Creole and Panamanian Creole: comparison and contrast», en Carrington, L. (ed.), *Studies in Caribbean language,* págs. 23-37, St. Augustine, Trinidad, Society for Caribbean Linguistics.

— (1983b), «The creoles of Costa Rica and Panamá», en Holm, J. (ed.), *Central American English,* págs. 131-56, Heidelberg, Julius Groos.

HIDALGO, Margarita (1983), *Language use and language attitudes in Juárez, Mexico,* Ph. D. disertación, University of New Mexico.

— (1990a), «The emergence of standard Spanish in the American continent: implications for Latin American dialectology», *Language Problems and Language Planning,* 14, 47-63.

— (1990b), «Sobre las variantes de /s/ en Mazatlán, Sinaloa», *Hispania,* 73, 526-9.

HILDEBRANDT, Martha (1969), *Peruanismos,* Lima, Moncloa-Campodónico Editores.

HILL, Jane (1987), «Spanish as a pronominal argument language: the Spanish interlanguage of Mexicano speakers», *Coyote Papers (University of Arizona, Linguistics Department),* 6, 68-90.

HILL, Jane, y HILL, Kenneth (1986), *Speaking Mexicano: dynamics of syncretic language in central Mexico,* Touson, University of Arizona Press.

HOCHBERG, Judith (1986), «Functional compensation for /s/ delection in Puerto Rican Spanish», *Language,* 62, 609-21.

HOLM, John (1978), *The creole English of Nicaragua's Miskito Coast: its sociolinguistic history and a comparative study of its lexicon and syntax,* Ph. D. disertación, University of London.

— (1989), *Pidgins and creoles, volume II,* Cambridge, Cambridge University Press.

HONSA, Vladimir (1975), «Clasificación de los dialectos españoles de América y la estructura de los dialectos de Colombia», *Actas del Simposio de Montevideo enero de 1966-1 Congreso de la A.L.F.A.L., III Simposio del P.I.L.E.I.,* págs. 196-209, México, Asociación de Lingüística y Enseñanza de Idiomas.

HOOPER, Joan Bybee (1976), *Introduction to natural generative phonology,* Nueva York, Academic Press.

HOY, Bill (1988), *Spanish terms of the Sonoran desert boderlands,* Calexico, California, Institute for Border Studies, San Diego State University, Imperial Valley Campus.

HUALDE, José I. (1989), «Delinking processes in Romance», en Kirschner, C., y Decesaris, J. (eds.), *Studies in Romance linguistics,* págs. 177-93, Amsterdam, John Benjamins.

HUERTAS, José (1963), *Palabras bonaerenses,* Buenos Aires, Koperva.

HUNDLEY, James (1983), *Linguistic variation in Peruvian Spanish: unstressed vowel and /s/,* Ph. D. disertación, University of Minnesota.

— (1986), The effect of two phonological processes on syllable structure in Peruvian Spanish», *Hispania,* 69, 665-8.

IBARRA GRASSO, Dick (1985), *Pueblos indígenas de Bolivia,* La Paz, Librería Editorial «Juventud».

IBARRA RIVERA, Gilberto (1989), *El habla popular en B. C. S.,* La Paz, Baja California Sur, Consejo Nacional para la Cultura y las Artes.

ICAZA, Francisco de (1923), *Diccionario autobiográfico de conquistadores y pobladores de Nueva España, sacado de los textos originales,* Madrid, Imp. de «El Adelantado de Segovia».

INCER, Jaima (1985), *Topónimos indígenas de Nicaragua,* San José, Libro Libre.

INCHAUSPE, Pedro (1949), *Voces y costumbres del campo argentino,* Santa Fe, Ediciones Colmegna, 2.ª ed.

— (1953), *Más voces y costumbres del campo argentino,* Santa Fe, Ediciones Colmegna.

INSTITUTO CARO Y CUERVO (1981), *Atlas lingüístico-etnográfico de Colombia,* Instituto Caro y Cuervo, 6 vols.

— (1985), *Muestras del habla culta de Bogotá,* Bogotá, Instituto Caro y Cuervo.

INSTITUTO OTAVALEÑO DE ANTROPOLOGÍA (1979), *Lengua y cultura en el Ecuador,* Otavalo, IOA.

ISAZA CALDERÓN, Baltasar (1986), *Panameñismos,* Panamá, Manfer, 3.ª ed.

ISBASESCU, Cristina (1965), «Algunas peculiaridades fonéticas del español hablado en Cuba», *Revue Roumaine de Linguistique,* 10, 575-94.

— (1968), *El español en Cuba: observaciones fonéticas y fonológicas,* Bucarest, Sociedad Rumana de Lingüística Románica.

ISLAS ESCARCEGA, Leovigildo (1961), *Diccionario rural de México,* México, Editorial Comaval.

ISOLA, Ema (1975), *La esclavitud en el Uruguay desde sus comienzos hasta su extinción,* Montevideo, Talleres Gráficos A. Monteverde.

IZZO, Herbert (1984), «Andalusia and America: the regional origins of New-World Spanish», en Pulgram, E. (ed.), *Romanitas: studies in Romance linguistics,* págs. 109-31, Ann Arbor, University of Michigan, Department of Romance Languages, Michigan Romance Studies, vol. IV.

JAEGGLI, Osvaldo (1982), *Topics in Romance Syntax,* Dordrecht, Foris.

JAÉN, Xinia (1989), «Cambio en la variación de /s/ en Guanacaste», *Comunicación (Instituto Tecnológico de Costa Rica),* 4(1), 36-40.

JAÉN SUÁREZ, Omar (1978), *La población del istmo de Panamá del siglo XVI al siglo XX,* Ciudad de Panamá, Impresora de «La Nación».

JASON, Howard (1967), «The language of the negro in early Spanish drama», *College Language Association Journal,* 10, 330-40.

JIMÉNEZ SABATER, Max (1975), *Más datos sobre el español en la República Dominicana,* Santo Domingo, Ediciones Intec.

— (1977), «Estructuras morfosintácticas en el español dominicano: algunas implicaciones sociolingüísticas», *Ciencia y Sociedad,* 2, 5-19.

— (1978), «Estructuras morfosintácticas en el español dominicano: algunas implicaciones sociolingüísticas», en López Morales, H. (ed.), pág. 165-80.

— (1986), «La neutralización de /-r/ y /-l/ en el dialecto dominicano. Puesta al día sobre un tema a debate», *Anuario de Lingüística Hispánica (Valladolid),* 2, 119-52.

JOLY, Luz Graciela (1981), *The ritual play of the Congos of north-central Panamá: its sociolinguistic implications,* Sociolinguistic Working Papers, núm. 85, Austin, Southwest Educational Development Laboratory.

JONES, Alphonse (1976), «Comparación fonológica del inglés criollo de Panamá y el inglés de los negros de los Estados Unidos de América», en Cohen, P. (ed.) (1967, págs. 85-98).

JORGE MOREL, Elercia (1974), *Estudio Lingüístico de Santo Domingo,* Santo Domingo, Editorial Taller.

JUSTIANO DE LA ROCHA, Dora (1986), *Apuntes sobre las lenguas nativas en el dialecto español de Bolivia,* La Paz, Instituto Internacional de Integración del «Convenio Andrés Bello».

— (1991), «La lengua española y las lenguas vernaculares de Bolivia», en Hernández, C. *et al.* (eds.), t. III, 1267-77.

KANY, Charles (1951), *American Spanish syntax,* Chicago, University of Chicago Press, 2.ª ed.

— (1960a), *American Spanish euphemisms,* Chicago, University of Chicago Press.

— (1960b), *American Spanish semantics,* Chicago, University of Chicago Press.

KAUL, Guillermo (1977a), «La región guaranítica y misiones», *Primeras jornadas nacionales de dialectología,* págs. 199-208, Tucumán, Universidad Nacional de Tucumán, Facultad de Filosofía y Letras.

— (1977b), *Diccionario etimológico lingüístico de misiones,* Posadas, Editorial Puente.

KEY, Mary Ritchie (1966), *Vocabulario castellano regional,* Riberalta, Instituto Lingüístico de Verano.

KING, Harold (1953), «Sketch of Guayaquil Spanish phonology», *Studies in Linguistics,* II(1-2), 26-30.

KLEE, Carol (1989), «The acquisition of clitic pronouns in the Spanish interlanguage or Peruvian Quechua speakers», Hispania, 72, 402-8.

— (1990), «Spanish-Quechua language contact: the clitic pronoun system in Andean Spanish», *Word,* 41, 35-46.

— (MS), *Transcripción de entrevistas grabadas hechas en el área de Cuzco, Perú.*

KLEIN, Harriet, y STARK, Louisa (eds.) (1985), *South American Indian Languages: retrospect and prospect,* Austin University of Texas Press.

— (1985), «Indian languages of the Paraguayan Chaco», en Klein, H., y Stark, L. (eds.), págs. 802-45.

KLEIN, Herbert (1967), *Slavery in the Americas: a comparative study of Virginia and Cuba,* Chicago, University of Chicago Press.

— (1982), *Bolivia: the evolution of a multi-ethnic society,* Nueva York and Oxford, Oxford University Press.

KNIGHT, Franklin (1970), *Slave society in Cuba during the nineteenth century,* Madison, University of Wisconsin Press.

KORDON, Bernardo (1938), *Candombe: contribución al estilo de la raza negra en el Río de la Plata,* Buenos Aires, Editorial Continente.

KRIVOSHEIN DE CANESE, Natalia, y CORVALÁN, Graziella (1987), *El español del Paraguay,* Asunción, Centro Paraguayo de Estudios Sociológicos.

KUBARTH, Hugo (1987), *Das lateinamerikanische Spanisch,* Múnich, Max Heuber Verlag.

LABOV, William (1972), «The study of language in its social context», *Sociolinguistic patterns,* págs. 183-259, Filadelfia, University of Pennsylvania Press.

LACAYO, Heberto (1954), «Apuntes sobre la pronunciación del español en Nicaragua», *Hispania,* 37, 267-8.

— (1962), *Cómo pronuncian el español en Nicaragua,* México, Universidad Iberoamericana.

LACUNZA DE POCKORNY, Rosario, y POSTIGO DE BEDIA, Ana María (1977), «Aspectos del español hablado en la provincia de Jujuy», *Primeras jornadas nacionales de dialectología,* págs. 191-7, Tucumán, Universidad Nacional de Tucumán, Facultad de Filosofía y Letras.

LAFFORD, Barbara (1982), *Dynamic structuring in the Spanish of Cartagena, Colombia: the influences of linguistic, stylistic and social factors on the retention, aspiration and deletion of sylable- and word-final /s/,* Ph. D. disertación, Cornell University.

LAFONE, y QUEVEDO, Samuel (1898), *Tesoro de catamarqueñismos,* Buenos Aires, Imprenta de Pablo e Coni e Hijos.

LAGMANOVICH, David (1976), «La pronunciación del español en Tucumán, Argentina a través de algunos textos dialectales», *Orbis,* 25, 298-315.

LAGOS ALTAMIRANO, Daniel, y OLIVERA AHUMADA, Selma (1988), «Algunas características del español hablado por los escolares mapuches de la comuna de Victoria», *Estudios Filológicos,* 23, 89-102.

LAGUARDA TRÍAS, Rolando (1982), *Voces de Canarias en el habla montevideana,* Montevideo, C. Casares.

LAMB, Anthony (1968), *A phonological study of the Spanish of Havana, Cuba,* Ph. D. disertación, University of Kansas.

LAMIQUIZ, Vidal, y ROPERO, Miguel (eds.) (1987), *Sociolingüística andaluza 4: encuestas del nivel popular,* Sevilla, Universidad de Sevilla.

LANTOLF, James (1978), «Evolutive change in syntax: interrogative word order in Puerto Rican Spanish», en Nuessel, F. (ed.), *Proceedings of the eighth annual Linguistic Symposium on Romance Languages,* Rowley, Newbury House.

— (1980), «Constraints on interrogative word order in Puerto Rican Spanish», *Bilingual Review,* 7, 113-22.

LANUZA, José Luis (1967), *Morenada: una historia de la raza africana en el Río de la Plata,* Buenos Aires, Editorial Schapire.

LAPESA, Rafael (1980), *Historia de la lengua española,* Madrid, Gredos, 8.ª ed.

LAPRADE, Richard (1976), *Some salient dialectical features of La Paz Spanish,* M. A. tesis, University of Florida.

— (1981), «Some cases of Aymara influence on La Paz Spanish. The Aymara language in its social and cultural context», en Hardman, M. J. (ed.), 207-27.

LARREA BORJA, Piedad (1968), *Hable feminita quiteña,* Quito, Casa de la Cultura Ecuatoriana.

LARREA PALACÍN, Arcadio de (1952), «Los negros en la provincia de Huelva», *Archivos del Instituto de Estudios Africanos,* 6 (20), 39-57.

LASCARIS, Constantino (1975), *El costarricense,* San José, EDUCA.

LASNIK, Howard (1992), *Move alpha: conditions on its application and output,* Cambridge, MIT Press.

LASTRA, Yolanda (1968), *Cochabamba Quechua syntax,* La Haya, Mouton.

LAURENCE, Kemlin (1974), «Is Caribbean Spanish a case of decreolization», *Orbis,* 23, 484-99.

LAVANDERA, Beatriz (1984), *Variación y significado,* Buenos Aires, Hachette.

LAVIÑA, Javier (ed.) (1989), *Doctrina para negros: Nicolás Duque de Estrada; Explicación de la doctrina cristiana acomodada a la capacidad de los negros bozales,* Barcelona, Sendai.

LAWTON, David (1971), «The question of creolization in Puerto Rican Spanish», Hymes, D. (ed), *Pidginization and creolization of languages,* págs. 193-194, Cambridge, Cambridge University Press.

LEITE DE VASCONCELLOS, José (1933), «Lingua de preto num texto de Henrique da Mota», *Revue Hispanique,* 81, 241-6.

LEIVA VIVAS, Rafael (1982), *Tráfico de esclavos negros a Honduras,* Tegucigalpa, Guaymuras.

LEMOS RAMÍREZ, Gustavo (1920), *Semántica,* Guayaquil, Imprenta Pi Papelería Sucre e J. F. Molestina.

LEMOJ RAMÍREZ, Gustav (1922), *Barbarismos fonéticos del Ecuador,* Guayaquil, Imprenta Gutenberg de E. A. Uzcátegui.

LENTZNER, Karl (1938), «Observaciones sobre el español de Guatemala», *Biblioteca de Dialectología Hispanoamericana,* 4, 227-34.

LENZ, Rodolfo (1905-10), *Diccionario etimológico de las voces chilenas*

417

derivadas de lenguas indíjenas americanas, Santiago, Imprenta Cervantes.

— (1928), *El papiamento: la lengua criolla de Curazao,* Santiago de Chile, Est. Gráficos Balcells & Co.

— (1940), «El español en Chile», *Biblioteca de Dialectología Hispanoamericana,* VI: 79-208, Buenos Aires, Universidad de Buenos Aires.

LEÓN REY, José Antonio (1955), *El lenguaje popular del oriente de Cundimarca,* Bogotá, Imprenta del Banco de la República.

LERNER, Isaías (1974), *Arcaísmos léxicos en el español de América,* Madrid, Ínsula.

LEUMANN, Carlos (1953), *La literatura gauchesca y la poesía gaucha,* Buenos Aires, Raigal.

LEWIS, Lancelot (1988), *The West Indian in Panama,* Washington, University Press of America.

LIPSKI, John (1975), «The language battle in Puerto Rico», *Revista Interamericana,* 5, 346-54.

— (1977), «Preposed subjects in questions», *Hispania,* 60, 61-7.

— (1983a), «La norma culta y la norma radiofónica: /s/ y /n/ en español», *Language Problems and Language Planning,* 7, 239-62.

— (1983b), «Reducción de /s/ en el español de Honduras», *Nueva Revista de Filología Hispánica,* 32, 273-88.

— (1984), «On the weakening of /s/ in Latin American Spanich», *Zeitschrift für Dialektologia und Linguisti,* 51, 31-43.

— (1985a), «/s/ in Central American Spanich», *Hispania,* 68, 143-9.

— (1985b), *The Spanich of Equatorial Guinea,* Tubinga, Max Niemeyer.

— (1985c), «Creole Spanish and vestigial Spanish: evolutionary parallels», *Linguistics,* 23, 963-84.

— (1985d), «The speech of the *negros congos* of Panama: creole Spanish vestiges?», *Hispanic Linguistic,* 2, 23-47.

— (1986a), «Reduction of Spanish word-final /s/ and /n/», *Canadian Journal of Linguistics,* 31, 139-56.

— (1986b), «Instability and reduction of /s/ in the Spanish of Honduras», *Revista Canadiense de Estudios Hispánicos,* 11, 27-47.

— (1986c), «Lingüística Afroecuatoriana: el valle del Chota», *Anuario de Lingüística Hispanica (Valladolid),* 2, 153-76.

— (1986d), «Convergence and divergence in *bozal* Spanish», *Journal of Pidgin and Creole Languages,* 1, 171-203.

— (1986e), «Golden Age "black Spanish": existence and coexistence», *Afro-Hispanic Review,* 5 (1-2), 7-12.

— (1986f), «On the weakening of /s/ in *bozal* Spanish», *Neophilologus,* 70, 208-16.

— (1986g), The *negros congos* of Panama: Afro-Hispanic creole language and culture», *Journal of Black Studies,* 16, 409-28.

— (1986h), «Central American Spanish in the United States: El Salvador», *Aztlán,* 17, 91-124.

— (1987a), *Fonética y fonología del español de Honduras,* Tegucigalpa, Guaymuras.

— (1987b), «The Chota Valley: Afro-Hispanic language in highland Ecuador», *Latin American Research Review,* 22, 155-70.

418

— (1987c), «The construction *ta* + infinitive in Caribbean *bozal* Spanish», *Romance Philology*, 40, 431-50.

— (1988a), «On the reduction of /s/ in "black" Spanish, en Staczek, J. (ed.) *On Spanish, Portuguese, and Catalan linguistics*, págs. 4-16, Washington, Georgetown University Press.

— (1988b), «La discontinuidad fonética como criterio dialectológico», *Thesaurus*, 43, 1-17.

— (1989a), «/a/ in the Spanish of Nicaragua», *Orbis*, 33, 171-81.

— (1989b), «/s/ -voicing in Ecuadoran Spanish», *Lingua*, 79, 49-71.

— (1989c), «Spanish *yeísmo* and the palatal resonants», *Probus*, 1, 211-23.

— (1990a), «Elision of Spanish intervocalic /y/: toward a theoretical account», *Hispanic*, 73, 797-804.

— (1990b), «Aspects of Ecuadorian vowel reduction», *Hispanic Linguistics*, 4, 1-19.

— (1990c), *The language of the* islenos: *vestigical Spanish in Louisiana*, Baton Rouge, Louisiana State University Press.

— (1990d), «Trinidad Spanish: implications for Afro-Hispanic language», *Nieuwe West-Indische Gids*, 62, 7-26.

— (1990e), *The speech of the* negros congos *of Panama*, Amsterdam, John Benjamins.

— (1990f), «Clitic doubling and direct-object dropping in Andean Spanish». Ponencia presentada en el 4.º Congreso de la Biennial Northeastern de la Asociación Americana de Profesores de Español y Portugués, Province, Rhode Island.

— (1991a), «In search of the Spanish personal infinitive», en Wanner, D. y Kibbie, D. (eds.), *New analyses in Romance linguistics, papers from the XVIII Linguistic Symposium on Romance Languages*, págs. 201-20, Amsterdam, John Benjamins.

— (1991b), «Clandestine broadcasting as a sociolinguistic microcosm», en Klee, C. y Ramos-García, L. (ed.), *Sociolinguistics of the Spanish-speaking world*, págs. 113-37, Tempe, Bilingual Press.

— (1991c), «Spanish taps and trills: toward a unified analysis», *Folia Linguistica*, 24, 153-74.

— (1991d), «On the emergence of *(a) mí* as subject in Afro-Iberian pidgings and creoles», en Harris Northall, R., y Cravens, T. (eds.), *Linguistic studies in medieval Spanish*, págs. 39-61, Madison, Hispanic Seminary of Medieval Studies.

— (de próxima aparición), «Spontaneous nasalization in the development of Afro-Hispanic Language», *Journal of Pidgin and Creole Languages*.

LIRA URQUIETA, Pedro (1973), *Estudios sobre vocabulario*, Santiago, Editorial Andrés Bello.

LIZONDO BORDA, Manuel (1927), *Estudios de voces tucumanas*, Tucumán, M. Violetto Imp.

LLORENS, WASHINGTON (1971), *El habla popular de Puerto Rico*, Río Piedras, Editorial Edil, 2.ª ed.

LOCKHART, James (1992), *The Nahuas after the conquest*, Stanford, Stanford University Press.

LOCKHART, James, y SCHWARTZ, Stuart (1983), *Early Latin America*, Cambridge, Cambridge University Press.

LONGMIRE, Beverly (1976), *The relationship of variables in Venezuelan Spanish to historical sound changes in Latin and the Romance languages*, Ph. D. disertación. Georgetown University.

LOPE BLANCH, Juan (1964), «Estado actual del español en México», *Presente y futuro de la lengua española*, t. I, 79-91, Madrid, Oficina Internacional de Información y Observación del Español.

— (1966), «En torno a las vocales caedizas del español mexicano», *Nueva Revista de Filología Hispánica*, 17, 1-19.

— (1966-7), «Sobre el rehilamiento de ll/y en México», *Anuario de Letras*, 6, 43-60.

— (1967a), «La -r final del español mexicano y el sustrato nahua», *Thesaurus*, 22, 1-20.

— (1967b), «La influencia del sustrato en la fonética del español mexicano», *Revista de Filología Española*, 50, 145-161.

— (1968), «Hispanic dialectology», en Sebeok, Thomas (ed.), *Current trends in linguistics, vol IV: Ibero-American and Caribbean Linguistics*, páginas 106-57, La Haya, Mouton.

— (1979), *Léxico indígena en el español de México*, México, Colegio de México, 2.ª ed.

— (1980), «La interferencia lingüística: un ejemplo del español yucateco», *Thesaurus*, 35, 80-97.

— (1981), «Sobre la influencia fonética maya en el español de Yucatán», *Thesaurus*, 36, 413-28.

— (1983), «Sobre glotalizaciones en el español de Yucatán», *Philologica hispaniensia in honorem Manual Alvar*, t. I, 373-85, Madrid, Gredos.

— (1984) «Sobre los cortes glóticos del español yucateco». *Homenaje a Luis Flórez*, págs. 199-219, Bogotá, Instituto Caro y Cuervo.

— (1986), *El estudio del español hablado culto: historia de un proyecto*, México, Universidad Nacional Autónoma de México.

— (1987), «Las consonantes oclusivas en el español de Yucatán», *Estudios sobre el español de Yucatán*, págs. 65-91, México, Universidad Nacional Autónoma de México.

— (1990a), *El español hablado en el suroeste de los Estados Unidos*, México, Universidad Nacional Autónoma de México.

— (1990b), «El estudio coordinado del español del suroeste de los Estados Unidos (memoria de un coloquio)», *Anuario de Letras*, 28, 343-54.

— (ed.) (1971), *El habla de la Ciudad de México*, México, Universidad Nacional Autónoma de México.

— (ed.) (1979), *El habla popular de la Ciudad de México*, México, Universidad Nacional Autónoma de México.

— (ed.) (1990), *Atlas lingüístico de México, vol. I*, Ciudad de México, Colegio de México/Fondo de Cultura Económica.

LÓPEZ, Brenda V. de (1967), *Lenguaje fronterizo en obras de autores uruguayos*, Montevideo, Talleres Gráficos de la Comunidad del Sur.

LÓPEZ, Enrique (ed.) (1988), *Pesquisas en lingüística andina*, Lima, Puno, Universidad Nacional del Altiplano.

LÓPEZ CHÁVEZ, Juan (1977), «El fonema /s/ en el habla de La Cruz, Sinaloa», *Nueva Revista de Filología Hispánica*, 26, 332-40.

López Morales, Humberto (1965), Nuevos datos sobre el voseo en Cuba», *Español Actual,* 4, 4-6; 5.12.

— (1970a), «Introducción», *Estudio sobre el español de Cuba,* págs. 11-49, Nueva York, Las Américas.

— (1970b), «Indigenismos en el español de Cuba», *Estudio sobre el español de Cuba,* págs. 50-61, Nueva York, Las Américas.

— (1971), «Transculturalización e interferencia lingüística en el puerto Rico contemporáneo: cuestiones de método», *Revista de Filología Española,* 54, 317-25.

— (1974), «Anglicismos en Puerto Rico: en busca de los indices de permeabilización del diasistema», *Homenaje a Demetrio Gazdaru,* págs. 77-83.

— (1979a), «Desdoblamiento fonológico de /e a o/ en el español de Cuba», *Estudios ofrecidos a Emilio Alarcos Llorach,* t. IV, 153-165, Oviedo, Universidad de Oviedo.

— (1979b), «Velarización de /rr/ en el español de Puerto Rico: índices de actitud y creencias», *Homenaje a Fernando Antonio Martínez,* págs. 193-214, Bogotá, Instituto Caro y Cuervo.

— (1979c), *Dialectología y sociolingüística: temas puertorriqueños,* Madrid, Hispanova.

— (1980a), «Velarización de /n/ en el español de Puerto Rico», *Lingüística Española Actual,* 2, 203-17.

— (1980b), «Sobre la pretendida existencia y pervivencia del "criollo" cubano», *Anuario de Letras* 18.85-116.

— (1981a), «Velarization of /n/ in Puerto Rican Spanish», en Sankoff, D y Cedergrn, H. (eds.), *Variation omnibus,* págs. 105-13, Edmonton, Linguistics Research.

— (1981b), «Relaciones léxico-semánticas en el ámbito lingüístico canario-cubano», en Alvar, M. (ed.), 1981, 311-23).

— (1983a), *Estratificación social del español de San Juan de Puerto Rico,* México, Universidad Nacional Autónoma de México.

— (1983b), «Lateralización de -/r/ en el español de Puerto Rico: sociolectos y estilos», *Philologica hispaniensia in honorem Manuel Alvar,* t. I, 387-98, Madrid, Gredos.

— (1984), «El fenómeno de lateralización en las Antillas y en Canarias, en Alvar, M. (ed.), *Il Simposio Internacional de Lengua Española (1981),* páginas 215-28, Las Palmas, Excmo. Cabildo Insular.

López Osorno, Mario (1945), *Habla gauchesca,* Chascomús, Impr. Rossi Hnos.

López Scott, Leticia (1983), *A sociolinguistic analysis of /s/ variation in Honduran Spanish,* Ph. D. disertación, University of Minnesota.

Lorenzo Ramos, Antonio (1976), *El habla de los Silos,* Santa Cruz de Tenerife, Caja de Ahorros de Santa Cruz.

Lozano, Anthony (1975), «Syntactic borrowing in Spanish from Quechua: the noun phrase». *Lingüística e indigenismo moderno de América,* 5, 297-306, Lima, Instituto de Estudios Peruanos.

Luján, Marta (1987), «Clitic-doublig in Andean Spanish and the theory of case absorpion», en Morgan, T., Lee, J. y Vanpatten, B (eds.), *Language and language use: studies in Spanish,* págs 109-21, Washigton, University Press of America.

Luján, Marta; Minaya, Liliana, y Sankoff, David 91981), «El principio de consistencia universal en el habla de los niños bilingües peruanos», *Lexis, 5*, 95-110.

Lucco, Orestes di (1965), *Elementos para un estudio del habla popular de Santiago del Estero*, Santiago del Estero, Talleres Gráficos Amoroso.

Maccurdy, Raymond (1950), *The Spanish Dialect of St. Bernard Parish. Louisiana*, Albuquerque, University of New Mexico.

— (1959), «A Spanish word-list of the "Brulis" dwellers of Louisiana», *Hispania, 42*, 547-54.

Macías, José Miguel (1885), *Diccionario cubano etimológico, crítico, razonado y comprensivo*, Veracruz, Imprenta de C. Trowbridge.

Malaret, Augusto (1946), *Diccionario de americanismos*, Buenos Aires, Emecé, 3.ª ed.

— (1955), *Vocabulario de Puerto Rico*, Nueva York, Las Américas.

Malmberg, Bertil (1947), *Notas sobre la fonética del español en el Paraguay*, Lund, Gleerup.

— (1950), *Études sur la phonétique de l'espagnol parlé en Argentine*, Lund, Alf Lombard.

— (1964), «Tradición hispánica e influencia indígena en la fonética hispanoamericana», *Presente y futuro de la lengua española*, t. II, 227-45, Madrid, Oficina Internacional de Información del Español.

— (1965), *Estudios de fonética española*, Madrid, Consejo Superior de Investigación Científicas.

— (1971), *La América hispanohablante: unidad y diferenciación del castellano*, Madrid, Istmo.

Mannheim, Bruce (1991), *The language of the Inka since the European invasion*, Austin, University of Texas Press.

Mantica, Carlos (1989), *El habla nicaragüense y otros ensayos*, San José, Libro Libre.

Marcano Rosas, José (1978), *Historia y habla popular en Margarita*, Caracas, Frindaconferry.

Marden, Charles (1896), *The phonology of the Spanish dialect of Mexico City*, Baltimore, Modern Language Association of America. Reimpreso en español en *El español en Méjico, los Estados Unidos y la América Central* (Biblioteca de Dialectología Hispanoamericana IV), págs. 87-187, Buenos Aires, Universidad de Buenos Aires, 1938.

Mariñas Otero, Luis (1983), *Honduras*, Tegucigalpa, Editorial Universitaria, 2.ª ed.

Márquez Carrero, Andrés (1973), *El habla popular en el Estado Mérida: zonas dialectales*, Mérida, n. p.

— (1985), *Geografía lingüística del Estado Mérida*, Mérida, Universidad de los Andes.

Marrera, Mariana; Loquet, Cecile, y Portela, Clara (1982), «Consideraciones sobre la /r/ implosiva en el español de niños de dos instituciones educativas de Santiago», en Alba, O. (ed.), págs. 171-81.

Marsilio, Horacio de (1969), *El lenguaje de los uruguayos*, Montevideo, Editorial Nuestra Tierra.

Martín, Laura (1978), «Mayan influence on Guatemala Spanish: a research outline and test case», en England, N. (ed.), *Papers in Mayan Linguistic*, págs. 106-26. Columbia, University of Missouri.

— (1985), «Una mi tacita de café: the indefinite article in Guatemala Spanish», *Hispania*, 68: 383-7.

MARTÍNEZ VIGIL, Carlos (1939), *Arcaísmos españoles usados en América*, Montevideo, Imprenta Catre.

MARTORELL DE LACONI, Susana, (1986), *El voseo en la norma culta de la ciudad de Salta*, Salta, Universidad Católica de Salta.

MARTORELL DE LACONI, Susana y ROSSI DE FIORI, Iride (1986), *Estudios sobre el español de la ciudad de Salta*, I, Salta, Ediciones Roma.

MASINI, José (1962), *La esclavitud negra en Mendoza*, Mendoza, Tallers Gráficos D'Accurzio.

MASON, J. Alden (1918), «Porto-Rican folk-lore: décimas, Christmas carols, nursey rhymes, and other songs», *Journal of American Folklore*, 31, 289-450.

MASSIEU, Cuca (1984), *Brotes de Guerrero: guerrismos*, México, s. n.

MATEUS, Alejandro (1933), *Riqueza de la lengua castellana y provincialismos ecuatorianos*, Quito, Editorial Ecuatoriana, 2.ª ed.

MATLUCK, Joseph (1951), *La pronunciación en el español del Valle de México*, México, Imp. de Adrián Morales Sánchez.

— (1961), «Fonemas finales en el consonantismo puertorriqueño», *Nueva Revista de Filología Hispánica*, 15, 332-42.

— (1963), «La *e* trabada en la ciudad de México», *Anuario de Letras*, 3, 5-34.

MAULEÓN BENÍTEZ, Carmen (1974), *El español de Loiza Aldea*, Madrid, Ediciones Partenón.

MATUS LAZO, Roger (1982), *Léxicon de la ganadería en el habla popular de Chontales*, Managua, Ministerio de Educación.

MAURA, Gabriel Vicente (1984), *Diccionario de voces coloquiales de Puerto Rico*, San Juan, Editorial Zemi.

MAURER, Philippe (1986a), «El origen del papiamento desde el punto de vista de sus tiempos», *Neue Romania*, 4, 129-49.

— (1986b), «Le papiamento de Curaçao: un cas de créolisation atypique?» *Études Créoles*, 9, 97-113.

MEDINA, José (1917), *Voces chilenas de los reinos animal y vegetal que pudieran incluirse en el diccionario de la lengua castellana*, Santiago, Imprenta Universitaria.

— (1927), *Nuevos chilenismos*, Santiago, Imprenta Universitaria.

— (1928), *Chilenismos*, Santiago, Soc. Imp. y Lit. Universo.

MEDINA-RIVERO, Antonio (1990), *Análisis cuantitativo y sociolingüístico de /s/ en el español de Choluteca y El Paraíso, Honduras*, M. A. tesis, State University of New York at Stony Brook.

MEGENNEY, William (1976), «El elemento subsahárico en el léxico costeño de Colombia», *Revista Española de Lingüística*, 6, 405-51.

— (1978), «El problema de R velar en Puerto Rico», *Thesaurus*, 33, 72-86.

— (1979), «El elemento subsahárico en el léxico venezolano», *Revista Española de Lingüística*, 9: 405-51.

— (1980), «Sub-Saharan influences in *Palenquero* and *Barloventero*», *Revista/Review Interamericana*, 10, 43-55.

— (1981), «Sub-Saharan influences in the lexicon of Puerto Rico», *Orbis*, 30, 214-60.

— (1982), «Elementos subsaháricos en el español dominicano», en Alba, O. (ed.), págs. 183-201.
— (1983), «Common words of African origin used in Latin America», *Hispania*, 66, 1-10.
— (1984), «Traces of Portuguese in three Caribbean creoles: evidence in support of the monogenetic theory», *Hispanic Linguistics*, 1, 177-89.
— (1985a), «Rasgos criollos en algunos villancicos negroides de Puebla, México», *Anuario de Letras*, 23, 161-202.
— (1985b), «La influencia criollo-portuguesa en el español caribeño», *Anuario de Lingüística Hispánica (Valladolid)*, 1, 157-80.
— (1985c), «África en Venezuela: su herencia lingüística y cultura literaria», *Montalbán*, 15: 3-56.
— (1986), *El palenquero: un lenguaje post-criollo colombiano*, Bogotá, Instituto Caro y Cuervo.
— (1988), «Black rural speech in Venezuela», *Neophilologus*, 73, 52-61.
— (1989), «An etiology of /-s/ deletion in the Hispanic Caribbean: internal process or substratum influence?», *Estudios sobre el español de América y lingüística afroamericana*, págs. 300-27, Bogotá, Instituto Caro y Cuervo.
— (1990a), *África en Santo Domingo: la herencia lingüística*, Santo Domingo, Museo del Hombre Dominicano.
— (1990b), «Fenómenos criollos secundarios en textos portugueses del renacimiento», *Anuario de Lingüística Hispánica*, 6, 335-82.
— (1990c), «Barlovento, los Andes y las tierras bajas: parangón de características fonológicas», *Montalbán*, 22, 147-74.
— (MS), *Basilectal speech patterns of Barlovento, Venezuela*, manuscrito inédito, University of California, Riverside.
Mejía, Medardo (1983), *Historia de Honduras, vol. 1,* Tegucigalpa, Editorial Universitaria.
Mejía Prieto, Jorge (1985), *Así habla el mexicano,* México, Panorama Editorial, 2.ª ed.
Meléndez, Carlos (1978), *Costa Rica: tierra y poblamiento en la colonia,* San José, Ed. Costa Rica.
— (1982), *Conquistadores y pobladores: orígenes histórico-sociales de los costarricenses,* San José, Editorial Universidad Estatal a Distancia.
Meléndez, Carlos, y Duncan, Quince (1979), *El negro en Costa Rica,* 6.ª ed., San José, Ed. Costa Rica.
Meléndez Badell, Roberto (1974), *Voces y modismos del Zulia,* Maracaibo, n. p.
Meliá, Bartomeu (1974), «Hacia una "tercera lengua" en el Paraguay», *Estudios Paraguayos,* 2 (2), 31-72.
Mellafe, Rolando (1959), *La introducción de la esclavitud negra en Chile,* Santiago, Universidad de Chile.
Membreño, Alberto (1895), *Hondureñismos,* Tegucigalpa, Tipografía Nacional. Reimpr., en 1982, Editorial Guaymuras, Tegucigalpa.
— (1901), *Nombres geográficos indígenas de la República de Honduras,* Tegucigalpa, Tipografía Nacional.
— (1907), *Aztequismos de Honduras,* México, Imprenta de P. Escalante.
— (1908), *Nombres geográficos de la República de El Salvador,* México, Imprenta de Ignacio Escalante.

MENDOZA, Aida (1976), *Sistema fonológico del castellano y variantes regionales*, Lima, I.N.I.D.E.

— (1978), «Variantes fonéticas regionales», *Lingüística y educación: Actas del IV Congreso Internacional de la ALFAL*, págs. 445-56, Lima, ALFAL/Universidad Nacional Mayor de San Marcos.

MENDOZA, Eufemio (1922), *Apuntes para un catálogo razonado de las palabras mexicanas introducidas al castellano*, Guadalajara, Imprenta y Casa Editorial de Fortino Jaime.

MENDOZA, José (1988), *Caracterización morfosintáctica del castellano paceño*, manuscrito inédito, Universidad Mayor de San Andrés, La Paz.

— (1991), «Aproximación morfosintáctica al castellano paceño», en Klee, C, y Ramos García, L. (eds.), *Sociolinguistics of the Spanish-speaking world*, págs. 207-229, Tempe, Bilingual Review Press.

MENDOZA, Vicente (1956), «Algo de folklore negro en México», *Miscelánea de estudios dedicados a Fernando Ortiz por sus discípulos, colegas y amigos,* t. II, 1092-1111, La Habana, Sociedad Económica de Amigos del País.

MENÉNDEZ PIDAL, Ramón (1962), «Sevilla frente a Madrid», en Catalán, D. (ed.), *Miscelánea homenaje a André Martinet,* t. III, 99-165, La Laguna: Universidad de La Laguna.

MEO ZILIO, Giovanni (1955a), «Fenomeni lessicali dell'italiano rioplatense», *Lingua Nostra,* 16, 53-5.

— (1955b), «Influenze dello spagnolo sull'italiano parlato nel Rio de la Plata», *Lingua Nostra,* 16, 16-22.

— (1955c), «Contaminazioni morfologiche nel cocoliche rioplatense», *Lingua Nostra,* 16, 112-17.

— (1956), «Interferenze sintattiche nel cocoliche rioplatense», *Lingua Nostra,* 17, 54-59, 88-91.

— (1958), «Un morfema italiano con funzione stilistica nello spagnolo rioplatense», *Lingua Nostra,* 19, 58-64.

— (1959), «Una serie di morfemi italiani con funzione stilistica nello spagnolo nell'Uruguay», *Lingua Nostra,* 20, 49-54.

— (1960), «Sull'elemento italiano nello spagnolo rioplatense», *Lingua Nostra,* 21, 97-103.

— (1989), *Estudios hispanoamericanos: temas lingüísticos,* Roma, Bulzoni.

MERINO, Francisco (1982), *El negro en la sociedad montevideana,* Montevideo, Ediciones de la Banda Oriental.

MERLÍN, María de las Mercedes Santa Cruz, y MONTALVO, Condesa de (1974), *Viaje a La Habana,* La Habana, Editorial de Arte y Literatura.

MEYER-RUSCA, Walter (1952), *Voces indígenas del lenguaje popular sureño,* Padre Las Casas, Imp. «San Francisco».

MEZZERA, Baltasar Luis (1968), *Idioma español y habla criolla: charrúas y vilelas,* Montevideo, Editorial Solange.

MIGLIAZZA, Ernest (1985), «Languages of the Orinoco-Amazon region: current status», en Klein H., y Stark, L. (eds.), págs. 17-136.

MILLONES SANTAGADEA, Luis (1973), *Minorías étnicas en el Perú,* Lima, Pontífica Universidad Católica del Perú.

MINAYA PORTELLA, Liliana (1976), *Descripción sintáctica: la frase nominal en doce ciudades del país,* Lima, I.N.I.D.E.

— (1978), «Descripción sintáctica del habla del niño ayacuchano», *Lingüística y educación: Actas del IV Congreso Internacional de la ALFAL*, páginas 464-477, Lima, ALFAL/Universidad Nacional Mayor de San Marcos.

MINTZ, Sidney (1971), «The socio-historical background to pidginization and creolization», en Hymes, D. (ed.), *Pidginization and creolization of languages*, págs. 481-96, Cambridge, Cambridge University Press.

MIRANDA ESQUERRE, Luis (1978), «Peculiaridades sintácticas en el español de los niños de zonas de influencia quechua», *Lingüística y educación: Actas del IV Congreso Internacional de la ALFAL*, págs. 478-83, Lima, ALFAL/Universidad Nacional Mayor de San Marcos.

MOLINARI, Diego (1944), «Notas al castellano en la Argentina», Buenos Aires, Ángel Estrada, 3.ª ed.

MONTES GIRALDO, José Joaquín (1959), «Del español hablado en Bolívar (Colombia», *Thesaurus*, 14, 82-110.

— (1962), «Sobre el habla de San Basilio de Palenque (Bolívar, Colombia)», *Thesaurus*, 17, 446-50.

— (1966), ¿*H* faríngea en Colombia?» *Thesaurus*, 21, 341-2.

— (1967), «Sobre el voseo en Colombia», *Thesaurus*, 22, 21-44.

— (1969), «¿Desaparece la "ll" de la pronunciación bogotana?» *Thesaurus*, 24, 102-4.

— (1974), «El habla del Chocó: notas breves», *Thesaurus*, 29, 409-28.

— (1975a), «Breves notas de fonética actual del español», *Thesaurus*, 30, 338-9.

— (1975b), «La neutralización del consonantismo implosivo en un habla colombiana (Mechengue, Cauca)», *Thesaurus*, 30, 561-4.

— (1982a), «El español de Colombia, propuesta de clasificación dialectal», *Thesaurus*, 32, 23-92.

— (1982b), *Dialectología general e hispanoamericana*, Bogotá, Instituto Caro y Cuervo.

MONTES HUIDOBRO, Matías (1987), *Teoría y práctica del catedratismo en «Los negros catedráticos» de Francisco Fernández*, Miami, Editorial Persona.

MONTORI, Arturo (1916), *Modificaciones populares del idioma castellano en Cuba*, La Habana, Imp. de Cuba Pedagógica.

MONTOYA, Eva (1979), *Étude sur le «cocoliche» scénique et édition annotée de Mateo d'Armando Discépolo*, Toulouse, Institut d'Études Hispaniques et Hispano-Américaines, Université de Toulouse-Le Miral.

MORALES, Amparo (1980), «La expresión de sujeto pronominal, primera persona, en el español de Puerto Rico», *Boletín de la Academia Puertorriqueña de la Lengua Española*, 8, 91-102.

— (1982), «La posición de sujeto en el español de Puerto Rico a la luz de la clase semántica verbal, la oposición tema-rema y el tópico oracional», *Lingüística Española Actual*, 4, 23-37.

— (1986a), *Gramáticas en contacto: análisis sintácticos sobre el español de Puerto Rico*, Madrid, Editorial Playor.

— (1986b), *La expresión de sujeto pronominal en el español de Puerto Rico*, Anuario de Letras 24.

— (1988), «Infinitivo con sujeto expreso en el español de Puerto Rico», en Hammond, R., y Resnick, M. (eds.), *Studies in Caribbean Spanish dialectology*, págs. 85-96, Washington, Georgetown University Press.

— (1989), «Preposición "para" mas infinitivo: implicaciones en el español de Puerto Rico», *Actas del VII Congreso de la ALFAI*, págs. 217-30, Santo Domingo, Asociación de Lingüística y Filología de América Latina.

MORALES, Amparo, y VAQUERO, María (eds.) (1990), *El habla culta de San Juan*, Río Piedras, Editorial Universitaria.

MORALES, Brigitte (1991), *El alargamiento de las vocales en el dialecto porteño*, M. A. tesis, Brigham Young University.

MORALES, Félix (1972), «El voseo en Chile», *Boletín de Filología*, 23-24, 262-73.

MORALES CARRIÓN, Arturo (1978), *Auge y decadencia de la trata negrera en Puerto Rico (1820-1860)*, San Juan, Instituto de Cultura Puertorriqueña.

MORALES HIDALGO, Ítalo (1978), *Vocabulario de calibre o caliche*, Guatemala City, Sociedad de Geografía e Historia.

MORALES PADRÓN, Francisco (1951), «Colonos canarios en Indias», *Anuario de Estudios Americanos*, 8, 399-441.

— (1977), «Las Canarias y la política emigratoria a Indias», *Primer Coloquio de Historia Canario-Americana*, 21-91, Las Palmas, Excmo. Cabildo de Gran Canaria.

MORALES PETTORINO, Félix (1984-87), *Diccionario ejemplificado de chilenismos y de otros usos diferenciales del español de Chile,* Valparaíso, Academia Superior de Ciencias Pedagógicas de Valparaíso.

MORENO DE ALBA, Jose (1988), *El español en América,* Ciudad de México, Fondo de Cultura Económica.

MORENO DE ALBA, José, y LÓPEZ CHÁVEZ, Juan (1987), «La aspiración de -s implosiva en México y su relación con factores climatológicos», en López Morales, H., y Vaquero, M. (eds.), *Actas del I Congreso Internacional sobre el Español de América*, págs. 313-21, San Juan, Academia Puertorriqueña de la Lengua Española.

MORIÑIGO, Marcos (1931), *Hispanismos en el guaraní*, Buenos Aires: Tallers s. a. Casa J. Peuser, Ltda.

— (1966), *Diccionario de americanismos,* Buenos Aires, Muchnik.

MORO, América, y RAMÍREZ, Mercedes (1981), *La macumba y otros cultos afrobrasileños en Montevideo,* Montevideo, Ediciones de la Banda Oriental.

MORÚA DELGADO, Martín (1975), *La familia Unzúazu,* La Habana, Editorial Arte y Literatura.

MOSCOSO VEGA, Luis (1968), *Deformaciones fonéticas y gráficas en el léxico de las artesanías azuayas,* Cuenca, Departamento de Extensión Cultural de la Municipalidad de Cuenca.

MOYA, Ruth (1981), *El quichua en el español de Quito,* Otavalo, Instituto Otavaleño de Antropología.

MOYA PONS, Frank (1980), *Manual de historia dominicana,* Santiago de los Caballeros, Universidad Católica Madre y Maestra, 5.ª ed.

MUNTEANU, Dan (1974), «Observaciones acerca del origen del papiamentu», *Anuario de Letras*, 12, 83-115.

— (1992), *El papiamento, origen, evolución y estructura,* Bochum, Brockmeyer.

MUÑOZ REYS, Jorge (1981), *Diccionario de bolivianismos,* La Paz, Librería-Editorial «Juventud».

MUÑOZ REYES, Jorge, y MUÑOZ REYES T., Isabel (1982), *Diccionario de bolivianismos y semántica boliviana,* La Paz, Librería Editorial «Juventud».

427

Muysken, Pieter (1979), «La mezcla de quechua y castellano: el caso de la "media lengua" en el Ecuador», *Lexis*, 3, 41-56.

— (1981), «Halfway between Quechua and Spanish: the case for relexification», en Valdman, A., y Highfield, A. (eds.) *Theoretical orientations in creole studies*, págs. 52-78, Nueva York, Academic Press.

— (1984), «The Spanish that Quechua speakers learn: L2 learning as norm-governed behavior», en Andersen, R. (ed.), *Second languages: a cross-linguistic perspective*, págs. 101-19, Rowley, Mass., Newbury House.

Naro, Anthony (1978), «A study on the origins of pidginization», *Language*, 54, 314-47.

Navarro Correa, Manuel (1974), *En torno a un atlas lingüístico venezolano*, Valencia, Universidad de Carabobo.

— (1986), «Encuentro de vocales entre palabras en el español de Venezuela», en Moreno de Alba, J. (ed.), *Actas del II Congreso Internacional sobre el Español de América*, págs. 330-6, México, Universidad Nacional Autónoma de México.

— (1989), «La /s/ implosiva en el español de Puerto Cabello», *Actas del VII Congreso de ALFAL*, t. II, 95-108, Santo Domingo, ALFAL.

Navarro Tomás, Tomás (1945), *Cuestionario lingüístico hispanoamericano*, Buenos Aires, Universidad de Buenos Aires, Facultad de Filología, 2.ª ed.

— (1948), *El español en Puerto Rico*, Río Piedras, Editorial Universitaria.

— (1956), «Apuntes sobre el español dominicano», *Revista Iberoamericana*, 21, 417-429.

Naveda Chávez-Hita, Adriana (1987), *Esclavos negros en las haciendas azucareras de Córdoba, Veracruz, 1690-1830*, Xalapa, Universidad Veracruzana.

Neasham, V. Aubrey (1950), «Spain's emigrants to the New Worl, 1492-1592», *Hispanic American Historical Review*, 30, 147-61.

Newson, Linda (1987), *Indian survival in colonial Nicaragua*, Norman, University of Oklahoma Press.

Nieto, Elba María (1986), *Léxico del delincuente hondureño: diccionario y análisis lingüístico*, Tegucigalpa, Universidad Nacional Autónoma de Honduras.

Niño Murcia, Mercedes (1988), *Construcciones verbales del español andino: interacción quechua-española en la frontera colombo-ecuatoriana*, Ph. D. disertación, University of Michigan.

Núñez, Aminta, y Molo, Julio César (1987), *Portobelo: diagnóstico de las condiciones socio-económicas, demográficas y monumentales*, Panamá, Instituto Nacional de Cultura.

Núñez Cedeño, Rafael (1980), *La fonología moderna y el español de Santo Domingo*, Santo Domingo, Editorial Taller.

— (1982), «El español de Villa Mella: en desafío a las teorías fonológicas modernas», en Alba O. (ed.) págs. 221-36.

— (1983), «La pérdida de transposición de sujeto en interrogativas pronominales del español del Caribe», *Thesaurus* 38, 1-24.

— (1986), «La /s/ ultracorrectiva en dominicano la estructura silábica», en Moreno de Alba, J., *Actas del II Congreso Internacional sobre el Español de América*, págs. 337-47, México, Universidad Nacional Autónoma de México.

— (1987a), «Intervocalic /d/ rhotacism in Dominican Spanish: a non linear analysis», *Hispania,* 70: 363-8.

— (1987b), «Alargamiento vocálico en cubano: re-análisis autosegmental», *Actas del VII Congreso de ALFAL,* t. I, 623-30, Santo Domingo, ALFAL.

— (1988a), «Alargamiento vocálico compensatorio en el español cubano: un análisis autosegmental», en Hammond, R., y Resnick M. (eds.), *Studies in Caribbean Spanish dialectology,* 97-102, Washington, Georgetown University Press.

— (1988b), «Structure-preserving properties of an epenthetic rule in Spanish», en Birdsong, D., y Montreuil, J.-P. (eds.), *Advances in Romance Linguistics,* págs. 319-35, Dordrecht, Foris.

— (1990), «La /r/, único fonema vibrante del español: datos del Caribe», *Anuario de Lingüística Hispánica,* 5, 153-71.

NYKL, A. (1938), «Notas sobre el español de Yucatán, Veracruz y Tlaxcala», *El español en México, los Estados Unidos y la América Central (Biblioteca de Dialectología Hispanoamericana IV),* págs. 207-25, Buenos Aires, Universidad de Buenos Aires. Originalmente publicado en inglés en *Modern Philology 27*(1930), págs. 451-60.

OBALDIA, José María (1988), *El habla del pago,* Montevideo, Ediciones de la Banda Oriental.

OCAMPO MARÍN, Jaime (1968), *Notas sobre el español hablado en Mérida,* Mérida, Universidad de los Andes.

— (1969), *Diccionario de andinismos,* Mérida, Universidad de los Andes.

O'FLYNN DE CHAVES, Carol (1990), *Tiempo, aspecto y modalidad en el criollo sanandresano,* Bogotá, Universidad de los Andes.

OLIVIER, Consuelo (1967), *De nuestro lenguaje y costumbres,* Santo Domingo, Editorial Arte y Cine.

ORDÓÑEZ ARGÜELLO, Alberto (1954), *Ébano,* San Salvador, Ministerio de Cultura.

OROZ, Rodolfo (1964), «El español de Chile», *Presente y futuro de la lengua española,* t. I, 93-109, Madrid, Cultura Hispánica.

— (1966), *La lengua castellana en Chile,* Santiago, Universidad de Chile.

ORTIZ, Fernando (1916), *hampa afro-cubana: los negros esclavos»,* La Habana, Revista Bimestre Cubana.

— (1924), *Glosario de afronegrismos,* La Habana, Imprenta «El Siglo XX».

— (1974), *Nuevo catauro de cubanismos,* La Habana, Editorial de Ciencias Sociales.

— (1985), *Los bailes y el teatro de los negros en el folklore de Cuba,* La Habana, Editorial Letras Cubanas.

— (1986), *Los negros curros,* La Habana, Editorial de Ciencias Sociales.

ORTIZ ODERIGO, Néstor (1969), *Calunga: croquis del candombe,* Buenos Aires, Editorial Universitaria de Buenos Aires (EUDEBA).

— (1974), *Aspectos de la cultura africana en el Río de la Plata,* Buenos Aires, Editorial Plus Ultra.

OTÁLORA DE FERNÁNDEZ, Hilda, y GONZÁLEZ, Alonso (eds.) (1986), *El habla de la ciudad de Bogotá: materiales para su estudio,* Bogotá, Instituto Caro y Cuervo.

OTHEGUY, Ricardo (1973), «The Spanish Caribbean: a creole perspective», en

Bailey, C.-J., y Shuy, R. (eds.), *New ways of analyzing variation in English*, págs. 323-39, Washington, Georgetown University Press.

PACHECO, Agenor (1968), *Etimología gaucha*, Buenos Aires, Talleres Gráficas del Servici de Informaciones del Ejército.

PADRÓN, Alfredo (1949), «Giros sintácticos usados en Cuba», *Boletín del Instituto Caro y Cuervo* 5, 163-75.

PÁEZ URDANETA, Iraset (1981), *Historia y geografía hispanoamericana del voseo*, Caracas, Casa de Bello.

PAIS, Federico (1980), *Estudios catamarqueños de dialectología*, Catamarca, Aruman Ediciones.

PALEARI, Antonio (1982), *Diccionario mágico jujeño*, San Salvador de Jujuy, Editorial Pachamana.

PAREDES CANDÍA, Antonio (1963), *Vocablos aymaras en el habla popular paceña*, La Paz, Ediciones Isla.

— (1983), *Cuentos populares bolivianos (de la tradición oral)*, La Paz, Librería-Editorial Popular, 3.ª ed.

— (1987), *Tradiciones de Bolivia*, La Paz, Librería-Editorial Popular.

PATÍN MACEO, Manuel (1947), *Dominicanismos*, Ciudad Trujillo, Librería Dominicana.

PATIÑO ROSELLI, Carlos (1991), «Español, lenguas indígenas y lenguas criollas en Colombia», *Encuentro Internacional sobre el Español de América, El español de América hacia el siglo XXI*, t. I, 145-207, Santafé de Bogotá, Instituto Caro y Cuervo.

PATRÓN PENICHE, Prudencio (1932), *Léxico yucateco*, México, Talleres Tipográficos Tenoxtitlán.

PAZ PÉREZ, Carlos (1988), *De lo popular y lo vulgar en el habla cubana*, La Habana, Editorial de Ciencias Sociales.

PAZOS, Arturo (1984a), «Curiosidades idiomáticas en Nariño», *El castellano en Nariño*, págs. 9-17, Pasto, Tipografía y Fotograbado «Javier».

— (1984b), «El habla popular de Nariño», *El castellano en Nariño*, 18-32, Pasto, Tipografía y fotograbado «Javier».

PEDEMONTE, Juan Carlos (1943), *Hombres con dueño: crónica de la esclavitud en el Uruguay*, Montevideo, Editorial Independencia.

PEDRETTI DE BOLONA, Alma (1983), *El idioma de los uruguayos: unidad y diversidad*, Montevideo, Ediciones de la Banda Oriental.

PEÑAHERRERA DE COSTALES, Piedad, y COSTALES SAMANIEGO, Alfredo (1959), *Coangue o historia cultural y social de los negros del Chota y Salinas*, Quito, Llacta.

PEREDA VALDÉS, Ildefonso (1964), *El negro en la epopeya artiguista*, Montevideo, Barreiro y Ramos.

— (1965), *El negro en el Uruguay: pasado y presente*, Montevideo, Revista del Instituto Histórico y Geográfico del Uruguay, núm. XXV.

PEREIRA DE PADILLA, Joaquina (1974), *El léxico en la región occidental de Panamá, provincias de Chiriquí y bocas del Toro*, Panamá, Lit. Impresora.

PÉREZ, Louis, Jr. (1988), *Cuba, between reform and revolution*, Nueva York, Oxford University Press.

PÉREZ FERNÁNDEZ, Rolando (1990), *La música afromestiza mexicana*, Xalapa, Universidad Veracruzana.

PÉREZ GONZÁLEZ, Graciela (1980), «Acerca de la formación de gentilicios en el español de Cuba», *Colección de artículos de lingüísticas*, págs. 38-56, La Habana, Editorial de Ciencias Sociales.

PÉREZ GUERRA, Irene (1988), «La forma alocutiva *su merced* en República Dominicana», *Anuario de Lingüística Hispánica*, 4, 241-8.

— (1989), «El sistema alocutivo en el español dominicano: nuevos materiales y precisiones», *Anuario de Lingüística Hispánica*, 5, 173-204.

— (1991), «Un caso de prestigio encubierto en el español dominicano: la "vocalización cibaeña"», en Hernández, C. *et al.* (eds.), t. III, 1185-91.

PÉREZ SALA, Paulino (1973), *Interferencia lingüística del inglés en el español hablado en Puerto Rico,* Hato Rey, Inter American University Press.

PERISSINOTTO, Giorgio (1972), «Distribución demográfica de la asibilación de vibrantes en el habla de la ciudad de México», *Nueva Revista de Filología Hispánica,* 21, 71-9.

— (1975), *Fonología del español hablado en la ciudad de México,* Mexico, El Colegio de México.

PERL, Matthias (1982), «Creole morphosyntax in the Cuban "habla bozal"», *Studii şi Cercetări Lingvistice,* 5, 424-33.

— (1984), «Las estructuras de comunicación de esclavos negros en Cuba en el siglo XIX», *Islas,* 77, 43-59.

— (1985), «El fenómeno de descriollización del "habla bozal" y el lenguaje coloquial de la variante cubana del español», *Anuario de Lingüística Hispánica (Valladolid),* 1, 191-202.

— (1987), «"Habla bozal" - eine spanisch-basierte Kreolsprache?», en Perl, M. (ed.), *Beitraege zur Afrolusitanistik und Kreolistik,* págs. 1-17, Berlín, Akademie der Wissenschaften der DDR.

— (1989a), «Algunos resultados de la comparación de fenómenos morfosintácticos del "habla bozal", de la "linguagen dos musseques", del "palenquero" y de lenguas criollas de base portuguesa», *Estudios sobre el español de América y lingüística afroamericana,* págs. 369-80, Bogotá, Instituto Caro y Cuervo.

— (1989b), «El "habla bozal", ¿una lengua criolla de base española?», *Anuario de Lingüística Hispánica (Valladolid),* 5, 205-20.

— (1991), «Hablando con Eladio - santero from Guanabacoa (Havana). Afro-Hispanic language contacts in Cuba», *Arbeitspapier 3 des Projektes «Prinzipien des Sprachwandels» (ProPrinS),* Essen, Fb Sprach- u, Literaturwisschschaften an der Universität GH Essen.

PICHARDO, Esteban (1976), *Diccionario provincial casi razonado de vozes y frases cubanas,* Habana, Editorial de Ciencias Sociales, 5.ª ed. [1.ª ed., 1836].

PIKE, Ruth (1967), «Sevillian society in the sixteenth century; slaves and freedmen», *Hispanic American Historical Review,* 47, 344-59.

PINEDA, Miguel Ángel (ed.) (1985), *Sociolingüística andaluza 2: Material de encuestas del habla urbana culta de Sevilla,* Sevilla, Universidad de Sevilla.

PINKERTON, Anne (1986), «Observations on the *tú/vos* option in Guatemalan *ladino* Spanish», *Hispania,* 69, 690-98.

PINO, Lauro (1968), *Jerga criolla y peruanismos,* Lima, Industrial Gráfica.

431

Pinto, Luis (1963), *Entre gauchos y gaúchos,* Buenos Aires, n. p.

Pizarroso Cuenca, Arturo (1977), *La cultura negra en Bolivia,* La Paz, Ediciones ISLA.

Pla, Josefina (1972), *Hermano negro: la esclavitud en el Paraguay,* Madrid, Paraninfo.

Plaza Martínez, Pedro, y Carvajal Carvajal, Juan (1985), *Etnias y lenguas de Bolivia,* La Paz, Instituto Boliviano de Cultura.

Población de Costa Rica y orígenes de los costarricenses (1977), San José, Editorial Costa Rica, Biblioteca Patria Núm 5.

Podestá, José (1930), *Medio siglo de farándula,* Río de la Plata, Imprenta Argentina de Córdoba.

Pollak-Eltz, Angelina (1972), *Vestigios africanos en la cultura del pueblo venezolano,* Caracas, Universidad Católica «Andrés Belló».

Poplack, Shana (1979a), «Sobre la elisión y la ambigüedad en el español puertorriqueño: el caso de la /n#/ verbal», *Boletín de la Academia Puertorriqueña de la Lengua Española,* 7, 129-43.

— (1979b), *Function and process in a variable phonology,* Ph. D. disertación, University of Pennsylvania.

— (1980a), «Deletion and disambiguation in Puerto Rican Spanish», *Language,* 56, 371-85.

— (1980b), «The notion of the plural in Puerto Rican Spanish: competing constraints on (s) deletion», en Labov, W. (ed.), *Locating Language in Time and Space,* págs. 55-67, Nueva York, Academic Press.

— (1981), «Mortal phonemes as plural morphemes», en Sankoff, D., y Cedergren, H. (eds.), *Variation omnibus,* págs. 59-71, Edmonton, Linguistic Research.

Poplack, Shana, y Sankoff, David, «The Philadelphia story in the Spanish Caribbean», *American Speech,* 62, 291-314.

Portugal Ortiz, Max (1977), *La esclavitud negra en las épocas colonial y nacional de Bolivia,* La Paz, Instituto Boliviano de Cultura.

Pozzi-Escot, Inés (1972), «El castellano en el Perú: norma culta nacional *versus* norma culta regional», en Escobar (ed.), 125-42.

— (1973), *Apuntes sobre el castellano de Ayacucho,* Lima, Universidad Nacional Mayor de San Marcos, Centro de Investigación de Lingüística Aplicada.

Predmore, Richard (1945), «Pronunciación de varias consonantes en el español de Guatemala», *Revista de Filología Hispánica,* 7, 277-80.

Programa interamericano de lingüística y enseñanza de idiomas (PILEI) (1971-1973), *Cuestionario para el estudio coordinado de la norma lingüística culta de las principales ciudades de Iberoamérica y de la Península Ibérica,* Madrid, Departamento de Geografía Lingüística, Universidad Complutense. 3 vols.

Prudencio Claure, Alfonso (1978), *Diccionario del cholo ilustrado,* La Paz, Ojo Publicaciones.

Puccia, Enrique (1974), *Breve historia del carnaval porteño,* Buenos Aires, Municipalidad de la Ciudad de Buenos Aires.

Quant, Inés Abadía de, e Irigoyen, José Miguel (1977), «El español substandard de Resistencia», *Primeras jornadas nacionales de dialectología,*

432

págs. 213-33, Tucumán, Universidad Nacional de Tucumán, Facultad de Filosofía y Letras.

— (1980), *Interferencia guaraní en la morfosintaxis y léxico del español substandard de Resistencia,* Resistencia, Facultad de Humanidades, Universidad Nacional del Nordeste.

QUESADA PACHECO, Jorge Arturo (1984), *La variación de la /s/ en el área metropolitana de San José: análisis cuantitativo,* Tesis de Licenciatura, Universidad de Costa Rica.

— (1988), «Análisis sociolingüístico de la /s/ en el área metropolitana de San José», *Revista de Filología y Lingüística de la Universidad de Costa Rica,* 14(2), 167-72.

QUESADA PACHECO, Miguel Ángel (1981), *Análisis sociológico-lingüístico del español de San Gabriel, Monterrey y la Lengua de Aserrí,* Tesis de Licenciatura, Universal de Costa Rica.

— (1985), *Diccionario regional de los distritos de San Gabriel, Monterrey y La Legua de Aserrí,* San Gabriel de Aserrí, Costa Rica, Centro de Producciones Audiovisuales de San Gabriel.

— (1990), *El español colonial de Costa Rica,* San José, Universidad de Costa Rica.

— (1991a), *El español de Guanacaste,* San José, Universidad de Costa Rica.

— (1991b), *Nuevo diccionario de costarriqueñismos,* Cartago, Editorial Tecnológico de Costa Rica.

QUEVEDO, Francisco de (1988), *Obras completas,* t. i. *Prosa,* Madrid, Aguilar.

QUILIS, Antonio, y VAQUERO, María (1973), «Realizaciones de /č/ en el área metropolitana de San Juan de Puerto Rico», *Revista de Filología de España,* 56, 1-52.

RABANALES, Ambrosio (1953), *Introducción al estudio del español de Chile,* Santiago, Instituto de Filología, Facultad de Educación, Universidad de Chile.

— (1987), *Léxico del habla culta de Santiago de Chile,* México, Universidad Nacional Autónoma de Chile.

RABANALES, Ambrosio, y CONTRERAS, Lidia (1979), *El habla culta de Santiago de Chile: materiales para su estudio,* Santiago, Universidad de Chile.

RADELL, David, y PARSONS, James (1971), «Realejo: a forgotten colonial port and ship-building center in Nicaragua», *Hispanic American Historical Review,* 71, 295-312.

RAMA, Carlos (1967), *Los afro-uruguayos,* Montevideo, El Siglo Ilustrado.

RAMÍREZ FAJARDO, César (1975), *Lengua madre,* Managua, Ediciones El Pez y la Serpiente.

RAMÓN Y RIVERA, Luis Felipe (1971), *La música afrovenezolana,* Caracas Universidad Central de Venezuela.

RAMOS Y DUARTE, Felez (1895), *Diccionario de mexicanismos,* México, Imprenta de E. Dublan.

RESNICK, MELVIN (1975), *Phonological variants and dialect identification in Latin American Spanish,* La Haya, Mouton.

REVILLA, Ángel (1978), *Panameñismos,* Panamá, Roysa.

REVILLA, Manuel (1910), «Provincialismos de fonética en México», *Boletín de la Academia Mexicana de la Lengua,* 6, 368-87. Reimpr. en *El español en*

433

México, los Estados Unidos y la América Central (Biblioteca de Dialectología Hispanoamericana IV), págs. 189-98, Buenos Aires, Universidad de Buenos Aires, 1938.

— (1982), *Lenguaje popular panameño*, Panamá, USMA.

REVOLLO, Pedro María (1942), *Costeñismos colombianos o apuntamientos sobre lenguaje costeño de Colombia*, Barranquilla, Talleres Tipográficos de la Editorial Mejoras.

REYES TESTA, Benito (1969), *Cartilla popular lexicográfica: 1926-1968*, Ciudad de Panamá, Editora Lemania.

RICCI, Julio (1963), *Un problema de interpretación fonológica en el español del Uruguay*, Montevideo, Instituto de Estudios Superiores de Montevideo.

RICCI, Julio, y MALAN DE RICCI, Iris (1962-3), «Anotaciones sobre el uso de los pronombres «tu» y «vos» en el español del Uruguay», *Anales del Instituto de Profesores Artigas*, 7-8, 163-6.

RÍOS DE TORRES, Esther (1991), «El habla negra en textos iberoamericanos y su prolongación lingüística sistematizada»,en Hernández, *et al.* (eds.), t. III, 1321-33.

RÍOS QUIROGA, Luis (1984), *Nuestro idioma popular en «La chaska ñawi»*, Sucre, Ediciones Radio Loyola.

RIVAROLA, José Luis (1987), «Para la historia del español de América: parodias de la "lengua de indio" en el Perú (siglos XVII-XIX)», *Lexis*, II, 137-64.

— (1988), «La formación del español andino: aspectos morfo-sintácticos», en Ariza, M.; Salvador, A., y Viddas, A. (eds.), *Actas del I Congreso Internacional de Historia de la Lengua Española*, t. I, 209-25, Madrid, Arco.

— (1990), «En torno a los orígenes del español de América», *La formación lingüística de Hispanoamérica*, págs. 29-56, Lima, Pontifícia Universidad Católica del Perú.

RIVAS TORRES, José (1980), *Voces populares del sur merideño*, Merida, Universidad de los Andes.

ROBE, Stanley (1948), «"l" y "r" implosivas en el español de Panamá», *Nueva Revista de Filología Hispánica*, 2, 272-5.

— (1953), «Algunos aspectos históricos del habla panameña», *Nueva Revista de Filología Hispánica*, 7, 209-20.

— (1960), *The Spanish of rural Panama*, Berkeley, University of California Press.

ROBELO, Cecilio (1904), *Diccionario de aztequismos*, Cuernavaca, Imprenta del Autor.

— (1906), *Diccionario de seudoaztequismos*, Cuernavaca, Imprenta del Autor.

ROBINSON, Kimbal (1979), «On the voicing of intervocalic *s* in the Ecuadorian highlands», *Romance Philology*, 33, 137-43.

RODRÍGUEZ, Tino (1987), *Primer diccionario de sinónimos del lunfardo*, Buenos Aires, Editorial Atlántida.

RODRÍGUEZ, Zorobabel (1875), *Diccionario de chilenismos*, Santiago, Imp. de «El Independiente».

RODRÍGUEZ CASTELO, Hernán (1975), *El español actual: enemigos, retos y políticas*, Quito, Academia Ecuatoriana de la Lengua.

RODRÍGUEZ DE MONTES, María Luisa (1972), «Oclusivas aspiradas sordas en el español colombiano», *Thesaurus*, 27, 583-6.

— (1981), *Muestra de literatura oral en Leticia, Amazonas,* Bogotá, Instituto Caro y Cuervo.

RODRÍGUEZ DEMORIZI, Emilio (1975), *Lengua y folklore de Santo Domingo,* Santiago de los Caballeros, Universidad Católica Madre y Maestra.

— (1979), *Poesía popular dominicana,* Santiago de los Caballeros, Universidad Católica Madre y Maestra, 3.ª ed.

— (1983), *Del vocabulario dominicano,* Santo Domingo, Editorial Taller.

RODRÍGUEZ HERRERA, Esteban (1958-9), *Léxico mayor de Cuba,* La Habana, Editorial Lex.

— (1977), «Nuestro lenguaje criollo», *Antología de lingüística cubana,* t. II, 245-263, La Habana, Editorial de Ciencias Sociales.

RODRÍGUEZ MOLAS, Ricardo (1957), *La música y la danza de los negros en el Buenos Aires de los siglos XVIII y XIX,* Buenos Aires, Ediciones Clio.

RODRÍGUEZ PASTOR, Humberto (1989), *Hijos del Celeste Imperio en el Perú (1950-1900),* Lima, Instituto de Apoyo Agrario.

RODRÍGUEZ RUIZ, Napoleón (1960), *El janiche y otros cuentos,* San Salvador, Ministerio de Cultura.

— (1968), *Jaraguá: novela de las costas de El Salvador,* San Salvador, Ministerio de Educación, 3.ª ed.

ROETT, Riordan, y RICHARD SACKS (1991), *Paraguay: the personalist legacy,* Boulder, Westview Press.

ROJAS, Elena (1976), *Americanismos usados en Tucumán,* Tucumán, Universidad Nacional de Tucumán.

— (1980), *Aspectos del habla en San Miguel de Tucumán,* Tucumán, Universidad Nacional de Tucumán. Facultad de Filosofía y Letras.

— (1985), *Evolución histórica del español en Tucumán entre los siglos XVI y XIX,* Tucumán, Universidad Nacional de Tucumán.

ROJAS, Nelson (1982), «Sobre la semivocalización de las líquidas en el español cibaeño», en Alba, O. (ed.), págs. 271-87.

ROJAS CARRASCO, Guillermo (1943), *Chilenismos y americanismos de la XVI edición del diccionario de la Academia Española,* Viña del Mar, n. p.

ROMÁN, Manuel (1901-18), *Diccionario de chilenismos y de otras voces y locuciones viciosas,* Santiago, Imp. de «La Revista Católica».

ROMERO, Fernando (1987), *El negro en el Perú y su transculturación lingüística,* Lima, Editorial Milla Batres.

— (1988), *Quimba, fa, malamba, ñeque-afronegrismos en el Perú,* Lima, Instituto de Estudios Peruanos.

RONA, José Pedro (1960), «La frontera lingüística entre el portugués y el español en el norte del Uruguay», *Veritas,* 8, 201-19.

— (1964a), «El problema de la división del español americano en zonas dialectales», *Presente y futuro de la lengua española,* t. I, 215-26, Madrid, OFINES.

— (1964b), *Nuevos elementos acerca de la lengua charrúa,* Montevideo, Departamento de Lingüística, Universidad de la República.

— (1967), *Geografía y morfología del voseo,* Porto Alegre, Pontificia Universidade Católica do Rio Grande do Sul.

— (1969), *El dialecto «fronterizo» del norte del Uruguay,* Montevideo, Adolfo Linardi.

ROSARIO, Rubén de (1962), *La lengua de Puerto Rico: ensayos,* San Juan, Instituto de Cultura Puertorriqueña.

— (1965), *Vocabulario puertorriqueño,* Sharon, Conn., Troutman Press.

— (1970), *El español de América,* Sharon, Conn., Troutman Press.

ROSELL, Avenir (1970), *Cocoliche,* Montevideo, Distribuidora Ibana.

— (1987) *Del habla uruguaya,* Montevideo, Arca.

ROSELL, Cayetano, ed. (1874), *Entremeses, loas y jácaras escritas por el licenciado Luis Quiñones de Benavente,* t. II, Madrid, Librería de los Bibliógrafos.

ROSENBLAT, Ángel (1954), *La población indígena y el mestizaje en América,* Buenos Aires, Editorial Nova.

— (1970), *El castellano de España y el castellano de América: unidad y diferenciación,* Madrid, Taurus.

— (1977), *Los conquistadores y su lengua,* Caracas, Universidad Central de Venezuela.

— (1978), *Buenas y malas palabras en el castellano de Venezuela,* Madrid, Editorial Mediterráneo.

ROSSI, Vicente (1933-37), *Desagravio al lenguaje de Martín Fierro,* Córdoba, Casa Editora Imprenta Argentina.

— (1950), *Cosas de negros,* Buenos Aires, Librería Hachette.

ROSSI DE FIORI, Iride (1985), *Algunas particularidades de la lengua oral de la ciudad de Salta,* Salta, Ediciones Roma, 3.ª ed.

RUBIN, Joan (1968), *National bilingualism in Paraguay,* La Maya, Mouton.

RUBIO, J. Francisco (1982), *Diccionario de voces usadas en Guatemala,* Ciudad de Guatemala, Editorial Piedra Santa.

RUIZ DEL VIZO, Hortensia (1972), *Poesía negra del Caribe y otras áreas,* Miami, Ediciones Universal.

RUIZ HERNÁNDEZ, Vitelio (1986), «Análisis acústico del vocalismo tónico (por sexos) de la joven generación cubana», *Anuario L/L,* 17, 113-22.

RUIZ HERNÁNDEZ, Vitelio, y MIYARES BERMÚDEZ Eloína (1984), *El consonantismo en Cuba,* La Habana, Editorial de Ciencias Sociales.

RUIZ MORALES, Hildebrando (1987), «Desplazamiento semántico en las formas de tratamiento del español de Colombia», en López Morales, H., y Vaquero, M. (eds.), *Actas del I Congreso Internacional sobre el Español de América,* págs. 765-75, San Juan, Academia Puertorriqueña de la Lengua Española.

RUIZ OLABUENAGA, J. Ignacio (1988), *Atlas lingüístico vasco,* Vitoria, Servicio Central de Publicaciones, Gobierno Vasco.

RYAN, JAMES (1973), «Blayk is white on the Bay Islands», *University of Michigan Papers in Linguistics,* I(2), 128-39.

SACIUK, Bohdan (1977), «Las realizaciones múltiples o polimorfismo del fonema /y/ en el español puertorriqueño», *Boletín de la Academia Puertorriqueña de la Lengua Española,* 5, 133-53.

— (1980), «Estudio comparativo de las realizaciones fonéticas de /y/ en dos dialectos del Caribe hispánico», en Scavnicky, G. (ed.), *Dialectología hispanoamericana, estudios actuales,* págs. 16-31, Washington, Georgetown University Press.

SALA; MARIUS; MUNTEANU; DAN; NEAGU TUDORA; VALERIA Y SANDRU-OLTEANU (1982), *El español de América, t. I: Léxico*, Bogotá, Instituto Caro y Cuervo.

SALARRUÉ (Salvador Salazar Arrué) (1970), *Obras completas*, San Salvador, Editorial Universitaria, 2 vols.

SALAZAR, Francisco (1889), «La pronunciación del castellano en el Ecuador», *Revista Ecuatoriana*, 2(6): 209-16.

SALAZAR GARCÍA, Salomón (1910), *Diccionario de provincialismos y barbarismos centroamericanos, y ejercicios de ortología clásica*, San Salvador, Tipografía «La Unión», 2.ª ed.

SALCINES, Dagmar (1957), *A comparative study of dialects of Cuba*, M. A. tesis, Georgetown University.

SAMPER PADILLA, José Antonio (1990), *Estudio sociolingüístico del español de Las Palmas de Gran Canaria*, Las Palmas, Caja de Ahorros de Canarias/ Imprenta Pérez Galdós.

SANABRIA FERNÁNDEZ, Hernando (1965), *El habla popular de la provincia de Vallegrande. Departamento de Santa Cruz*, Santa Cruz de la Sierra, s. n.

— (1975), *El habla popular de Santa Cruz*, La Paz, Librería Editorial «Juventud».

SÁNCHEZ-ALBORNOZ, Nicolás (1974), *The population of Latin America*, Berkeley, University of California Press.

SÁNCHEZ CORRALES, Víctor (1985), «Fricación de erre en el español de Costa Rica: un caso de escisión fonológica», *Revista de Filología y Lingüística de la Universidad de Costa Tica*, II(1), 63-6.

— (1986a), «Escisión fonológica de /r/ en el español de Costa Rica», en Moreno de Alba, J. (ed.), *Actas del II Congreso Internacional sobre el Español de América*, págs. 211-15, México, Universidad Nacional Autónoma de México.

— (1986b), «Fricación de erre en el español de Costa Rica. Un caso de escisión fonológica», *Revista de Filología y Lingüística de la Universidad de Costa Rica*, 12(2), 129.

SÁNCHEZ-BOUDY, José (1978), *Diccionario de cubanismos más usuales*, Miami, Ediciones Universal.

SÁNCHEZ CAMACHO, Jorge (1958), *Diccionario de voces y dichos del habla santandereana*, Bucaramanga, Imprenta del Departamento.

SÁNCHEZ MALDONADO, Benjamín (1961), «La herencia de Canuto, zarzuela bufa en un acto [Habana, 1986]», y «Los hijos de Thalía y bufos de fin del siglo [Habana, 1896]», *Teatro bufo, siete obras*, t. I., págs. 83-120, y págs. 217-55, Santa Clara, Universidad Central de Las Villas.

SANCHO DE SOPRANIS, Hipólito (1958), *Las cofradías de morenos en Cádiz*, Madrid, Instituto de Estudios Africanos.

SANDOVAL, Alonso de (1956), *De instauranda aethiopum salute; el mundo de la esclavitud negra en América*, Bogotá, Impresa Nacional de Publicaciones, edición facsímil.

SANDOVAL, Lisandro (1941-2), *Semántica guatemalense*, Ciudad de Guatemala, Tipografía Nacional.

SANICKY, Cristina (1981), *The pronunciation of Spanish in Misiones, Argentina*, Ph. D. disertación, University of California, Davis.

SANOU DE LOS RÍOS, Rosa María (1989), *Variantes de «s» en San Juan*, San Juan, Argentina, Universidad Nacional de San Juan.

SANTA CRUZ, María de (1908), *Historias campesianas,* La Habana, Imprenta y Librería de M. Ricoy.

SANTAMARÍA, Francisco (1921), *El provincialismo tabasqueño,* México, A. Botas e hijo.

— (1942), *Diccionario general de americanismos,* México, Editorial P. Robredo.

— (1983), *Diccionario de mexicanismos,* México, Editorial Porrúa, 4.ª ed.

SANTIESTEBAN, Argelio (1982), *El habla popular cubana de hoy,* La Habana, Editorial de Ciencias Sociales.

SARRÓ LÓPEZ, Pilar (1988), «Notas sobre la morfosintaxis del habla de las negras de Lope de Rueda», en Ariza, M.; Salvador, A., y Viudas, A. (eds.), *Actas del I Congreso Internacional de Historia de la Lengua Española,* t. I, 601-10, Madrid, Arco.

SATER, William (1979), «The black experience in Chile», en Toplin, R. (ed.), *Slavery, race relations in Latin América,* págs. 13-50, Wesport, Greenwood Press.

SAUBIDET GACHE, Tito (1948), *Vocabulario y refranero criollo,* Buenos Aires, G. Kraft, 3.ª ed.

SAUNDERS, A. C. de C. M. (1982), *A social history of black slaves and freedmen in Portugal, 1441-1555,* Cambridge, Cambridge University Press.

SCAVNICKY, Gary (1987), *Innovaciones sufijales en el español centroamericano,* Newark, Delaware, Juan de la Cuesta.

SCHNEIDER, Hans (1961), «Notas sobre el lenguaje popular y caló salvadoreños», *Romanistisches Jahrbuch,* 12, 373-92.

— (1962), «Notas sobre el lenguaje popular y caló salvadoreños», *Romanistisches Jahrbuch,* 13, 257-72.

— (1963), «Notas sobre el lenguaje popular caló salvadoreños», *Romanistisches Jahrbuch,* 14, 231-44.

SCHUCHARD, Barbara (1979), *Ñande ñë: gramática guaraní para castellanohablantes,* Lima, Centro de Proyección Cristiana.

SCHWEGLER, Armin (1991a), «El español del Chocó», *América Negra,* 2, 85-119.

— (1991b), «Negation in Palenquero: Synchrony», *Journal of Pidgin and Creole Languages,* 6, 165-214.

— (de próxima aparición a), «Subject pronouns and person/number in Palenquero», en Byrne, F., y Holm, J. (eds.) *The Atlantic meets the Pacific, proceedings of the first meeting of the Society for Pidgin and Creole Linguistics,* Amsterdam, John Benjamins.

— (de próxima aparición b), «La doble negación dominicana y la génesis del español caribeño», *Lingüística.*

— (MS), *Transcriptions of Palenquero interviews,* University of California at Irvine.

SEDANO, Mercedes (1988), «Yo vivo *es* en Caracas: un cambio sintáctico, en Hammond, R., y Resnick, M. (eds.), *Studies in Caribbean Spanish dialectology,* págs. 115-23, Washington, Georgetown University Press.

— (1989), «Un análisis comparativo de las cláusulas seudohendidas y de las cláusulas con verbo *ser* focalizador en el habla de Caracas», *Actas del VII Congreso de la ALFAL,* t. II, 157-72, Santo Domingo, Asociación de Lingüística y Filología de América Latina.

— (1990), *Hendidas y otras construcciones con SER en la habla de Caracas,*

Caracas, Universidad Central de Venezuela, Instituto de Filología «Andrés Bello».

SERVICE, Elman (1954), *Spanish-Guarani relations in early colonial Paraguay,* Ann Arbor, University of Michigan Press.

SIADE, Giorgina Paulín de (1974), *Los indígenas bilingües de México frente a la castellanización,* México, Universidad Nacional Autónoma de México.

SILEONI DE BIAZZI, Glaucia (1977), «Penetración del guaraní en la fonética, morfosintaxis, léxico y entonación del español hablado en Misiones», *Primeras jornadas nacionales de dialectología,* págs. 381-6, Tucumán, Universidad Nacional de Tucumán, Facultad de Filosofía y Letras.

SILVA-CORVALÁN, Carmen (1979), *An investigation of phonological and syntactic variation in spoken Chilean Spanish,* Ph. D. disertación, University of California Los Angeles.

— (1987), «Variación sociofonológica y cambio lingüístico», en López Morales, H., y Vaquero, M., *Actas del I Congreso Internacional sobre el Español de América,* págs. 777-91, San Juan, Academia Puertorriqueña de la Lengua Española.

— (1989), *Sociolingüística: teoría y análisis,* Madrid, Editorial Alhambra.

SILVA-FUENZALIDA, I. (1952), «Estudio fonológico del español de Chile», *Boletín de Filología,* 7, 153-76.

SMITH CÓRDOBA, Amir (1984), *Vida y obra de Candelario Obeso,* Bogotá, Centro para la Investigación de la Cultura Negra.

SOBARZO, Horacio (1991), *Vocabulario sonorense,* Hermosillo, Gobierno del Estado.

SOJO, Juan Pablo (1943), *Temas y apuntes afro-venezolanos,* Caracas, Tip. La Nación

SOLÁ, José (1975), *Diccionario de regionalismos de Salta,* Buenos Aires, Plus Ultra, 4.ª ed.

SOLANO ROJAS, Yamileth (1986), «Una variación lingüística en el habla costarricense», *Filología y Lingüística,* 12, 133-43.

SOLAR, Fidelis pastor del (1900), *Voces usadas en Chile,* Santiago, Imprenta Moderna.

SOLÉ, Carlos (1990), *Bibliografía sobre el español de América (1920-1986),* Bogotá, Instituto Caro y Cuervo.

SOPENA (1982), *Americanismos, Diccionario ilustrado Sopena,* Barcelona, R. Sopena.

SOSA, Francisco (1974), *Sistema fonológico del español hablado en Cuba,* Ph. D. disertación, Yale University.

SOTO, Clodoaldo (1978), «La interferencia quechua-español. Una doble perspectiva», *Lingüística y educación: Actas del IV Congreso Internacional de la ALFAL,* págs. 619-26, Lima, ALFAL/Universidad Nacional Mayor de San Marcos.

STARK, Donald (1970), *Aspectos gramaticales del español hablado por los niños de Ayacucho,* Lima, Universidad Nacional Mayor de San Marcos.

STARK, Louisa (1985a), «Indigenous languages of lowland Ecuador», en Klein, H., y Stark, L. (eds.) págs. 157-93.

— (1985b), «The Quichua of Santiago del Estero», en Klein, H. y Stark, L. (eds.) págs. 732-52.

STEEL, Brian (1990), *Diccionario de americanismos... the ABC of American Spanish,* Alcobendas, Madrid, Sociedad General Española de Librería.

STEVENSON, Robert (1969), *The music of Peru, aboriginal and viceroyal epochs,* Washington, Pan American Union.

— (1974), *Christmas music from Baroque Mexico,* Berkeley, University of California Press.

— (1975), *Latin American colonial music anthology,* Washington, General Secretariat, Organization of American States.

STEWARD, Watt (1951), *Chinese bondage in Peru: a history of the Chinese coolie in Peru, 1849-1874,* Durham, N. C. Duke University Press.

STONE, Doris (1961), *Las tribus talamanqueñas de Costa Rica,* San José, Universidad de Costa Rica.

STRATFORD, Billie Dale (1989), *Structure and use of Altiplano Spanish,* Ph. D. disertación, University of Florida.

— (1991), «Tense in Altiplano Spanish», en Klee, C., y Ramos-García, L. (eds.), *Sociolinguistics of the Spanish-Speaking world,* págs. 163-81, Tempe, Bilingual Review Press.

STUDER, Elena de (1958), *La trata de negros en el Río de la Plata durante el siglo XVIII,* Buenos Aires, Universidad de Buenos Aires.

SUÁREZ, Constantino (1921), *Vocabulario cubano,* La Habana, R. Velsos.

SUÁREZ, Víctor (1980), *El español que se habla en Yucatán,* Mérida, Universidad de Yucatán.

SUAZO, Salvador (1991), *Conversemos en garífuna,* Tegucigalpa, Comité Pro-Desarrollo Integral de la Mosquitia.

SUBERCASEAUX, Miguel (1986), *Diccionario de chilenismos,* Santiago, Editorial Juvenil.

SULLIVAN, Thelma (1976), *Compendio de la gramática nahuátl,* México, Universidad Nacional Autónoma de México.

SUNDHEIM, Adolfo (1922), *Vocabulario costeño o lexicografía de la región septentrional de la República de Colombia,* París, Librería Cervantes.

SÚÑER, Margarita (1986), «Lexical subjects of infinitives in Caribbean Spanish», en Jaeggli, O., y Silvia-Coervalan, C. (eds.), *Studies in Romance linguistics,* págs. 189-204, Dordrecht, Foris.

— (1988), «The robe of agreement in clitic-double constructions», *Natural Language and Linguistic Theory,* 6, 391-434.

— (1989), «Dialectal variation and clitic-doubled direct objects», en Kirschner, C., y Deccasaris, J. (eds.), *Studies in Romance linguistics,* págs. 377-395, Amsterdam, John Benjamins.

SÚÑER, Margarita, y YEPÉZ, María (1988), «Null definite objects in Quiteño», *Linguistic Inquiry,* 19, 511-19.

TAMAYO, Francisco (1977), *Léxico popular venezolano,* Caracas, Universidad Central de Venezuela.

TONGOL, Nicasio (1976), *Diccionario etimólogo chilote,* Santiago, Editorial Nascimento.

TASCÓN, Leonardo (1961), *Diccionario de provincialismos y barbarismos del Valle del Cauca/Quechuismos usados en Colombia,* Cali, Biblioteca de la Universidad del Valle.

TEJERA, Emiliano (1951), *Palabras indíjenas de la isla de Santo Domingo,* Ciudad Trujillo, Editora del Caribe.

TEJERA, María Josefina (Dir.) (1983), *Diccionario de venezolanismos,* t. I. Caracas, Academia Venezolana de la Lengua/Universidad Central de Venezuela.

TERRELL, Tracy (1977), «Constraints on the aspiration of final /s/ in Cuba and Puerto Rico», *Bilingual Review / Revista Bilingüe,* 4, 35-51.

— (1978), «Aspiración y elisión de /s/ en el español porteño», *Anuario de Letras,* 16, 45-66.

— (1979), «Final /s/ in Cuban Spanish», *Hispania,* 62: 599-612.

— (1980), «The problem of comparing variable rules across dialects: some examples from Spanish», en Blansitt, E., y Teschner, R. (eds.), *Festschrift for Jacob Ornstein,* págs. 303, 13, Rowley, Newbury House.

— (1981), «Diachronic reconstruction by dialect comparison of variable constraints: s-aspiration and deletion in Spanish», en Sankoff, D., y Cedergren, H. (eds.), *Variation omnibus,* págs 115-24, Edmonton, Linguistic Research.

— (1982), «Relexificación en el español dominicano: implicaciones para la educación», en Alba, O. (ed.), *El español del Caribe,* págs. 301-318, Santiago de los Caballeros, Universidad Católica Madre y Maestra.

— (1983), «Sound change: the explanatory value of the heterogeneity of variable rule application», en Elías-Olivares, L. (ed.), *Spanish in the U. S. Setting: Beyond the Southwest,* págs. 133-48, Rosslyn, Va., National Clearinghouse for Bilingual Education.

— (1986), «La desaparición de /s/ posnuclear a nivel léxico en el habla dominicana», en Núñez Cedeño, R.; Páez Urdaneta, I., y Guitart, J. (eds.), *Estudios sobre el español del Caribe,* págs. 117-34, Caracas, Casa de Bello.

TERRERA, Guillermo (1968), *Sociología y vocabulario del habla popular argentino,* Buenos Aires, Plus Ultra.

TERUGIO, Mario (1978), *Panorama del lunfardo,* Buenos Aires, Editorial Sudamericana, 2.ª ed.

TESSEN, Howard (1974), «Some aspects of the Spanish of Asunción, Paraguay», *Hispania,* 57, 935-7.

TEYSSIER, Paul (1959), *La langue de Gil Vicente,* París, Klincksieck.

THIEL, A. (1882), *Apuntes lexicográficos de las lenguas y dialectos de los indios de Costa Rica,* San José, Imp. Nacional.

THOMSON, R. W. (1961), «A note on some possible affinities between the creole dialects of the Old World and those of the New», en Lepage, R. B. (ed.), *Creole language studies number II,* págs. 107-113, Londres, Macmillan.

THON, Sonia (1989), «The glottal stop in the Spanish spoken in Corrientes, Argentina», *Hispanic Linguistics,* 3, 199-218.

TINHORÃO, José Ramos (1988), *Os Negros em Portugal,* Lisboa, Editorial Caminho.

TISCORNIA, Eleuterio (1925), «*Martín Fierro» comentado y anotado,* T. I: *Texto, notas y vocabulario,* Buenos Aires, Imprenta y Casa Editora «Coni».

— (1930), «La lengua de "Martín Fierro"», *Biblioteca de Dialectología Hispanoamericana III,* Buenos Aires, Universidad de Buenos Aires.

TOBAR DONOSO, Julio (1961), *El lenguaje rural en la región interandina del Ecuador,* Quito, Editorial «La Unión Católica».

TOBÓN BETANCOURT, Julio (1946), *Colombianismos y otras voces de uso general,* Medellín, Tip. Industrial.

Todd, Juan (1953), *Notas del nahuat de Nahuizalco,* San Salvador, Editorial «Nosotros».

Tojeira, José María (1982), *Los hicaques de Yoro,* Tegucigalpa, Guaymuras.

Tornera, Pablo (1980), «Canary immigrants to America», *Louisiana History,* 21, 377-86.

Toro y Gisbert, Miguel de (1900), *Americanismos,* París, Ollendorff.

— (1932), *L'évolution de la langue espagnole en Argentine,* París, Librarie Larousse.

Torrego, Esther, (1984), «On inversion in Spanish and some of its effects», *Linguistic Inquiry,* 15, 103-29.

Torrejón, Alfredo (1986), «Acerca del *voseo* culto de Chile», *Hispania,* 69, 677-83.

— (1991), «Fórmulas de tratamiento de segunda persona singular en el español de Chile», *Hispania,* 74, 1068-76.

Torres Ramírez, Bibiano (1973), *La compañía gaditana de negros,* Sevilla, Escuela de Estudios Hispano-Americanos.

Toscano Mateus, Humberto (1953), *El español del Ecuador,* Madrid, Consejo Superior de Investigaciones Científicas.

— (1964), «El español hablado en el Ecuador», *Presente y futuro de la lengua española,* t. I, 111-25, Madrid, Cultura Hispánica.

Tovar, Enrique (1945), «Un puñado de gentilicios salvadoreños», *Boletín del Instituto Caro y Cuervo,* I, 547-57.

— (1946), «Contribución al estudio del lenguaje salvadoreño: algo sobre el léxico de flora», *Boletín del Instituto Caro y Cuervo,* 2: 421-59.

— (1966), *Vocabulario del oriente peruano,* Lima, Universidad Nacional Mayor de San Marcos.

Trista, Antonia María, y Valdés, Sergio (1976), *El consonantismo en el habla popular de La Habana,* La Habana, Editorial de Ciencias Sociales.

Uber, Diane Ringer (1984), «Phonological implications of the perception of -s and -n in Puerto Rican Spanish», en Baldi Philip (ed.), *Papers from the XIIth linguistic symposium on Romance languages,* págs. 287-99, Amsterdam, John Bejamins.

— (1986), «Los procesos de retroflexión y geminación de líquidas en español cubano: análisis sociolingüístico y dialectológico», en Moreno del Alba, J. (ed.), *Actas del II Congreso Internacional sobre el Español de América,* págs. 350-56, México, Universidad Nacional Autónoma de México.

Umaña Aguiar, Jeanina (1981), *Variable vibrants in middle-class Costa Rican Spanish,* Tesis de Licenciatura, Georgetown University.

— (1990), «Variación de vibrantes en una muestra del habla de clase media costarricense», *Revista de Filología y Lingüística de la Universidad de Costa Rica,* 16, 127-37.

Underwood, Norman (1971), *A study of the intonation of Chilean Spanish,* Ph. D. disertación, George Washington University.

Universidad nacional de Buenos Aires (1987), *El habla culta de Buenos Aires: materiales para su estudio,* Buenos Aires, Universidad Nacional de Buenos Aires.

Universidad nacional de Rosario (1987), *El español de Rosario,* Rosario, Centro de Lingüística Hispánica, Universidad Nacional de Rosario.

USHER DE HERREROS, Beatriz (1976), «Castellano paraguayo: notas para una gramática contrastiva castellano-guaraní», *Suplemento Antropológico (Asunción, Universidad Católica)* II (I-2), 29-123.

VALDÉS, Carlos Manuel (1989), *Esclavos negros en Saltillo,* Saltillo, R. Ayuntamiento de Saltillo.

VALDÉS ACOSTA, Gema (1974), «Descripción de remanentes de lenguas bantúes en Santa Isabel de las Lajas», *Islas,* 48, 67-85.

VALDÉS BERNAL, Sergio (1980), «Los indoamericanismos onomatopéyicos en el español hablado en Cuba», *Colección de artículos de lingüística,* páginas 86-109, La Habana, Editorial de Ciencias Sociales.

VALLE, Alfonso (1972), *Diccionario del habla nicaragüense,* Managua, Editorial Unión, 2.ª ed.

— (1976), *Filología nicaragüense,* Managua, Editorial Unión, 2.ª ed.

VALLE, Enrique del (1966), *Lunfardología,* Buenos Aires, Editorial Freeland.

VALLEJO-CLAROS, Bernardo (1970), *La distribución y estratificación de /r/, /rr/ y /s/ en el español cubano,* Ph. D. disertación, University of Texas.

VAN NAME, A. (1869), «Contributions to the Creole grammar», *Transactions of the American Philological Association,* I, 123-67.

VAN WIJK, H. (1958), «Orígenes y evolución del papiamentu», *Neophilologus,* 42, 169-82.

— (1969), «Algunos aspectos morfológicos y sintácticos del habla hondureña», *Boletín de Filología (Universidad de Chile)* 30, 3-16.

VAQUERO, María (1972), «Algunos fenómenos fonéticos señalados por Navarro Tomás en *El español en Puerto Rico* a la luz de las investigaciones posteriores», *Revista de Estudios Hispánicos,* 2, 243-51.

— (1978), «Hacia una espectografía dialectal: el fonema /c/ en Puerto Rico», en López Morales, H. (ed.), *Corrientes actuales de la dialectología del Caribe hispánica,* págs. 239-47, Río Piedra, Editorial Universitaria.

— (1991), «El español de Puerto Rico en su contextual antillano», en Hernández, C. *et al.* (eds.), *t. I,* 117-39.

VAQUERO, María, y QUILIS, Antonio (1989), «Datos acústicos de /rr/ en el español de Puerto Rico», *Actas del VII Congreso de la ALFAL,* págs. 115-42, Santo Domingo, Asociación de Lingüística y Filología de América Latina.

VARAS REYES, Víctor (1960), *El castellano popular en Tarija,* La Paz, Impreso Boliviano.

VARELA, Beatriz (1980), *Lo chino en el habla cubana,* Miami, Ediciones Universal.

VARGAS DENGO, Carlos (1975), «El uso de los pronombres "vos" y "usted" en Costa Rica», *Revista de Ciencias Sociales,* 8, 7-30.

VARGAS UGARTE, Rubén (1963), *Glosario de Peruanismos,* Lima, Librería e Imprenta Gil, 3.ª ed.

VÁZQUEZ, Honorato (1925), *El idioma castellano en el Ecuador,* Quito, Imprenta y Encuadernación Nacionales.

— (1980), *El quichua en nuestro lenguaje popular,* Cuenca, Departamento de Difusión Cultural de la Universidad de Cuenca.

VÁZQUEZ, Irma (1986), «Los tiempos de subjuntivo en el español de Puerto Rico», en Moreno de Alba, J. (ed.), *Actas del II Congreso Internacional sobre el Español de América,* págs. 487-93, México, Universidad Nacional Autónoma de México.

Vásquez, Washington (1953), «El fonema /s/ en el español del Uruguay», *Revista de la Facultad de Humanidades, Universidad de Montevideo*, 10, 87-94.

Vega Carpio, Lope de (1893), *Obras de Lope de Vega*, Madrid, Real Academia Española.

Velasco Valdés, Miguel (1967), *Repertorio de voces populares en México*, México, B. Costa-Amic.

Veres, Ernesto (1950), «Juegos idiomáticos en las obras de Lope de Rueda», *Revista de Filología Española*, 34, 195-217.

Vicuña Cifuentes, Julio (1910), *Coa: jerga de los delincuentes chilenos*, Santiago, Imprenta Universitaria.

Vidal Correa, Gonzalo (1957), *El africano en el reino de Chile*, Santiago, Instituto de Investigaciones Históricas.

Vidal de Battini, Berta (1949), *El habla rural de San Luis, parte I: fonética, morfología, sintaxis*, Biblioteca de Dialectología Hispanoamericana VII, Universidad de Buenos Aires.

— (1964a), *El español de la Argentina*, Buenos Aires, Consejo Nacional de Educación.

— (1964b), «El español de la Argentina», *Presente y futuro de la lengua española*, t. I, 183-92, Madrid, Cultura Hispánica.

Viggiano Esain, Julio (1956), *Vocabulario popular tradicional cordobés*, Córdoba, Imprenta de la Universidad.

Villafuerte, Carlos (1961), *Voces y costumbres de Catamarca*, Buenos Aires, Academia Argentina de Letras.

Villamayor, Luis (1969), *El lenguaje del bajo fondo*, Buenos Aires, Editorial Schapire.

Villanueva, Amaro (1962), *El lunfardo*, Santa Fe, Universidad Nacional del Litoral, Publication 52.

Villarello Vélez, Ildefonso (1970), *El habla de Coadhuila*, México, Ediciones Mástil.

Villegas, Francisco (1952), *Glosario del argot costarricense*, Ph. D. disertación, University of Michigan.

— (1955), «El argot costarricense», *Hispania*, 38, 27-30.

— (1965), «The voseo in Costa Rican Spanish», *Hispania*, 49, 118-20.

— (1966), «Los animales en el habla costarricense», *Hispania*, 49, 118-120.

Villegas Duque, Néstor (1986), *Apuntaciones sobre el habla antioqueña en Carrasquilla*, Manizales, Biblioteca de Escritores Caldenses, Imprenta Departamental.

Villère, Louis (1972), *The Canary Island Immigration to Louisiana 1778-1783*, Baltimore, Genealogical Publishing Co.

Viscarra, Víctor Hugo (1981), *Coba, lenguaje del hampa boliviano*, La Paz, Librería-Editorial Popular.

Vitor, Julio (1964), «Habla popular entrerriana», *Boletín de Filología (Montevideo)*, 10, 127-49.

Vogt, John (1979), *Portuguese rule on the Gold Coast 1469-1682*, University of Georgia Press.

Wagner, Max Leopold (1920), «Amerikanisch-Spanish und Vulgärlatein», *Zeitschrift für romanische Philologie*, 40: 286-312, 385-404.

— (1927), «El supuesto andalucismo de América y la teoría climatológica», *Revista de Filología Española*, 14, 20-32.

WAINERMAN, Catalina (1972), *Reglas comunicacionales de trato pronominal en el habla de la Argentina*, Buenos Aires, Instituto Torcuato di Tella.

— (1976), *Sociolingüística de la forma pronominal*, México, Editorial Trillas.

WALZ, Thomas (1964), *Favorite idioms and expressions used in Honduras*, Tegucigalpa, n. p.

WARANTZ, Elissa (1983), «The Bay Islands English of Honduras», en Holm, J. (ed.), *Central American English*, págs. 71-94, Heidelberg, Julius Groos.

WEBER DE KURLAT, Frida (1962a), «Sobre el negro como tipo cómico en el teatro español del siglo XVI», *Romance philology*, 17, 380-91.

— (1962b), «El tipo cómico del negro en el teatro prelopesco: fonética», *Filología*, 8, 139-68.

— (1970), «El tipo del negro en el teatro de Lope de Vega: tradición y creación», *Nueva Revista de Filología Hispánica*, 19, 337-59.

WELTI, Maria Cristina R. de (1979), «Bilingüismo en el Paraguay: los límites de la comunicación», *Revista Paraguaya de Sociología*, 16 (46), 63-97.

WESTERMAN, George (1980), *Los inmigrantes antillanos en Panamá*, Ciudad de Panamá, Impresora de la Nación.

WHINNOM, Keith (1965), «The origin of the European-based creoles and pidgins», *Orbis*, 14, 509-27.

WHITTEN, Norman (1965), *Class, kinship and power in an Ecuadorian town: the negroes of San Lorenzo*, Standford, Standford University.

— (1974), *Black frontiersmen: a South American case*, Nueva York, John Wiley/Schenkman.

WHITTEN, Norman, y FRIEDEMANN, Nina (1974), *La cultura negra del litoral ecuatoriano y colombiano: un modelo*, Bogotá, Instituto Colombiano de Antropología.

WIGDORSKY, Leopoldo (1983), «Perfil fonosintáctico del castellano de Santiago de Chile, (1979)», en Bergen, J, y Garland, B (eds.), *Spanish and Portuguese in social context*, págs. 76-87, Washington, Georgetown University Press.

WILLIAMSON, Rodney (1986), *El habla de Tabasco, estudio lingüístico*, México, El Colegio de México.

WILSON, Jack (1971), *A generative phonological study of Costa Rican Spanish*, Ph. D. disertación, University of Michigan.

— (1980), «El español de Costa Rica: estudio fonológico generativo», *Revista de Filología y Lingüística de la Universidad de Costa Rica*, 6, 3-23.

WISE, Mary (1985), «Indigenous languages of lowland Peru: history and current status», en Klein H., y Stark, L. (eds.), págs. 194-221.

WRIGHT, Leavit, y ROBE, Stanley (1939), «Final consonant plus "n"-glide in Jalisco, México», *Modern Language Notes*, 54, 439-42.

YAGER, Kent (1982), *Estudio del cuadro consonántico del español de Mérida, Yucatán con consideraciones de posible influencia maya*, tesis de licenciatura, University of California, Santa Barbara.

— (1989), «La -m bilabial en posición final absoluta en el español hablado en Mérida, Yucatán (México)», *Nueva Revista de Filología Hispánica*, 37, 83-94.

YCAZA TIGERINO, Julio (1980), *Situación y tendencias actuales del español en Nicaragua,* Managua, Ediciones Lengua.

YOUNG, Ronald (1975), *Alto Lucero: observaciones lingüísticas,* Madrid, Playor.

YRARRAZÁVAL LARRAÍN, José Miguel (1945), *Chilenismos,* Santiago, Imprenta Cultural.

ZAMORA, Juan (1972), «Lexicología indianorrománica: chingar y singar», *Romance Notes,* 14 (2), 1-5.

ZAMORA, Juan, y GUITART, Jorge (1988) *Dialectología hispanoamericana,* Salamanca, Ediciones Almar, 2.ª ed.

ZAMORA ELIZONDO, Hernán (1945), «Los diminutivos en Costa Rica», *Thesaurus,* 1, 541-546.

ZIEGLER, Douglas Val (1981), *A preliminary study of Afro-Cuban creole,* manuscrito inédito, San Diego State University.

ZLOTCHEW, Clark (1974), «The transformation of the multiple vibrant to the fricative velar in the Spanish of Puerto Rico», *Orbis,* 23, 81-4.

ZÚÑIGA TRISTÁN, Virginia (1976), *El anglicismo en el habla costarricense,* San José, Universidad de Costa Rica.

MAPA DE HISPANOAMÉRICA